Jens Rosteck
Zwei auf einer Insel

Jens Rosteck

Zwei auf einer Insel

Lotte Lenya und Kurt Weill

Propyläen

Die Deutsche Bibliothek – CIP-Einheitsaufnahme

Rosteck, Jens:
Zwei auf einer Insel : Lotte Lenya und Kurt Weill / Jens Rosteck. –
Berlin : Propyläen, 1999
ISBN 3-549-05385-1

© 1999 by Ullstein Buchverlage GmbH & Co. KG, Berlin
Propyläen Verlag
Alle Rechte vorbehalten
Satz: Dörlemann Satz, Lemförde
Druck und Verarbeitung:
Graphischer Großbetrieb Pößneck GmbH, Pößneck
ISBN 3 549 05385 1
Printed in Germany 1999

Gedruckt auf alterungsbeständigem Papier
mit chlorfrei gebleichtem Zellstoff

Inhalt

Prolog

Eine Kahnpartie mit Folgen — 9

1 Der Protagonist — 20
2 Von einer, die auszog, das Gruseln zu lernen — 54
3 Berlin im Licht — 91
4 Je ne t'aime pas — 148
5 Na und? — 186
6 Das ist kein lauschiges Plätzchen, das ist 'ne ziemliche Stadt — 212
7 Das Paar läßt sich photographieren — 247
8 Youkali — 285
9 Lenya Lulu — 323

Epilog

We Will Never Die — 364

Danksagung — 374

Anhang

Literaturhinweise — 375

Auswahldiskographie — 381

Anmerkungen — 385

Personenregister — 395

Bildnachweis — 400

Sie liegt beinahe am Ende der Welt –
Mein Kahn trieb ziellos auf dem Meer umher,
Lust und Launen der Wellen ausgeliefert,
Eines Tages hat er mich hierher gebracht:
Es ist nur ein ganz kleines Eiland.
Aber die Fee, die dort wohnt,
Hat uns freundlich dazu eingeladen,
Uns gründlich auf der Insel umzuschauen.

Youkali, das ist das Land all unserer Wünsche,
Das vollkommene Glück, das Vergnügen schlechthin,
Ein Fleckchen Erde, wo wir alle unsere Sorgen
    loswerden.
Youkali, das ist ein Licht, das in der Finsternis für uns
    leuchtet,
Ein Stern, dem wir gerne folgen.
Hier ist das Land der unteilbaren, gegenseitigen Liebe,
Hier wird die Hoffnung in den Herzen aller Menschen
    Wirklichkeit,
Die baldige Erlösung, nach der wir uns alle so lange
    gesehnt haben.

Aber all dies ist nur ein verrückter Traum:
Youkali, das gibt es gar nicht ...
ROGER FERNAY UND KURT WEILL: *Youkali* (1935)

Prolog
Eine Kahnpartie mit Folgen

> Laß' mich Dein »Lustknabe« sein,
> das ist mehr als ein Freund – u. weniger als ein Gatte.
> Ich bin für Dich auf der Welt […].
> Heute erst schenke ich Dir: mich;
> Du darfst dieses Geschenk ruhig annehmen,
> es wird Dir nur gutes bringen.
>
> WEILL

Alles beginnt mit einer Anekdote. Lotte Lenya hat sie unzählige Male zum besten gegeben, immer wieder neu beschrieben, in jedem Interview eindringlich beschworen und stets genüßlich ausgeschmückt. Kurt Weill hat sie in den wenigen autobiographischen Ansätzen aus seiner Feder geflissentlich ausgespart. Über die ersten Monate nach dem Ereignis, über das, was den Beginn ihres Liebesverhältnisses ausmachte, schweigen sich die beiden hingegen vielsagend aus.

An einem Sonntagmorgen im Juli des Jahres 1924 machte sich die Tänzerin und Schauspielerin Lotte Lenja im Berliner Umland auf, einen ihr unbekannten Gast vom Bahnhof abzuholen. Niemandem war ihr Künstlername, den sie damals noch mit *i* oder *j* schrieb, ein Begriff, und auch der heutige Besuch galt nicht ihr selbst, sondern folgte einer Einladung des expressionistischen Dramatikers Georg Kaiser. In seinem Auftrag hatte sie sich auf den Weg gemacht. Der Autor zeitkritischer, satirischer und experimenteller Stücke wie *Die Bürger von Calais, Die Koralle, Gas I* und *II* oder *Von morgens bis mitternachts* hatte die junge Wienerin als eine Art Au-pair-Mädchen in seinem Landhaus aufgenommen. Seine Frau Margarethe hatte sich mit ihr angefreundet, und mit Sohn Anselm spielte Lotte Fußball oder unternahm ausgedehnte Fahrradtouren. Dem großzügigen Schriftsteller leistete sie Gesellschaft, und nebenbei ging sie ihren Gönnern im Haushalt zur Hand. Seit einigen Monaten schon gehörte sie wie selbstverständlich zur Familie.

Lotte Lenja hieß eigentlich Karoline Wilhelmine Charlotte Blamauer oder kurz Linnerl, war bald sechsundzwanzig Jahre alt, und ihr Entschluß, von Zürich nach Berlin zu wechseln und ihre Talente in der Theaterhauptstadt zu erproben, hatte ihr bislang noch wenig Glück gebracht – bis sie das Ehepaar Kaiser kennenlernte. Lotte war aus der Schweiz, wo sie bereits mit Elisabeth Bergner und Frank Wedekind zusammengearbeitet hatte, mit dem Vorsatz an die Spree gezogen, über Nacht berühmt zu werden. Ihre beste Freundin, Greta Edelmann, teilte ihre Euphorie. Mit nahezu ergebnislosem Vorsprechen in kleinen Theatern und unbedeutenden Kurzauftritten hatte es für beide jedoch bislang sein Bewenden gehabt. Lenja konnte immerhin noch das eine oder andere Schmuckstück versetzen, Relikte einer Züricher Liebschaft mit einem reichen tschechischen Exilanten.

Dann gelang es ihrem Förderer und Ersatzvater Richard Révy, den berühmten Theaterautoren Kaiser dazu zu bewegen, Lottes Darbietung in einer Aufführung von Shakespeares *Was ihr wollt*, in der sie den winzigen Part der Maria ergattert hatte, zu erleben. Der Abend endete mit einem Diner zu dritt – Révy, der die Ballettelevin Karoline einst in die Geheimnisse der Dalcroze-Methode eingeweiht hatte und ihr in Berlin um jeden Preis den Weg ebnen wollte, war wie immer mit von der Partie. Die Soiree verlief nach Plan: Kaiser schloß Lenja in sein Herz.

> Ick sitze da un esse Klops
> uff eemal klopp's
> ick kieke, staune, wundre mir
> uff eemal jeht se uff, die Tür.
> Nanu, denk ich, ich denk, nanu
> jetzt ist se uff, erscht war se zu.
> Ick jehe raus un blikke
> un wer steht draussen?
>
> *Klops*-Lied[1]

Zweimal klopfte es in den nächsten Tagen an die Zimmertür ihrer heruntergekommenen Unterkunft in der innerstädtischen Lützowstraße. In ihrer bescheidenen Kammer diente ein ordentlich gerahmtes Nijinsky-Plakat als einziger Wandschmuck, und in den armseligen Etagen über und unter ihr nahmen Emigrantenschicksale ihren Lauf. Georg Kaiser, von dessen »durchdringenden blauen Augen« mit »unergründlichem Blick« sie sichtlich beeindruckt war, stand auf dem Treppenabsatz und bat Lotte Lenja, das Wochenende mit ihm, seiner Gattin und seinen Kindern außerhalb von Berlin zu verbringen. Er erbot sich sogar, für die Fahrkosten aufzukommen, und ließ jede Menge Papiergeld zurück – man machte schließlich eine schlimme Inflationszeit durch. Als es kurz darauf wieder klopfte, lernte Lotte auch ihre Gastgeberin kennen: Margarethe Kaiser forderte sie auf, mit ihr die kurze Reise anzutreten. Sie riet ihr, auf alle Fälle einen Badeanzug mitzunehmen.

Die Kaisers hatten sich in ein Seenidyll im äußersten Südosten Berlins zurückgezogen, um dann und wann dem Trubel von Theaterpremieren, Empfängen, Probenterminen und Verlagsverhandlungen entgehen zu können: Ihr Domizil befand sich in Grünheide, noch hinter Erkner gelegen. Um von der Bahnstation ins lauschige Refugium zu gelangen, mußte man zunächst einen kleinen See überqueren. Die Bootsfahrt dauerte eine dreiviertel Stunde. Von der Mitte des Sees aus hatte man den besten Blick auf das hinter Bäumen versteckte Häuschen. Und es stellte sich heraus, daß Georg Kaiser eine ganze Flotte von Ruder- und Paddelbooten, Segelschiffchen und Kanus sein eigen nannte. Der Empfang durch die Kinder war stürmisch, und Lenja wurde vom Hausherrn mit einem »Herzlich willkommen im Kaiserreich!« standesgemäß begrüßt.

Es mußte Lotte naturgemäß schmeicheln, wenn sich der angesehene Dramatiker, dessen Schöpfungen in aller Munde waren, ausgerechnet für sie, das namenlose Zirkuskind aus der Ameisgasse im Wiener Armenbezirk Penzing, interessierte. Ihr gefiel es in Grünheide; und ihre »Adoptiveltern«, denen die selbstlose Unterstützung angehender Schriftsteller und mittelloser Künstler von jeher ein Anliegen war, mochten sie. So nahm sie sich früh in ihrer Karriere die Freiheit heraus, eine künstlerische Pause einzulegen, gewann obendrein ein anregendes intellektuelles Ambiente und nie gekannte menschliche Geborgenheit hinzu.

Aus dem Wochenende wurde schnell ein halbes Jahr. Familie Kaiser und Lotte Lenja hatten sich aneinander gewöhnt. Margarethe waren Arroganz und Herablassung fremd, sie behandelte Linnerl wie eine jüngere Schwester, und was den elfjährigen Anselm betraf, so hatte er in ihr seinen bislang zuverlässigsten Spielkameraden gefunden. Georg ging gern Details seiner Stücke mit ihr durch. Und ihr Schwimmzeug konnte sie gut gebrauchen.

Révy bekam jetzt öfters Postkarten aus Grünheide: Mit ihrer krakeligen Schrift ließ Lenja ihn an Zoobesuchen teilhaben, berichtete von Eisbären und von Eiscafés in Erkner, wo sie an Georgs Seite ihre Becher genossen hatte, mit Schlagsahne garniert. Der Tonfall ist betont naiv – »es ist sehr schön hier«; »die Flöhe springen ohne Unterlaß« –, doch sollte man wissen, daß die harmlosen Zeilen von einer Fünfundzwanzigjährigen stammen.

Lotte blieb ein ganzes Jahr im Kaiserreich.

Zwei Möglichkeiten gibt es, an die gegenüberliegende Seeseite zu gelangen: den kurzen Weg übers Wasser oder den längeren Fußmarsch durch den Wald. Lotte hat es heute eilig und deshalb kurzentschlossen das Ruderboot gewählt. Sie macht es am anderen Ufer fest und schreitet schneller aus, um rechtzeitig am Bahnhof zu sein.

Alles hatte mit einer *Zaubernacht* begonnen. Dies war der Titel einer einaktigen Kinder-Pantomime von Wladimir Boritsch, die im November 1922 im Berliner Theater am Kurfürstendamm uraufgeführt wurde. Regie führte der spätere Direktor der Staatsoper Unter den Linden, Franz Ludwig Hörth, und der Komponist des Werkes war ein zweiundzwanzigjähriger

Schüler von Ferruccio Busoni. Er war jüdischer Herkunft, stammte aus Dessau, hatte als Kapellmeister in Lüdenscheid gewirkt, sich eine Sommersaison über auf Norderney als Operettendirigent verdingt und befand sich mitten in einer stürmischen Liebesaffäre mit einer älteren, verheirateten Frau, die obendrein seine entfernte Kusine war. Kurt Julian Weill sitzt im Orchestergraben, als die Besetzungsproben beginnen: Es ist Oktober, geeignete Sänger werden gesucht. Richard Révy hat sich um die Choreographie der Pantomime beworben, und Lotte Lenja, die ihm ihre Karriere als jugendliche Tänzerin in Zürich verdankt, hofft ebenfalls verzweifelt auf ein Engagement.

Ihr Herz klopft, als sie mit vielen anderen Konkurrentinnen die Bühne betritt. Überall im Theater und im Zuschauerraum laufen Mütter und Kinder umher. Als ihr Name aufgerufen wird, reagiert sie zunächst nicht. Sie ist noch nicht so ganz mit ihrem Pseudonym vertraut. Wie gelähmt starrt sie in die Leere. Schließlich hört sie eine freundliche Stimme mit amüsiertem Unterton, die aus dem Nichts zu kommen scheint: »Was soll ich denn für Sie spielen, Fräulein Lenja?« Lotte späht in den halb verschatteten Schacht unterhalb von ihr, kann den jungen Mann, der ihr zu Hilfe geeilt ist, aber nicht erkennen. Sie faßt Mut und erklärt, daß sie es mit *An der schönen blauen Donau* versuchen möchte. Einige Minuten lang tanzt sie barfuß zu einer Melodie, die seit ihrer frühesten Kindheit in ihrem Kopf herumspukt. Allmählich fühlt sie sich sicherer. Sie zeigt, was sie als Zirkusclown auf dem Seil zu bieten hat, eine Nummer, die sie schon als Fünfjährige beherrschte. Und sie gibt eine Kostprobe ihrer Begabung zur Straßensängerin zum besten. Diesmal muß sie ohne Begleitung von unten auskommen. Dann unterbricht sie der Produzent. Sie bekommt die Rolle und darf gehen.

Im Kaffeehaus gegenüber trifft sie den enttäuschten Révy: Man wird für die *Zaubernacht* ohne seine Mitwirkung auskommen. Von Lenjas Verpflichtung mag er nichts hören. Wieder einmal folgt Lotte seinem Rat und verzichtet, wider alle Vernunft, auf das Engagement am Ku-Damm.

Die Walzertänzerin und der begabte, unsichtbare Nachwuchskomponist haben immerhin voneinander gehört.

Als Kurt Weill am Sonntagvormittag im Juli 1924 aus dem Zug steigt, um mit Georg Kaiser in dessen Villa Alexander am Peetzsee über eine Zusammenarbeit an einer neuen Oper zu diskutieren, hat er im Geiste Abschied von zwei prägenden Figuren seines zurückliegenden Lebensabschnittes genommen. Zum Jahreswechsel hatte er seine Ausbildung in der Meisterklasse Ferruccio Busonis an der Preußischen Akademie der Künste zu Berlin erfolgreich abgeschlossen. In den vergangenen Monaten schrieb er eine Symphonie, ein Streichquartett und ein Divertimento, ein *Recordare* und ein *Quodlibet* (im Grunde eine Orchestersuite aus *Zaubernacht*-Fragmenten), und er zählt neben Paul Hindemith und Ernst Krenek zu den vielversprechendsten Hoffnungen der jungen deutschen Komponistengeneration. Jugendsünden wie Symphonische Dichtungen nach Rilke, einen Einakter, *Das hohe Lied,* mit Hermann Sudermanns Roman als Vorlage, oder alberne Opernparodien wie *Ninon von Lenclos* (nach Ernst Hardt) hat er hinter sich gelassen; jetzt ist ein großes Violinkonzert in Arbeit. Zu seinen Privatschülern, die er in Kompositionslehre und Musiktheorie unterweist, zählen spätere Legenden wie der Pianist Claudio Arrau und der Dirigent Maurice Abravanel. In diesem Sommer 1924 liegt sein verehrter Lehrer Busoni, Schöpfer von *Turandot* und *Doktor Faust,* gerade erst achtundfünfzig, im Sterben. Zum Verfassen von Opern ist Weill vom Autor eines bahnbrechenden *Entwurfes einer neuen Ästhetik der Tonkunst* nicht gerade ermutigt worden: Als Kurt ihm Skizzen für ein Musikdrama vorlegte, wurde er barsch von Busoni gefragt, ob er denn um jeden Preis ein »Verdi für die Armen sein« wolle. Genau das war es ja, was dem aufmüpfigen Meisterschüler vorschwebte! Die Prophezeiung mißgate Weill keineswegs und sollte sich auf der Theatermeile von Manhattan bewahrheiten.

Wie Lotte Lenja hatte Busoni lange Zeit in Zürich gewirkt; das dortige Stadttheater kannten beide wie ihre Westentasche, der eine als Schauplatz seiner Opernuraufführungen, die andere von zahllosen Auftritten als Tänzerin oder Komparsin – doch von dieser denkwürdigen Übereinstimmung ahnt Weill nichts, steht es ihm an diesem Julimorgen ja noch bevor, die Bekanntschaft der jungen Tänzerin zu machen. Einstweilen leidet er an heftigem Liebeskummer.

Nelly Weill Frank war Kurts große Liebe in den vergangenen zwei Jahren gewesen. Zwischen den Dessauer Weills und ihrer Familie bestand eine nur sehr lose Verbindung, und zu der Verlobungsfeier von Kurts Bruder Hans war Nelly eher durch Zufall gekommen, denn ihr Ehemann war seinerseits mit Weills künftiger Schwägerin weitläufig verwandt. Aufgewachsen war Nelly in Zürich – ein Zufall mehr? Es störte den Jüngling wenig, daß sie verheiratet und Mutter zweier kleiner Söhne war. Der Gedanke daran, ein Verhältnis mit einer wohlhabenden, nachgerade reichen Frau einzugehen, die schon ein bißchen reifer war als er, reizte ihn besonders, wollte er sich doch den Fesseln seiner zwar kultivierten, letztlich aber als kleinbürgerlich und engstirnig empfundenen Provinzstadterziehung entledigen und sich eine Identität zulegen, die es mit der sittlichen Anarchie der zwanziger Jahre aufnehmen konnte. Sowohl Nellys Eltern als auch ihr Ehegatte waren reich, und so konnte sie ihrem quasi mittellosen Geliebten einen luxuriösen Lebensrahmen offerieren, der aufs schmerzlichste mit der mageren Ausstattung seiner Studentenbude kontrastierte. Nellys Nonchalance begeisterte ihn anfangs und stachelte seinen Ehrgeiz am Ende umso stärker an. Lange genug hatte er sein kümmerliches Taschengeld mit Stundengeben und als Korrepetitor in verschlafenen Nestern aufbessern müssen.

So beflügelte eine Reise im Frühjahr 1924 nach Davos und nach Italien – Mailand, Florenz, Bologna, Rom, Venedig – nicht nur die Romanze zwischen Kurt und seiner unabhängigen, sexuell attraktiven Begleiterin. Auf Empfehlung Busonis sprach Weill auf der Durchreise auch bei dem prominenten Wiener Verlag Universal Edition vor, in dem außer den Werken des Meisters auch bahnbrechende Kompositionen von

Arnold Schönberg, Alban Berg, Béla Bartók oder Darius Milhaud erschienen waren. Die Initiative sollte sich lohnen: Derweil sich Nelly und Kurt beim Schlittenfahren in den Alpen tummeln – erhaltene Photos erinnern auffällig an Dokumente, die das Surrealisten-Paar Paul und Gala Éluard als halbwüchsige Liebende zur Vorkriegszeit im benachbarten Clavadel zeigen –, unterbreitet Universal Edition Weill seinen ersten wichtigen Vertrag. Frucht dieser neuen Kooperation ist zunächst die Veröffentlichung seines Opus 10: Den Zyklus *Frauentanz*, eine Vertonung von sieben mittelalterlichen Liebesgedichten, hatte er im Vorjahr komponiert und Nelly Frank zugeeignet. Die Titel der Gesänge für Sopran und fünf Instrumentalsolisten sprechen Bände: *Wo zwei Herzenliebe an einem Tanze gan* lautet das zweite, *Ach wär' mein Lieb' ein Brünnlein kalt* das dritte Gedicht.

Busoni erwies Weill eine besondere Ehre, indem er die bedeutende Vertragsverbindung seines Schülers mit seinem Stammverlag durch die Anfertigung des Klavierauszuges von *Frauentanz* krönte. Dies sollte zugleich die letzte kompositorische Arbeit vor seinem Tode werden. Busonis »Requiem« galt einer Fingerübung für Weills internationales Debüt – ein Signal für die sich am Horizont abzeichnende Laufbahn des Exdessauers.

Die Beziehung zu Nelly ging für beide weit über ein kurzlebiges Liebesabenteuer hinaus und nahm – für den Ehemann und das allgemeine Klima in der Weill-Sippe – allmählich bedrohliche Züge an. Kaum zurück aus den übereilt absolvierten Flitterwochen, traf Nelly und Kurt das Schicksal so vieler ehebrüchiger Liebespaare: Sie mußten sich kurzerhand trennen, nachdem Nelly ihren Gatten vergeblich um Einwilligung in die Scheidung gebeten hatte und dieser sie statt dessen auf eine längere Reise in die Vereinigten Staaten entführte. Alle Einwände halfen nichts – Weill vermochte sich mit schönen Erinnerungen nur unzureichend zu trösten. Es entschädigte ihn womöglich ein wenig, daß das seiner Geliebten gewidmete Kammermusikwerk auf den Spielplan des Salzburger Sommerfestivals 1924 gesetzt wurde – gesungen von einer anderen, berühmteren Lotte, der großen Sopranistin Lotte Leonard. Wenn schon in Liebesdingen alles in Scherben lag, mit der Verwirklichung seiner beruflichen Hoffnungen ging es jedenfalls Schritt für Schritt vorwärts.

Im Januar 1924 war *Frauentanz* von der Berliner Sektion der Internationalen Gesellschaft für Zeitgenössische Musik zur Uraufführung gebracht worden, und deren Dirigent Fritz Stiedry war es auch, der Weill dem musikbegeisterten Georg Kaiser vorstellte. Kaiser hatte seinerzeit die Hörthsche Produktion der *Zaubernacht* – ohne Mitwirkung von Lenja oder Révy – gesehen und für gut befunden, war neugierig auf den talentierten Komponisten mit Wiener Vertrag. Vor allem suchte er aber einen kongenialen Partner, der sein 1920 entstandenes Stück *Der Protagonist* in Musik fassen sollte. So kam es, daß Weill am Sonntagmorgen seine Wohnung in der Berliner Winterfeldtstraße verläßt und den Zug besteigt. Er will endlich seine erste zeitgenössische Oper schreiben – Pläne für eine weitere Pantomime, diesmal mit Kaiser, waren zwar schon weit gediehen, hatten sich jedoch wieder zerschlagen –, und sein Librettist sollte nach Möglichkeit ein herausragender Vertreter der Avantgarde sein.

Doch zunächst kommt eine junge Frau auf ihn zu. Sie hat große Augen, ausdrucksstarke Züge, einen üppigen Mund mit einem kräftigen Gebiß und eine ausladende Kinnpartie. Ihre Haare sind kurzgeschnitten, wie es die neueste Mode verlangt. In ihrem Gesicht spiegelt sich eine Mischung aus kindlicher Unschuld und der Verschlagenheit einer Straßengöre. Sie sieht schon von weitem, daß niemand sonst an der kleinen Station ausgestiegen ist. Kaiser hatte Weill angewiesen, vom Bahnhof auf das Seeufer zuzugehen, jemand würde ihn dort schon abholen. Bevor Lotte Lenja ihrerseits die Villa Alexander verlassen hat, wendet sie sich noch einmal an ihren neuen Ziehvater, um sich zu vergewissern. Vor ungefähr zehn Minuten hatte sie alle nötigen Informationen bekommen. »Aber bevor ich ging, fragte ich Kaiser noch, wie ich ihn erkennen würde, und er sagte: ›Ach, die sehen doch alle gleich aus.‹ Er meinte damit, daß zu der Zeit alle Musiker eine bestimmte Art von Hut mit schwarzer Krempe trugen, was sehr leicht zu erkennen war. Auf jeden Fall ging ich zum Bahnhof, und da war er. Nur etwas größer als ich selbst, sehr ordentlich und korrekt, mit einer sehr schwarzen Brille und natürlich dem schwarzen Hut.«[2] Er trägt darüber hinaus einen blauen Anzug und eine kleine, blaue Krawatte. Sein Haaransatz ist bereits stark zurückgewichen. Die Notenmappe hat er unter den Arm geklemmt. Ziemlich skeptisch blickt er auf das wacklige Boot, das dort vor ihm auf den Wellen treibt.

Ein Kavalier ist Kaisers Sonntagsgast nicht gerade, mag Lotte denken, als Kurt keinerlei Anstalten macht, die Ruder zu ergreifen. Also muß sie die Sache in die Hand nehmen. Weill sieht Lenja ruhig dabei zu, wie sie sich kräftig für ihn ins Zeug legt. »I did it the German way«, definierte sie später ihre »Frauenrudertechnik«.

Schon haben sie den See zur Hälfte überquert. Die Notenmappe liegt auf seinen Knien, er zündet seine Pfeife an und beobachtet sein Gegenüber. Er hat die anziehende Frau mit dem österreichischen Akzent noch nie gesehen. Aber im Verlauf der Überfahrt erinnert er sich an ihre rauhe, prägnante Stimme. Im Ruderboot gibt ein akustisches Souvenir den Ausschlag. Er macht sie darauf aufmerksam, daß sie sich zwei Jahre zuvor schon einmal begegnet sind. Ihr Erstaunen kontert er mit dem Eingeständnis, in der Tiefe seines Orchestergrabens am Ku-Damm auf der Stelle verzaubert gewesen zu sein. Es ist Liebe auf das erste Hörerlebnis.

Ihr verschlägt es zunächst die Sprache. Aber nur für einen ganz kurzen Moment. Warum sie damals ihr Engagement nicht angetreten hat, vermag sie so schnell nicht zu erklären. Dann, die Reise über den See ist schon fast beendet, das Kaisersche Ufer ganz nahe, fällt Kurt die Brille ins Wasser. Bei der gemeinsamen Suche nach dem kostbaren Objekt ergibt sich für ihn die einzigartige Gelegenheit, gleich um ihre Hand anzuhalten.

Ohne zu zögern, gibt die zukünftige Braut die weitere Fahrtrichtung vor. Und dies nicht nur im übertragenen Sinne: »Von diesem Zeitpunkt an waren wir zusammen«, behauptete Lenja. »Und das war ein Neubeginn.«

Mit diesem so raschen wie außergewöhnlichen Heiratsantrag, der sich auf dieser oder auf der nächsten oder einer der weiteren Kahnpartien zugetragen haben mag, endet die Anekdote – je nachdem, welcher Variante man den Vorzug geben möchte. Anekdoten lassen sich nicht dementieren, schon gar nicht, wenn keiner der Beteiligten schlecht dabei wegkommt.

Tatsächlich nahm die Häufigkeit der Seeüberquerungen von Stund an beträchtlich zu, und der gesamte Sommer bot reichlich Gelegenheit zu weiteren Stimmproben, Fahrpausen und Brillenverlusten. Die Kronzeugen des jungen Glücks, Margarethe und Georg Kaiser, wurden von ihren Schützlingen in trautem Einvernehmen »Mami« und »Papi« getauft – Kosenamen, die sich einbürgerten. Seiner Schwester Ruth berichtete Kurt: »Vorige Woche war ich in Grünheide bei Kaisers, die mir liebe Freunde geworden sind und vielleicht die einzigen sein werden, die mir einen Teil von dem ersetzen können, was ich an Busoni verliere.«[3]

Lenia-Lenja pendelte bald zwischen der Villa Alexander und der mit Partituren vollgestopften Winterfeldtstraßenwohnung in Berlin-Schöneberg, und sei es, um zu Tee und Kuchen ein Stück ranzige Butter zu verzehren. Weill konnte nicht mehr aufhören, sich in ihrer Gesellschaft wohlzufühlen. Im Januar 1926 wurde in aller Stille geheiratet.

Jahre später mußten beide lachen, wenn die Sprache auf ihr Kennenlernen kam: »Kurt, hättest du mich damals auch mit der Brille auf der Nase um die Hochzeit gebeten?« »Ja«, antwortete er, »ich glaube schon.«

Am Ufer verlieren die Kaisers für einen Moment ihre Sonntagsgäste aus den Augen, damit Lotte und Kurt sich, ganz allein zu zweit, an ihre Insel, ihr Youkali, gewöhnen können.

1
Der Protagonist

Er hatte eine hübsche kleine Wohnung,
damals arbeitete er noch an *Der Protagonist*.
Und er fragte mich: »Möchten Sie ein bißchen davon hören?«
Ich sagte: »Oh ja, ich würde sehr gerne etwas hören.«
Darauf er: »Also meinem Bruder Hans hat es überhaupt nicht gefallen,
jetzt bin ich wirklich gespannt auf Ihre Reaktion.«
Eigentlich seltsam, so atonal das auch war, ich fand es wunderbar.
Ich sagte: »Tja, Herr Weill, ich weiß nicht warum,
aber ich finde diese Musik einfach herrlich.«
Darüber freute er sich dermaßen, daß er sagte:
»Darf ich Ihnen vielleicht einen Tee machen?«

LENYA

»Unter den großen, produktiven Künstlererscheinungen gibt es solche, deren Name nur in ihren Werken fortlebt, deren eigenes Leben und Werk vollständig hinter ihren Schöpfungen verschwindet; und andere, die schon bei Lebzeiten durch die Ausstrahlung ihrer Persönlichkeit einen solchen Einfluß ausüben, daß die Erinnerung an die Reinheit ihrer Erscheinung genauso wach bleibt wie ihre künstlerische Hinterlassenschaft selbst. [...] Die beseligende Harmonie dieser Künstlernatur mußte nicht nur in den Menschen seiner näheren Umgebung beglückende Gefühle auslösen, sondern auch fernerstehende spürten den unsichtbaren Einfluß einer Gestalt, an deren heiterer Güte jede Bosheit, jede Schlechtigkeit zerschellen mußte. [...] Die kraftvolle Auswirkung eines solchen Lebens wird durch den Tod nicht abgeschlossen, sie greift so mächtig in das Geschehen ihrer Zeit ein, daß ihre Spuren bis in die spätesten Generationen erhalten bleiben. [...] Er hat jede neue Stilrichtung in der Musik vorgeahnt, angeregt und so lang begleitet, bis er spürte, daß sie überlebt war. Dann hatte er aber auch den Mut zur Umkehr, zur Erneuerung.«[1]

So überschwenglich äußerte sich der fünfundzwanzigjährige Weill ein Jahr, nachdem er sich von Lotte Lenja über den See hatte rudern lassen, in einem Zeitschriftenbeitrag über seinen

Meister *Busoni und die neue Musik*. Hinter einer solchen Charakteristik, einem Zusammenwirken charismatischer und menschlicher Qualitäten mit einer in die Zukunft weisenden, vorbildlichen Ausnahmebegabung, steckt auch ein Selbstbildnis ihres Autors. Viele, die Weill gut kannten, bezeugten seine vornehme Zurückhaltung, berichteten von einer leisen Ironie, die viele seiner Äußerungen begleitete, einer Vorliebe für Sprachspiele, einer unaufdringlichen Präsenz. Höflichkeit und feine Züge wurden ihm teils als Schüchternheit, teils als Arroganz ausgelegt. In der Arbeit mit seinen Schülern und in Verhandlungen mit Libretto-Partnern, Bühnen- und Filmproduzenten, Magnaten und Regisseuren entpuppte er sich als unerbittlicher Kämpfer – um der Sache willen. Er war einer jener Künstler, die sich rückhaltlos verausgabten, ein Avantgardist, dem die Vision einer anspruchsvollen, politisch »engagierten« Unterhaltungsmusik kein Dorn im Auge war, sondern dem seine Vorstellung und Auffassung von moderner Oper – die Etiketten Musical, Singspiel, »broadway opera«, Filmkomödie, gesungenes Ballett sind als Varianten auf seinem Weg dorthin anzusehen – als Ideal seines Komponierens nie aus dem Blick geriet.

Einen verbindlichen Weill-Stil oder eine Weill-Schule mit orthodoxer Lehrmethode, der sich andere hätten anschließen können, begründete er freilich nie. Er hatte keinen wirklichen Nachfolger. Machtausübung im kleinsten Kreise als Selbstzweck interessierte ihn nicht. Aber es gefiel ihm, dem seriös ausgebildeten Musiker mit »klassischem« Hintergrund, ungemein, wenn die Kellner im Romanischen Café und später die Taxifahrer auf der Fifth Avenue seine »politischen« Songs vor sich hinsummten.

Curt Julian Weill, an der Schwelle zum 20. Jahrhundert in Dessau als dritter Sohn jüdischer Eltern geboren und mit nur fünfzig Jahren in den USA gestorben, zählt zu den faszinierendsten Komponisten der Moderne. Aus dem C wurde rasch ein K – Lenjas späterer Buchstabentausch mußte ihm demnach nur allzu bekannt vorkommen; und sein zweiter Vorname war eine

Hommage seiner belesenen Mutter, Emma Ackermann, an den Titelhelden aus Stendhals 1830 erstmals publizierten Roman *Rot und Schwarz,* Julien Sorel. In Teilen sollte sie recht behalten: Wie Julien wurde auch Julian ein ehrgeiziger und begabter junger Mann, überlebte standhaft in Zeiten größter politischer Wirren und gesellschaftlicher Katastrophen, stellte seine Ausdauer in Herzensangelegenheiten unter Beweis, allerdings ohne sich gleich enthaupten lassen zu müssen. Weill war ein radikaler Individualist, gehörte keiner Gruppe, Clique und keinem hermetisch abgekapselten musikalischen Zirkel an. Die Literatur liebte er in allen ihren Ausprägungen mit großer Leidenschaft und hatte sich, nach intensiven Ausflügen in die Instrumentalmusik, nahezu exklusiv dem Musiktheater verschrieben, kaum daß er in Berlin eingetroffen war.

Seine Karriere teilt sich in zwei Lebensläufe, einen deutsch-europäischen und einen amerikanischen. Die Stationen seines Parcours lauten Dessau, Leipzig, Lüdenscheid, Berlin, Paris, London, New York und Hollywood. Unter den Tonsetzern deutscher Provenienz war Weill einer der ersten Weltbürger.

Das Jahr 1900 – Nietzsches Todesjahr – brachte der Kulturgeschichte des 20. Jahrhunderts eine außergewöhnlich üppige Ausbeute – in ihm wurden auch der amerikanische Epiker Thomas Wolfe, die deutsche Schriftstellerin Anna Seghers, Julien Green, der französische Romancier amerikanischer Herkunft, und Luis Buñuel, der spanische Surrealist und Filmemacher geboren; ferner die französischen Poeten Jacques Prévert und Antoine de Saint-Exupéry, die Komponisten Ernst Krenek, George Antheil und Aaron Copland, die jeder auf seine Weise Musikgeschichte in mindestens zwei Kontinenten machen sollten, die Chansonsängerin Zarah Leander und der beliebte amerikanische Filmdarsteller Spencer Tracy. Joseph Conrad schrieb seinen Roman *Lord Jim,* Arthur Schnitzler den *Reigen,* Frank Wedekind vollendete sein Schauspiel *Der Marquis von Keith,* und in Europas Opernhäusern gelangten so verschiedenartige Schöpfungen wie Puccinis *Tosca* und Gustave Charpentiers *Louise,* eines der ersten »realistischen« Musikdramen mit dem Untertitel »roman musical«, zur Uraufführung.

Alle Aspekte von Weills Vita und Schaffen kommen in dieser Aufzählung zur Sprache: das politische Engagement, in dem immer auch die Gefahr einer potentiellen ideologischen Vereinnahmung mitschwingt; der Flirt mit Film und Kabarett, hier die Verführungsstrategien der Massenmedien und dort die leisen Zwischentöne für diejenigen, die auch um die Ecke denken können; die Aufgeschlossenheit gegenüber neuen literarischen wie kunstübergreifenden Strömungen; die gewaltlose Utopie des *Kleinen Prinzen*; die erotische Sprengkraft von Theaterstücken, die die Welt veränderten; die komplexe Identität von Künstlerexistenzen, die in zwei Kulturen gleichzeitig beheimatet sind; die auseinanderstrebenden Pole eines Musiktheaters, das sich weder gänzlich dem Geschmack eines breiten Publikums ausliefern noch im Elfenbeinturm verharren will.

Weill schlingerte zeitlebens zwischen den Extremen Popularität und Außenseitertum. Er wußte, was es heißt, Mißerfolg zu haben, und er lernte die schönen Seiten des Ruhms kennen.

Kein Geringerer als Richard Wagner hatte Dessau einst mit dem schmeichelhaften Beinamen »Bayreuth von Norddeutschland« geschmückt. Doch Kurt scheint seine Geburtsstadt, in der er am 2. März 1900 als Sohn des Zweiten Kantors Albert Weill das Licht der Welt erblickte, nicht sonderlich geliebt zu haben. Er mokierte sich nur allzugern über die Kleinstadt im Städtedreieck Magdeburg–Halle–Leipzig in unmittelbarer Nähe der Elbe, indem er deren Namen als Des-Sau interpretierte und mithilfe einer enharmonischen Verwechslung in »Cis-Schwein« umtaufte. Ein Halbton mit #-Vorzeichen war ihm offensichtlich lieber.[2]

Knapp sechshundert jüdische Einwohner zählte die mittelgroße Hauptstadt des Herzogtums Anhalt. Der damalige Herzog Friedrich II., dessen Regentschaft bis zum Ende des Ersten Weltkriegs andauerte, war als eine liberale, bürgernahe Persönlichkeit bekannt und außerdem den schönen Künsten zugetan.

Zwischen Christen und Juden bestand in Dessau eine relativ friedliche, tolerante Koexistenz, und die jüdische Gemeinde hatte sich in weiten Teilen protestantischen Gebräuchen und Riten angenähert. Damit folgte sie einer Tradition, die sich in jener Region seit den Tagen des Philosophen Moses Mendelssohn, eines Sohnes der Stadt, und der Komponistengeschwister Felix und Fanny Mendelssohn-Bartholdy eingebürgert hatte. Aufklärerische Prinzipien wirkten hier immer noch unterschwellig weiter. Dessaus jüdische Gemeinde war so bedeutend, daß die erste Zeitung für Juden in deutscher Sprache hier verlegt wurde.

Kurt und seine Geschwister kamen in nur einjährigem Abstand zur Welt. Seine älteren Brüder hießen Nathan und Hans, und 1901 folgte seine Schwester Ruth. Die Familie lebte in der Leipziger Straße, in einem Juden vorbehaltenen Vorort. Vater Albert entstammte einer langen Linie von Rabbinern in Südwestdeutschland und wirkte seit 1898 auf einem untergeordneten Posten in der Dessauer Synagoge. Die Weills konnten ihre Wurzeln bis ins 14. Jahrhundert zurückverfolgen, als ein Rabbiner den Namen eines südlich von Stuttgart gelegenen Dorfes annahm: Weil. Albert, aus dem badischen Kippenheim, heiratete die fünf Jahre jüngere Emma aus Wiesloch, ihrerseits Sproß einer traditionsreichen Rabbinerfamilie, im Jahre 1897. Ihr Bruder war ebenfalls Kantor, schrieb geistliche Musik und publizierte seine Sakralkompositionen, und es entspann sich ein kleiner kreativer Konkurrenzkampf unter den komponierenden Schwagern.

Alberts große Stunde kam 1908, als eine neue, prächtige Synagoge, finanziert von einer vermögenden Bankierstochter, eingeweiht und der vierfache Familienvater zum Kantor befördert wurde, was den Einzug der Weills in das nebenstehende Gemeindehaus in der Askanischen Straße zur Folge hatte. Der ehrfurchtgebietende Neubau hielt dem unheilvollen Lauf der Geschichte nur dreißig Jahre lang stand – die Synagoge wurde eines der ersten Opfer antisemitischer Pogrome und nationalsozialistischer Zerstörungswut.

Mit dem neuen Status stand Albert auch mehr Geld für den Unterhalt seiner Frau und Kinder zur Verfügung, wenngleich er weiterhin nicht gerade zu den besserverdienenden Dessauern gerechnet werden konnte. Er tat sein Bestes, damit es der sechsköpfigen Familie an nichts mangelte, und ermöglichte seinen Sprößlingen zuallererst eine gründliche musische Ausbildung. Den kleinen Kurt nahm er schnell unter seine Fittiche. Als Pianist, Chorleiter und Komponist war Albert ein ausgewiesener Vollblutmusiker, hatte schon vor der Jahrhundertwende Synagogengesänge für Männerchor veröffentlicht. In Dessau stand ihm ein gemischter Chor zur Verfügung, und er führte während seiner Amtsausübung die Affinität der liturgischen Praxis zu lutherischen Riten weiter, so wie auch der Pflege des Oratoriums seit jeher oberste Priorität eingeräumt wurde. Ohne Frage wurde Kurt Weill von Kindesbeinen an von dieser – partiell verbrämt protestantischen – jüdischen Sakralmusik und dem alltäglichen Zeremoniell in der Synagoge stark beeinflußt.

Für seine literarische Unterweisung sorgte hingegen Mutter Emma. Sie war eine starke, beherrschende Persönlichkeit, liebte Rilke über alle Maßen und erkannte schon früh die außergewöhnliche Begabung ihres Kurt. Emma nannte ihn ihr »kleines Genie« und nahm ihn oft vor den anderen Kindern in Schutz. Schon im Krippenalter hatte er sich vor Gleichaltrigen, ihrem unkontrollierten Geschrei und ihren wilden Spielen gefürchtet, bei Familienfeiern verängstigt vor sich hin gegreint. Emmas Mutter, Frau Ackermann senior, verbot ihrer Tochter eines Tages in einer solchen Situation sogar, den kleinen Kurt für seine Zaghaftigkeit zu züchtigen: »Faß' dieses Kind ja nicht an!« rief sie und sprang wie eine Furie zwischen Kurt und Emma. »Siehst du nicht, daß er etwas ganz Kostbares ist?«

Emma fühlte sich bestätigt. Ihr enormer Einfluß auf Kurts Charakter und Ausbildung war die zweite wichtige Komponente seiner Dessauer Jugendjahre. Sie war es auch, die von Kurts Pubertät an beinahe ausnahmslos alle Freundinnen mißbilligte, die der junge Mann, schon erstaunlich früh für die

Reize des anderen Geschlechts empfänglich, mit nach Hause brachte. Und seine spätere Frau sollte ihr ganz besonders mißfallen.

Der siebenjährige Weill war bereits ein passabler Pianist und unternahm ein paar Jahre später erste, ungelenke Kompositionsversuche. In der Oberrealschule zeigte er Leistungen von gehobenem Mittelmaß und geriet nur dann in intellektuelle Ekstase, wenn er seine Musik- und Deutschlehrer, Theile und Preitz, in angeregte oder für die Erzieher verfängliche Kulturdiskussionen einspannen konnte: In solchen Fällen tat Kurt seine frühreife Belesenheit und Musikkennerschaft nur allzugern kund. Ansonsten bummelte er sich durch die Schulzeit, wie es für hochbegabte, aber unterforderte Kinder typisch ist, und freute sich auf die ersten freien Nachmittagsstunden zu Hause am neu erworbenen Flügel. Kamen kleine Stücke im Gemeindesaal zur Aufführung, entschied der Knirps, welche Musikeinlagen an bestimmten Wendepunkten der Handlung fällig waren und übernahm ohne Umschweife die Leitung des bescheidenen Ensembles. Der Synagoge stattete Kurt regelmäßige Besuche ab, lernte Hebräisch und Bibelkunde, erhielt Privatunterricht von seinem Vater, pflegte gutbürgerliche Hausmusik und kam durch die zahlreichen, qualitativ hervorragenden Darbietungen im Dessauer Herzoglichen Theater durchaus mit den maßgeblichen Opern- und Theaterströmungen des Fin de Siècle in Berührung.

Schnell gelang es ihm, die Aufmerksamkeit des kunstsinnigen Herzogs auf sich zu lenken, der in unmittelbarer Nähe des Theaters residierte. Mit zehn Jahren durfte Kurt so als stiller Gast im Parterre oder hinter der Bühne umsonst Proben und Aufführungen beiwohnen, studierte beim Mithören Partituren und Klavierauszüge, kannte *Rigoletto, Meistersinger* und *Tiefland* bald auswendig, und als Halbwüchsiger erteilte er den Kindern und Neffen Friedrichs privaten Klavierunterricht, war gerngesehener Gast zur Teestunde in erlauchtem Rahmen. Wurde ein Kammermusikabend im Palast des Herzogs gegeben, so steuerte Weill Klavierwerke, etwa Liszts *Liebestraum* und Chopins *Nocturnes* und *Préludes,* bei. Er begleitete die Lokalgröße Emilie Feuge, eine am Hoftheater engagierte Sopranistin, bei Liederabenden, die in der Dessauer Presse Beachtung fanden, und brachte bei derselben Gelegenheit respektvoll aufgenommene kompositorische Gehversuche aus eigener Feder, die *Bierbaum-Duette,* im Programm unter. Mit Feuge und besonders ihrer Tochter Elisabeth verband ihn neben willkommenen Begleiterpflichten binnen kurzem eine innige Freundschaft, aus der sich eine ernste Jugendliebe entwickelte.

Die Ankunft eines anderen Albert in Dessau, schnell ein musikalischer »Ersatzvater« für den wißbegierigen Kurt, hatte ab Herbst 1913 den Fortschritt seiner musikalischen Studien noch begünstigt: Albert Bing, Pfitzner-Schüler, von Arthur Nikisch im Dirigieren unterwiesen und von nun an Kapellmeister am Dessauer Opernhaus, löste in seiner Eigenschaft als Klavierlehrer Kurts gleich zwei Vorgänger ab: den Organisten der Synagoge, Franz Brückner, und die gebürtige Französin Margarete Evelyn Schapiro. Der Kantorensohn empfing im Hause Bing nicht nur eine umfassende Ausbildung in Musiktheorie, Kontrapunkt- und Kompositionslehre – neben den täglichen Klavierstunden –, sondern freundete sich unverzüglich mit den drei Familienmitgliedern an: Albert Bing plauderte über seine Erlebnisse mit Caruso und Verdi sowie über seine Erfahrungen mit den großen deutschen und ausländischen Orchestern, seine Frau Edith war als Schwägerin des expressionistischen Dramatikers Carl Sternheim mit den neuesten Entwicklungen im modernen Theater vertraut, und Sohn Peter wurde Kurts bester Kamerad. Im zwar geistreichen, kultivierten, aber als übermäßig fromm und einengend empfundenen Elternhaus vermißte Kurt Weltläufigkeit und großzügige Nonchalance – hier, bei den Bings, fand er sie.

Bing gelang es auch, den jungen Weill regelmäßig als Korrepetitor im Hoftheater einzusetzen, und er konnte diese ungewöhnliche Maßnahme mit der durch den Krieg hervorgerufenen schwierigen Personallage einleuchtend begründen – überall, nicht nur im herzoglichen Orchester zu Dessau, war die Lage prekär geworden: Es herrschte Mangel an Männern oder ganz allgemein an qualifizierten, kompetenten Kräften. Mit seinen Einkünften mußte Weill sein Scherflein zum Familienunterhalt beitragen.

Während des Ersten Weltkrieges geriet seine zuvor nie in Frage gestellte Verwurzelung im Elternhaus ins Wanken. Gewiß, Kurt schrieb weiterhin Gelegenheitswerke für die Synagoge – Trauungsmusiken, Gebete, hebräische Liedzyklen, A-cappella-Chöre für eine Bar Mitzwa. Doch scheint ihm seine jüdische Identität im Laufe der Jahrzehnte immer unwichtiger geworden zu sein. Liturgische Musik sollte in seiner späteren amerikanischen Korrespondenz, in der fortwährend die verschiedensten Musikgenres erwähnt werden, keine Rolle mehr spielen, von verbindlichen rituellen Gepflogenheiten, von wichtigen jüdischen Feiertagen war fortan nie mehr die Rede. Von allen Geschwistern machte er von seiner religiösen Herkunft am wenigsten Aufhebens.

Die Auswirkungen der Mobilmachung waren auch im Hause Weill nach 1914 deutlich zu spüren. Stolz und ein unerschütterlicher Ehrbegriff verboten es den Eltern, die sich allseits verschlimmernden Entbehrungen zu beklagen oder auch nur beim Namen zu nennen. Mit den einträchtigen Sonntagsspaziergängen zu sechst, Inbegriff familiärer Harmonie, war es erst einmal vorbei. Kurts ältester Bruder Nathan, der später Arzt werden sollte, diente als Pfleger an der französischen Front; Lieblingsbruder Hans, mit dem ihn sein Leben lang eine von großer Offenheit getragene, intime Korrespondenz verband, wurde noch kurz vor Kriegsende eingezogen.

Weills eigenes Verhältnis zur allgemeinen Euphorie und seine Stellung zwischen den »Fronten« der öffentlichen Meinung war überaus ambivalent. Mit fünfzehn nahm er an paramilitärischen Aktionen einer nur aus Jungen bestehenden Pfadfindergruppe, »Dessauer Feldkorps« genannt, teil und verlieh seiner jugendlichen Verblendung Ausdruck, indem er markige Soldatenchöre für Schulaufführungen schrieb. Einer davon trug den makabren Titel *Ich weiß wofür*, ein leichtfertiges Lippenbekenntnis für einen sinnlosen Heldentod. Mußten in der Aula Gedenkansprachen für inzwischen gefallene Klassenkameraden gehalten werden, so bewies ausgerechnet Kurt, in Zukunft ein ausgesprochener Pazifist und Antimilitarist, besonderes Talent für solch heikle Aufgaben. Aber er gestand Hans gegenüber auch seine ungeheuere Erleichterung ein, trotz Erreichen des wehrfähigen Alters nicht als Soldat dienen zu müssen: Es sei ihm allemal lieber zu hungern, als einen Kriegshelden zu mimen, schreibt er in einem Brief.

Weills Schwester Ruth, seine zweite enge Vertraute im Familienkreis, erinnerte sich an eine ganz anders geartete Begebenheit aus dem Jahre 1918: Kurz vor seinem achtzehnten Geburtstag waren in seiner Klasse nur noch wenige Jungen verblieben. Vorsorglich hatte Kurt in den vorangegangenen Monaten gelernt, Trompete zu spielen, um im Ernstfall als Instrumentalist im Heeresmusikkorps untertauchen zu können. Ruth zufolge schluckte Weill am Vorabend seiner Musterung so viele Aspirintabletten, daß er sich am kommenden Morgen halbtot, zitternd, schwitzend und mit fliegendem Puls der Untersuchung stellte – als würdiger Vorgänger von Felix Krull kam er mit seinem nicht ungefährlichen Trick davon und durfte zu Hause bleiben. Verängstigt hatte Ruth die ganze Nacht an seinem Bett zugebracht. Verflogen war die jungenhafte Naivität, das vorlaute, dumme »Wissen wofür« vom Tisch gefegt. Stundenlang stammelte Kurt vor sich hin und belagerte Ruth mit den ältesten Fragen der Menschheit: »Warum muß es Kriege geben? Warum müssen Menschen aufeinander schießen? Warum können Völker nicht friedlich miteinander leben?« Weill hatte Glück, und auch seine Brüder sollten heil aus dem Krieg zurückkehren. Kurt waren seine patriotisch-nationalistischen Entgleisungen bald peinlich. Doch sie sind entschuldbar für einen übereifrigen Jüngling, dem es letztlich nur um die Bekundung seines guten Willens gegangen war.[3]

Jetzt, da die Niederlage immer näher rückte, freute er sich klammheimlich, wenn er sich nach Konzerten in einem stillen Winkel ordentlich satt essen konnte: Bei einem Liederabend mit den Feuges in Köthen beeindruckten Weill neben vierzig Mark Honorar, einem Glas Champagner und einem großen Blumenstrauß, eigens für ihn, das üppige Kuchenbuffet, der echte Kaffee und das elegante Abendessen. Also blieb es bei Wagner im Salon – er begleitete Frau Feuge weiterhin bei den immer noch landauf, landab beliebten *Liebestoden* mit obligatem Klavier; wurde achtzehn, machte sein Abitur, wurde vom Schuldirektor damit beauftragt, den kleinen Chor der Lehranstalt zu dirigieren, bewarb sich um die Aufnahmeprüfung an der Staatlichen Berliner Musikhochschule, bestand sie – und war frei. Der Krieg war zu Ende, und Kurt trat aus dem Wartesaal Dessau ins Leben hinaus.

Als er in Berlin ankommt, ist das deutsche Jahrhundert einerseits schon arg angeschlagen – ein nach immensen Verlusten mit Mühe beendeter Weltkrieg, gefolgt von Kapitulation, Matrosenaufstand, Novemberrevolte, Abdankung des Kaisers, Dolchstoßlegende, Versailler Vertrag – aber andererseits noch jung genug, um sich einen kräftigen Ruck geben zu können: Die Goldenen Zwanziger sind unwiderruflich angebrochen. In Deutschland herrscht von nun an zwar Demokratie, eine Republik ist geboren, doch der Umgang mit dem Gespenst Freiheit verlangt Übung. Was liegt da näher, als dem Chaos freien Lauf zu lassen?

Fruchtbare Zeiten für die Kultur, Berlin läßt sich nicht zweimal bitten: Zwischen Brandenburger Tor und Neuem Westen brodelt es. Funken werden geschlagen und springen von einer Kunstszene auf die andere über. Piscator inszeniert und experimentiert auf den Brettern, die die Welt bedeuten, Toller, Mehring und Hasenclever verkürzen aktelange Dramen zu abgehackten, atemlosen Sprachfetzen und rechnen mit der Vätergeneration ab. Rasende Reporter sind unterwegs, der deutsche Stummfilm feiert Triumphe unter Fritz Lang, Murnau und Pabst; Henny Porten und Asta Nielsen sind die Königinnen der Leinwand. Kabaretts schießen wie Pilze aus dem Boden, in Schöneberg und Charlottenburg wird kaum noch geschunkelt – in verrauchten Kellergewölben feiert man indessen die subversiven Balladen von Hollaender, Klabund und Nelson. Marcellus Schiffer textet so flapsig wie pointiert, Mischa Spolianskys kongeniale Strophen haben Charme und Biß. Auf winzigen Bühnen lösen sich Claire Waldoff, Blandine Ebinger, Margo Lion, Otto Reutter, Ernst Busch, Rosa Valetti und Kurt Gerron im Zehnminutentakt ab. Die Etablissements heißen »Schall und Rauch«, »Größenwahn«, »Wespen«, »Metropol«, »Böse Buben«, »Kabarett der Komiker«. Ihre Diseusen und Wortjongleure werden als Götter des Untergrunds verehrt. Die ausgehungerten Berliner jubeln, die Obrigkeit ist machtlos, die kulturelle Sprengkraft Berlins verselbständigt sich. Kurt Weill hört genau hin, und irgendwo im Publikum, zwei Zigarettenlängen weiter, sitzen Hanns Eisler und Bertolt Brecht. Genau wie er spitzen und schulen sie ihre Ohren.

Die gesellschaftskritischen Maler George Grosz und Otto Dix halten mit ätzender Schärfe soziale Mißstände fest: das Elend der Versehrten, der Flüchtlinge, der Kriegsheimkehrer; das doppelte Antlitz der sexuellen Anarchie – erotisches Eldorado für die Begünstigten, erbärmliche Einnahmequelle für die Hungerleider. Prostitution für alle Geschmacksrichtungen und Geldbeutel wird in Film und Literatur als Libertinage gefeiert, für die Betroffenen ist sie Ausdruck letzter Verzweiflung, ein Ausweg aus der völligen Misere. Opiumabhängige und schräge Vögel sind Versatzstücke einer verzerrten Wirklichkeit, die man andernorts mit dem Surrealismus einzufangen glaubt. Hier in Berlin weht ein rauherer Wind.

Kurt läßt sich von ihm durch die Straßenschluchten der winterlichen Boulevards tragen. Er erlebt den Geschwindigkeitsrausch mit, ist von den Gerüchen, dem Rhythmus, den Geräuschen der durcheinandergeratenen, übervölkerten Preußenresidenz fasziniert und irritiert. Nosferatu, Caligari und Metropolis wirbeln durch seine Träume. Er riecht Armut und Arbeitslosigkeit in den Fluren und Treppenaufgängen der Mietskasernen. Für den Müßiggang des bourgeoisen Flaneurs braucht man lindere Lüfte, gepflegtere Trottoirs. Langsamkeit ist nicht sein Lebensrhythmus, und das Berliner Pflaster erfordert eine härtere Gangart als anderswo. Er wird zum Augenzeugen der Schlacht um den Reichstag, sieht zu, wie die Barrikaden errichtet und wieder niedergerissen werden, lauscht den flammenden Reden Liebknechts. Die Aussicht, womöglich bald unter einer »Diktatur des Proletariats« zu leben, jagt ihm Angst ein, und mit Kommilitonen organisiert er sich, um bei einer Verschärfung des Antisemitismus gewappnet zu sein. Eine Revolution geht wie ein Riß durch diese widersprüchliche Stadt, und in ihr geschehen Dinge, »die Ihr Euch auf dem Lande draußen nicht einmal erträumen könnt«.

In Dessau war ihm die Luft zum Atmen schon vor langer Zeit ausgegangen. Mit siebzehn träumte er bereits von einem kleinen Arbeitsraum ganz für sich allein, in Berlin oder München, in dem die Bücherregale ruhig unter der Last unzähliger Bücher und Partiturstapel zusammenbrechen sollten, ein Studio, in dem er ausschließlich der Musik frönen und Musik »sein« durfte, ganz frei von Alltagsballast und Sorgen um den Lebensunterhalt.

Jetzt ist er mehr denn je fest entschlossen, vorwärtszukommen, und aus der Kleinstadtbegabung wird binnen Jahresfrist eine der größten Hoffnungen für die musikalische Avantgarde der frühen zwanziger Jahre. Er beugt sich dem Wunsch der Eltern und schreibt sich auch an der Universität ein, hört anfangs Philosophie bei Ernst Cassirer und stürzt sich dann erst mit voller Kraft in seine Musikstudien: Dirigieren, Kontrapunkt und Komposition bei Altmeister Engelbert Humperdinck. Durch puren Zufall ist er in die Klasse des Schöpfers von *Hänsel und Gretel* geraten, und wenn ihm Methode und Stil seines neuen Lehrers auch wenig zusagen, macht er doch das beste daraus, assistiert Humperdinck bei der Instrumentierung seiner Oper *Gaudeamus* und erhält von dessen Sohn den klugen Ratschlag, einfach »seinen eigenen Weg zu gehen, eine große Oper zu schreiben und berühmt zu werden. Talent haben Sie ja zur Genüge, der Rest findet sich von ganz allein, egal, ob Sie nun Weill oder sonstwie heißen!«

Dennoch ist Weill zunächst enttäuscht – nach enervierenden Studien unter Friedrich Koch und Rudolf Krasselt in den Nebenfächern kommt es ihm vor, als könne er seine Erfahrungen als Korrepetitor unter Bing in Dessau nur unvollkommen einbringen. Die Monotonie orrhodoxer Regelanwendung langweilt, Humperdincks betagte musiktheatralische Direktiven deprimieren ihn. Er fühlt sich vom Nestor des deutschen Musiktheaters vernachlässigt, und manchmal trägt er sich mit dem Gedanken, seine Studien einfach abzubrechen. Die Sorge um sein täglich Brot hält Kurt gleichwohl in Atem: Im Zickzackkurs verlaufen seine Umzüge durch die Außenviertel Berlins, von einem möblierten Zimmer zum anderen. Vom Ruhepol einer eigenen »Bude« ist er noch weit entfernt.

Zehlendorf, Lichterfelde, Friedenau: Im zuletzt genannten Stadtteil verdient er seinen Lebensunterhalt als Chordirektor in einer jüdischen Synagoge. Die offenkundige Mittelmäßigkeit dieser Gesangsvereinigung – »sie sind allesamt Ignoranten« – versetzt ihn manchmal in Rage, doch ist er wie nie zuvor auf die dürftigen Einkünfte angewiesen. Gern hätte Kurt einige Semester bei Schönberg in Wien studiert, hat bereits mit einem schriftlichen Ersuchen vorgefühlt und zu seiner großen Freude sogar ein wohlwollendes Antwortschreiben vom Komponisten des *Pierrot lunaire* erhalten. Aber auch dieses Projekt zerschlägt sich, denn seine Eltern sehen sich außerstande, Kurt einen längerwährenden Auslandsaufenthalt zu ermöglichen. Man kann spekulieren, was aus dem jungen Kurt Weill an der Seite von Berg, Webern oder Apostel geworden wäre – die Musikwelt hätte mit Sicherheit auf *Mahagonny, Die sieben Todsünden* oder *One Touch of Venus* verzichten müssen.

Ein von Humperdinck vermitteltes Stipendium der Mendelssohn-Stiftung – dort fand ein von Weill verfaßtes Rilke-Lied den gewünschten Anklang – verschafft vorübergehende Linderung. Hinzu kommt, daß Kurts kinderloser Onkel Leopold Weill, ein Bruder seines Vaters, mit kleinen Zuschüssen in Krisenzeiten dafür sorgt, daß der musikalische Werdegang seines Neffen in einem zumindest erträglichen materiellen Rahmen fortschreiten kann. Es geht also wieder aufwärts. Wenige Tage in Dessau – und ihm erscheint das hart umkämpfte Berliner Dasein sogleich als Schlaraffenland: Stärker noch als zur Schulzeit empfindet er seinen Geburtsort als desolat und muffig, sehnt sich nach Stimulationen, mögen sie auch von altmodischen Hochschullehrern und ihren so müden wie verbrauchten Theoriekonzepten ausgehen. Er befindet sich nun unwiderruflich auf dem eingeschlagenen Weg zum Vollzeitkomponisten, auch wenn ihm schnell bewußt ist, daß sicher wohl »kein zweiter Beethoven oder Schubert« aus ihm werden würde. Nichtsdestotrotz fühlt er sich von »derselben Krankheit angesteckt«, wie sie auch jene verehrten Vorbilder an- und umgetrieben hatte.

Hinzu kommt, daß sich in Dessaus Musikleben die Konstellationen zu seinen Ungunsten verschoben haben: Im Hoftheater stehen Bing inzwischen die Dienste des jungen Kapellmeisters Hans Knappertsbusch zu Gebote, später einer der berühmtesten deutschen Dirigenten. Zwischen Weill, der noch des öfteren an der herzoglichen Bühne arbeitet, und Knappertsbusch, dem Kurts häufige Einmischung in Fragen der Interpretation, Ästhetik und musikalischen Gestaltung unpassend und als seiner untergeordneten Stellung unangemessen erscheint, entbrennt schlagartig eine doppelte Rivalität: Den Kompetenzzwist belastet zusätzlich, daß die beiden jungen Herren um die Gunst der charmanten Elisabeth Feuge buhlen. Weill zieht den kürzeren und hat wenig Lust, bei Proben als stummer Diener das Klavier zu bedienen, nachdem er viele Jahre zuvor inoffiziell als künstlerischer Berater am selben Ort gefragt war. Mit seinem Jugendschwarm Feuge gibt er 1920 noch ein ambitioniertes Konzert in Halberstadt, von seinem Bruder Hans für die dort ansässige Jüdische Kulturgesellschaft eingefädelt. Auf dem Programm stehen ausnahmslos »neue« Komponisten wie Reger, Schreker, Pfitzner und Schönberg, und die Darbietung der beiden erntet begeisterte Kritiken. Nebenbei findet Weill noch Zeit, eine Cellosonate, Lieder nach Dehmel und die Chorfantasie *Sulamith* zu Papier zu bringen. Dann ziehen seine Eltern nach Kleinsteinberg bei Leipzig um –

auf den Vater wartet dort eine Direktorenstellung in einem Kinderheim. Nathan studiert in Leipzig Medizin, Hans setzt zu einer kaufmännischen Ausbildung an, und Kurt macht sich erneut nach Berlin auf – mit dem gewinnbringenden Umweg über Lüdenscheid.

Kaum hat Weill seiner Heimatstadt im heutigen Sachsen-Anhalt den Rücken gekehrt, gelangt sie zu überregionaler und bald internationaler Bedeutung: Das »Bauhaus«, unter dessen Dach die Architekten Walter Gropius und Mies van der Rohe zusammenwirken, Johannes Itten seine Farbenlehre erprobt, die Maler Paul Klee, Kandinsky, Oskar Schlemmer und Lyonel Feininger sowie der ungarische Experimentalphotograph Laszlo Moholy-Nagy in seltener Eintracht neue Wege der zeitgenössischen Kunst erproben, Leben und Werk, Praxis und Reflexion zu einer nie gekannten Einheit verschmelzen, etabliert von 1925 bis 1932 in Dessau seine zentrale Wirkungsstätte – bevor es, wie Weill, den Weg nach Berlin einschlägt. Auch in Dessau halten die zwanziger Jahre also Einzug – ein bißchen spät für den Sohn von Emma und Albert, der sich inzwischen woanders seine Sporen verdient, aber den Geist der Zeit schon früh zu erahnen vermochte.

In Lüdenscheid setzt Kurt seine Lehr- und Wanderjahre fort. Das Mosaik seiner Fertigkeiten und Zielsetzungen setzt sich allmählich immer deutlicher zusammen. Er entwirft für sich ein musikalisches Weltbild, das offen ist für Einflüsse aus Film, Ballett, Sprechtheater und Politik. Bevor er in Berlin ein Netz von Beziehungen knüpfen kann, dessen Koordinaten Georg Kaiser, Bertolt Brecht, Iwan Goll, Caspar Neher und Ernst Aufricht lauten werden, muß er noch seine Gesellenprüfung ablegen: Die westfälische Industriestadt hat sich ein drittklassiges Theater zugelegt, sucht dringend einen Dirigenten für lokale Opern- und Operettenproduktionen und benennt kurzentschlossen Kurt Weill, der befindet, daß ihm für eine Weile ein wenig provinzielle Praxis und Routine, und zwar abseits der Heimat, nichts schaden können: Es gilt, Erfahrungen für

Berlin zu sammeln, und als Orchesterleiter ist er hier sein eigener Herr.

Nachmittags kommt er in der westdeutschen Kleinstadt – nicht einmal halb so groß wie Dessau – an und erfährt, daß er noch am selben Abend Flotows *Martha* leiten soll. Auf die ausgeliehene und zugleich ausgediente Dirigierpartitur wartet er bis kurz vor der Aufführung, gerät in Panik, weil er keine Gelegenheit mehr hat, auch nur einen kurzen Blick hineinzuwerfen, würde am liebsten auf der Stelle die Flucht ergreifen – und bringt die abendfüllende Vorstellung dennoch anständig über die Runden. In den kommenden Monaten dirigiert er Operetten, Schwänke, unsägliche Singspiele, große Opern mit einem hoffnungslos unqualifizierten Orchester und einem noch katastrophaleren Ensemble.

Von Zeit zu Zeit empfindet er eine fast grimmige Freude daran: »Als Orchesterchef kann mich fortan bis an mein Lebensende nichts mehr schrecken«, berichtet er seiner Familie, und zählt alle Perlen der Musikliteratur auf, die durch seine Hände geglitten sind: *Fledermaus* und *Fliegender Holländer*, *Zigeunerbaron* und *Cavalleria rusticana*, die sentimentale Schubertiade *Dreimäderlhaus* und ein wenig Stoff zum Träumen, ein musikalisches Lustspiel mit dem obskuren Titel *Im sechsten Himmel*. Im Laufe eines halben Jahres lernt er alles, was er für die besonderen Anforderungen im Musiktheater benötigt, hatte sein Rüstzeug beisammen, und mehr noch: Die Vorstellung, ein Opernkomponist mit populärer Handschrift werden zu wollen, zeichnet sich immer präziser vor seinem inneren Auge ab. Wenn man es recht bedenkt, werden auch seine frühen amerikanischen Musicals gar nicht so weit vom *Sechsten Himmel* in Lüdenscheid entfernt sein.

Zurück in Berlin, ging Kurts rastloser Überlebenskampf weiter: Es drängte ihn nicht mehr an die Hochschule zurück, sondern er wartete die Entscheidung ab, ob er zu den wenigen Auserwählten zählen würde, die Busoni als seine Privatstudenten aufnahm. Nächtelang drosch er in einem verräucherten

Bierkeller auf verstimmte Klaviere ein, tagsüber arbeitete er bis zu vierzehn Stunden an seinen Manuskripten, kritzelte Orchesterstudien, plante symphonische Dichtungen und verwarf unausgereifte Opernpläne. An manchen Tagen schien es ihm, als sollte er besser ganz aufs Komponieren verzichten und seine besten Jahre fern der Hauptstadt als beamteter, grundzufriedener Kapellmeister verbringen. Wie dessen Tagesablauf aussah, hatte er gerade erst wieder bei einem Sommergastspiel an der Nordsee am eigenen Leibe erfahren dürfen, eingelullt von Operettenmelodien und Fünf-Uhr-Tees, die, so unwirklich es ihm selbst erscheinen mochte, von den Stabbewegungen seiner eigenen Hand aus dem Orchestergraben und aus der Kurparkmuschel hervorgezaubert wurden. »Wir Juden sind fürs Komponieren einfach nicht produktiv genug«, klingt es selbstkritisch und verbittert in einem Brief.

In den Köpfen und Herzen der Brüder Hans und Kurt wurden intensive Konflikte ausgetragen. Anderntags war es Kurt, der, von einem Kunstgenuß besonderer Güte in der Philharmonie beflügelt, seinem »großen Bruder« Hans in Halberstadt wieder Mut zusprechen konnte und ihm riet, sich an bedeutenden Kulturleistungen wie Beethovens *Fünfter*, Bruckners *Vierter* und Mahlers *Auferstehungssymphonie* moralisch aufzurichten. Weill hörte und erlebte die Größen jener Jahre, verfolgte verzückt jede Geste, wenn Nikisch oder Richard Strauss am Pult standen. Er bewegte sich mit Vorliebe im Dunstkreis von legendären Figuren, die Maßstäbe setzten. In solchen Momenten dachte er an seine eigenen, müßigen Schubert-Forschungen – er hatte sich obendrein noch Musikwissenschaft und Instrumentation als Hauptfächer zugemutet – und entwickelte eine gehörige Position Selbsthaß: »Alles an mir stinkt nach Provinzialismus.« Er hielt sich für nicht empfänglich genug, die »Moderne« zu begreifen und selbst einen wichtigen Part in deren Gestaltung zu übernehmen.

Der einflußreiche Kritiker Oscar Bie hatte seine Hand im Spiel, als ein Termin für Weills Unterredung mit Busoni endlich zustande kam. Der große Mann aus Zürich hatte seinen

Wohnsitz für einige Jahre nach Berlin verlegt und Kurt nach einiger Bedenkzeit als einen unter fünf Auserwählten für seine Privatstunden erkoren. Der Meister aus Triest, Schöpfer des *Arlecchino* und Verfasser zahlloser Bach-Bearbeitungen, kehrte ein Vierteljahrhundert nach seinen Berliner Anfängen für diesen besonderen Lehrauftrag wieder nach Deutschland zurück. Mit seiner natürlichen Noblesse eroberte er Intellekt und Esprit des jungen Weill. Und doch fand der zu höchsten Weihen aufgestiegene Dessauer immer neue Gründe für Skepsis und Selbstzweifel.

Busoni hatte ihn gleich zu Beginn für ausgiebige Kontrapunkt-Studien zu seinem Famulus Philipp Jarnach in die Lehre geschickt – an allen Ecken und Enden seines Handwerkzeugs schien noch etwas auszusetzen zu sein. Kurt fühlte sich gedemütigt. Zur gleichen Zeit traf er, eine weitere Chance, mit dem jungen Johannes R. Becher zusammen, in den fünfziger Jahren neben Brecht der große DDR-Dichter von Staates Segen. Sofort waren Weill und Becher Feuer und Flamme, dessen pazifistisches Schauspiel *Arbeit, Bauern, Soldaten* mit einer Bühnenmusik zu versehen. Vielleicht sollte aus dem Stück mit expressionistischen Zügen auch ein Oratorium werden – sein Untertitel war *Der Aufbruch eines Volkes zu Gott*. Vorstudien dazu flossen jedenfalls in Weills Erste Symphonie ein, die von Busoni – schon wieder eine Ohrfeige – nur zurückhaltend beurteilt wurde. Kurt, den vormals schon Else Lasker-Schülers *Wupper* zur Umsetzung in ein zeitgenössisches Musikdrama anstachelte, hatte wieder einmal einen untrüglichen Instinkt bewiesen, was die neuesten Trends der zeitgenössischen Literaturszene betraf.

Mit dem Epochen-Einschnitt 1918 verebbten in der europäischen Musikgeschichte endgültig die letzten Wellen des 19. Jahrhunderts. Nur noch wenige epigonale Ausläufer schwappten an die Gestade der Musikzentren Berlin, Paris, New York und Wien. Längst hatte man überall die Segel gesetzt und sich zu neuen Ufern aufgemacht. Schönberg brach als erster radikal mit den Gesetzen der seit Jahrhunderten eingespielten Dur-Moll-Tonalität und trieb den Chromatismus der Wagner-Generation auf die Spitze: Die Atonalität schien den Ausdrucksanforderungen des literarischen Expressionismus bestens zu entsprechen – Zertrümmerung von Dialogen und Syntax hier, Preisgabe jeglicher tonaler Hierarchie dort. Mit der Zwölftonmethode war dann der Weg frei für eine Emanzipation der Töne und Klänge, deren akustisches Resultat verbergen konnte, welch strengem Regelsystem sie von den Komponisten unterworfen wurde. Edgar Varèse arbeitete in Paris und New York an der Befreiung des Klanges und schickte verstörend massive, grell aufblitzende Bläserfanfaren und Perkussionswogen in die aufgeschreckten Ohren des Publikums der bürgerlichen Konzertsäle. In Italien und Rußland proklamierten die Futuristen Geräuschmusik und Klangkombinationen im Sog von Geschwindigkeitsrausch, Technikbegeisterung und unbedingtem Fortschritt. Flugzeuge und Lokomotiven, Maschinen und Automaten wurden gefeiert, vergöttert. Kodály und Bartók zeichneten systematisch die Folklore der Balkanländer auf und entwickelten daraus ein so exotisches wie alternatives Idiom der Moderne. Strawinsky hatte mit seinem *Sacre du printemps* die Hörgewohnheiten der Europäer revolutioniert. In seinem Schatten pilgerten Neoklassizisten und »freiwillige« Emigranten, allen voran Russen und Spanier, an die Seine.

In Montparnasse machte sich die »Groupe des Six«, eine Vereinigung von sechs Hoffnungsträgern unter dem spirituellen Banner von Jean Cocteau, auf, Germanismen und jegliche sonstige Überfremdung, die in der Vergangenheit in die französische Musiksprache eingesickert war, zu ächten: Stücke für den Alltag, so lautete nun die Devise. Witzige, kurze, auch für den ungeschulten Hörer verständliche Liedzyklen, groteske Instrumentalskizzen und prä-dadaistische Opern-Aphorismen wurden für die mondänen Salons der großen Mäzene und die Katakomben am Montmartre geschrieben. Jeder Komponist war dilettierender Profi und gewiefter Amateur zugleich und schockierte als selbsternannter Literat seine Verehrer in wöchentlich wechselnden Pamphleten mit kessen Parolen. Über all dem turbulenten Geschehen wachte der gallische Hahn darüber, daß die Betriebsamkeit des musikalischen Tagesgeschäftes so unverfälscht französisch blieb, wie es sich seine Wortführer vorgenommen hatten.

In Londoner Kneipen gaben Jazzbands von der anderen Seite des Atlantiks ihre ersten Gastspiele und übten einen narkotischen Reiz auf die mit allen Sinnen empfänglichen Neutöner Europas aus. Busoni hatte seine Theorien zur Reformierung der modernen Oper vorgelegt, und in allen Ländern bastelte man fieberhaft an ihrer Umsetzung: Zeitopern, Kurzopern, Miniatur- und Minutenopern, Pantomimen, Marionettenspiele und Musical-Vorläufer wurden in halbmonatlichen Abständen auf die Bühnen der großen Städte gebracht. Krenek, Toch und Hindemith ließen Jonny aufspielen, Prinzessinnen auf Erbsen schlafen und das Nusch-Nuschi aus dem Orchestergraben über Parkett und Logen ins Scheinwerferlicht huschen. Man wollte am Puls der Zeit bleiben, aktuelle Stoffe präsentieren, *Geschichten von Soldaten* erzählen, »hin und zurück« mit der Geistesgegenwart des hungrigen Publikums spielen, »von heute auf morgen« Probleme der Gegenwart verhandeln, *Neues vom Tage* besingen, unterhalten und befremden, belehren, brüskieren und begeistern – und so mit einem Schlag das unerträglich gewordene Pathos der Jahrhundertwende ein für allemal in die Schranken verweisen. Emotionen atmeten den Geist der Neuen Sachlichkeit, große Gefühle gehörten fortan dem verstaubten Repertoiretheater an.

Manch einem war soviel Revolution in Konzertsaal und Opernhaus zuviel des Neuartigen: Man bekundete sein Mißfallen deutlich. Kritiker und Berichterstatter schlugen sich mit Wortgefechten, Haßtiraden, Regenschirmen, Spazierstöcken und Aktentaschen. Trillerpfeifen und Wurfgeschosse ersetzten Operngläser und Abendtäschchen. Abonnenten, Progressive, Eingeweihte und Kulturbanausen bekriegten sich, und jede Clique schickte ihre Legionäre und Claqueure in die nicht endenwollende Serie von Premieren und Uraufführungen, spontanen und kalkulierten Skandalen, Privataudienzen und Snobspektakeln. Die talentiertesten Könige der Kulturpropaganda in den zwanziger Jahren hatten es in der Hand, auch ihre eigene Kulturgeschichte zu schreiben. Nie zuvor war es so wichtig, sich selbst geschickt vermarkten zu können oder über Hofberichterstatter in den Redaktionen der überregionalen Zeitungen zu verfügen. Eine von Paris nach Berlin, von Wien nach London gekabelte Nachricht von einer Sensation konnte bedeuten, daß sie andernorts alsbald immer größere Wellen schlug – gerüchteweise. Nur wenigen Talenten unter den vielen begabten Komponisten dieses Jahrzehnts war es vergönnt, ihr Ziel nicht aus den Augen zu verlieren und sich im unübersichtlichen Meer des Tagesgeschehens zu behaupten. Einer von ihnen sollte Kurt Weill sein.

Weill ist so talentiert wie ehrgeizig, aber sein politisches Engagement – die Zusammenarbeit mit Kaiser, Goll und Brecht (von 1924/25 bzw. 1927 an), das Interesse an sozialen Fragen, die beißende Polemik, die unübersehbare gesellschaftliche Brisanz der Texte zu seinen Songs – verstört auch. An einer Erweiterung des musikalischen Materials, an einer Ausweitung der Tonvorräte ist er, anders als etwa die Wiener Kollegen um Schönberg, offensichtlich kaum interessiert. Er gehört weder zu einer Schule noch zu einer Sechsergruppierung, ist kein Atonaler, kein Zwölftöner, kein Neoklassizist und komponiert auch nicht polytonal. Selten genug hat er freitonale Abschnitte in seine Werke aufgenommen, doch ansonsten ausnahmslos einer kühlen, schroffen und rhythmisierten Sprache aus Dur- und Moll-Akkorden gehuldigt. Er liebt die Verführungskünste der Kabarettlieder und ihre dunkle Doppelzüngigkeit, er bewundert den einschmeichelnden Schmelz der Operettenmelodien und die unversöhnliche, martialische Trivialität von Gassenhauern und Bänkelliedern. Als er aus Busonis Schatten tritt, hat er den Einflüssen von Strawinsky, Hindemith und Berg viel zu verdanken. Seine Klangrede ist dem Geist einer neuen Objektivität verpflichtet, wie er überall in Europa aufkeimt; der rohe, transparente Sound von Blech- und Holzbläsern beherrscht seine Partituren. Eckige, hartkantige Rhythmen bewirken, daß sich ein rauher Ton durchsetzt, süßliches Schwelgen ist von jetzt an unerwünscht.

Kurt ist kein Wunderkind mehr, eher ein Arbeitstier mit Ambitionen. Er etabliert das Polit-Chanson als eine dem klassischen Lied ebenbürtige Gattung. Songs, Radioopern, Lehrstücke, Dramolette entstehen in rascher Folge und treffen den Ton, nach dem die deutsche Hauptstadt giert. In der Weimarer Republik erregt er als solide ausgebildeter, »seriöser« Tonsetzer schnell Aufsehen mit bis dahin unerhörten Werken, die einem Bildersturm gleichkommen: provokante und expressionistische Zeitopern, Einakter, soziale Grotesken, Lieder zum Mitpfeifen. Worin besteht seine Technik?

Er besitzt einen unfehlbaren Instinkt für erstklassige Literatur, für eine Sprache mit Hintergedanken. Er integriert Elemente des Bänkelsangs, des Jazz und der Unterhaltungsmusik in seine Kompositionen; seine Songs ersetzen die weihevolle Aura gepflegter Kunstlieder; Saxophon und Schlagzeug ziehen in seine Kammerensembles ein. Weills Melodien werden zu Schlagern für Kneipenbesucher wie Intellektuelle. Die Partner des kleinwüchsigen, kahlköpfigen Kettenrauchers Weill bilden die literarische Avantgarde jener turbulenten Jahre – sie sind allesamt Rebellen: Bertolt Brecht, Georg Kaiser, Iwan Goll, Lion Feuchtwanger, Arnolt Bronnen. Paul Hindemith und Caspar Neher arbeiten an seinen Produktionen und Inszenierungen mit. Was Büchner und Wedekind für Alban Berg bedeuteten, sind für Weill Erich Kästner, Walter Mehring und später auch Jean Cocteau: Sie liefern Vorlagen für seine geistreichen Chansons, denen schon bald ein typischer, tanzbarer Weill-»Touch« anhaftet. Mit diesem Markenzeichen verströmen sie auf unverwechselbare Weise den mal sanften, dann wieder frechen Charme der zwanziger Jahre, gewürzt mit Frivolität und Zeitkritik: Wer einem Weill-Song lauschte, war politisch auf dem laufenden und konnte dazu einen flotten Foxtrott aufs Parkett legen. Eine derartige Einheit von Zeitgeist, Kritik an der Obrigkeit, anspruchsvoller Liedvertonung und synkopierten Rhythmen hatte es zuvor noch nie gegeben.

Der Urheber des *Klops*-Liedes, Brechtscher Moritaten und später von Pariser Hinterhofballaden schuf in rascher Folge Rundfunkmusiken, Kabarettnummern, Kollektivhörspiele und satirische Operetten, die stets tagespolitischen Zündstoff in sich bargen, entwarf surrealistische Einakter und die ironisch-revolutionäre Kurzoper *Der Zar läßt sich photographieren*. Weills Mitwirkung bei Festivals für Neue Musik war im In- und Ausland gefragt, und er tummelte sich im Umfeld der »Novembergruppe«. 1922 hatte er sich dieser losen, aber unerhört innovativen Vereinigung mit beträchtlichem intellektuellen wie »revolutionären« Einfluß angeschlossen, die zunächst vornehmlich aus bildenden Künstlern bestand und sich ihren Namen in Gedenken an die Ereignisse vom Herbst 1918 gegeben hatte. Weitere Mitglieder unter den Musikern waren die Busoni-Schüler Jarnach und Wladimir Vogel, Stefan Wolpe und Hanns Eisler, der Publizist Hans Heinz Stuckenschmidt und George Antheil, das Enfant terrible jener Jahre. Hier lernte Weill die Dirigenten Hermann Scherchen und Fritz Stiedry kennen, Pioniere und Botschafter der Neuen Musik. Hier kreuzten sich Bauhausgeist und Berliner Avantgarde. Politisches Bewußtsein, Gesellschaftskritik und humanistischer Auftrag standen im Vordergrund jeglicher künstlerischer Aktivität. Einigen ging das Engagement der Gruppierung nicht weit genug – der Dadaist Raoul Hausmann sowie die Großstadtmaler Grosz und Dix kehrten ihr bald den Rücken und beschworen in einem Offenen Brief ihre Vorstellungen von einer Kunst für die Arbeiterklasse.

Weill hingegen bewies schon als junger Mann, daß er sein Konzept einer kritischen, nach allen Seiten offenen Zeit-Musik nicht eilfertig Ideologiegläubigkeit und Orthodoxie unterordnen mochte, und dieser Haltung blieb er zeitlebens treu. Eine politische Überzeugung stellte für ihn nie einen Selbstzweck dar, und nichts ist so meilenweit von sozialistischem Realismus entfernt wie eine Brecht-Vertonung von Weill – man denke nur an die Schlußwendung ihres gemeinsamen Meisterwerkes *Und was bekam des Soldaten Weib?*

Seine zeitweilige Zugehörigkeit zur Novembergruppe schärfte seinen Blick für politische Verführbarkeit, definierte seine Rolle als »engagierter« Komponist – eine »l'art pour l'art«-Ästhetik kam für ihn nicht in Frage. Die Gruppierung machte ihn auch mit maßgeblichen Figuren der Berliner Künstlerszene vertraut und vermittelte ihm eine Vorstellung davon, wieviel politischen Gehalt er in einem Bühnenwerk, das gleichzeitig publikumswirksam und anspruchsvoll, populär und maßstabsetzend sein sollte, verwirklichen und als »Botschaft« an den Mann bringen konnte.

Sein erstes Werk für die Bühne, Kaisers *Protagonist*, wird zum Testfall für das Umsetzen so vieler unterschiedlicher dramaturgischer Strategien. Der Einakter ist im elisabethanischen England zu Shakespeares Zeiten angesiedelt und schildert die Schwierigkeiten eines fahrenden Schauspielers, zwischen Fiktion und Wirklichkeit, zwischen Komödie und Tragödie zu unterscheiden. Dieser Protagonist wird während eines Gastspiels an einem Fürstenhof von seiner Bühnenrolle so überwältigt, daß er seine eigene, »echte« Schwester im Schauspielwahn ersticht, als sie ihm – nach dem Ende der Vorstellung – ihren Liebhaber aus dem »richtigen« Leben vorstellen will. Pantomimen und Ballettmusiken lockern die Gesangspassagen auf, eine Bühnencombo alterniert mit dem großen Orchester, Weills Begabung für die Groteske, für makabren Humor und tief empfundenen Ernst leuchtet an vielen Stellen auf. Streckenweise dominiert der Einfluß von Busonis Tugenden, zappelt der aufmüpfige *Arlecchino* über die Partiturseiten. Sie zeigen das Leben als Maskerade, als Abfolge von Auftritten, Posen und unvermittelten Ereignissen, als Balance zwischen kontrollierten, gesteuerten »Entscheidungen«, unfreiwilligen Reaktionen und Manipulationen »von außen«. Hier werden geradezu poetologische, grundlegende Aspekte des Musiktheaters verhandelt: ein idealer Einstieg für jemanden, der ein

Vierteljahrhundert lang mit allen Facetten der Gattung Oper ringen und hadern sollte.

Kurts Erstling, ein Changieren zwischen leichtgewichtiger und ernsthafter Musik, ein Wechselspiel der Genres, ist ein unerwarteter Erfolg. Über dreißig Vorhänge ernten die Sänger der Uraufführung an der Dresdner Oper unter Fritz Busch – immerhin derselbe Dirigent, dasselbe Haus, die zuvor Busonis *Doktor Faust* aus der Taufe gehoben hatten. Komponist und Dichter haben sich auf dem Weg ins Theater bei einer intensiven Debatte über philosophische Fragen und nach dem Genuß mehrerer Aperitifs erheblich verspätet. Drinnen warten Lenja und Kurts Geschwister längst auf Kaiser und den vom Beifall überraschten Opernnovizen. Er verbeugt sich in einem eigens für die Premiere geborgten Smoking und freut sich ungemein über die verstreuten Buhrufe aus der Menge zu seinen Füßen: Im selben Jahr waren eklatante Proteste und ebenso erregte Begeisterungsstürme für Bergs *Wozzeck* an der Berliner Staatsoper Unter den Linden laut geworden, und einen ganz kleinen Skandal hatte sich auch Weill für seine Feuertaufe erhofft. Die landesweite Zustimmung der interessierten Fachpresse läßt nicht lange auf sich warten.

Mit dem *Protagonist* verabschiedet er sich endgültig von Dessau und empfiehlt sich für Berlin – die Skizzen sind noch dem Jugendfreund Peter Bing zugedacht, doch die fertiggestellte Partitur widmet er Lenja. Die Schauplätze der Pubertätsjahre, Synagoge und Hoftheater, hat er endgültig gegen die größten Opernhäuser Deutschlands eingetauscht. In Paris findet die Premiere seines Violinkonzertes statt, im Romanischen Café trifft er den Surrealisten Iwan Goll, und sie schmieden Pläne für eine Zusammenarbeit. Sein Wiener Verleger Emil Hertzka, der bei Universal Edition so viele große Persönlichkeiten betreut, lädt ihn erstmals zu einem Essen ein, bei dem Fisch auf der Speisekarte steht – untrügliches Indiz für Kurts gestiegenen Wert. Er ist fünfundzwanzig Jahre alt und auf dem besten Wege, selbst ein Protagonist zu werden – ein Protagonist, der sehr wohl zwischen Bühne und Realität differenzieren, aber nicht immer genau entscheiden kann, wann er seinem Leben und wann er seinem Werk den Vorrang einräumen soll.

Schon als Heranwachsender hat sich Kurt Gedanken über die Bindung an eine Partnerin, über Liebe und Ehe gemacht. Der Neunzehnjährige wünscht sich einen hemmungslosen Liebestaumel, »um alles übrige vergessen zu können« und in einen unendlichen, beglückenden Abgrund zu stürzen. Seinem Bruder Hans vertraut er an, daß er zwischen zwei Typen von Mädchen unterscheidet: den Unbekümmerten, Naiven ohne allzuviel Grips im Kopf und den intellektuell Ebenbürtigen, die er als Kameraden, Gesprächspartner und Gleichgesinnte sieht. Körperliche Anziehung empfindet er bei letzteren nicht. Kurt macht überhaupt keinen Hehl daraus, daß er den Leichtgewichten den Vorzug gibt, jungen Frauen, mit denen er nicht über Kontrapunktstudien und Konzerterlebnisse fachsimpeln kann und muß. Besonders der künstlerisch Schaffende, so Weill in seinem Brief vom Mai 1919, sehne sich nach dem »ewig Weiblichen«, einer Synthese sinnlicher, spiritueller und psychologischer Qualitäten, wie sie nur selten unter den Akademikerinnen, dafür aber um so häufiger unter den naiven, kreatürlichen Mädchen anzutreffen sei. Noch glaubt er an eine mittlere, »dritte« Spezies von Frauen.

Und Ruth gesteht er, daß der Stimmklang von schönen Unbekannten, die ihm in Berliner Parks begegnen und ein Liedchen vor sich hin summen, brennendes Verlangen in ihm auslöst. »Irgendeine unter Deinen Schülerinnen müßte doch eine ideale Heiratskandidatin für mich abgeben können«, schreibt er an die Schwester. So dumm wie unmusikalisch soll die Herzensdame sein und nach Möglichkeit über eine Mitgift von einer Million Mark verfügen.

Kurt, sein Vater und seine Brüder sind keine schönen Männer, nicht einmal nach landläufigem Verständnis gutaussehend, und wie Abbildungen belegen, sind in der Familie Weill alle Söhne von eher kleinem Wuchs. Doch müssen sie keineswegs um ihre Chancen bangen, Hans erweist sich sogar als regelrechter Herzensbrecher und nimmt seinen Bruder auf Eroberungstouren mit, die im Hause Weill mit dem Decknamen »nachmittäglicher Bummel« bemäntelt werden. Wenn Kurt wieder einmal als notorischer »Dachstubenkomponist« – ein gängiger Familienspottname, den er haßt – in stundenlangen eremitischen Sitzungen droht, seinen Kopf zwischen Partiturstudien und Kompositionsskizzen zu verlieren, ergreift ihn sein älterer, erfahrener Bruder am Schlafittchen und zerrt ihn ins Freie. Dort, vor dem Herzoglichen Theater, promeniert die Stadtjugend auf und ab, Jungen und Mädchen für sich. Alberne Bemerkungen fallen, es wird gekichert und getuschelt, und ab und zu ergibt sich ein Rendezvous: Flirts im Schloßpark, heimliche Verabredungen, kurze abendliche Spaziergänge. In den Stunden danach werden die Auserkorenen von den Brüdern mit fachmännischen Sprüchen beurteilt und klassifiziert – die Werteskala verschiebt sich jeden Tag am Abendbrottisch aufs neue. Kurt setzt auch in Berlin seine amourösen Wanderungen fort; bei einer davon verliebt er sich in die junge Martha Gratenau und träumt von einer Verlobung mit ihr. Diesmal ist er es, der den Liebeskahn steuert und sie über die Seen im Berliner Tiergarten rudert. Doch Marthas Eltern wollen von einer solchen Verbindung nichts wissen und unterbinden streng jedes weitere Zusammentreffen der beiden.

Kurt hatte Charme, und ihm fiel die Kontaktaufnahme mit dem anderen Geschlecht leicht. Er entsprach also durchaus nicht dem Klischee vom gehemmten, sexuell verschüchterten Bücherwurm, wenngleich man sich in der Familie schon darüber einig war, daß er im Grunde einzig und allein für die Musik existierte. Soweit es sein Stundenplan erlaubte, hatte er während der Schulzeit Sport getrieben, einem Ruderclub angehört und ein natürliches Verhältnis zu seinem Körper entwickelt. Ein Photo zeigt den Sechzehnjährigen im Adamskostüm unter Gleichaltrigen in einem Naturistenclub. Es mag überraschen, daß ausgerechnet die Eltern Weill ihre Kinder in einer Epoche, die nicht gerade für derlei Errungenschaften bekannt ist, zur Freizügigkeit anhielten – Körperkult und FKK-Gruppen sollten erst im Rahmen der

Jugendbewegung in den zwanziger Jahren in Deutschland Schule machen und ausländische Beobachter in Erstaunen versetzen.

Seine allerersten Briefe an Lenja – ihre Antwortschreiben von 1924 bis 1933 müssen als verloren gelten – bezeugen, wie glücklich Weill das neue, so unvermutet eingetretene Liebesverhältnis macht. Er kann genau benennen, was seine Angebetete, die er mit Kosenamen wie Linerl, Muschi, Seelchen, Lenja-Benja, Spätzlein oder Pummilein belegt, an Empfindungen in ihm auslöst. Schnell ist aus dem Sie ein Du geworden. Kurt bekennt, daß ihm die schönsten Wünsche seines Lebens erfüllt worden seien – nie habe er gewagt, zu träumen, daß er jemals einen solchen Glückszustand erleben könnte. Er empfiehlt sich als das »ideale menschliche Wesen«, das ganz unbedingt zu Lenja gehöre, dem sie vertrauen könne, das alles Häßliche aus ihrem Leben entferne. Weill schwebt auf Wolken, ist nicht mehr imstande zu definieren, wer er gewesen war, bevor er Lotte traf, und kennt, nach eigenem Bekunden, nur noch den einzigen Wunsch: in ihr zu versinken, in ihr Leben einzutauchen und darin aufzugehen, sich selbst in ihr gespiegelt zu sehen.

Seine Liebesbekundungen kulminieren in einer großen Hymne an ihre Stimme – an das erste Geschenk, das sie ihm machte, und an die Eigenschaft, die sie für ihn weiterhin unübertrefflich macht: »Wenn ich mich nach Dir sehne, so denke ich am meisten an den Klang Deiner Stimme, den ich wie eine Naturkraft, wie ein Element liebe. In diesem Klang bist Du (für mich) ganz enthalten, alles andere ist nur ein Teil von Dir, u. wenn ich mich in Deine Stimme einhülle, bist Du ganz bei mir. Ich kenne jede Nuance, jede Schwingung Deiner Stimme u. höre genau, was Du sagen würdest, wenn Du jetzt neben mir wärest – u. wie Du es sagen würdest. Und plötzlich ist mir dieser Klang wieder ganz fremd u. neu, und dann ist es höchste Seligkeit, zu wissen, wieviel streichelndes Liebkosen diese Stimme für mich hat.«[4]

Lotte verkörpert für ihn als Frauentyp den idealen Mittelweg, dessen Existenz er zuvor ausschloß: Sie ist älter und sexuell reifer als er, Qualitäten, die er schon an Nelly Frank schätzen gelernt hatte. Sie verfügt über genügend Unbefangenheit und Naivität, mischt sich nicht in seine professionellen Angelegenheiten ein, und ist in seinen Augen dennoch kein nichtssagendes Dummerchen. Sie besitzt Lebensklugheit und darüber hinaus natürlich den faszinierenden Stimmklang, der ihn schwärmen läßt. Sie ist musikalisch, hat sich aber einen kreatürlichen Zugang zur Musik bewahrt und ist keine klassisch ausgebildete Vokalistin. Vor allem aber taugt sie, und die spätere Korrespondenz zwischen beiden wird es an unzähligen Stellen belegen, zur ebenbürtigen Gesprächspartnerin. Sie wird zur Vertrauten, der man alles vermitteln kann: von trivialen Alltagsanliegen bis hin zu intimsten Regungen. Sie hat Sinn für Humor, den nötrigen Esprit für Wortspiele und kleine verbale Schweinereien, und genau auf dieser Wellenlänge gelangt der Briefstil der beiden im Laufe der Zeit beinahe zur Deckungsgleichheit.

Und trotz dieser großartigen Eröffnung ist ihm durchaus bewußt, daß Lenja schon in den Anfängen, als beide noch von der Euphorie des frischen Verliebtseins getragen werden, deutlich spürt, in seinem Leben nicht immer die erste Geige zu spielen. Mit augenzwinkernder Selbsterkenntnis nennt er sie häufig »Notenquetschergattin«: Er weiß, daß er ihr längere Phasen des Alleinseins zumutet, als es der frühen Beziehung vielleicht zuträglich wäre. Doch der Komposition und den Verhandlungen mit Theatern und Verlegern gebührt absoluter Vorrang – Weill läßt daran keinen Zweifel und bedeutet Lotte sogar einmal expressis verbis, daß sie für ihn lediglich »an zweiter Stelle« rangiere. Für die junge Schauspielerin ist es anfangs reichlich ernüchternd, daß sich ihr Liebhaber als kompromißloses Arbeitstier entpuppt.

Es handelt sich allerdings unmißverständlich um Prioritätensetzung, wenn Kurt allmorgendlich pünktlich um acht aus dem Liebesnest schlüpft und tagsüber, von eiserner Disziplin beseelt, seinen Schreibtisch nicht einmal für die angenehme Abwechslung verläßt, kleine Zärtlichkeiten auszutauschen. Lenja muß sich erst daran gewöhnen, ihn nur während der Mahlzeiten zu Gesicht zu bekommen. Sie lebt von nun an mit einem Mann, der ihr nie seine gesamte Energie zur Verfügung stellen wird. Sie kommt, wie er erstaunt feststellt, doch »gleich nach meiner Musik« – Lotte aber hört: »erst nach meiner Musik«. Der Unterschied in der Bewertung dieser Nuance bestimmt bald ihre ganze künftige Partnerschaft.

Kurts Verhältnis zu seinen Eltern erfährt in diesen so ereignisreichen Jahren 1925/26 eine deutliche Abkühlung. Albert und Emma sträuben sich gegen die Verbindung ihres vielversprechenden Sohnes mit dem Fräulein aus Wien. Lotte ist nicht nur keine Jüdin, sondern steht auch stellvertretend für das undurchsichtige Künstler- und Halbweltmilieu, in dem sich ihr begabter Sprößling nun schon seit mehreren Jahren zu Hause fühlt. Viele Monate werden noch vergehen, bevor Lenja einen Brief an sie unterzeichnet, breiteren Raum in Kurts Schreiben einnimmt oder bevor die Schwiegereltern ihr bei einem Theaterauftritt ihre Aufwartung machen. Seine Geschwister sind da offener, neugieriger.

Für Weill ist es an der Zeit, für sich selbst eine Positionsbestimmung vorzunehmen – als Sohn, als Mann und als Komponist. Fast hat es den Anschein, als spräche er in einem an die Eltern adressierten Brief nach Leipzig mit sich selbst, als beschriebe er eine erotische Offenbarung, als zöge er die Bilanz einer Jugend. Er wünscht sich darin, er könne ihr Leben mehr mitleben, als es ihm jetzt möglich sei. Aber »ich mache jetzt die Jahre durch, wo der Künstler ständig auf dem Pulverfaß ist, wo unverbrauchte Energien sich explosiv entladen müssen, wo eine gesteigerte Überempfindlichkeit einen ständigen Zustand der Spannung, der Erregung erzeugt. Nur so könnt Ihr manches begreifen, was Euch an mir vielleicht unverständlich erscheint. Jetzt hat es mich wieder gepackt. Ich bin eingegraben in diese neue Oper, ich gehe nur zur Erledigung der wichtigsten äußern Dinge aus dem Hause. Ich muß einen Ausdruck meistern, der mir noch neu ist. Und ich stelle zu meiner Freude fest […], daß ich allmählich zu ›mir‹ vordringe, daß meine Musik viel sicherer, viel freier, lockerer und einfacher wird. Das hängt auch damit zusammen, daß ich äußerlich unabhängiger, sicherer, heiterer und weniger verkrampft geworden bin. Daran hat natürlich das Zusammenleben mit Lenja wieder starken Anteil.«[5] Sie habe ihm sehr geholfen. Es sei ja die einzige Art, fährt er fort, wie er Menschen neben sich dulden könne: als »Nebeneinander zweier verschiedener künstlerischer Interessen«, ohne einander seelische Fesseln anzulegen, eine wechselseitige Förderung, bei der keiner von beiden seinen eigenen Weg aus den Augen verlieren muß. Er hofft, so läßt er seine Eltern wissen, gemeinsam mit Lenja einen möglichst langen Parcours zurückzulegen. Und er entschuldigt sich abschließend dafür, zu einem so philosophischen Brief ausgeholt zu haben.

Am 14. April 1929 antwortete Kurt Weill auf eine Umfrage der »Münchner Illustrierten Presse« unter der Überschrift »Meine Frau« mit einer der schönsten Liebeserklärungen, die wohl jemals von einem Komponisten publiziert worden ist. Auf den ersten Blick mag sie überraschen:
»Sie kann keine Noten lesen, aber wenn sie singt, dann hören die Leute zu wie bei Caruso. (Übrigens kann mir jeder Komponist leid tun, dessen Frau Noten lesen kann). […] Sie hat mich geheiratet, weil sie gern das Gruseln lernen wollte, und sie behauptet, dieser Wunsch sei ihr in ausreichendem Maße in Erfüllung gegangen.
Meine Frau heißt Lotte Lenja.«[6]
Als er diese teils selbstkritischen, teils ironischen Zeilen der Öffentlichkeit zur Lektüre übergibt, verfügt er über drei Jahre Erfahrung in der Ehe und ein präzises, differenziertes Bild von sich selbst. Es besteht ein erheblicher Kontrast zwischen seinem Innenleben – das eines glücklichen, ausgeglichenen Ehemannes mit aufwärts tendierender Karrierekurve – und seiner äußeren Erscheinung. Denn sogar enge Freunde finden, daß er

an Lenjas Seite wie ein weltfremder Mathematikprofessor aussieht, keineswegs wie ein exzentrischer Starkomponist aus der Musikmetropole Berlin. Auf dem Hochzeitsphoto mit Lotte als strahlender Inkarnation der lebensfrohen Zwanziger gibt Kurt den asketisch strengen, steif in die Kamera schauenden Kantorensohn auf dem Weg in die Synagoge. Dabei hat das genaue Gegenteil stattgefunden, eine rein auf zivile Formalitäten beschränkte Zeremonie. Den Beweggründen der Eheleute haftet etwas Beiläufiges, Improvisiertes an, schnell haben sie ein paar Freunde mobilisiert, um nicht ganz allein im Rathaus dazustehen. Kurts Eltern sind dem Ereignis ferngeblieben. Und dabei geht es bei der so kurzen Hochzeit lustig zu: Vom Standesbeamten befragt, ob er Lenja zur Frau nehmen, sie ehren und ihr gehorchen wolle, antwortet Weill, wie vorauszusehen, mit einem kräftigen »Ja« und führt dabei beide Hände mit einem Ruck an die äußeren Hosennähte – das erste und letzte Mal in seinem Ehedasein, daß er eine militaristische Haltung an den Tag legt: »Jawoll!«

Kurt hat den *Protagonisten* vollendet und seiner Gattin schwarz auf weiß bestätigt, daß jeder einzelne Notenkopf in dieser Partitur ein »Bussi« für sie darstellt. Und in New York geht derweil die amerikanische Premiere von *Zaubernacht* über die Bühne – ein günstiges Omen für kommende, komplexere Zeitläufte.

Vier Jahre, von 1925 bis 1929, bringt das Paar in der Pension Hassforth am Luisenplatz zu, eine oftmals prekäre Wohnsituation, die beide aber mit Humor nehmen, indem sie ihrer Unterkunft den Spitznamen »Pension Grieneisen« geben – so hieß und heißt ein renommiertes Berliner Bestattungsunternehmen. Düstere Gemälde mit Jagdszenen, schwarze Möbel und wuchtige Glasvitrinen verbreiten eine finstere Atmosphäre. Die Hassforths nennen Lotte von jetzt an Frau Weillchen, das klingt liebevoll und nach ein bißchen mehr Respekt, und Frau Weillchen ist froh, daß das Gerede der Mitbewohner endlich aufgehört hat – schon allein deswegen hat sich die Eheschließung gelohnt. Das Zimmerchen gehörte ursprünglich Georg Kaiser, der sich für seine Theaterabende ein pied-à-terre zugelegt hatte, und war ebenso klein und eng wie das darinstehende Bett. Um einige Quadratzentimeter Schlaffläche entbrennt allnächtlich ein erbitterter Kampf unter den Liebenden – der Verlierer landet regelmäßig auf dem Fußboden. So lernt das junge Glück, mit Nähe und Beschränkungen fertigzuwerden – nur unter solchen Bedingungen werden aus zwei enthusiastisch Verliebten tolerante Liebende.

Ihr privates Refugium inmitten der großen Stadt ist auf ein winziges Fleckchen Erde zusammengeschrumpft.

2
Von einer, die auszog, das Gruseln zu lernen

> Meine Herren, mit siebzehn Jahren
> Kam ich auf den Liebesmarkt
> Und ich habe viel erfahren.
> Böses gab es viel
> Doch das war das Spiel.
> Aber manches hab ich doch verargt.
> (Schließlich bin ich ja auch ein Mensch.)
> Gott sei Dank geht alles schnell vorüber
> Auch die Liebe und der Kummer sogar.
> Wo sind die Tränen von gestern abend?
> Wo ist der Schnee vom vergangenen Jahr?
>
> *Nannas Lied*

Wenn es etwas gab, woran sich das Zirkuswesen Linnerl Blamauer aus dem XIII. Wiener Bezirk schon von Kindesbeinen an gewöhnen mußte, dann dies: mit einem Minimum an Platz und Lebensraum für sich auszukommen. Für ein kleines Mädchen mit Bewegungsdrang – Tänzerin will sie werden – sind das trübe Aussichten.

Drei Jahre ist Karoline alt, und wohin sie auch in der kümmerlichen Wohnküche auszuweichen versucht – überall steht sie im Weg. Ihr kleines Reich besteht lediglich aus einem einfachen Holzkasten, der ihr nachts als Bett dient und tagsüber für andere Zwecke gebraucht wird: Linnerls Mutter Johanna, die sich ihren Lebensunterhalt als Wäscherin verdient, funktioniert ihn kurzerhand zum Bügelbrett um, walzt Nudelteig darauf aus oder läßt wartende Kunden auf ihm Platz nehmen. Da bleibt nur noch der Rückzug auf das Fenstersims. Von dort hat Linnerl eine bescheidene Aussicht auf die Straße und die gegenüberliegenden, geduckten, ewiggleichen Häuserzeilen.

Viel Erbauliches gibt es dort nicht zu sehen: einen kleinen Park – die einzige Spielfläche für die zahlreichen Kinder von den Mehrparteienfluren; müde Nachbarn, die von der Nachtschicht nach Hause kommen, und ein Bierlokal an der Ecke, die wahre Heimat ihres Vaters Franz. Lange kann es nicht mehr dauern, bis er angetrunken in die dürftige Stube hineinwanken wird, und Linnerl weiß nur allzugut, was ihr dann blüht – so wie jeden Abend. Noch bleiben ihr einige Minuten Gnadenfrist, und sie hält Ausschau nach dem kleinen Wanderzirkus, der in jedem Frühjahr seine Zelte auf der freien Grünfläche aufschlägt. Wenn sie sich auf die Zehenspitzen stellt, geht ihr Blick freilich weit hinaus – bis zum Schloß Schönbrunn und in ein anderes, geheimnisvolles Wien, jenseits des Rings: Wien, die mächtige Kulturmetropole, von der die halbe Welt spricht.

Um die Jahrhundertwende übt die Stadt an der Donau eine ähnliche intellektuelle Sogwirkung aus wie Berlin eine halbe Generation später, in den wilden zwanziger Jahren. Doch agieren einstweilen ganz anders geartete Berühmtheiten auf Wiens vielgestaltigen Bühnen: Auf den breiten Boulevards am Saum der früheren Altstadt geben sich die Größen von Burgtheater und Staatsoper ein Stelldichein; in den literarischen Zirkeln der unzähligen Kaffeehäuser debattieren Arthur Schnitzler, Hugo von Hofmannsthal und der junge Robert Musil über die Zukunft der modernen Dichtung. Der so brillante wie scharfzüngige Kulturphilosoph, Schriftsteller und Rhetoriker Karl Kraus wirft in seinen Aufsätzen und Reden brisanten Diskussionsstoff auf und überzieht ihm an Wortgewalt unterlegene Meinungsführer abweichender Gesinnungen mit seinem beißenden Spott. 1905 organisiert er eine aufsehenerregende Privataufführung von Wedekinds *Büchse der Pandora*, garniert mit einem seiner erhellenden Einführungsvorträge. Unter den geladenen Gästen befindet sich der junge Tonsetzer Alban Berg – ihn regt das Erlebnis Jahrzehnte später zur Komposition einer der größten Opern des 20. Jahrhunderts an: *Lulu*. Einstweilen ist er, im Verbund mit Webern, Mitglied der Zweiten Wiener Schule und geht bei Schönberg in die Lehre. Im Konzertleben der Walzerresidenz gibt Gustav Mahler den Ton an. Sigmund Freud feilt an seiner *Traumdeutung*, und die Wiener Sezessionskünstler um

Gustav Klimt machen sich 1898 daran, das Universum der modernen Kunst in zwei Lager zu spalten. Sie kreieren den Jugendstil, der anderswo Art Nouveau heißen wird.

Die Bürger Wiens haben die Wahl, sich an dieser verwirrenden Jagd und Sinnsuche von Künstlern und Intellektuellen zu beteiligen oder sich an kolportagehaften Stücken und Romanen, wohlfeilen Porträts des gelockerten Sittenlebens in ihrer Stadt zu delektieren. Doch Wien bietet auch Ablenkungen anderen Kalibers. Käufliche Liebe ist an allen Straßenecken und in allen Varianten verfügbar und kollidiert aufs fröhlichste mit den staatlich sanktionierten, von Adel und Klerus in Sonntagsreden beschworenen katholischen Sittlichkeitsvorstellungen.

Wer es sich erlauben kann, geht sich am Wochenende auf den Praterwiesen amüsieren, fährt eine Runde Riesenrad oder Karussell, bestaunt Gaukler und Zauberer, bärtige Fräuleins beim Knicksen und entschlossene Trickkünstler beim Zersägen schöner Damen. Wer statt Abenteuer Gemütlichkeit sucht, braucht nur die Tram zu besteigen und nach Grinzing zum Heurigen hinauszufahren.

Auf den Straßen Wiens kreuzen sich Angehörige aller Balkanvölker, Menschen aus dem Vielvölkerstaat Jugoslawien, hasten Böhmen, Bayern und Preußen, Besucher aus Frankreich und England aneinander vorüber. Es sind sogar einige Österreicher unter ihnen. Auch Wien hat es dieser Tage eilig, und die Stunden, da man sich in schönem Müßiggang von einem Fiaker durch die Gassen kutschieren ließ, sind gezählt.

Das gefeierte Wien der Trinklieder, Operettenmelodien und Walzerkönige; die Geburtsstätte der Neuen Musik; der Wirkungsbereich des Sprachforschers Ludwig Wittgenstein und des Architekten Adolf Loos – diese Stadt kennt Linnerl Blamauer nicht einmal vom Hörensagen.

Sie kommt aus einer Stadt, in der akute Wohnungsnot herrscht, in der sich immer mehr Menschen in viel zu engen Mietskasernen drängen, wo an der Straßenecke Obdachlose schon ungeduldig auf die nächste Armenspeisung warten, wo hygienische Verhältnisse zu wünschen übrig lassen und Epidemien leichtes Spiel haben. Die Bewohner ihrer Stadt hat der Maler Egon Schiele eindringlich festgehalten: schonungslose Porträts von nackten Menschen mit verzerrten Gliedmaßen und ausdruckslosen Augen; verhungerte Babys, Kreaturen zwischen Selbstaufgabe, Selbstmord und Apathie. Diese Gemälde kommen Linnerls Wiener Wirklichkeit näher als die glitzernden Partikel aus Blattgold und Silber, aus denen die dem Betrachter schmeichelnden Kaleidoskope der Jugendstil-Leinwände zusammengesetzt sind.

Karoline Blamauer kam im Schatten der Geschichte zur Welt. Man schrieb den 2. Dezember 1898, als sich eine ganze Nation anschickte, den fünfzigsten Jahrestag der Thronbesteigung von Kaiser Franz Joseph zu feiern. Trotz des Rekordjubiläums – die erst 1916 endende, dann 68jährige Regentschaft des Monarchen war in der jüngeren europäischen Geschichte nur noch von Frankreichs Sonnenkönig Ludwig XIV. übertroffen worden –, trotz allerorten geplanter Festparaden, Platzkonzerte und Umzüge, wollte weder in Wien noch in anderen Städten die rechte Feier- und Jubelstimmung aufkommen. Erst wenige Wochen waren vergangen, seit seine Gemahlin Elisabeth von Bayern, genannt »Sissi«, vor ihrer Genfer Residenz, dem Hotel Beau Rivage, von einem italienischen Attentäter niedergestreckt worden war. Mit der Beliebtheit der märchenhaft schönen, reisefreudigen wie unkonventionellen Kaiserin konnte es seinerzeit kein österreichischer Zeitgenosse aufnehmen. Der Schock über Sissis Ermordung saß tief. So wurde aus dem angekündigten Fest unversehens ein Tag landesweiter Staatstrauer. Sissis so spektakulärer wie sinnloser Tod war ein weiterer Schicksalsschlag für die Familie des Kaisers: Dem Attentat war 1889 der Selbstmord seines depressiven Sohnes Kronprinz Rudolph vorausgegangen, der sich in eine außereheliche Affäre mit einer jungen Baronin verstrickt und zudem an einem Mangel an machtpolitischer Erfahrung gelitten hatte.

Die tragischen Vorfälle im habsburgischen Herrscherhaus, die Isolierung des verwitweten Kaisers besaßen Symbolcharakter für die schleichende Aushöhlung eines fragwürdigen Regimes. Unwiderruflich ging eine Epoche zuende. Das todgeweihte Jahrhundert lag in den letzten Zügen, eine Gesellschaftsform hatte sich bis zum Überdruß überlebt, und das Wort vom Fin de Siècle machte die Runde. Halb Europa taumelte, teils hypnotisiert, teils wild entschlossen, teils dekadentem Kunstrausch verfallen, scheinbar unaufhaltsam dem Ersten Weltkrieg entgegen.

Als zur Adventszeit ein ganzes Volk, in Einvernehmen mit dem gramgebeugten Staatsoberhaupt, um Sissi trauerte, war die zweite Tochter und das dritte Kind von Johanna Teuschl und Franz Blamauer noch keine sechs Wochen alt. Seit ihrer Geburt am 18. Oktober führte sie eine Stellvertreterexistenz – sie war nur ein Linnerl zweiter Wahl. Und das Gruseln sollte sie schnell lernen. Schon von Kindesbeinen an blieb ihr keine andere Wahl als die, sich diesbezüglich als besonders gelehrige Schülerin zu erweisen.

Vier Jahre zuvor hatten Franz, der als Fiakerkutscher Blumen für einen Großhändler ausfuhr, und seine Frau gleich nach ihrer Heirat das »echte« Linnerl gezeugt. Das hübsche, blondgelockte Mädchen war eine Augenweide, und es besaß schon früh eine außerordentliche Begabung: Talent zum Singen und Tanzen – in einem Alter, in dem andere Erdenbürger noch mit Krabbeln und dem Artikulieren unverständlicher Primärlaute beschäftigt sind. Ihr Vorname, Karoline, ehrte Johannas Mutter. Die Verwandtschaft war von ihr hingerissen, und Franz pries sich als stolzester Vater der Welt, wenn sie, auf seinen Knien reitend, das stadtbekannte Fiakerlied zum besten gab und er hochzufrieden mitsummen durfte. Umfangreiche Liedtexte und gerade einmal gehörte Melodien behielt die Kleine spielend und wurde so bei jeder sich bietenden Gelegenheit staunenden Besuchern vorgeführt. Karoline war keine vier Jahre alt, als sie ein heimtückisches Fieber dahinraffte. Den Schmerz ihrer Eltern konnte keines der nachfolgenden Kinder lindern, weder Franz junior noch Maximilian, nicht Maria und schon gar nicht die Ersatz-Karoline.

Sie blieb, vor allem, was ihren Vater betraf, zweite Wahl. Mit unerbittlicher Härte wurde sie an ihrer Vorgängerin, dem Original, gemessen. Franz verfiel mehr und mehr der Trunksucht, wurde zunehmend jähzornig und ließ seine Wut an den Kindern aus. Die Nachbarn in der Ameisgasse waren Ohrenzeugen seiner Ausfälle und konnten allabendlich miterleben, wie dem unbeherrschten Kutscher die Hand ausrutschte. Manchmal zogen sich seine Entgleisungen stundenlang hin.

Linnerl Nummer zwei mußte sich Nacht für Nacht bereithalten. Mal wollte Franz das Fiakerlied von ihr hören, mal sollte sie eine andere Perle aus dem Liedgut seiner Jugend intonieren. Karoline bemühte sich, die einfältigen Texte zu lernen, keine Fehler beim Vorsingen zu machen und sich möglichst anmutig dabei im Kreise zu drehen. Mitunter fielen ihr während der erzwungenen Darbietung einfach die Augen zu, so müde war sie. Nie konnte sie es dem anspruchsvollen, aggressiv lallenden Blumenboten jedoch recht machen: Ihre Stimme war nicht hell, ihr Haar nicht glänzend, ihr kleines Gesicht nicht hübsch genug. Und gelang ihr einmal eine halbwegs überzeugende Imitation ihrer Phantomschwester, dann war es dem strengen Prüfer auch wieder nicht recht: Sie erinnerte ihn um so mehr an die angebetete Tote, und in Sentimentalität und Rührung mischten sich unvermittelt Zorn und Haß.

Es bestand kein Zweifel daran, daß Franz Blamauer seine zweite Tochter von ganzem Herzen verabscheute, und er verlieh seinen ungefilterten Empfindungen deutlichen Ausdruck, indem er Tassen und Gläser nach ihr warf, Messer und sogar brennende Petroleumlampen in ihre Richtung schleuderte. Versagte Linnerl bei ihrer zweiten Prüfung – sie mußte einen bis zum Rand gefüllten Bierkrug aus der Wirtschaft gegenüber für Franz holen gehen und durfte dabei keinen einzigen Tropfen verschütten –, so setzte es eine ausgiebige Tracht Prügel. Keine Nacht verging ohne Gesangseinlagen, Schläge und Tränen. Bis ins Teenageralter blieb Karoline die Zielscheibe ihres Vaters.

Von ihrer Mutter konnte sie keine nennenswerte Unterstützung erwarten. Johanna war ihren Männern stets bedingungslos untertan und wählte regelmäßig brutale Trunkenbolde als Begleiter oder Lebensgefährten. Um ihr Linnerl kümmerte sie sich erst, wenn Franz wieder aus dem Haus gegangen war, seinen Rausch ausschlief oder sich sein Zorn gelegt hatte.

Zu Weihnachten bekam die ungeliebte Tochter eine von der Mutter selbstgebastelte Puppe aus zusammengelesenen Porzellan- und Keramiksplittern, die schon am Heiligen Abend in Scherben aufging. Zum Trost reichte ihr Johanna ein Stückchen Zucker, in Milch aufgelöst. Mit solch bescheidenen Streicheleinheiten mußte Karoline in ihrer Kindheit auskommen. Von Zärtlichkeit fehlte jede Spur, und das kleine Mädchen buhlte, wo es nur ging, um Zuwendung und Anerkennung.

Zweierlei hatte Linnerl in der armseligen Penzinger Wohnung nahe den Bahngleisen allerdings gelernt: Sie wußte, was es hieß, vor einer Jury zu bestehen, und waren deren Maßstäbe auch noch so fragwürdig. Künstlerische Prüfungen konnten ihr fortan nicht mehr allzuviel anhaben, die frühen Zwangsauftritten hatten ihr Selbstbewußtsein gestählt. Und sie hatte begriffen, daß sie nicht mit Hilfe von außen rechnen konnte, daß es einzig und allein auf sie selbst ankam: Durchsetzungsvermögen und Kampfgeist wurden zu Stärken, die sie systematisch ausbaute. Ihrer Mutter nahm Linnerl Egoismus und Mangel an Mitgefühl nicht krumm: Sie hegte eine ungebrochene Verehrung für Johanna mit ihrem harten Los als sich abrackernder Arbeiterfrau. Und als Karoline einmal von Johanna wissen wollte, ob sie hübsch sei, so erhielt sie die salomonische Antwort: »Nein, Linnerl, ein schönes Mädchen bist du gerade nicht. Aber den Männern wirst du gefallen.«

Die so Beschiedene half in der Waschküche mit kleinen Verrichtungen aus und versäumte keine Gelegenheit, sich nützlich zu machen. Linnerl zeigte Ehrgeiz. Sie wollte vorankommen und verstand es allmählich immer besser, wichtige Entscheidungsträger auf sich aufmerksam zu machen.

Die erste, die sie erfolgreich bezirzte, war ihre Volksschullehrerin Fräulein Schwartz, eine kleine, liebenswerte, dunkelhaarige Frau mit Buckel. Sie sorgte zunächst dafür, daß Linnerl ein Paar richtige Schuhe bekam; zwar drückten sie und waren hart, unattraktiv und mit viel zu dicken Sohlen versehen, aber etwas anderes wog schwerer: Sie waren von der Sozialfürsorge bezahlt worden. Linnerl sollte nicht länger mit ihren wasserdurchlässigen, halbzerfetzten Stiefelchen durchs Klassenzimmer schlurfen, über die sich ihre Mitschüler schon lange lustig machten. Danach sorgte Fräulein Schwartz auch für Karolines Kommunionskleid und wurde schließlich auf ihre künstlerischen Fähigkeiten aufmerksam. Denn vom echten Linnerl schien das Aschenputtel das Talent zum Auswendiglernen enormer Textmengen, zum Gedicht- und Liedvortrag geerbt zu haben. Lobeshymnen zu Ehren des Kaisers wurden in voller Länge von ihr rezitiert, und eine einmal gehörte Melodie gab sie ohne die geringste Mühe wieder – zum Entzücken der Pädagogin. Jedenfalls tat sich Fräulein Schwartz' Schützling in den meisten Fächern mit guten Noten hervor, wurde mit einem Begabtenzeugnis von der Volksschule entlassen und geriet, gänzlich unerwartet, in die feine Bürgerschule in Hietzing. Dort gab es kleinere Klassen, man wurde gesiezt und durfte sich ausgiebig den schönen Künsten widmen.

Auch im nahegelegenen Krankenhaus, einer weiteren »Sehenswürdigkeit« für das Kind vom Fenstersims der Ameisgasse aus, fühlte sich Linnerl viel wohler als zu Hause. Alle Blamauer-Kinder gingen dort ein und aus, sei es, weil sie in eine Scherbe getreten waren, sich beim Raufen verletzt oder einfach deshalb, weil sie es dort so viel besser hatten. Die Ärzte im Hospital kannten und mochten die Kinder, das Essen schmeckte, und sie konnten zur Abwechslung mal eine oder zwei Nächte in einem richtigen Bett durchschlafen. Während der Genesungsphasen aßen Linnerl und ihre Geschwister Erdbeeren, die im Garten des Hospitals wuchsen, und wurden auch nicht oft von Besuchen ihrer Eltern behelligt: Letztere konnten das zu Hause freigewordene Bett an durchreisende Schlafburschen vermieten, und außerdem waren Linnerls Aufenthalte im Krankenhaus schon deshalb eine Selbstverständlichkeit, weil sie regelmäßig von einer merkwürdigen, scheinbar unheilbaren Allergie heimgesucht wurde. Zum Verdruß ihres Vaters war sie mit pockenartigen Schwellungen in Gesicht und Nacken geboren worden, die nur nach Befolgen einer strengen Diät ab und zu wieder verschwanden. Karoline freute sich schon auf den nächsten Befall, verhieß er doch mindestens eine Woche Freiheit und Wohlleben im Krankenhaus gegenüber. Erst als sie mit Anfang zwanzig nach Berlin ging, wurde die junge Frau Lenja ihre Warzen und Narben los. Von einem Tag auf den anderen.

Mit fünf Jahren ging ihr größter Traum in Erfüllung. Wieder einmal war es Frühling geworden, und wieder einmal gastierte der kleine Wanderzirkus auf der Grünfläche vor ihrem Haus. Er bestand eigentlich nur aus zwei Wagen und wurde von einer Großfamilie unterhalten, die für einen Groschen Eintritt den Alltag der Leute in den Armenvierteln verschönern wollte. Alle Bestandteile ihrer Ausrüstung waren improvisiert oder selbstgebastelt, Musiker begleiteten die Darbietungen auf einer Balustrade, und in der kleinen Arena wurde getanzt und jongliert; Clowns, Akrobaten und Seiltänzer lösten einander ab. Als es in diesem Frühjahr wieder »Manege frei!« für die bescheidene Truppe hieß, hielt es ihre treueste Zuschauerin nicht länger auf den Rängen. Unbedingt wollte sie mitmachen, Tricks und Kunststücke lernen, zur Familie gehören. Und sie durfte auch.

Und hier beginnt die Legende von Lotte Lenja, dem Zirkusgeschöpf. Nur allzugern wäre sie eine Namenlose gewesen, einer Sippe von Nomaden entsprungen, den Jahreszeiten folgend, von Ort zu Ort tingelnd – ein Phantasiewesen zwischen Mädchen und Frau von ungewisser Herkunft mit einem hochtrabenden, phantastisch künstlichen Titel: unabhängig, ungebunden und ohne überprüfbares Umfeld. Man hätte sie ihrer Stärke und außergewöhnlichen akrobatischen Leistungen wegen bewundert. Sie hätte im Rampenlicht gestanden, wäre hoch über den Augen der Zuschauer als Trapezkünstlerin von einer Ecke der Zeltkuppel in die andere geflogen, verfolgt von Lichtkegeln, dem »Ah« und »Oh« des Publikums, und aufgefangen von einem Partner in hautengem Trikot. Einige Minuten später hätte sie, mit einem Bein auf dem Pferderücken stehend und in das Tüllröckchen einer Ballerina gekleidet, die Manege umrundet und unter Applaus imaginäre Küsse in alle Himmelsrichtungen verteilt.

In diese phantastische Existenz eines Zirkuskindes träumt sich Linnerl Blamauer hinein, und fast gelingt ihr dies auch. Sie beginnt, sich ein Leben neben dem ihren zu erfinden, und die Erfindung nimmt im Penzinger Wanderzirkus, in dem sie mehrere Saisons in Folge mitmachen darf, ihren Anfang. Sie stellt sich in ein selbstgewähltes, nicht länger fremdbestimmtes Rampenlicht, sie reüssiert und entdeckt ihre Qualitäten als Schauspielerin. Und das Zirkuskind prädestiniert sie für die morbiden, subversiven Bretter des Kabaretts, die Improvisation und den Schein des Glamours, die Nähe zum Volk und zugleich die Distanz – getrennt durch einen Holzzaun, geschützt von einer einfachen, mit Sägespänen bestreuten Bühne. Noch bietet ihr die Sprache keine Zuflucht, der Bühnentext als Vorlage, mit dem sie sich hinter die Fassade intellektuellen Verstehens zurückziehen könnte. Tanzen, Jonglieren, Handstände und Drahtseilkünste sind da viel handgreiflicher, unmittelbarer.

Die Fakten sind trivialer – sie schlagen keine Purzelbäume: Den Blamauers war es ziemlich gleichgültig, was das fünfjährige Ersatz-Linnerl trieb; in der Wohnküche stand mehr Platz zur Verfügung, wenn sie nicht drinnen spielte, und man brauchte sie nicht zu ihren Altersgenossen in die Kälte, auf die Straße schikken. Der Zirkus war notdürftig geheizt, der Direktor verpaßte Karoline ein ungarisches Kleidchen mit Kopfschmuck und um die Schläfen flatternden Bändern: ihr erstes Kostüm. Sie lernte, sich im Gewand einer Bauernjungfer zu – in ihren Ohren exotischen – Brahms-Tänzen im Kreise zu drehen und auf ein Tambourin einzuschlagen; sie lernte, auf einem Seil zu balancieren und dabei einen zierlichen japanischen Regenschirm spazierenzuführen. Den Kopfstand hatte sie sich längst selbst beigebracht, und die Schar der Nachbarn bewunderte sie aufrichtig.

Linnerl hatte Bühnenluft geschnuppert, und vor ihrem inneren Auge nahmen Zukunftsvisionen immer deutlichere Umrisse an: Eine elegante Artistin wollte sie werden, durchs Land ziehen, von Unbekannten gefeiert werden. Wenn sie freilich die Kunststücke ohne Netz und doppelten Boden in der elterlichen Waschküche nachspielte, im Sommer, als der kleine Zirkus weitergezogen war, dann ging alles schief: Stühle, Hosenträger und Wäscheleinen ersetzten die Utensilien und technischen Vorrichtungen in der Manege nur unzureichend, und Linnerl schlug sich dabei so manchen Milchzahn aus.

Mit vierzehn, den Abschluß der angesehenen Bürgerschule in der Tasche, zerschlugen sich ihre hochfliegenden Pläne: kein Abitur, kein Zirkus, keine Bühne. Statt dessen schickten Johanna und Franz Karoline in eine vierjährige Lehre: Putzmacherin sollte sie werden, Männerhüte anfertigen und Priesterkappen zusammennähen. Karoline haßte die stumpfsinnige, anfangs noch so gut wie unbezahlte Arbeit. Nur beim Ausliefern der feinen Hüte geriet sie in die eleganten Wohnviertel und verführerischen Innenstadtbezirke, atmete eine Prise Wohlstand in den Amtsstuben der Rechtsanwälte und in den Empfangszimmern gepflegter Villen. Auf dem Rückweg durch die belebte Kärntnerstraße mit ihren vielen Geschäften und deren prächtigen Auslagen befriedigte sie ihre Neugier – auf den Trottoirs entdeckte sie, wie andere gleichaltrige Mädchen sich ihren Lebensunterhalt oder ein Extrataschengeld verdienten. Dreizehnjährige in aufreizenden Posen und halbwüchsige Knaben warfen vorbeieilenden Geschäftsmännern eindeutige Blicke zu und lungerten gar nicht zufällig an Straßenecken, Tramhaltestellen und Blumenständen herum.

Aus dem Putzmacherlehrling im Teenageralter wird nebenbei, und allem Anschein nach aus freien Stücken, eine Straßendirne – so will es die Lenya-Legende, so lautet ein weiteres Kapitel aus ihrem erfundenen Leben. Belege für diese einträgliche Nebenbeschäftigung gibt es naturgemäß nicht. Karoline rühmte sich ihrer einschlägigen Erfolge später als erwachsene Lenja-Lenya in Amerika und erzählte davon jedem, der es hören wollte. Und aufmerksame Zuhörer finden sich leicht für derlei Stoffe.

Offen zur Schau getragene Prostitution war im Wien der Vorkriegsjahre an der Tagesordnung, für das Auskommen ganzer Bevölkerungsschichten von nicht zu unterschätzender Bedeutung. Und die Lebensklugheit, die Routine in diesem Gewerbe mit sich bringt, paßte gut zu dem Bild, das Lenja gern von sich vermitteln wollte. So wie sie sich ihrer proletarischen Herkunft zeitlebens nie schämte, ohne auf der anderen Seite stolz darauf zu sein oder gar ein klar umrissenes Klassenbewußtsein daraus abzuleiten, so stellten auch ihre Liebesdienste an Wiener Herren keine singuläre Leistung für sie dar. Darüber gänzlich zu schweigen verbot allerdings ihre Leidenschaft für Klatsch und pikante Begebenheiten. Auch sah sie keinen Anlaß zur Klage oder Beschwerde über ihr damaliges Hobby, neigte nicht zum Selbstmitleid, behauptete nicht, ein »gebranntes Kind« zu sein. Sie legte Wert auf die Feststellung, niemand habe sie dazu gezwungen.

Daß sie ausprobieren wollte, wie man mit seinem Körper Geld verdienen kann, scheint gleich mehreren Erklärungsmustern zu genügen: Zuwendung von ihr unbekannten Männern in Form von Geld und Liebkosungen entschädigten für manche grausame Nacht in der Ameisgasse. Erstmals erfuhr sie Anerkennung für verhältnismäßig »geringen« künstlerischen Aufwand. Sie wurde begehrt und nicht dafür gehaßt, dem Ideal einer anderen, abwesenden Frau nicht perfekt entsprechen zu können. Linnerl als Prostituierte erleichterte sich für ihr zukünftiges Leben den Umgang mit Männern ungemein, konnte ihre Sexualität fortan teils unbefangen, teils berechnend einsetzen und lernen, wie man Aufmerksamkeit und Interesse auf sich lenkt – allesamt Fähigkeiten, die ihr auch im harten Theatergeschäft von Nutzen sein würden.

Auf intime Weise lernte sie die gesamte Bandbreite des männlichen Geschlechtes, seine geheimen Wünsche und Sehnsüchte kennen, das letzte Quentchen Respekt vor dem blind drauflosschlagenden Vater verflüchtigte sich – und sie verlor viele Illusionen von der großen Liebe. Um eine Erfahrung brachte sich Karoline nämlich, wenn sie denn tatsächlich ihren freien Tag auf der Kärntnerstraße zubrachte, ganz offensichtlich: um den Zauber, die scheue Naivität und die Glückserfüllung, wie sie sich nur beim allerersten, noch keuschen Verliebtsein einstellt – eine Lektion im Menschenleben, eine Zäsur zwischen Kindheit und Erwachsenendasein. Wenn sich in Linnerls Jugend diese Entwicklungsphasen ineinander schieben und mehr als einmal ihr noch kindliches Bewußtsein trüben konnten, so würde dies Lenjas lebenslange Jagd nach Männern verstehen helfen: Wie eine unersättliche Sammlerin sollte sie immer wieder auf die Pirsch gehen – mit jedem erbeuteten Einzelstück schon binnen kurzem unzufrieden geworden, sich alsbald wieder auf die Lauer legen.

Zu früh erfolgte sexuelle Souveränität und Flexibilität hätte so vereiteln können, sich dauerhaft an einen Mann zu binden, der womöglich erotische Monotonie, dafür aber emotionale Stabilität versprechen konnte. Einen Mann, der zu ihr hielt und ein Gegengewicht zur Familie hätte bilden können, in der sie ohnehin nur als ungeliebtes, täglich neu zu stopfendes Maul geduldet wurde. In Ermangelung eines ungefähr gleichaltrigen Geliebten aber, ohne Rückhalt durch eine echte, gegenseitige Empfindung, mußte das heranwachsende Linnerl mehrere Rollen zugleich spielen, die sie auf sich selbst zurückwarfen: den eifrigen Lehrling, die gewiefte Dirne, die dankbare Tochter und die Träumerin. Eine Träumerin, die sich am liebsten auf eine Bühne, unter eine Zirkuskuppel, in ein anderes Universum, dessen Gütesiegel Schönheit und Ruhm hießen, hineingezaubert hätte.

Gleich drei Tanten auf einmal machten Eindruck auf Karoline Blamauer, und eine von ihnen sollte ihrem jungen Leben den entscheidenden Richtungswandel verleihen. Die erste von ihnen, eine Schwester des Vaters, faszinierte ihre Verwandtschaft durch ihre zunehmende geistige Verwirrung: Erst als sie anfing, nackt durch die Straßen Wiens zu laufen, wies man sie in eine Anstalt ein. Linnerls Besuch bei ihr endete mit einer Katastrophe – sie wähnte sich von einer bösen Hexe verwünscht.

Denn von dem Kuchen, den die Blamauers der Tante gebacken und mitgebracht hatten, brach die kranke Frau nur ein einziges Stück ab und übergab es, mit einer Geste, die an Symbolkraft entsprechenden Stellen in Märchenerzählungen in nichts nachstand, ausgerechnet Linnerl. Die solchermaßen zusätzlich Stigmatisierte floh vor dem vermeintlichen Fluch und der Aussicht, mit dem Verzehr des vermaledeiten Teigbrockens selbst in einem Irrenhaus landen zu müssen. Hatte der Vater nicht von Anfang an recht gehabt, sie ihrer Minderwertigkeit wegen zu verachten?

Als zweite trat Tante Marie in ihr Dasein, gleichfalls eine Tante väterlicherseits. An ihrer Seite lief Linnerl keine Gefahr, den Verstand zu verlieren. Marie war eine ganz normale, alleinstehende Frau, lebte im benachbarten Ottakring und führte ein bescheidenes Milchwarengeschäft. Ihre Stippvisiten in Penzing hatten sie beliebt gemacht, da sie stets Schokolade und Kekse für ihre Neffen und Nichten in der Waschküche mitbrachte. Obwohl Karoline nicht gerade für die Tante schwärmte, kam Vater Franz in einem nüchternen Moment der Einfall, Linnerl für die Dauer der Sommerferien, und, wenn möglich, noch lange darüber hinaus, zu Marie zu schicken. Sie sollte Marie in ihrem Laden an die Hand gehen. Eine Zeitlang funktionierte das Arrangement: Linnerl trug Milch und Brötchen aus, mußte dafür in aller Herrgottsfrühe aufstehen und wurde ab und zu mit einem kleinen Trinkgeld belohnt. Die Kunden mochten sie und ließen sich beim Einkaufen lieber von Linnerl als von der Tante bedienen, deren Portionen nur selten so üppig ausfielen. Dennoch bekam Linnerl Heimweh, und wieder war ein Mann schuld, den sie als lästigen Störenfried am liebsten gleich aus Maries Wohnung verbannt hätte. Es war der neue Hausfreund der Tante, an dem Franz' Schwester, wie Karoline heimlich beobachtete, seltsame Verrichtungen vornahm – vorzugsweise im Genitalbereich. Die Heimlichtuerei war ihr zuwider, die netten Herren aus der Innenstadt waren viel freundlicher zu ihr, griffen unverblümter zu und belohnten sie für erwiesene Gunst. Und außerdem fühlte sie sich in den dunklen Zimmern hinter dem Milchladen, nach nur allzu bekanntem Muster, wiederum abgeschoben und überflüssig. Ihre Flucht zurück nach Penzing bewies ihr – falls es dazu noch eines Beleges bedurft hätte –, daß die Gefühlsregung »Heimweh« im Zusammenhang mit dem Hause Blamauer völlig unangebracht war: Man nahm sie, geradezu feindselig gestimmt, wohl oder übel wieder in die Familie auf. Das verkorkste Ersatz-Linnerl war leider voreilig heimgekehrt. »Geweint habe ich nicht«, erinnerte sich Lenja später stolz in einer autobiographischen Skizze.

Der maßgebliche Impuls für einen dauerhaften Ausbruch aus Penzing ging jedoch von Linnerls Zusammentreffen mit Tante Sophie aus, Johannas älterer Schwester. Vor vielen Jahren hatte es sie ins elegante Zürich verschlagen – wie und warum genau, das konnte in den Familien Teuschl und Blamauer niemand mit Bestimmtheit erklären. Mit viel Geschick und Einfühlungsvermögen hatte sie dreimal hintereinander betagte, doch durchaus wohlhabende Herren geehelicht, die einer nach dem anderen zügig verschieden waren. Mehrfach Gattin und mehrfach Witwe zu werden, diese Laufbahn sollte später auch ihre Nichte Lotte Lenya einschlagen. Einstweilen jedoch war Tante Sophie auf Besuch im fernen Wien, auf der entgegengesetzten Seite der Alpen, und erzählte vom feinen Leben in der schönen Stadt am See. Derzeit führte sie einem alten Schweizer Arzt den Haushalt und bekundete dennoch Unzufriedenheit – mit schöner Regelmäßigkeit beklagte sie ihre eigene Kinderlosigkeit.

Wenn sie auch sichtlich froh war, nicht das undankbare Los ihrer Schwester Johanna gezogen zu haben und unter der Fuchtel eines ungeschlachten Alkoholikers leben zu müssen, ein bißchen Neid kam doch auf, und die Gesellschaft von Kindern fehlte ihr. Karoline horchte auf. Sie hatte es satt, die mißratene Kopie zu spielen, die den Eltern auf der Tasche lag. Mit einer Verbesserung des Familienklimas war auf absehbare Zeit kaum zu rechnen. Und ihre bisherigen Erfahrungen als Putzmacherin, Milchbotin und – wer weiß? – als Straßenmädchen konnte sie in der Ferne komplettieren.

So bot sie ihren gesamten Charme auf und bettelte darum, von Sophie in die Schweiz mitgenommen zu werden. Die Tante ließ sich erweichen, Franz sagte seiner verhaßten Tochter einen Werdegang als Hure voraus, und Johanna bedachte ihr Linnerl mit einem unvergeßlich rauhen Abschiedsspruch: »Sei ein kluges Mädchen, und, wenn du es irgend einrichten kannst, komm' ja nie zu uns zurück!«

Als der Zug mit Linnerl und Sophie den Wiener Westbahnhof in Richtung Schweiz verließ, ergriff eine anfangs unerklärliche Unruhe von der Tante Besitz. Es stellte sich heraus, daß sie sich schon jetzt, Hunderte von Kilometern vor der Ankunft, vor der Reaktion des Zürcher Greises fürchtete. Noch wußte sie nicht, wie sie ihm Karolines Anwesenheit begreiflich machen sollte. Tatsächlich kam Linnerl im Hause von Dr. Zaug vom Regen in die Traufe. Der verwöhnte Rentner war von seinem neuen Gast, den niemand, er schon gar nicht, eingeladen hatte, alles andere als begeistert. Dem jungen Mädchen wurde ein Zimmer angewiesen, das es nach Möglichkeit bei Tag und bei Nacht nicht verlassen sollte. Essen wurde ihr kommentarlos durch die Tür geschoben, und ihr einziger Zeitvertreib bestand darin, in Tante Sophies Hochzeitswäsche herumzuschnüffeln, einer Garderobe, die von glanzvolleren Zeiten kündete.

Kein Zweifel: Linnerl war in einem Gefängnis gelandet, und man konnte nicht gerade sagen, daß die Gitterstäbe golden funkelten. Einmal mehr war sie ein Störfaktor, das unbequeme, nutzlose Kind, von dem niemand wußte, wohin er es am schnellsten abschieben konnte. Einmal mehr sah sie sich den Launen und der Tyrannei eines unbeherrschten, ihr feindlich gesinnten Mannes ausgesetzt – denn manchmal hatte er doch nichts dagegen, wenn Linnerl sich zu den beiden ins Wohnzimmer begab. Und einmal mehr mußte sie erleben, wie eine ihr nahestehende, stets freundliche und liebevolle Frauensperson ihr, einem Kerl zuliebe, in den Rücken fiel – und mit geradezu sklavischer Ergebenheit Attacken und Gewaltausbrüche des frei gewählten Unterdrückers ertrug, ohne Linnerl auch nur einen Moment lang in Schutz zu nehmen.

Daß Männer Frauen schlecht behandelten, mit denen sie verheiratet waren oder die sie doch immerhin zu lieben vorgaben, blieb Karoline unverständlich. Sie beschloß, ihnen weiterhin freundlich zu begegnen, für ihre Sympathie Belohnungen einzuheimsen, für Zeitvertreib und amüsante Gesellschaft Gegenleistungen einzufordern, und entdeckte bald im Zürcher Künstler- und Artistenmilieu einen ganz anders gearteten Männertyp: Männer, mit denen sie sich unterhalten konnte, die ihr friedlich Gesellschaft leisteten und von ihren Inszenierungen, Ballettproben und Theaterkarrieren erzählten und vo schwärmten; Männer, die nicht sofort mit ihr schlafen oder sie für nie begangene Verfehlungen bestrafen wollten: Tänzer, Photographen, Regisseure und Schauspieler, weltläufige Männer oder – noch viel unkomplizierter – Homosexuelle.

Seltsamerweise verübelte Linnerl weder Mutter noch Tante deren Parteilichkeit zugunsten ihrer (Ehe-)Männer. Von Johanna sprach sie noch Jahrzehnte später mit uneingeschränkter Bewunderung. Mehr als alle anderen Tugenden verehrte sie Tapferkeit als Charakterstärke an ihr – und verdrängte dabei den Umstand, daß jene im Zweifelsfalle ihre Mutterliebe immer dem Dienst am jeweiligen, gerade verfügbaren Mannsbild untergeordnet hatte. Lotte glaubte dennoch unerschütterlich daran, daß Johanna alles in ihrer Kraft Stehende für sie getan habe. Das Desinteresse an ihrer Person verachtete sie nicht; ein nobler Zug.

Die Grusellehre war abgeschlossen – den letzten Schliff hatte sie sich im Hause von Dr. Zaug erworben, und den Meisterbrief, in Gestalt einer konventionellen Ehe, in der sie auf die Rolle der unterwürfigen Gefolgsfrau festgelegt worden wäre, konnte sie sich sehr wohl sparen. Lotte entschloß sich, den festgefügten Teufelskreis von unvermitteltem Liebesentzug, mangelnder Zuwendung und emotionalem Vagabundentum in den Heimen vorgeblich sich »kümmernder« Familienmitglieder ein für allemal zu sprengen, ihr Aschenputtel-Image abzuschütteln. Die lang ersehnte Gelegenheit bot sich, als sie wieder einmal durch die Hintertüren mangelnder weiblicher Solidarität verschwinden sollte: Nach endlosen Querelen mit dem zeternden Arzt gab Tante Sophie Karoline dem kinderlosen Zürcher Ehepaar Ehrenzweig in Obhut. In der Wohnung dieses Photographen und seiner Frau widerfuhr Linnerl zum erstenmal in ihrem Leben Sympathie, Zärtlichkeit und Liebe von Erwachsenen. Hier brauchte sie sich nicht an einem unerreichbaren Vorbild abzumühen, sondern verkörperte mit ihrem ganzen Wesen und ihrer unverfälscht gebliebenen Offenheit das Wunschkind, das den alten Leuten immer versagt geblieben war.

Frau Ehrenzweig stockte als erstes Linnerls spärliche Garderobe auf – mit dem geschnürten Wäschebündel der Landstreicher war sie aus Wien entlassen worden, einem viel zu großen Mantel und den Sachen, die sie zufällig gerade am Leibe trug. Mit dem Photographen durchstöberte sie dann alle Abzüge in den Alben, deren sie habhaft werden konnte. Und beim Durchblättern und Nachfragen erstand vor ihrem inneren Auge eine Bühnenwelt, deren greifbare Nähe Linnerl immer erahnt hatte. Hier, direkt vor ihr, im Album auf ihren Knien, lebte der Menschenschlag, zu dem sie sich hingezogen fühlte. Aus Masken und Kostümen blickten ihr die Unbekannten geradewegs ins Gesicht, und in ihrem Blick lag eine Aufforderung – fast ein Befehl. Besonders häufig war die Ballettmeisterin Steffi Herzeg auf den Photos zu sehen, eine Freundin der Ehrenzweigs. Zum zweitenmal in wenigen Wochen verlegte sich Karoline aufs Betteln und Schmeicheln, und diesmal setzte sie durch, der Tänzerin vorgestellt zu werden. Das Insistieren zeigte die erwünschte Wirkung, die folgende Talentprobe fiel positiv aus, und unversehens machte sich Linnerl Blamauer auf den täglichen Weg zur Ballettschule. Für die Stunden kamen Tante Sophie und die Ehrenzweigs je zur Hälfte auf, das Tanzkostüm nähte ihre neue »Mutter«, und die junge Elevin machte sich im Gegenzug im Haushalt ihrer Gönner nützlich.

Mit fünfzehn war Linnerl eine fleißige Schülerin in der Ballettklasse, ein Mädchen unter zwölf anderen. Ihre Zirkuserfahrungen kamen ihr zugute, sie trainierte hart und fühlte sich von ihrer so schönen wie strengen Meisterin magisch angezogen. Steffi Herzeg sah bald, daß Karoline ihre Sache gut machte, sie erkannte aber auch ziemlich schnell, daß sie mit Technik und Ästhetik des Spitzentanzes auf dem Kriegsfuß stand. Die Unglückliche war die erste, sich ihre mangelnde Begabung dafür einzugestehen: »Mein Körper, meine Beine, meine Füße, selbst mein Gesicht und meine gesamte Natur standen mir im Wege; die klassischen Positionen des traditionellen Ballettes behagten mir nicht.« Immer hielt sie sich im Probensaal irgendwo fest, am Vorhang oder an einer vorbeischwebenden Nachbarin. Zu einer Primaballerina würde sie es nicht bringen, und als sterbender Schwan mochte sie schon gar nicht aus den Kulissen getrippelt kommen.

Freier Ausdruckstanz, Improvisation, Pantomime und die Integration schauspielerischer Elemente in Etüden und Soli waren stattdessen ihre Domäne. In diesen weniger formalen Disziplinen, in denen es auf Inspiration und Kreativität ankam, zeichnete sie sich vor den übrigen Mädchen aus. Als die revolutionären Methoden des Tanz- und Theaterreformers Émile Jaques-Dalcroze auch in die Zürcher Ballettstudios Einzug hielten, kam es Karoline vor, als habe sie überhaupt nichts mehr zu lernen, als würde die neue Schule nur die Ausdrucksformen bestätigen, über die sie schon immer verfügte.

Künstlerische Direktoren aus anderen Theatern wurden auf ihre Fähigkeiten aufmerksam, und so spielte sie ab und zu als Komparsin im Schauspielhaus oder trug Requisiten für Aufführungen über die Opernbühne. Das erste Jahr in Zürich machte ihr so viel Spaß, daß es an ein Wunder gegrenzt hätte, wenn nicht wieder etwas dazwischengekommen wäre.

Diesmal aber handelte es sich um einen tieferreichenden Einschnitt, der nicht nur Linnerls Ballettausbildung in Frage stellen, sondern das Schicksal aller Völker Europas markieren sollte: Am 28. Juni 1914 war der österreichische Thronfolger, Erzherzog Franz Ferdinand, in Sarajewo ermordet worden, und der Ausbruch des Ersten Weltkrieges lag in der Luft. Nur wenige Wochen später war es soweit: Der Alpenstaat, in dem Linnerls Heimatstadt lag, erklärte den Serben den Krieg. Sofort stellte Dr. Zaug seine Unterhaltszahlungen für die Stiefnichte ein, und Tante Sophie befand, Linnerl sei jetzt bei ihrer Mutter viel besser aufgehoben. Unter Hinweis auf ihre Mittellosigkeit und mit viel Schauspielerei erwirkte sie im österreichischen Konsulat zu Zürich eine Gratis-Rückfahrkarte für ihren Schützling und schickte Linnerl geradewegs ins Zentrum der Katastrophe. Denn in Wien waren die Auswirkungen des Kriegsbeginns viel deutlicher zu spüren als im gediegenen, sich neutral gebärdenden Zürich.

Zu Hause in Penzing hatte den Blamauers die Rückkehr ihres häßlichen Entleins, angesichts täglicher Sorgen, wie drastischer Lebensmittelrationierung und Ausbleiben von Kunden, gerade noch gefehlt. Johanna hatte sich unterdessen von Franz losgesagt und lebte kurzzeitig mit einem weitaus angenehmeren Mann zusammen, den sie zuvor als Logiergast bei sich aufgenommen hatte. In der Wohnküche war nun noch weniger Platz als früher. Und Linnerls Schwester Maria war erschreckend abgemagert. Geld und die Versorgung mit Grundnahrungsmitteln waren denkbar knapp geworden. Franz war als Zwangsarbeiter in der Rüstungsindustrie verpflichtet, Bruder Max wurde eingezogen, und Johannas sanfter Lebensgefährte wurde, ehe sie es sich versah, von Tuberkulose tödlich niedergestreckt. Die trauernde Wäscherin, unterdessen in einem Militärhospital tätig, fand selbstverständlich sofort einen Nachfolger und blieb ihrer Vorliebe für Gewaltmenschen treu – mit dem feinen Unterschied, daß die Aggressivität des Neuankömmlings Franz' cholerischen Zügen in nichts nachstand, sie sogar übertraf.

Schlimmer noch: Ernst Hainisch, so der Name von Johannas neuer Liebe, hatte es in seiner blinden Wut auf Maria abgesehen. Die kleinere Schwester machte nun, lediglich zeitversetzt, Linnerls Schicksal durch, und wenn es gar zu arge Schläge für das gänzlich unschuldige Kind setzte, griffen Nachbarn ein und ließen das unterernährte Geschöpf bei sich schlafen. Linnerl war von der deprimierenden Lage bestürzt, fühlte sich von ihrer Tante um eine Zukunft in Zürich betrogen und begann zu verzweifeln. Ihre Briefe in die Schweiz blieben unbeantwortet, und so manche Nacht in der Ameisgasse verbrachte sie unter Tränen. Mit jeder weiteren, nutzlos verstrichenen Woche sanken ihre Chancen auf eine Rückkehr an den Zürichsee. Schließlich bedeutete ihr Sophie unmißverständlich, nicht mehr für sie aufkommen zu wollen; und Hainischs spärliche Einkünfte konnten Linnerl beim besten Willen nicht ernähren.

Im Ballettsaal des Theaters, inmitten der Herzeg-Truppe, hatte sie sich überzeugen können, daß jenseits der Landesgrenzen ein besseres Leben auf sie wartete – es war ausgeschlossen, in Wien auf alle ihre Eroberungen zugleich zu verzichten. Feige Selbstaufgabe schied aus. Die Situation schien gleichwohl ausweglos, als Johanna ihre große Tochter zum erstenmal ihren mütterlichen Schulterschluß spüren ließ: Es gelang ihr in wochenlanger Arbeit und mit dem nötigen Nachdruck, kleine, noch offenstehende Geldbeträge von ihren ehemaligen Kunden einzutreiben; Leuten, die Linnerl von früher kannten und dabei zugesehen hatten, wie sie als Trapezkünstlerin debütierte. Die ganze Nachbarschaft beteiligte sich am Ende am Zustandekommen von Linnerls neuerlicher Flucht aus Wien, noch die Ärmsten trugen ihr Scherflein bei, bis sie eines Tages den Betrag für die Bahnfahrkarte beisammen hatte. Im Frühherbst konnte sie in ihrer Not endlich einen herzzerreißenden Brief an den Intendanten des Zürcher Stadttheaters schicken.

Ohne eine schriftliche Befürwortung der Zürcher Theaterleitung, ohne einen Vertrag aus der Schweiz war nicht an eine Ausreisegenehmigung oder auch nur einen Paß zu denken. Weitere Wochen verstrichen, und Intendant Reucker schickte tatsächlich die Zusicherung, wenngleich Linnerl erst nach dreijährigem Studium ein Vertrag zugestanden hätte. Mit allen nötigen Dokumenten ausgestattet, nahm sie den erstbesten Zug, der vollbesetzt mit Flüchtlingen, Emigranten und Soldaten war. Mehr als eine halbe Woche verging, bevor Karoline Zürich wiedersah: »Als ich die Grenze passierte, mußte ich gleichzeitig lachen und weinen.« Tante Sophie war sprachlos, dann entsetzt, als sie ihrer hartnäckigen Nichte die Tür öffnete. Doch Linnerl behelligte sie lediglich für ein paar Nächte, dann wurde sie mit offenen Armen von den Ehrenzweigs aufgenommen. Nur noch bei den Kaisers in Grünheide sollte man ihr einen ebenso liebevollen, familiären Empfang bereiten.

Zürich im Jahre 1916 ist eine Enklave des Friedens. Um sie herum tobt der Krieg der anderen europäischen Nationen, werden Territorien zerstückelt, Glaubensgrundsätze erschüttert, sterben Zehntausende qualvolle Tode in den Schützengräben. Euphorische Jungdichter stürmen in vorderster Front dem Maschinengewehrfeuer entgegen und fallen als erste im Granatenhagel. Futuristen und Expressionisten haben den Völkerzwist als »Hygiene der Welt« begrüßt und heraufbeschworen, haben wie hungrige junge Wölfe gelechzt und gehetzt. Nun ersticken Gasmasken ihr Jubelgeschrei, befällt Leichenstarre ihre Leiber.

Und im Reich der Eidgenossen nichts Neues? Auch hier treiben Kriegsgewinnler und Spekulanten ihr Unwesen, werden Animositäten zwischen germanophilen und germanophoben Geschäftsleuten und Politikern ausgetragen. Auch hier werden Vorräte knapp, Lebensmittel rationiert. Auch hier stehen Menschen vor Geschäften Schlange, hoffen Emigranten in Wartesälen auf Befürwortung ihrer Gesuche, und der Kaffee, den die Kellner in den gepflegten Restaurants zwischen Limmatquai und Bahnhofstraße, zwischen Opernhaus und Seeufer ausschenken, nimmt eine immer schwächere Farbe an.

Soviel ist sicher, der Weltkrieg läßt sich leichter überstehen in den Gassen rings um das Fraumünster, den Lindenhof und den Zwingliplatz. Zürich hat sich seinen Asylanten oftmals gnädig erwiesen, und unweit von Küsnacht, wo sich dereinst Thomas Mann niederlassen sollte, finden dieser Tage Lenin und James Joyce Unterschlupf. Prominente Schriftsteller frequentieren die Lokale in der Altstadt, Stefan Zweig, die Dadaisten und Romain Rolland sind darunter. Arthur Rubinstein präsentiert seine Récitals in Konzertsälen und mondänen Salons. Albert Einstein erläutert den Studenten seine Relativitätstheorie, und nach den Vorlesungen eilen die Bilderstürmer unter ihnen zur Stadtmitte, um im »Cabaret Voltaire« den unerhörten Vorträgen von Hugo Ball, Tristan Tzara, Emmy Hennings, Richard Huelsenbeck und Marcel Janco zu lauschen. In diesem Etablissement, das mehr einer verkommenen Bar denn einem distiguierten Kaffeehaus ähnelt, blasen die Gesinnungsgenossen des Pariser Exzentrikers Marchel Duchamp mit nihilistischem Optimismus zum Sturm auf alle Bastionen der abendländischen Kulturgeschichte.

»Wie erlangt man die ewige Seligkeit?«, »Wie kann man alles Aalige und Journalige, alles Nette und Adrette, alles Vermoralisierte, Vertierte, Gezierte abtun?« – so lauten ihre Ausgangsfragen. »Indem man Dada sagt.« Indem man unverständliche Lieder mit einem Hauch Anarchie und einem gerüttelt Maß an Nonsens singt, schreit und plärrt, sich wie tumbes Gesindel gebärdet, indem man im Quartett abschreckende Laute ausstößt, in kubistischen Kostümen durch den Schankraum springt und sich beim Abfassen immer kühnerer Manifeste überschlägt. »Edle und respektierte Bürger Zürichs, Studenten, Handwerker, Arbeiter, Vagabunden, Ziellose aller Länder, vereinigt euch!« schallt es den Adepten schon von weitem entgegen. Dada ist aufregend und neu, will nichts bedeuten und verändert doch alles. Die Dadaisten wollen weder unterhalten noch amüsieren, weder Feinde schaffen noch präzise Aussagen abliefern. Es geht darum, das Publikum mit bissigen Botschaften »wie eine Kugel« zu treffen, »den Krieg mit Nichts zu Ende« zu bringen, und Dada läßt sich zugleich als Heilmittel gegen alle Mißstände der Gegenwart empfehlen: »Es ist die beste Medizin und verhilft zu einer glücklichen Ehe.« Im Zürcher Zunfthaus an der Waag nimmt die Bewegung ihren Anfang, nicht ohne Grund an einem 14. Juli: Man will einmal wieder eine Revolution ausrufen. Mag sie auch harmlos eingeläutet werden, sie besitzt Sprengkraft und zieht Kreise, nach Hannover zu Kurt Schwitters und seiner Anna Blume, nach Berlin zu Johannes Baader, Walter Mehring und Raoul Hausmann und ihrem Oberdada. Noch die Pariser Surrealisten zehren vom Potential der Dada-Väter und haben deren Lektionen befolgt: »Ay, oi, u. Man soll nicht zuviel Worte aufkommen lassen. Das Wort will ich haben, wo es aufhört und wo es anfängt. Mit edlem Gestus und mit feinem Anstand. Bis zum Irrsinn, bis zur Bewußtlosigkeit.« Das Sprachspiel wird zur Waffe aller künftigen Poeten, Traumdeuter und Wortakrobaten.[1]

Die Möchtegern-Tänzerin Linnerl Blamauer geht mit geschärften Sinnen durch ein verstörendes, aufregendes Zürich. Der Esprit der Dadaisten, die Absurdität ungehemmter Kreativität in einem Zeitalter der totalen Zerstörung, die Blüte seltener Kulturpflanzen in der Winterwüste Europas gleich vor ihrer Haustür – all dies sind Phänomene, die ihrem aufmerksamen Blick nicht entgehen. Richard Strauss und Ferruccio Busoni, Max Reinhardt mit seinem Berliner Ensemble und die Russischen Ballette sind in der Stadt, sie sieht sie alle von weitem, erlebt sie, nur Schritte entfernt, bei Proben, spürt die körperliche Nähe schon legendärer Persönlichkeiten – Balsam für die empfindsame Seele einer Vernachlässigten und Ansporn zu Initiativen, die sie voranbringen sollen. Ihr gelingt eine weitere Eroberung.

Oberspielleiter Richard Révy, dreizehn Jahre älter als Karoline und selbst nicht ohne Ambitionen, verfügt als Probenbeobachter über einen geschulten Blick und fischt Linnerl aus dem bunten Heer der Statisten und Hintergrundtänzer. Er nimmt sie unter seine Fittiche, erteilt ihr Privatunterricht, schult sie in Deklamation und verschafft ihr kleine Rollen in großen Stücken auf der Sprech- und Opernbühne: *Lohengrin, Maria Stuart, Parsifal, Maß für Maß, Lustige Witwe* und *Rheingold, Orfeo* – neben Dramen von Gerhart Hauptmann, Strindberg und Ibsen, Maeterlinck, Shaw und Sophokles. Ein Sammelsurium von Texten, Dialogfetzen, einstudierten Gesten und komplizierten Choreographien wirbelt durch ihren Kopf. Bereitwillig stellt sie sich jeder Bühnenkonzeption, jedem Theoriemodell, jedem Verbesserungsvorschlag. Für keine Nebenrolle ist sie sich zu schade. Zu den Proben erscheint sie zu früh und geht als letzte. Motivationskrisen kennt sie nicht.

In *Wilhelm Tell* spielt sie einen Bauernjungen, im *Rosenkavalier* einen Friseurgehilfen, sie tanzt als Ballettmädchen in der *Fledermaus*, übernimmt kurze Parts in *Heinrich IV*. Sie verausgabt sich im Dreieck von Stadttheater, Pfauentheater und Opernhaus. Révy, den Lenja als mondgesichtigen, vitalen Förderer skizziert hat, gibt ihr Romane von Dostojewski, Tolstoi und Goethe zu lesen. Mit ihrer Ausdauer und ihrem Bildungshunger hat sie ihn beeindruckt. Unter seiner Regie läßt er sie regelmäßig auftreten, und für die unzähligen Privatstunden will er kein Honorar annehmen. Den Wiener Tonfall, den gutturalen Singsang in ihrer Stimme läßt er gelten, allein der Akzent muß verschwinden.

Auf der Bühne singen will und darf sie noch lange nicht, es ist nur die Rede von Stichworten, Kurzmonologen und ein bißchen Tanz; und in Wedekinds *Franziska* steht sie der noch unbekannten Elisabeth Bergner gegenüber, hält ein Sektglas in der Hand und spreizt den kleinen Finger ab. Mit dem Lacher, den beide in dieser spontan hinimprovisierten Szene ernten, erobert sie sich einen Platz in den Erinnerungen der großen Kollegin: »[Linnerl] umgab immer etwas Zwielichtiges, Verbotenes. Verehrer holten sie jeden Abend nach der Aufführung ab. Und jeden Abend kam ein anderer.«

Nur einer kam regelmäßig und wartete in Garderoben, Logen und vor Hintereingängen auf das Fräulein mit dem zierlich abgespreizten Finger: ein junger Mann namens Mario Perucci, seines Zeichens Bildhauer und Karolines erster Liebhaber, mit dem sie eine längerwährende, stabile Liaison verbinden wird.

Linnerl benötigte mittlerweile keine Nachhilfestunden in selbständiger Lebensführung mehr und war auch nicht mehr so leicht zum Gruseln zu bringen. Tante Sophie vermittelte ihr einen kleinen Nebenerwerb: Im Zeitungskiosk eines ihrer Verflossenen durfte die Nichte hin und wieder Postkarten verkaufen. Der Besitzer hieß Emil, war ein passionierter Fliegenfänger in den Fünfzigern. Linnerls Frühschicht war ihm willkommen, er freute sich über Gesellschaft und konnte im Hinterzimmer in aller Ruhe klebrige Honiggläser über alle Fliegen stülpen, die sich in seine Nähe wagten – während Karoline, zur Straße hin, mit der Kundschaft schäkerte. Im Theater – offiziell war sie noch Mitglied im Ballettcorps – und im Kiosk verdiente sie bald genug, um bei den geliebten Ehrenzweigs ausziehen zu können: Eine eigene Bude und emotionale Unabhängigkeit waren ihr lieber. Sie fand ein möbliertes Zimmer in der geräumigen Wohnung der Eltern ihrer Ballettkollegin Greta Edelmann. Mit ihr hatte sie sich angefreundet, und im Sommer spielten die beiden kurze, selbstinszenierte Possen und Revuen im Zürcher Corsotheater. Als der eurhythmisch geprägte Dalcroze-Stil in den Lehrplänen ihrer Tanztruppe mehr und mehr berücksichtigt wurde, stiegen auch Linnerls Gagen. Wenn etwas Geld am Monatsende übrigblieb, schickte sie kleine Pakete mit Wollschals und Süßigkeiten an ihre Familie im kriegsgebeutelten Wien in der Hoffnung, daß die Sendungen Maria zugute kommen mochten.

Bei den Edelmanns, die ihre Einkünfte mit der Vermietung von Räumen an durchreisende Komödianten aufbesserten, begegnete Linnerl zum ersten Mal dem Gegenbild ihrer eigenen Eltern: Eine ausladende, energische Frau herrschte hier gebieterisch über Heim und Herd, schnitt ihrem bebrillten, so schüchternen wie winzigen Ehemann bei jeder Gelegenheit das Wort ab und kommandierte ihre Frühstücksgäste mit einem furiosen Glissando über die Klaviertasten zu Tisch, das sich unter ihren mächtigen Pranken zu einer Fortissimo-Kaskade auswuchs. Sie rühmte die Jungfräulichkeit und Tugendhaftigkeit ihrer Tochter Greta, die vom Charakter her eher nach dem Vater geraten war – ein geradezu grotesker Stolz, war Greta doch förmlich auf Jünglinge und Männer versessen. Sie durchlitt, von der Mutter offenkundig ignoriert, eine Abtreibung nach der anderen, hielt sich einen serbischen Fiancé, der sie in schicke Nachtlokale ausführte, und war ganz und gar nicht mit Mario Perucci einverstanden: Nach ihrem Urteil war er viel zu jung, viel zu arm und viel zu anhänglich für Linnerl.

Gretas vermögender Serbe verschaffte den beiden Mädchen Zugang zu den großen Hotels in Zürich, in denen Dutzende reicher Ausländer residierten und in denen anmutige junge Damen schnell eine gute Partie machen konnten. Suiten und Appartments in gewissen Stadtteilen schienen vor angeschwollenen Brieftaschen und berstenden Safes förmlich zu platzen, während der Rest Europas darbte. Linnerl war geblendet und empört zugleich: »In jenen Jahren habe ich nie einen armen Schweizer gesehen. Fast schien es, als sei jedes zweite Zürcher Haus eine Bank.«

In ihrem abwechslungsreichen Tagesablauf wollte nichts zueinander passen: Noch im Halbschlaf dröhnte der mächtige Baß von Frau Edelmann an ihr Ohr, bei Fliegen-Emil verkaufte sie ihre Karten, dann folgte eine Privataudienz bei Révy, der mit seiner *Fair Lady* ihre Stimme trainierte und Bildungsgespräche führte. Nachmittags war Probe, und wenn sie Glück hatte, ließ sich Busoni zu einem Gespräch mit den Statisten herab, begab sich im Schneidersitz auf den Boden und sprach weihevoll, mit bedächtigen Gesten, zum Fußvolk von *Turandot*. Abends tanzte sie bei *Salomé* in der letzten Reihe oder spulte eine Handvoll Repliken in einem Wedekind-Stück ab. Durch einen Schlitz im Bühnenvorhang beobachtete sie den griechischen König Konstantin, wenn er mit seiner Mätresse in einer Gala-Loge der Vorstellung beiwohnte. Am Schminktisch erwartete sie Perucci auf dem Schemel vor ihrem Spiegel, anderntags waren dort zwischen die Lämpchen Depeschen von unbekannten Galanen und Verehrern geklemmt. Ohne Begleiter kehrte Linnerl selten vom Theater zurück, und auch in der Gesellschaft von Gretas serbischem »Verlobten« fand sich immer ein Tischherr für sie. So kam es, daß auch sie sich mit mehr als einer Abtreibung konfrontiert sah, und auch der Ausschlag ihrer Kinderjahre kehrte von Zeit zu Zeit wieder.

Der literarische Austausch zwischen Révy und seinem Pygmalion Karoline trug weitere Früchte: Nach der gemeinsamen Lektüre von Anton Tschechows *Onkel Wanja* schlüpften Lehrer und Schülerin in die Haut der Bühnenfiguren – Révy wurde von Linnerl »Wanja« genannt, und Wanja revanchierte sich mit dem Spitznamen »Lenja«, abgeleitet von Yelena, einer Frauengestalt aus dem Theaterstück. Was zwischen den beiden als persönlicher Spaß begann, wurde in kommenden Jahren zur einprägsamen Chiffre für Weills Ehefrau in Berlin. Mit dem Kürzel Lotte war sie schnell bei der Hand. Nur das dreisilbige Wiener Relikt, das ihr einst vom Vater verpaßt worden war, hielt sich noch etwas hartnäckiger auf den Bühnenzetteln der Zürcher Jahre.

Es war nur allzu verständlich, daß sich Lotte gern von ihrem Wiener Namen trennen wollte: Mit der Aufgabe von »Blamauer« löschte sie unheilvolle Erinnerungen an die Fiakertochter aus und brauchte für niemanden mehr das »Linnerl« zu spielen. Nur Weill und ihre anderen künftigen Ehemänner durften sie weiterhin zärtlich so nennen – in Briefen und unter vier Augen, versteht sich. Aber in deren Mund bekam der Klang des Kosenamens auch eine ganz neue Qualität. Blamauer, das erinnerte Außenstehende allzusehr an Provinz und Alpenraum und wäre ihrer Karriere in Zürich und Berlin wenig förderlich gewesen. Charlotte hatte eine weitere Tante Lenjas geheißen – ihre Nichte unterschlug einfach die erste Silbe: Lotte, das hörte sich frech und unkompliziert an, konnte in der Großstadt gefallen. Und die Alliteration LL prägte sich schneller als vermutet ein. Von Wien und Penzing hatte sich Lotte Lenja mit ihrem gelungenen Pseudonym ein für allemal losgesagt.

Zum Kriegsende hin beherrschte die umgetaufte Wahlschweizerin expressionistischen Ausdruckstanz, klassische Standards, Soli im Stil von Isadora Duncan und Dalcroze und sämtliche Repertoire-Choreographien. Ein Generalstreik erschütterte die Stadt, und auch Lotte blieb von der großen Grippeepidemie in jenem Winter nicht verschont. Aber schon kurz nach ihrer Genesung saß sie mit Greta wieder in einschlägigen Nachtclubs. Ihre Freundin hatte ihren serbischen Begleiter inzwischen ge-

gen einen französischen Juwelier ausgetauscht, der Greta mit
Geschenken überhäufte. Zu vorgerückter Stunde machte
Lotte ein junger, gutaussehender Mann mit dunklen Brillengläsern am Nachbartisch Avancen und setzte sich, nach Verstreichen einer Höflichkeitspause, an ihren Tisch, direkt neben sie.
Ein paar Abende und ein paar Blumensträuße weiter wurde
Lotte klar, daß es sich bei dem vermögenden Herrn, einem exilierten Tschechen mit Villa am See, um ihren Fiancé in spe handeln konnte – sie brauchte nur noch ihre Einwilligung zu geben. Anfangs war ihr das Ganze peinlich. Sie bedankte sich für
die Blumen, bat ihn, keine weiteren Bouquets mehr in ihre
Garderobe zu schicken, und fühlte sich dennoch geschmeichelt. Pure Neugier trieb sie schließlich in das noble Refugium
ihres Kavaliers. Der Tscheche verehrte sie und nahm zu Hause
seine Brille ab. Lotte machten seine hervorquellenden Augen,
die von einer Überfunktion der Schilddrüse herrührten, von
Tag zu Tag weniger aus. Sie genoß den Schmuck, den er ihr zu
Füßen legte, das Faulenzerleben einer verwöhnten Dame mit
eigenem Chauffeur, Ankleidezimmer und ausgesuchter Garderobe. Der Galan war ihr verfallen – was Lotte anging, war
Liebe nicht im Spiel. Inmitten von Luxus, Preziosen und gepflegtem Nichtstun langweilte sie sich bald entsetzlich. Nervenkitzel und Lampenfieber fehlten ihr, Spaziergänge an den
Zürichsee durfte sie nur noch mit strenger Überwachung unternehmen, und sie sehnte sich nach Emils schmierigen Honiggläsern, den Wurstfingern von Frau Edelmann und den Zärtlichkeiten Marios zurück.

> Einst glaubte ich, als ich noch unschuldig war
> Und das war ich einst grad so wie du
> Vielleicht kommt auch zu mir mal einer
> Und dann muß ich wissen, was ich tu.
> Und wenn er Geld hat
> Und wenn er nett ist
> Und sein Kragen ist auch werktags rein
> Und wenn er weiß, was sich bei einer Dame schickt

Dann sage ich ihm: »Nein«.
Da behält man seinen Kopf oben
Und man bleibt ganz allgemein.
Ja, da kann man sich doch nicht hinlegen
Ja, da mußt' ich kalt und herzlos sein
Ja, da könnte doch viel geschehen
Ja, da gibt's überhaupt nur: Nein.

POLLY im *Song vom Nein und Ja*[2]

Sie verschwand bei Nacht und Nebel, ohne ein Wort, ohne Erklärung. Im nachhinein fand sie ihr Verhalten reichlich feige, denn auf ihre Juwelen hatte sie nicht verzichtet. Der enttäuschte Verlobte besaß Charakter, zürnte ihr nicht, schickte ihr alle ihre Kleider hinterher und bot ihr in regelmäßigen Abständen die Rückkehr an. Lotte konnte nicht damit umgehen, wenn jemand gut zu ihr war und sie dessen Güte nicht verdiente. Von Greta wurde sie für verrückt erklärt, doch das war ihr gleichgültig. Sie hatte herausgefunden, daß sie Mario Perucci tatsächlich liebte. Wenn auch nur noch für ein halbes Jahr.

Ein letztes Mal, 1919, trat sie die Reise nach Wien an. Der Familie erschien sie als Fata Morgana, eine reiche, elegante Dame aus dem Märchenland. Wenn sie in die leeren Gesichter der geschundenen Österreicher blickte, die vier Jahre lang unter großen Entbehrungen überlebt hatten, begriff sie, daß all die zurückliegenden Monate mit Révy und Greta ein Privileg gewesen waren. Zu Hause war alles beim alten geblieben: Ernst Hainisch hatte Lottes Geschenksendungen regelmäßig beschlagnahmt, die pubertierende Maria war bis auf Haut und Knochen abgemagert, und Johanna kurierte im Hospital Verletzungen aus – ihr Lebensgefährte hatte sie wieder einmal grün und blau geschlagen. Lenja war unfähig, auf die verheerende Lage zu reagieren. Doch Perucci zeigte sich ihrer Verantwortung gewachsen und veranlaßte die entscheidenden Schritte. Das junge Paar nahm Maria kurzerhand mit nach Zürich, quartierte sie in einer Pension am See ein und päppelte sie langsam wieder auf. In einer Klinik in den Bergen pflegten Nonnen die halb Verhungerte, bis sie außer Lebensgefahr war, und Lotte verbrachte jede freie Minute mit ihr, kam für alle Unkosten auf. Sie hegte ihre jüngere Schwester mit einer Sorgfalt, als handele es sich um ihr eigenes Kind. Hainisch saß im Gefängnis, als die wiederauferstandene Maria, mittlerweile wohlgenährt, nach Wien entlassen werden konnte.

Anfang 1921 war es dann soweit: Lottes Aufbruch nach Berlin stand bevor. Révy war ihr vorangegangen, hatte ihr die Notwendigkeit verdeutlicht, sich im Mekka des deutschsprachigen Theaters zu versuchen. Auch er gab fast alles für eine ungewisse Zukunft an der Spree auf: eine feste Anstellung, die gehobene Position eines angesehenen Regisseurs. Mit Greta erarbeitete Lenja eine Revue zu zweit, eine Collage aus Versatzstücken ihrer Tanzausbildung, Sketchen und Gesangsnummern. Damit wollten sie ihr Glück versuchen und die lange Liste der Agenten rund um den Kurfürstendamm abklappern. Alles Jammern von Frau Edelmann half nichts: Der Sprung nach Berlin war beschlossene Sache. Wenn Zweifel an der Finanzierbarkeit des unsicheren Unterfangens geäußert wurden, hatten die Freundinnen gleich eine Antwort parat: Die verbliebenen Juwelen ihres Tschechen sollten ihre Aussteuer für Berlin sein, so hatte Lotte es beschlossen.

Révy holte die beiden vom Bahnhof ab, und alles, was sie bei ihrem ersten Marsch Richtung Lützowstraße sahen, wo ein schmuddeliges Zimmerchen auf sie wartete, kannte Lenja schon aus Wien: die Kriegsversehrten und die Arbeitslosen, die Nutten und die Strichjungen, den Schmutz und die Lichtreklamen, das Elend und die Plakate mit den großen Namen, den Schwarzmarkt und die zerlumpten Kinder. Neu war die Intensität, mit der es hier zwischen Mitte und Neuem Westen, zwischen Hasenheide und Grunewald brodelte. Es herrschte Inflation. Die ersten Engagements brachten Millionen ein, von denen man am nächsten Tag gerade noch einen Brotkanten erstehen konnte. Nur eine Woche später kostete die Zimmermiete Billionen. Die Pensionswirtin servierte Königsberger Klopse, die verdächtig nach Katzenfleisch schmeckten. Da hielten es die Freundinnen für klüger, sich nicht nach Rezept und Zutaten zu erkundigen.

Berlin empfing sie nicht mit offenen Armen: Sie mußten wieder ganz von vorn anfangen. Révys Mädchen landeten ein paar Auftritte, sprachen bei unzähligen Agenten vor, und dann geschah – nichts. Monatelang saßen sie auf dem Trockenen, kein Theater wollte sie nehmen, und der Schmuck ging bedrohlich zur Neige. Schlecht bezahlte Soloauftritte in fragwürdigen Salons waren das einzige, was sie ergattern konnten. Greta und Lotte verließ der Mut. Ihnen ging es, wie es dereinst den beiden Annas aus Weills *Sieben Todsünden* gehen sollte – sie waren hin- und hergerissen zwischen einem anständigen Dasein voller Verzweiflung und ihrem unausweichlichen Los, sich den harten Bedingungen der zu erobernden Großstadt zu stellen:

> Als wir aber ausgestattet waren,
> Wäsche hatten, Kleider und Hüte,
> Fanden wir auch bald eine Stelle
> In einem Kabarett als Tänzerin,
> Und zwar in Memphis, der zweiten Stadt unserer Reise.
> Ach, es war nicht leicht für Anna.
> Also wollte sie eine Künstlerin sein
> Und wollte Kunst machen in dem Kabarett.
> Und das war nicht, was dort die Leute wollen,
> Was dort die Leute wollen, war das nicht.
> Denn diese Leute zahlen und wollen,
> Daß man etwas herzeigt für ihr Geld.
>
> ANNA I: *Stolz*[3]

Das war es nicht, was die Zürcher Tänzerinnen wollten. Greta gab auf, nahm die erstbeste Offerte als Choreographin in einer Provinzstadt an. Lenja bewegte sich im Schlagschatten von

Révy und fühlte sich in seiner Obhut zumindest künstlerisch sicher. Trotz ihrer eigenen Erfolglosigkeit genoß sie in vollen Zügen, was ihr der Amüsierbetrieb zu bieten hatte, und das war nicht wenig: Sie ging zu Premieren in die großen Häuser und die Zimmertheater; sie ging ins Variété und zu Ringkämpfen in die Biergärten von Friedenau. Den Theatersternen am Bühnenhimmel jubelte sie ebenso zu wie den schwitzenden polnischen Männern, die sich zum schmetternden Getöse einer Blechkapelle und den Anfeuerungsrufen erregter Berliner auf dem Boden des hell angestrahlten Rechtecks wälzten. Sie sah in der »Scala« die besten Gaukler ihrer Zunft und die berühmten Fratellini-Clowns und wußte jetzt, daß es die in der Ameisgasse erträumten Zirkuszelte wirklich gab, den Jubel der Menge und den nicht endenwollenden Flug durch die Kuppel.

Das Merkwürdigste an ihrer momentanen, tatenlosen Existenz war: Berlin gefiel ihr ungemein – und sie gefiel Berlin. Sie war hier nicht die einzige Fremde. In Charlottenburg hatten sich an die 300 000 Russen mit Einkaufsläden, Verlagen, Buchhandlungen und Schulen eingenistet, in wenigen Jahren eine große Kolonie gebildet. Wie Lotte bestritten die meisten von ihnen ihren Unterhalt in »Charlottengrad« mit eingeschmuggelten Devisen oder Schmuckstücken. Wo Linnerl auch hinhörte, auf dem Hohenzollerndamm oder am Wittenbergplatz, überall wurde Russisch, Polnisch oder Jiddisch gebrabbelt, geflüstert und geklatscht – ganz so wie in gewissen Bezirken Wiens, denen sie sich entronnen glaubte.

Am Wochenende zog es sie in die Nähe des neuen Einkaufstempels Kaufhaus des Westens an die berüchtigte Tauentzienstraße, wo der Straßenstrich die seltsamsten Blüten trieb. Und wenn sie dann aus dem »KaDeeWee« trat und vom Bestaunen der phantastischen Waren genug hatte, warf sie einen Seitenblick auf die sich feilbietenden Mädchen und Jünglinge. Hier ließ sich noch die eine oder andere Million wertloser Reichsmark machen. »Und ich geh', und ich geh', und ich geh'/und probier' es mal ein bißchen, so'n kleines bißchen: Das macht, weil ich alles seh'/in den Straßen rings ums K.D.W.!« So hatte es Tucholsky der Diseuse Ernestine Costa in den Mund gelegt, so tönte es in den Gewölben der Kabaretts im Marschrhythmus, zu einem munteren Tanzliedchen von Friedrich Hollaender, und so mochte es auch Lotte Lenja vor sich hin summen, als sie durch das Zentrum bummelte, langsam den Tauentzien hinter sich ließ und auf die Mitte des Ku-Damms zusteuerte. Dort erwartete man sie zu einer Probevorstellung.

Im Orchestergraben saß schon der Komponist der *Zaubernacht*.

»Ich hatte in Zürich eigentlich tanzen gelernt, aber da ich etwas musikalischer war als die anderen Ballettmäuse und auch etwas singen konnte, hatte ich schon kleinere Rollen in Operetten gehabt. Was das Singen betrifft – ich bin Wienerin, und wenn man aus Wien ist, hat man Musik im Blut – das hat Mozart uns angetan. Natürlich hatte ich es nie richtig studiert, und als ich Kurt sagte, daß ich das gerne tun würde, sagte er: ›Ach nein, es ist viel besser, wenn du das sein läßt, du bist sehr musikalisch, verdirb dir lieber nicht dein Gehör, und überhaupt, mir gefällt die Vorstellung, daß du mir über die Schulter schaust und aufpaßt, was ich mache.‹ Das sagte er nur so zum Spaß, denn er wußte, daß ich das nie tun würde. Aber ich konnte seine Musik singen, und unsere Freunde fragten mich immer, wie ich das ohne Ausbildung fertigbrächte. Ich hatte nie Schwierigkeiten mit Kurts Musik, wahrscheinlich weil ich sie so oft von ihm hörte und auch seinen Harmonien und Melodien so intensiv zuhörte, daß es mir auf ganz natürliche Weise zukam.«[4]

Zu Beginn ihrer Partnerschaft war Weill tatsächlich der ideale Mann für Lenja, und dies nicht nur, weil sie für seine Kompositionen einen so unfehlbaren Instinkt und die richtige Stimme besaß. Sie hatte die Obhut von mehreren Schutzengeln erfahren dürfen – Fräulein Schwartz, die Ehrenzweigs, Révy und Kaiser –; bei Kurt kam die physische Anziehung hinzu, bei ihm fühlte sie sich am geborgensten. Er beschützte sie, ohne sie zu kontrollieren. Er war jünger als sie, aber nicht so jungenhaft wie Perucci. Er war fast ebenso mittellos wie Lotte, und beide wollten sie nach oben: Mit vereinten Kräften ließ sich das viel besser bewerkstelligen. Er genoß ihren Sex-Appeal, und sie entlockte dem In-sich-Gekehrten extrovertierte Züge, lehrte ihn Spaß an der körperlichen Liebe, frotzelte ihn, wenn seine altkluge Ausdrucksweise mal wieder überhandnahm, und taugte zur Muse.

Kurt vermittelte ihr Fachwissen, ohne sie zu belehren, und behandelte Lotte wie eine Gleichrangige – Qualitäten, die sie schon an Révy geschätzt hatte. Mit Juwelen konnte er Lenja nicht blenden, doch seine Fähigkeiten flößten ihr den allergrößten Respekt ein. Als genuin kreativer Künstler verlangte seine Natur nach einer Ausführenden, einem Medium, das seinen Songs erst wirklich Ausdruck verlieh, sie beseelte. So entstand zwischen beiden schnell eine komplizenhafte Übereinstimmung. Sie wurden unzertrennlich. Sie vollführten einen Wettlauf in gegenseitigem Engagement: Premieren von Kurts Musikdramen kam dabei der gleiche Rang zu wie bevorstehenden Auftritten Lottes in Berliner Theatern. Weill konnte es ertragen, wenn sie vor seinen überlangen Arbeitssitzungen floh und die Gesellschaft anderer Männer suchte: Wenn sie anderen gefiel und dennoch mit ihm ihr Leben teilte, dann schmeichelte ihm das. An seiner Seite konnte sie die Kindfrau bleiben: schnell gelangweilt und unzufrieden, dann wieder anschmiegsam, im nächsten Moment verführerisch und raffiniert, zwischen offenkundiger Abhängigkeit und energischem Anspruch schwankend. Und wenn es auch stimmte, daß Lenja das Gruseln mit all seinen Lektionen auswendig gelernt hatte, dann hatte Kurt nichts zu dieser Ausbildung beigetragen.

Ihre Verbindung war alles andere als die Mésalliance, die viele in ihrer Umgebung prophezeit hatten: Zwischen dem gebildeten Kantorsohn badischer Herkunft und der aus proletarischem Milieu stammenden Varietétänzerin gab es wenig Reibungspunkte, und Gegensätze balancierten sie spielerisch aus. Ein bißchen Dada war mit im Spiel, eine Tendenz zu Unvernunft, Übermut, Ulk und Streichen – waren dies doch die wichtigsten Ingredienzen, die der medizinischen Anweisung des Dada-Papstes Huelsenbeck gemäß »zu einer glücklichen Ehe verhelfen«. Spielerisches und Neckereien sollten sich erhalten: Noch in viel späteren Briefen wird sie ihn Weillchen, Weilili und Kurti, aber auch Pi, Glätzchen und Schnübi nennen. Unterzeichnen tut sie als Nibbi, Zippi, Träubi und Weibi – und, in ironischer Anspielung an die große Sopranistin des 19. Jahrhunderts, mit »Jenny Lind Lenya.«

Ihre Zweisamkeit war zuallererst ein Bündnis der Stärke, gegründet auf gegenseitigem Vertrauen und dem sicheren Gefühl, im selben Boot zu sitzen. Sie zogen am gleichen Strang, setzten sich füreinander ein, und das war viel mehr, als die meisten extravaganten Paare in ihrem Umfeld zu bieten hatten. Es war sogar eine ganze Menge.

Im Juni 1926 holte das Duo endlich seine Hochzeitsreise nach: Über Zürich und Norditalien gelangten die Flitterwöchner nach Cannes. Es sollte eine kurze Verschnaufpause vor dem Theatermarathon der kommenden Jahre werden.

Am 18. Juli 1927 war Lotte Lenja beim Kammermusikfest in Baden-Baden als einzige »Laien«-Sängerin neben einem Quintett von fünf Opernvokalisten auf der Bühne zu sehen – eine Bühne, die aus einem von Seilen umspannten Rechteck bestand, einem Terrain, das einem Boxring ähnelte. Akteure im Ring und Instrumentalisten, die die Kampfarena flankierten, brachten Brechts *Mahagonny*-Songspiel zur Uraufführung, für das Kurt die Musik geschrieben hatte. Die Kulissen blieben kahl. Caspar Neher applizierte seine komplexe Farblichtregie, blitzartig leuchteten Diaprojektionen auf, und der Autor hatte die Darsteller vorsorglich mit Trillerpfeifen ausgerüstet. Lotte begab sich erstmals in die Zwickmühle von Schauspiel, Operngesang und Song-Vortragsstil. »Da standen sie, die anderen fünf Sänger, und deklamierten, was in ihren Partituren stand. Die Interpretin der Bessie riet mir, in den Notentext zu schauen. Ich sagte: ›Hineinschauen bringt mich nicht viel weiter. Ich kann keine Noten lesen.‹ Aber ich war die einzige, die nie einen Fehler machte.« Maurice Abravanel hingegen glaubt zu wissen, daß Lenja für eine indisponierte Opernsängerin eingesprungen war, nachdem sie sich nur widerwillig von Weill und Brecht dazu hatte überreden lassen. Ihm zufolge bewältigte sie alle Koloraturen und Verzierungen und kam auch mit der hohen Lage ihrer Sopranstimme zurecht: »Lenja hat ihren Part gesungen – jede Note, jede Note –, und das Männerquartett hat auch jede Note gesungen. Vom späteren Lenja-Stil keine Spur.«[5]

Vorangegangen war die Feuertaufe einer Handvoll skurriler Opern von Ernst Toch, Hindemith und Darius Milhaud, dessen lakonische »opéra-minute« wenige Stunden zuvor noch die Gemüter erregt hatte. Und auch *Mahagonny* entzündete einen Tumult unter den Zuschauern – Lottes Hymne an den *Mond von Alabama* ging zu weiten Teilen im Tohuwabohu aus Buhrufen, Pfiffen und Schmähungen des Publikums unter. Die Darsteller gingen zum Gegenangriff über. Sie schwangen große Transparente mit antikapitalistischen Parolen und provokanten Schlagwörtern über ihren Köpfen und hielten sie wie Schutzschilde der johlenden Menge entgegen. Jeder Slogan war ein antibourgeoises Bekenntnis. Nur das Pappschild der Sängerin, die die Jessie gab und aus Leibeskräften in ihre Pfeife blies, hatte mit Agitation nichts zu tun.

Auf Lotte Lenjas Plakat prangten in riesigen Lettern lediglich zwei Worte: »Für Weill«.

3
Berlin im Licht

> Die Linden lang, galopp, galopp!
> Zu Fuß, zu Pferd, zu zweit!
> Mit der Uhr in der Hand, mit'm Hut auf'm Kopp –
> Keine Zeit! Keine Zeit! Keine Zeit!
> Man knutscht, man küßt, man boxt, man ringt,
> Een Pneu zerplatzt, die Taxe springt,
> Mit eenmal kracht das Mieder!
> New York – Berlin een eenz'ger Satz,
> 'Rin in die jute Stube!
> Mach' Kasse, Mensch! Die Großstadt schreit:
> Keine Zeit! Keine Zeit! Keine Zeit!
> *Berliner Tempo*

Der Berliner Luisenplatz im Herbst 1928: Im Zimmer von Kurt und Lotte stapeln sich Partituren, Manuskripte, Textbücher und Zeitungsausschnitte. Zwei Vielbeschäftigte laden in ihrer »Pension Grieneisen« das Gepäck ab, das sich bei Theaterterminen und Orchesterproben ansammelt. Ein Notenturm schwankt bedrohlich, auf seiner Spitze thront eine halbgeleerte, vergessene Teetasse. Zwischen dem aufgeklappten Flügel und dem schmalen Bett bleiben nur noch wenige Zentimeter Freiraum – Lenja beherrscht das Balancieren, Weill hat es erstaunlich schnell gelernt, und mit prominenten Besuchern geht man lieber gleich in ein Café oder Restaurant: Dort kann man die sich überstürzenden Projekte viel besser besprechen, die Augen schweifen lassen und Schauspieler, Journalisten und Jungdichter mit einem Kopfnicken grüßen, wenn sie am Nebentisch Platz nehmen.

Berlin eilt mit Riesenschritten dem Zenit der Goldenen Zwanziger entgegen. Durch seine Häuserzeilen weht noch der alte märkische Wind, aber er konkurriert schon mit einem aufziehenden Sturm, der alle Weltstädte erfaßt hat und sie einander annähert, egal, ob sie in Rußland, Europa oder Amerika liegen. Der Tonfall der Kabarettchansons gibt sich härter und unversöhnlicher, das eloquenten Kehlen abgerungene Timbre ist schneidend und aggressiv. Der Kritiker Stuckenschmidt spricht von »Chorälen aus dem Schlamm«: Ja, »so wird heutzutage gesungen.« Im Film *Symphonie einer Großstadt* demonstriert Berlin die gebündelten Energien urbaner Bewegungsabläufe, das Ineinandergreifen komplexer Rhythmen – hervorgebracht von Menschen, Maschinen, Mechanismen und einem unerklärlichen Willen zu rasanter Veränderung, von dem alle angetrieben werden. Fritz Lang deutet in *Metropolis* die Apokalypse eines seine Bewohner mit sich in den Abgrund reißenden Babylons an. Kurt Tucholsky, Alfred Kerr und Egon Erwin Kisch regieren mit ihren Glossen eine Gemeinde aus unzähligen Gefolgsleuten: Zeitungsleser, Literaten, Theaterbesucher, Nachwuchsschauspieler. Wer wissen will, was in Berlin los ist, welcher Stern am Bühnenhimmel gerade kometenhaft aufsteigt, welcher Mime abgewirtschaftet hat, der kommt nicht einen Tag lang ohne die Lektüre ihrer mokanten Kolumnen aus. Die rasenden Reporter durchstreifen die Stadtteile auf der Suche nach Sensationen und Skandalen. Karrieren werden in wenigen Wochen gemacht und von gierigen Medien inszeniert, doch wenn sie innerhalb von Sekunden in sich zusammenstürzen, ist die Fallhöhe beträchtlich. Das Abgleiten ins Bodenlose überleben nicht einmal die Größten ihrer Zunft.

Elise Reifenberg, Redakteurin des »Berliner Tageblatts«, schildert in ihrem Romanerstling *Käsebier erobert den Kurfürstendamm*, wie man einen Ahnungslosen aus dem Nichts an die Spitze des Stadtgesprächs katapultiert, um ihn ebenso schnell wieder dem Vergessen auszuliefern. Für ein solches Porträt braucht man Mut, denn allzu viele könnten sich darin wiedererkennen – daher wählt sie ein Pseudonym und zeichnet als Gabriele Tergit mit wenigen Strichen eine Berliner Vignette:

»Er ging an einem lichten Märzabend über den Kurfürstendamm. Der Asphalt spiegelte.

Die Frühlingsbäume hatten einen hellen Schleier im Licht der Bogenlampen, aus dem Tiergarten drang die Sehnsucht der vielen Paare auf den Bänken. Vor dem Café saßen Damen in hellen neuen Kostümen, die kleinen Hüte um die kleinen Köpfe. Sie waren herrlich manikürt und massiert und gesalbt und gerötet und geweißt. Er roch diese Luft aus Freiheit, Frechheit und Benzin.

Einbeinige saßen an der Steinterrasse des großen Hotels. Irrungen, Wirrungen. Wanderschrift, Kirche und winkender Schutzmann. Autos, Weltanschauungscafés und stille Konditorei für Liebe.

Kapitol, Kino, Restaurant, Paläste, Marmor, Gloria und Königin, Sekt, elegante Kleider, Charleston und Jazz. Lackierte Kojen, wo Schönheit fabriziert wird mit Dampf, gefetteter Hand und knisterndem elektrischem Strom für die Pelztiere, die rosa Beine, cotyfarbene Münder, suchende Portemonnaies und suchende Augen für die Herren haben.

Die Frauen haben schöne schlanke Beine. Schön ist die Berlinerin geworden, tüchtig und rasch.

Sie sprechen von Schuhen, von Hüten, von Mänteln. Sie haben helle, leichte Frühlingssorgen.«[1]

Ausländische Beobachter spüren es nach den hiesigen Schriftstellern als erste, dieses einzigartige Berlingefühl: Es drängt sie in Scharen hin zur »hellen, leichten« Atmosphäre eines neuen Deutschlands, sie wittern die Befreiung von Leib und Seele, lassen sich von entblößten Körpern und offener Promiskuität locken, schwärmen beim Betrachten von Herbert Lists lichtüberfluteten Photos junger Menschen von den »children of the sun«. Vermeintlich unbefangene Adoleszenz wird besonders von den Angelsachsen angebetet, als Aufforderung getarnte Unschuld auf den Sockel gehoben. Stephen Spender verfällt dem ambivalenten Charme deutscher Jünglinge, Harald Nicolson vermag 1929 nur noch über London als »alte Dame im schwarzen Spitzenkleid« zu spötteln – Berlin sei dagegen »ein Mädchen im Pullover, nicht sehr gepudert – mit einem Herzen, das beinahe immer zu schnell sympathisiert. Mit ihm spaziert man durch Licht und Schatten. Und nach einer Stunde etwa Hand in Hand.« Der russische Ballettfürst Sergej de Diaghilew, Wegbereiter des modernen Tanzes und Oberhaupt der

Pariser High Society, spricht von Berlin nur mit der allergrößten Bewunderung. Als er für eine Woche von der Seine an die Spree kommt, weiß er abends nie wohin, so viel ist in den Theatern los. »Berlin ist die einzige große Stadt, die ich nicht habe erobern können. In allen anderen Weltstädten habe ich Triumphe gefeiert. Aber Berlin stehe ich wie ein halbwüchsiger Gymnasiast gegenüber, der in eine feine Dame verliebt ist und nicht die richtigen Worte findet, um sie für sich einzunehmen.«[2]

Schlagwörter beherrschen die Szenerie, »Licht« und »Schatten« sind immer darunter wie das Versprechen von frei verfügbarer, unkomplizierter Sexualität – hastige Momentaufnahmen reihen sich im Kaleidoskop der Großstadt zu funkelnden Lichterketten aneinander. Berlin möchte unbedingt, daß seine *City lights* auf den Rest der Welt ausstrahlen – blendende Signale einer schönen Neuen Welt, so wie sie Charlie Chaplin jenseits des Ozeans auf die Leinwände Europas gebannt hatte. Ein Organisationskomitee nimmt die Angelegenheit in die Hand – Berlin soll nicht länger hinter New York, London und Paris zurückstehen; man hat hierzulande offenbar noch nicht gemerkt, daß man doch längst weltweit den Ton angibt. Monumente und Denkmäler werden mit Hunderttausenden kleiner Lämpchen angestrahlt und Feuerwerkszauber in den Nachthimmel geschleudert. Illuminierte Paraden marschieren die Boulevards entlang, leuchtende Schneisen bahnen sich durch den Dschungel finsterer Seitenstraßen. Man tanzt auf »Licht-Bällen« in der Kroll-Oper, schickt Diseusen und Tenöre erster Wahl zum Vortrag auf gleißende Bühnen, und vier Komponisten werden beauftragt, »Berlin im Licht« ihre Reverenz zu erweisen: Ernst Toch, Heinz Tiessen und Max Butting von der »Novembergruppe« – und Kurt Weill.

Mit »Und zum Spazierengehen genügt das Sonnenlicht/ doch um die Stadt Berlin zu seh'n, genügt die Sonne nicht« beginnt Kurts selbstgetexteter Song und verwendet schnoddrige Reime: »Na wat denn? Na wat denn? Was ist das für 'ne Stadt denn?« Weill spielt auf die vielen tausend Watt an, die den Berliner Nachthimmel von unten zum Glühen bringen, und seine Aufforderung an den Zuhörer lautet: »Komm, mach' mal Licht, damit man seh'n kann, ob was da ist!« Sein Lied mißtraut dem inszenierten Bombast aus Strom.

Seit ein paar Jahren verkörpert Kurts Musik wie keine andere den Zeitgeist Berlins, und seit ihrer Hochzeit sind Lenja und er in der Metropole bekannt wie bunte Hunde. Allabendlich gehen sie mit den maßgeblichen Poeten jener Jahre aus, und viele unter den noch Namenlosen, in deren Gesellschaft sie gesehen werden, gelangen unvermittelt zu höheren Weihen, seit sie das Paar aus der Pension Grieneisen frequentieren. Lotte und Kurt bleiben auf dem Teppich und betrachten auch noch in der Rückschau das Berliner Kulturkarussell ohne Nostalgie oder Wehmut:

»Ich glaube, die Zeiten werden wohl nie wiederkommen. Was das Theater angeht, war Berlin damals die aufregendste Stadt der Welt – Mitropoulos, der mit Kurt in Busonis Meisterklasse war: Das war damals wirklich eine ganz außergewöhnliche Stadt. Wenn man diese Leute traf, wissen Sie, war das vollkommen normal, wir lebten einfach so. Erst später, als sie alle berühmt waren, schien es etwas Besonderes, sie zu kennen. Aber wenn man mitten im Geschehen drin ist, merkt man gar nicht, was passiert. Es gefällt einem, was sie machen, aber man ist davon nicht unbedingt überwältigt. Heute besteht für diese Zeit eine Art von Nostalgie, aber für uns bedeutete es nur, daß wir zusammen lebten und miteinander sprachen und uns bei Schlichter trafen. Das war ein wunderschöner, sehr gemütlicher Ort. Nach der Vorstellung saßen wir ganz ungezwungen zusammen, tranken einen vorm Schlafengehen und redeten. Es war ein großartiger Platz zum Klatschen.«[3]

Es läßt sich nicht leugnen – ihr Berlin ist kein Ort für stille Zweisamkeit. Die Stadt, deren Bewohner des Westteils sich dreißig Jahre später und einen verlorenen Weltkrieg weiter »Insulaner« nennen werden, hält auch jetzt schon keine Refugien bereit, und für romantische Robinsonaden bleibt selten Zeit. Berlin verdankt seinen Inselcharakter anderen Vorzügen: der

Konzentration von Toleranz, der Integrationskraft für Außenseiter, der Intensität politischer wie kultureller Experimente, dem privilegierten Status mancher seiner Bewohner. Solche Tugenden können nur in einem nach außen hin abgegrenzten Raum gedeihen.

Lotte und Kurt meistern den Mangel an Freiraum mit einem Humor, der nur für sie beide zugänglich ist: einer burlesken Mischung aus Idiosynkrasien und Berliner Schnauze, anhaltinisch eingefärbt, wienerisch verbrämt. Kurt, der jetzt mit »Knut Gustavson« und »Froschi« zeichnet, läßt sein »Tütchen« und »Rehbeinchen« gewähren, die abends ganz gern auch mal ohne ihn ausgeht: mit Heinz Lipmann etwa, einem Dramaturgen am Staatstheater. Die von Weill tolerierte Affäre zwischen Heinz und Lotte eröffnet den Reigen einer ganzen Reihe von Liebschaften, die – so paradox es klingen mag – der Partnerschaft von Kurt und Lenja erst ihre Ausgeglichenheit und Stabilität verleihen. Wenn es ihr gerade in den Sinn kommt, hält die fidele Gattin auch ab und zu nach hübschen jungen Damen Ausschau: ein wiederaufgenommener Zeitvertreib aus Zürcher Tagen. Beide Eheleute suchen Zerstreuung auf verschiedenen Ebenen: Vervollkommnung in Liebesdingen hier, Kompositionsrausch und Arbeitswut dort. Kurt will gar nicht immer so genau wissen, was Lotte nebenbei treibt. Wer nichts in Erfahrung bringen möchte, braucht auch nichts zu verzeihen, und Kurt kann sich ohne schlechtes Gewissen dem steten Ausbau seiner beruflichen Pläne widmen.

Zehn Opern bzw. dramatische Entwürfe, sieben Bühnenmusiken, zwei Werke für den Rundfunk, zwei Einzellieder, eine Kantate, ein Songspiel, eine Ballade, ein *Berliner Requiem* – dies alles entsteht in nur acht Jahren in der deutschen Hauptstadt. Kollegen und Zeitgenossen erkennen schnell: Hier geht einer im Laufschritt durchs Leben, bewältigt ein erstaunliches Pensum. Minnestunden mit Lenja sind als eine Kostbarkeit, als ein dem inneren Zeitdruck abgerungenes Zugeständnis anzusehen.

Wenn es den beiden ausnahmsweise gelingt, einen stillen Abend in ihrer vollgestopften Kammer zu verbringen, können sie sicher sein, daß es bald wieder an der Tür klopft und irgendein wichtiger Theateragent, Verlagsvertreter oder, wie beispielsweise im März 1926, Felix Joachimson ungeduldig Einlaß begehrt.

Joachimson war ein junger Musikkritiker und somit zunächst Weills Kollege. Denn Kurt konnte sich trotz seines Triumphes mit dem *Protagonisten* noch lange nicht als Krösus bezeichnen und war froh darüber, zwischen 1925 und 1929 als Berliner Korrespondent und Chefkritiker Beiträge für die Radiozeitung *Der deutsche Rundfunk* liefern zu dürfen. Über vierhundert solcher Vorschauen, Besprechungen und Kritiken erschienen und betrafen die einmal pro Woche ausgestrahlten Sendungen – Ausblicke auf kommende Opern- und Konzertereignisse, Verrisse und Lobreden. Einige unter ihnen sind von bleibendem Wert, andere für die schnelle Lektüre bestimmt gewesen. Die Beiträge stellten nicht nur willkommenen Zusatzverdienst und eine regelmäßige stilistische Fingerübung für den stets hellwachen Zeitzeugen dar; aus ihnen läßt sich auch eine immer gefestigtere, über die Jahre entwickelte ästhetische Position Weills ablesen. Sie verhalfen ihm zu einem genaueren Bild seiner eigenen Musikideale und -anschauungen, zu einer ständigen Überprüfung seiner Opernkonzeption. Und Kurts Interesse für das neue Massenmedium Radio wurde durch die Fleißarbeit geweckt; dessen soziale Aspekte trieben ihn um, es ergaben sich Auftragsarbeiten für den Rundfunk, neue Ideen entstanden für die Verwirklichung von Bühnenprojekten.

Zwischen ihm und Joachimson, der auch für das Kabarett textete, entspann sich rasch eine intensive Zusammenarbeit, beiden schwebte eine zeitgenössische komische Oper vor. Sie trug den lakonischen Titel *Na und?*, bestand aus zwei Akten und siebzehn in sich abgeschlossenen Musiknummern mit eingefügten gesprochenen Dialogen und wurde im Frühjahr 1927 fertiggestellt. Weill zufolge handelte es sich um eine weitere »Beleuchtung« des modernen Berlins, mit der er das Wesen der Ära musikdramatisch festhalten sowie zeittypische

Sprech- und Handlungsweisen in den Vordergrund rücken wollte. Doch zum erstenmal versagte ihm Universal Edition, sein Hausverlag, die künstlerische Gefolgschaft: Bei einem Vorspiel in den Wiener Räumen des bedeutenden Hauses vermochten die Verantwortlichen, Hertzka und Hans Heinsheimer, weder Weills Geschmack nachzuvollziehen – den Titel *Na und?* verabscheuten sie nachgerade –, noch gelang es ihnen, in dem Bühnenwerk einen würdigen Nachfolger des *Rosenkavaliers* zu erblicken: Als solchen hatte der Komponist seine Schöpfung angepriesen. Kurt präsentierte eine »Oper der Zukunft« im Gewand der Komödie, versprach ein bisher nie dagewesenes »leichtes Genre« und arbeitete sich am Klavier durch die gesamte Partitur, wobei er alle Rollen mitsang, Solonummern andeutete, Tanzeinlagen perkussiv imitierte. Sein Vortragsstil wies schon alle Merkmale auf, wie sie dem heutigen Hörer als für Weill »typisch« vertraut sind: der lockere, federnde Klavierbaß, wenig Pedalgebrauch und trockene, sporadisch eingeworfene Begleitakkorde; die Anlehnung an zeitgenössische Tanzformen, wie Foxtrott, Shimmy, Marsch oder Java; einen Gesang zwischen Parlando und Sprechstimme mit so viel Einfühlungsvermögen wie nötig und so viel Distanz zu übermäßiger Psychologisierung wie möglich. Jeder Takt, jeder lapidare Harmoniewechsel, jedes Strophenende verkörperte das halb raffiniert eingesetzte, halb unbewußt erfolgende Achselzucken, das »Na und?« des Titelblattes.

Von Hertzka und Heinsheimer ging eisiges Schweigen aus, im Umkreis des Flügels entstand eine gespannte Atmosphäre. Kurt spielte und trällerte unbeirrt weiter, kämpfte sich durch das mit Einfällen gespickte Machwerk, und die Schlußakkorde konnten nur noch das Desaster bekräftigen. Seine Wiener Verleger sahen ihre schlimmsten Befürchtungen, die sie schon nach dem Eingang des Librettos gehegt hatten, bestätigt: ein schwaches Textbuch von einem nahezu unbekannten Gelegenheitsautor, ein unverhohlen zur Schau gestellter »Asphaltzynismus«; ein Berlinbild mithin, das wohlgefällige Selbstdarstellung strafte; eine gehemmte, vom Niveau der Vorlage niedergedrückte musikalische Umsetzung. Weill reagierte erstaunlich gelassen: Er nahm die Einladung seines Verlages zum Mittagessen an, die auf das Verstummen seiner Zuhörer folgte; er ließ sich sein Gulasch schmecken, redete wie ein Wasserfall, ohne *Na und?* auch nur mit einer Silbe zu erwähnen, und stieg schließlich in den Zug, der ihn nach Berlin zurückbringen sollte. Ein weiterer Vorstoß beim Konkurrenzverleger Schott in Mainz fruchtete ebenso wenig.

Auch Hans Curjel, Direktor der fortschrittlichen Berliner Kroll-Oper, ließ das Manuskript wochenlang Staub ansetzen, bis Weill ihm zuvorkam und mit einem Telephonanruf selbst die Angelegenheit zu Grabe trug. Womöglich irrten Verleger und Intendanten und verhinderten so, daß die musikalische Bebilderung eines unverfälschten Berlins vor ein Publikum gelangen konnte. Vielleicht ahnten sie instinktiv aber auch bereits, wie der Komponist selbst, als er danach in Aufsätzen vom Konzept der »Zeitoper« zunehmend abrückte, wie kurzlebig die Musikdramen der Neuen Sachlichkeit sein würden. Und sie sollten recht behalten: Antheils *Transatlantic*, Kreneks *Jonny* und Max Brands *Maschinist Hopkins* feierten veritable Sensationserfolge, bestimmten die Spielpläne sämtlicher deutscher Bühnen, machten Jazz, Sport, Gesellschaftskritik und zeitgenössische Eheprobleme in den Opernhäusern salonfähig, doch die Integration von Technik- und Radiobegeisterung, filmischen Elementen und Anspielungen auf die so wechselhafte Tagesordnung des Großstadtlebens trug einfach nicht lange. Keines der genannten Werke »überlebte« im Repertoire oder bekam die Chance zu einem zweiten Start nach Kriegsende; es bedurfte findiger Spezialisten in den achtziger Jahren, um die Elaborate dieser goldenen Epoche moderner deutscher Oper wieder ans Tageslicht zu befördern. *Na und?* ging zu weiten Teilen verloren – man weiß lediglich von einem »Nigger-Song«, einem Shimmy, einem Duett »alla turca« und Couplets, die sich – so Weill – als aus dem Zusammenhang gelöste Konzertnummern eignen sollten. Von der Handlung ist nichts Präzises bekannt, Zeichnung und Differenzierung des verworfenen Berlin-Porträts bleiben für immer im dunkeln, und niemand vermag zu sagen, ob Kurt – wie oftmals kolportiert – tatsächlich die Partitur in einem Anfall von Resignation aus dem fahrenden Zug geworfen und damit der Vernichtung überantwortet hat.

Das epochale Projekt, die Großstadt als alltäglichen Lebensraum und mythische Sphäre zugleich im Musiktheater einzufangen, hatte ihn schon ab 1925 umgetrieben. Eine Zeitlang sah es so aus, als ließen sich Weills Ideen mit den Entwürfen Iwan Golls zur Deckung bringen. Georg Kaiser hatte ihn mit dem zehn Jahre älteren Dichter aus dem Elsaß zusammengebracht, der als Sonderling in der surrealistischen Bewegung galt. Goll gab sich gern als Entwurzelter, als Künstler ohne Identität, schrieb zweisprachig und erfand sich ein Alter Ego: »Johann Ohneland«. Mitten im Ersten Weltkrieg verfaßte er ein *Requiem für die Gefallenen von Europa*, porträtierte die *Unterwelt*, wußte vom *Fluch der Fabriken*. Er pendelte zwischen Berlin und Paris, schrieb Oden an Lothringen und den Zürichsee, Lottes einstige Wahlheimat. 1921 behauptete er: *Paris stirbt*. Von sich selbst sagte er, »keine Heimat« zu besitzen. Er sei »durch Schicksal Jude, durch Zufall in Frankreich geboren, durch ein Stempelpapier als Deutscher bezeichnet. [M]eine Kindheit wurde von entbluteten Greisen aufgesogen, den Jüngling meuchelte der Kriegsgott. Aber um ein Mensch zu werden, wie vieler Leben bedarf es?« Goll huldigte dem Urvater der Surrealisten, Guillaume Apollinaire, in Dichtungen und Offenen Briefen, beschrieb für die eklektizistische Monatsschrift *Der Querschnitt* einen *Tag aus dem Leben eines Genies* und verkündete 1924 ein eigenes *Manifest des Surrealismus*, Ergänzung und Widerspruch zu den bedeutenden Entwürfen und Proklamationen von Breton, Aragon und Éluard.

Wie Weill beschäftigte Goll Wesen und Natur Berlins, seine Fassaden und seine Künstlichkeit, Traumwelten und Fiktionen, sein soziales Elend und die Konfrontation von Schicksalen und Wirklichkeiten, wie sie sich auf den Boulevards, in den Mietskasernen, im Künstlermilieu und in den Vergnügungsvierteln ständig kreuzten und überlappten: idealer Nährboden für die florierende Collagetechnik.

Im *Neuen Orpheus*, 1918 zu Kriegsende entstanden, leiht sich Goll die Identität des Sängers und ziellos durch das Universum Irrenden schlechthin, den er als »Musikanten des Herbstes« apostrophiert. »Die Achse der Welt ist rostig geworden«, und Orpheus hört die Drehungen der Erde »stärker knarren« als je zuvor. In seiner gleichnamigen Kantate von 1925, für deren Vertonung Weill auf Golls Vorlage zurückgreift, schickt der Komponist den antiken Barden schließlich auf die Straßen Berlins. Nach Stippvisiten in Athen und am Fuße des Eiffelturms gelangt der Einsame in die deutsche Stadt. Eurydike erwartet ihn im Gewand einer Straßendirne an der U-Bahn-Station Schlesisches Tor: »Da steht die Sehnsucht-Geliebte/mit ihrem alten Regenschirm/und zerknitterten Handschuhn/Tüll auf dem Winterhut/Und zuviel Schminke auf dem Mund/Wie damals/Musiklos/Seelenarm.« Aus dem Suchenden ist ein Allerweltsmensch geworden, ein Normalbürger mit durchschnittlichen Eigenschaften, den »Geburtsschein in der Rocktasche/sentimental/für die Demokratie/und von Beruf ein Musikant«. Mit seinem Vorgänger verbindet ihn die Sehnsucht, zu den Mitmenschen und zu seiner großen Liebe zurückzukehren. Eurydike ist als »Weib« Symbol des »unverstandenen«, für immer unverständlichen Daseins. Versatzstücke des jungen 20. Jahrhundert wie Variétés, Grammophone und Pianolas, Yankeegirls und Schlangenmenschen, wirbeln durch den Wortschwall des kurzen, intensiven Sprachpuzzles – Anklänge an Lottes Wiener Zirkuswelt. Golls Botschaft bleibt dennoch deutlich: Am Schluß befindet sich »Orpheus allein im Wartesaal/schießt sich das Herz entzwei!«, denn er hat, unverbesserlich, das ewige Tabu gebrochen – er hat sich umgesehen und zu einer innigen Umarmung mit der verloren geglaubten Eurydike angesetzt.[4]

Die Verlagerung des Mythos in ein aktuelles, omnipräsentes Rotlichtviertel löst Weill mit einer Mischform aus Kantate, Instrumentaleinlagen und Song-Einsprengseln, die der von Goll beschworenen »Ackerstraße des Lebens« Tribut zollen, ihrem Wesen nach Ausgeburten des Kabaretts sein könnten. Weill gliedert die losen Versgruppen in sieben Teile, bemüht sich um eine populäre Schreibweise, setzt neben der Solosopranistin auch eine Solovioline ein: So entsteht eine viertelstündige Folge von Variationen mit zwei hervorgehobenen Stimmverläufen, jedoch noch ohne die charakteristische Bündigkeit seiner künftigen Lieder.

Mit *Royal Palace* – laut Untertitel eine einaktige Ballettoper und von Weill zeitgleich mit seiner Hochzeit abgeschlossen – gehen Goll und sein Komponist noch einen Schritt weiter. Autohupen, Saxophone, eine Jazzband und ein Revueorchester halten Einzug ins Instrumentarium, Einschüben von Unterhaltungsmusik wird breiter Raum gewährt. Futuristische Spiele und schräge Tanzformationen bestimmen das Bühnengeschehen. Die Handlung spielt in Italien, Traumszenen führen durch die Hauptstädte Europas, Flugreisen werden unternommen, und die gesamte Milchstraße beteiligt sich an einem gigantischen choreographischen Feuerwerk. Kurt setzt erstmals den Tango als rhythmische Grundlage vieler Abschnitte ein, entwickelt Formeln, die er in seinen späteren Werken verfeinern und variieren lernen sollte. In Golls Stück, eigens als Libretto für Weill kompiliert, geht es um die schöne Dejanira und ihre Qual der Wahl zwischen drei attraktiven Verehrern. Den Rahmen bietet das Prachthotel »Royal Palace«. Die schönen Herren machen Dejanira die Entscheidung nicht leicht; sie bieten den Mond und irrwitzige Spiele als Unterhalter auf, ermöglichen der Auserwählten verführerische Ausflüge, fahren erlesene Buffets auf, lassen die Belegschaft der Nobelherberge in eindrucksvollen Ensembles vor ihr aufmarschieren. Doch die Angebetete erweist sich als undankbar, verschmäht alle drei Offerten und zieht über den an die Hotelterrasse grenzenden See von dannen – minutenlang skandieren die Pechvögel vergeblich den Namen ihrer großen Liebe, schütteln dessen Silben durcheinander (Rajedina, Janirade etc.) und bleiben am Ufer zurück. Den Hintergrund dieses pervertierten Offenbach-

Finales bildet ein nicht endenwollender, als »Fade-Out« auskomponierter Tango-Bandwurm.

Diese sogenannte »tragische Revue« erregte das Interesse der Berliner Staatsoper, und an Weills siebenundzwanzigstem Geburtstag erlebten *Orpheus* und *Royal Palace* ihre Doppelpremiere in den geweihten Hallen, gekoppelt mit Manuel de Fallas bahnbrechendem Puppenspiel *El retablo de Maese Pedro*. Kurt hatte eine mächtige Hürde genommen: Das Erste Haus der Weimarer Republik brachte seinen experimentellen Opernzwilling praktisch unmittelbar nach dessen Vollendung heraus, *Wozzeck*-Dirigent Erich Kleiber stand am Pult, und die Regie besorgte ein treuer Freund aus *Zaubernacht*-Zeiten – Franz Ludwig Hörth war mittlerweile zum Direktor der Staatsoper aufgestiegen. Er baute – seinerzeit eine Sensation – OriginalFilmszenen in *Royal Palace* ein. Gedreht wurde am Potsdamer Platz und in den Hangars der Lufthansa, damit die Europareise der schönen Dejanira über den Wolken glaubhaft gemacht werden konnte. Acht Jahre vor Bergs *Lulu* und drei Jahre vor Milhauds Claudel-Oper *Christophe Colomb* (die im selben Haus, vom selben Regisseur und vom selben Orchesterchef zur Uraufführung gebracht wurde) kam Unter den Linden das neue Medium Film als zusätzliches visuelles Element mit dem Musiktheater in Berührung – zum allerersten Mal in der Operngeschichte.

In der Planungsphase erwarb Kurt Erfahrungen als Manager und Programmdirektor seiner eigenen Werke, ging vielfach unbeschrittene Wege und sah sich bald imstande, ohne Hilfe von Verlegern oder Agenten seine als äußerst schwierig geltenden Produktionen, noch dazu unter bestmöglichen Bedingungen, auf die Bühne zu bringen. Für Stücke wie *Royal Palace* mußten an den Opernhäusern enorme Hindernisse überwunden werden: die Skepsis der Direktion, die Widerstände der Mäzene und Abonnenten, die Verwirklichung der »kinematographischen Intermezzi«, das Einstudieren wilder, moderner Tänze durch ein traditionelles Ballettensemble, die mangelnde Bereitschaft vieler Orchestermusiker, aus Unterhaltungsmusikern bestehende Combos im Graben mitspielen zu lassen. Wenn es Weill auch gelang, nahezu alle Schwierigkeiten aus dem Weg zu räumen und erstklassige Konditionen für die Aufführung zu schaffen: Die gedoppelte Goll-Premiere zeitigte nicht den erhofften Erfolg und wurde schon nach wenigen Vorstellungen abgesetzt – es kam zu nur noch einer Wiedergabe vor Kurts Flucht aus Deutschland.

Durch die Kooperation mit dem Visionär und Spracherneuerer Goll wurde Kurt nebenbei mit der Pariser Kulturszene und dem komplexen Umfeld des Surrealismus vertraut. Außerdem machten er und Lenja mit den Golls die Bekanntschaft eines anderen Künstlerpaares, dessen symbiotischer Lebens- und Liebesstil in Berlin und an der Seine längst sprichwörtlich war. Seiner Frau Claire war Iwan Goll 1917 im Umkreis der Zürcher Dadaisten begegnet, wo sie seit der Scheidung von ihrem ersten Mann lebte. Claire war eine exaltierte Person, neigte zu gnadenlosen Urteilen über dritte, schreckte auch im Privatleben nicht vor extremen Handlungen zurück und ging bei Liebeskummer sehr weit – nicht selten bis zum Selbstmordversuch. Das Zusammentreffen der beiden Poeten brachte zwei Individualisten auf einen gemeinsamen kreativen Pfad. Seine ersten lyrischen Versuche waren 1919 in Kurt Pinthus' Anthologie *Menschheitsdämmerung* veröffentlicht worden, zur selben Zeit begann Claire zu schreiben. Sie teilten und vervielfachten ihre Erlebniswelten: Paris, den Ort ihrer Heirat 1921, dort, »wo die Platinnadel des Eiffelturms [unter] Hochspannung glüht« – und die Liebe, Gegenstand immer neuer Untersuchungen und Entdeckungen.

Beide dichteten abwechselnd in den Sprachen der »Erbfeinde«; beide waren somit subjektive Autoren und lyrisches Objekt des liebenden Gegenübers zugleich. Claire übersetzte Iwans Gedichte und blieb dennoch eine eigenständige, selbstbewußte Schriftstellerin. Ihre Doppelbiographie als Lyriker kulminiert im alternierend verfaßten Zyklus *Dix mille aubes (Zehntausend Morgenröten)*, einer Folge von Gesängen, mit der sich die Sprecher in einer großen, weltumspannenden Liebeserklärung nach ein paar Absätzen ablösen, die Diktion des einen im amourösen Diskurs des anderen aufgeht und weitergeführt wird. Und ihr Briefwechsel liest sich wie eine unausgesetzte Hymne an die Zweisamkeit.

Claire und Iwan führten eine für die zwanziger Jahre geradezu vorbildliche Partnerschaft: Sie priesen gegenseitige Nähe und bewiesen sich sowie ihrem an illustren Persönlichkeiten reichen Bekanntenkreis geistige wie physische Unabhängigkeit. Insbesondere Claire war kein Kind von Traurigkeit und ohne Unterlaß den vielfältigsten erotischen Abenteuern gegenüber aufgeschlossen. Im Gegensatz zu den vielen anderen surrealistischen Beziehungen, in deren Verlauf einstige Musen von ihren Gatten nach Gebrauch gegen eine Neuerwerbung ausgetauscht wurden und auf dem Müllhaufen fehlgeschlagener sexueller Experimente landeten, erschöpfte sich die »moderne« Ehe der Golls nicht im halbherzig gelebten Partnertausch, nicht im Bemänteln traditioneller Rollenverteilung. Das Wort Seitensprung verlor seinen Sinn, und den Bestand der länger zurückreichenden Verbindung – der mit dem Ehepartner – konnten auch attraktive Affären mit überlegenen Liebhabern nicht wirklich gefährden. Ob Kurt und Lotte sich bei den beiden Lyrikern eine Gebrauchsanweisung für die »offene« Partnerschaft abschauten, dem Wechselspiel ihres amourösen Parcours' die eine oder andere Anregung entnahmen, bleibt fraglich. Tatsache ist, daß Weill und Lenja in den provozierenden Memoiren der gealterten Claire mehrfach Erwähnung finden. Schonungslos rechnete Golls ergraute Witwe mit den Göttern des Literaturhimmels wie Rilke, Joyce und Simone de Beauvoir ab. Nur wenige fanden Gnade vor ihren unbarmherzigen Augen – und zu deren Leidwesen kannte sie die meisten kreativen Wegbereiter unseres Jahrhunderts.

»Der kurzbeinige Kurt Weill, mit einem riesigen Kopf auf schmalen Schultern, bildete mit seiner Häßlichkeit, die den Karikaturisten Futter gab, einen seltsamen Gegensatz zu seiner reizvollen Frau Lotte Lenya. Er hatte sie in Wien entdeckt, als sie noch in Kabaretts tanzte. Von ihrer brüchigen, eigentümlichen Stimme fasziniert, machte er aus ihr eine Sängerin, der er die *Dreigroschenoper* sozusagen auf den Leib schrieb.«[5]

Wenn auch nicht alle Angaben zutreffen: Erstaunlich ist, wie gut Lenja im Urteil der gestrengen Frauenverächterin Claire Goll wegkam. Vielleicht sah jene in der fast gleichaltrigen Lotte eine Weggefährtin, die ihr künstlerisches und erotisches Schicksal beherzt in die Hand nahm und dem künstlerisch »bedeutenderen« Mann dennoch Loyalität und Gefolgschaft nicht versagte. Claires Beschreibung von Weills Erscheinung ist nicht frei von antisemitischen Zügen – diese Bemerkungen aus ihrem Munde befremden: Als Partnerin Golls war sie die Frau eines Juden. Doch hinter all der herausfordernden Polemik, von der ihre Schriften durchtränkt sind, steckt verhaltener Respekt vor Weill: In Claires Augen ist Lenja einzig und allein sein Produkt. Die Anlagen allerdings – Stimmgewalt und Verführungskraft – hat Lotte schon zuvor selbständig entfaltet.

Freunde Weills machten sich bald Sorgen um den Bestand des jungen Eheglücks – zu Unrecht. Was ihnen heikel erschien, war in der Pension Grieneisen eingespielter Alltag. Sie legten Maßstäbe an, die für Kurt und Lotte nicht galten. Maurice Abravanel, genannt Bravi, war erst Kompositionsschüler, dann treuer Freund, schließlich sogar Weills bevorzugter Premierendirigent auf mehreren Kontinenten. Er kannte beide gut genug, um es sich herausnehmen zu dürfen, Lenja zur Rede zur stellen. Aber die der Untreue Bezichtigte verteidigt sich mit unverstellter Aufrichtigkeit: »Ich betrüge Kurt keinesfalls. Er weiß ganz genau, was vorgeht.« Lotte hat die Konsequenz aus den vielen langen Tagen und Stunden gezogen, an denen sie umsonst auf Kurt gewartet hat – bis jener irgendwann erschöpft aus seinem Studierzimmer oder von einer Orchesterprobe zurückkehrte. Sie verschafft sich kleine Engagements, spielt Theater in den Vorstädten, vertritt bekannte Schauspielerinnen, ist auf der Bühne des Wallnertheaters als Shakespeares Julia und dann wieder als »Kukuli« zu sehen. Sie wird für Grillparzers *Wehe dem, der lügt* engagiert und gibt die Fanny in George Bernard Shaws *Blanco Posnets Erweckung*. Sogar Weills Eltern kommen zu den Vorstellungen: Von der Persona non grata ist Linnerl inzwischen zur Lieblingsschwiegertochter avanciert – ein steiler Aufstieg. Auf Familienphotos reiht sie sich artig in die Schar der Brüder und Schwägerinnen ein, schneidet aber Grimassen, schielt erbärmlich. Doch auf ihre Weise hat sie sich integriert. Kurt ist darüber glücklich.

Unterdessen sagt man ihr Abenteuer mit Leo Lania nach, einem engen Mitarbeiter Erwin Piscators. Von ihm stammt das im März 1928 am Lessing-Theater herausgebrachte Stück *Konjunktur*, für das Kurt Szenenmusik und Songs schreibt, u. a. das einprägsame Strophenlied *Die Muschel von Margate*. Auch mit dem Theatermann Rudolf Leonhard soll Lenja eine Verbindung eingegangen sein. Kurts Unzugänglichkeit und ihre eigene häusliche Passivität, wenn sie gerade kein Engagement hat, irritieren sie, und beide sind sich der Notwendigkeit bewußt, das Vakuum füllen zu müssen. Nur temporäre Isolation – zu zweit – verschafft ihnen die Sicherheit, aufeinander angewiesen zu sein. Solche Rückzüge sollten zur Routine werden.

In jenen Tagen geht Felix Joachimson am Luisenplatz ein und aus, beobachtet Kurt beim Komponieren und ist dabei, wenn Weill Lenja mit dem Auto oder Taxi zu ihren Auftritten begleitet. Manchmal läßt der Ehemann eine Flasche Wein in der Garderobe zurück, die Lenja mit Kollegen nach der Vorstellung leert, und manchmal schafft er es auch, rechtzeitig zum Ende des Stückes wieder zurück zu sein, um sie abzuholen und nach Hause zu fahren. An den meisten Abenden aber ist es ihm recht, wenn Lotte ihre eigenen Bahnen zieht. Joachimson versucht in einem Gespräch unter Männern diesem geheimnisvollen Ritual auf die Spur zu kommen. Kurt läßt moralische Einwände nicht gelten: »Es ist nicht einfach, mit mir verheiratet zu sein«, weiß er. »Wenn ich arbeite, brauche ich niemanden um mich herum – und ich vermisse auch niemanden. Lenja weiß und versteht das. Sie respektiert mich und ist ein Profi.« Als Felix deutlicher wird und auf die außerehelichen Liaisons anspielt, wird er von Weill kurz und bündig beschieden: »Lenja ist eben unvergleichlich.«

Das unorthodoxe Liebespaar hatte schon anläßlich der Ruderpartien von Grünheide die stereotype Rollenverteilung durchbrochen. Diese Vertauschung setzte sich nun auf anderen Ebenen fort: Waren es in traditionellen Beziehungen eher die Frauen, die verletzt zurückblieben, wenn der Angetraute ein ums andere Mal mit Konkurrentinnen anbandelte; Frauen, die sich dazu verurteilt sahen, ihrem Sünder zu vergeben, so hätte Kurt hier deren Part übernehmen müssen – nur, daß es aus beider Sicht nichts zu verzeihen gab. Denn je mehr er sich in seiner Arbeit vergrub, desto stärker wurde Lenjas Bedürfnis, sich außer Haus zu vergnügen; und je offensichtlicher ihre Liebschaften sich intensivierten und das Gespött der Außenwelt herausforderten, desto trotziger – und auch ein wenig gekränkt – verschanzte sich Kurt im Dickicht seiner zahllosen Projekte. Auf diese Weise schufen sie einen Status quo, mit dem sie sich gegenseitig voreinander wie auch vor anderen in Schutz nahmen und einen Zufluchtsort für das geliebte Gegenüber boten – immer dann, wenn er oder sie der Überarbeitung oder Ausschweifungen überdrüssig geworden waren. Es war jederzeit möglich, ohne große Erklärungen unter die Fittiche eingespielter Vertrautheit zurückzukehren.

Es muß in jenen Monaten gewesen sein, daß sich Kurt und Lotte für eine kinderlose Ehe entschieden. Lebensstil und Tagesordnung sprachen eindeutig gegen das Aufziehen von Nachwuchs. Lenja eignete sich kaum zur häuslichen, sorgenden Mutter, und Weill war dauernd unterwegs. Hinzu kam, daß Spätfolgen von Lottes Abtreibungen in Zürich den normalen Verlauf einer Schwangerschaft ernsthaft in Frage gestellt hätten. Das Paar blieb allein zu zweit, und jede »Geburt« eines neuen Opus, jede künstlerische Realisierung wurde wie eine geglückte Niederkunft betrachtet.

Es sollte sich bald herausstellen, daß Kurt und Lotte allen Grund hatten, Prioritäten zu setzen: *Der Protagonist* war nicht weniger als fünfzehnmal nachgespielt worden, Weill war auf dem Weg nach oben, und die bevorstehende Kooperation mit Brecht wies auch Lenja eine tragende Rolle zu, die äußerste Konzentration aufs Theaterleben nötig machte.

Noch war es nicht soweit. *Mahagonny, Dreigroschenoper, Happy End, Berliner Requiem* und *Lindberghflug* ging eine weitere Oper nach Kaiser voraus, Weills letzte »durchkomponierte« Buffa. Der Auftrag für eine Kurzoper kam 1927 aus Baden-Baden und gab den Anstoß; die alten Freunde fanden sich erneut mit Tatendrang zusammen, und nach wenigen intensiven Arbeitswochen wurde Kurt und Georg klar, daß *Der Zar läßt sich photographieren* die Grenzen des Kammermusikfestes sprengen würde. Weill ersetzte den *Zaren* kurzerhand durch das *Mahagonny*-Songspiel, die Frühfassung der späteren, abendfüllenden Brecht-Oper, und fuhr mit der Komposition seines neuen Einakters fort. *Der Zar* knüpft an Zeitthemen und kompositorische Prinzipien aus den Versuchen nach Goll an, nur legte Kaiser kein schwaches, in Teilen albernes Libretto vor, sondern eine stringente Handlung, angefüllt mit szenischem Witz und politischer Brisanz. Der verdichtete Text half wiederum Kurt, seinerseits neue Wege zu beschreiten. Alternative Titel waren zunächst *Photographie und Liebe* und sogar *Der Zar läßt sich .. ..*, das Götz-Zitat in einer expliziten Variante mit genau abgezählten Pünktchen; beide wurden jedoch als zu drastisch bzw. als zu programmatisch verworfen.

Weill und Kaiser gingen von Albert Lortzings *Zar und Zimmermann* aus: In dessen 1837 in Leipzig uraufgeführten Oper versucht Peter der Große, als Arbeiter auf einer holländischen Schiffswerft dem Fluch seiner durch Geburt vorgegebenen Bestimmung zu entkommen. Intrigen, Mißverständnisse und volkstümliche Züge bestimmten damals Textbuch und Umformung. Bei Kaiser betritt ein Zar, dessen Nationalität ungeklärt bleibt, ein Photostudio in Paris, wo sein Porträt von der Modephotographin Angèle aufgenommen werden soll. Hinter den Kulissen ist eine Verschwörung im Gange: Eine Bande von Attentätern hat die Studiochefin und ihre Angestellten überwältigt und versteckt, eine Pistole in der Kamera installiert und erwartet nun das prominente Opfer. In den Kleidern der »echten« Angèle versucht ihr anarchistisches Double, Aufnahme und Attentat schnell hinter sich zu bringen. Doch der romantisch veranlagte, von Paris bezauberte Zar flirtet mit der »falschen« Angèle und möchte unbedingt von ihr ein Bild machen. Das muß natürlich um jeden Preis verhindert werden – und um nicht selbst zum Opfer ihres eigenen Anschlags zu werden, geht Angèle II auf die Tändeleien ein und legt eine Tangoplatte auf. Das Grammophon spielt, eine Liebesszene kommt ins Rollen, den ahnungslosen Zar erreicht plötzlich eine Warnung, und im Handgemenge wird er betäubt. Die Polizei greift ein, verhaftet das falsche Team und ersetzt es durch das echte. Die Pistole geht los, ohne jemanden zu verletzen, und davon erwacht der Zar. Es überrascht die Majestät, einer anderen Angèle gegenüberzustehen, aber er fügt sich, und zu guter Letzt wird dann doch noch das zu Beginn angekündigte Photo gemacht. Angèle drückt auf den Auslöser, und der stimmgewaltige Männerchor kann zum wiederholten Male den Operntitel skandieren: *Der Zar läßt sich photographieren!*

Wie eine Devise durchzieht dieser fanfarenartige Einwurf die Partitur, des öfteren unterbricht sie kommentierend das Bühnengeschehen aus der Tiefe des Orchestergrabens, und wieder bestimmen Foxtrott- und Tangoeinlagen die musikalische Faktur, gliedern Ostinati und Passacaglien das instrumentale Kontinuum. Weill verbindet Aktualitäten, Elemente der Zeitoper und »epische« Gestaltungsmittel – Verfremdung, kollektiver Erzähler – und diesmal glückt die Fusion. Von seinem Musiktheater sagt der Komponist: »Es will nicht schildern, sondern berichten. Es will seine Handlung nicht mehr nach Spannungsmomenten formen, sondern es will vom Menschen erzählen, von seinen Taten und dem, was ihn dazu treibt. Die Musik im neuen Operntheater verzichtet darauf, die Handlung von innen her aufzupumpen, die Übergänge zu verkitten, die Vorgänge zu untermalen, die Leidenschaften hochzutreiben. Sie geht ihren eigenen, großen, ruhigen Weg, sie setzt erst an den statischen Momenten der Handlung ein, und sie kann daher (wenn sie an den richtigen Stoff gerät) ihren absoluten, konzertanten Charakter wahren.«[6]

Der Zar ist in der Tat ein Stoff, aus dem Bühnenerfolge gemacht sind. Das dreiviertelstündige Werk erlebt seine Uraufführung im Februar 1928 im Neuen Theater zu Leipzig – wie schon seinerzeit Lortzings Zar-Oper – unter Gustav Brecher. Presse und Zuschauer sind begeistert, und Kritiker feiern den Einakter als »ein Äußerstes an Bewegung, Gegenständlichkeit, Prävalenz hastenden Bühnengeschehens«, genießen seinen »Reichtum«, seine »Weite«, seine »Zeitbedeutung«. Quasi über Nacht wird Kurt Weill »der Mann des Tages« – so die Verlagswerbung auf einem Plakat von Universal Edition; die Herren in Wien werden von einer Welle der Zustimmung förmlich überrollt. Die Schallplatte für das Grammophon, die als Konserve auch auf der Bühne – und nicht vom Orchester gespielt – den *Tango Angèle* spielt, verkauft sich bestens, und in ganz Deutschland schießen die Neuinszenierungen wie Pilze aus dem Boden. Über sechzig Produktionen finden bis 1933 europaweit statt, und auf Postern werden stolz die fünfunddreißig Städte aufgelistet, in denen sich der »Zar« bislang schon »photographieren ließ«.

Weill hat den Zeitgeschmack getroffen, kommerziellen und kulturellen Fortschritt erzielt, seine Stellung im Musikbetrieb entscheidend gefestigt und ausgebaut. Seine Hauptfigur wird nicht als lächerlicher Tyrann vorgeführt, sondern als ein verliebter Einzelgänger mit humanen Zügen: »Ich will ein Bild von mir«, so der Zar bei der Vorbereitung für sein Konterfei, »das mich erinnert an einen Menschen, der ich bin. Ich werde es ansehn, wenn ich über Krieg und Frieden bestimmen soll, und werde fragen: Warum wollen das die Völker? Wäre ich Volk, mir wären grüne Felder und wimmelnde Herden lieber, oder am strudelnden Bach die Angel werfen nach schimmernden Fischen. Ich könnte keinen Menschen töten.«

Wieder betätigt sich Weill als Agent in eigener Sache, setzt an vielen Bühnen die Kopplung von *Zar* und *Protagonist* durch und verhilft so auch Kaiser zu unverhoffter Anerkennung als »Librettist«. Meistens wird der *Zar* jedoch zusammen mit Strawinskys und Cocteaus *Oedipus Rex* gegeben: Eine größere stilistische Antinomie – extreme Beschleunigung hier, auf die Spitze getriebene Statik dort – bei ähnlichem ästhetischen Ansatz – epische Oper, Handlungstransfer in die Moderne – war seinerzeit kaum mehr vorstellbar. Der Weg zur ambitionierten Nummernoper war frei für Kurt. Von jetzt an konnte er es sich leisten, als erstklassiger Komponist Gebrauchsmusik von Rang zu schreiben und damit einem Massenpublikum ohne Anbiederung entgegenzutreten.

Gegen Ende April 1927 macht sich der ambitionierte Dramatiker Bertolt Brecht in die Berliner Lutherstraße auf, um im Restaurant Schlichter mit einem Musiker zusammenzutreffen, der zwei äußerst positive Rezensionen über seine jüngste Rundfunkproduktion *Mann ist Mann* verfaßt hat. Das Lokal gehört Max Schlichter, einem Bruder des Malers Rudolf, der mit seiner Frau Speedy zum führenden Künstlerzirkel der Stadt gerechnet wird. Brecht ist neugierig auf Weill, der die Radiobearbeitung seines Stückes als »ein Ereignis« bezeichnet hat, »das weit über den Rahmen des Rundfunks hinaus literarische Bedeutung besitzt«. Weill hat zum wiederholten Male die »große Überlegenheit der literarischen Sendespiele gegenüber der Opernabteilung beim Berliner Sender« unterstrichen, Brechts Drama »das neuartigste und stärkste Theaterstück unserer Zeit« genannt und verschiedene Aspekte der Aufnahme hervorgehoben: den »unendlichen Reichtum der Sprache, die alle Skalen eines neuartigen Humors durchläuft«, die »beschwingte Handlung« und eine »ungewöhnliche Prägnanz der Formgebung«.[7] Edmund Meisel hat einen Song zu *Mann ist Mann* beigesteuert, der von Kurt in seinen Besprechungen vom 13. und 27. März gleichfalls wohlwollend erwähnt wird. Brecht imponiert seinerseits das so fruchtbare Bündnis Weill–Goll, da er die Farcen des »Johann Ohneland« als Fortschreibung der Experimente Alfred Jarrys ansieht: der *Neue Orpheus* in der Tradition von *Ubu roi*.

Der gebürtige Augsburger Brecht ist so alt wie Lenja, die bei Schlichter mit am Tisch sitzt, hat schon mit Lion Feuchtwanger zusammengearbeitet und 1922 den Kleistpreis errungen. Mit Stücken wie *Trommeln in der Nacht, Im Dickicht der Städte* und *Baal* erregt er Aufsehen, adaptierte *Edward II.* von Christopher Marlowe und übersiedelte 1924 nach Berlin. Nach einem Medizinstudium und prägenden Kriegserfahrungen formt sich seine humanistische, pazifistische Weltanschauung, die gegen Ende des Jahrzehnts deutlich didaktische, marxistische Züge tragen wird. Mit Arnolt Bronnen, Urheber des folgenreichen Dramas vom *Vatermord*, ist er eng befreundet. In München hat er zu Laute und Gitarre Bänkellieder gesungen und viele Balladen verfaßt, sich vom Vortragsstil Frank Wedekinds beeinflussen lassen. Dort ist er auch mit dem kauzigen Sketchvirtuosen Karl Valentin und seiner kongenialen Partnerin Liesl Karlstadt zusammengetroffen und führt 1923, gemeinsam mit Erich Engel, Regie in einem Valentin-Stummfilm: Den *Mysterien eines Frisiersalons* liegt ein dem *Zaren* nicht unähnliches Vexierspiel zugrunde, das mit surrealistischen und grotesken Einfällen durchsetzt ist. Neben Karlstadt als Furunkelmensch und Valentin als tölpelhaftem Gesellen treten darin zwei Debütantinnen auf, die wenig später im Berliner Theatermilieu zu Stars werden: Friedrich Hollaenders Muse Blandine Ebinger, die zukünftige Interpretin des *Groschenliedes*, spielt hier die Frisiermamsell; Carola Neher, Ehefrau des Poeten Klabund, später die Polly in Pabsts *Dreigroschenoper*-Verfilmung und die Lilian in *Happy End*, gibt eine »junge Dame im Café«.

Brecht verprellt mit rüdem Umgangston und brüsken Personalentscheidungen so manchen gutwilligen Helfer in Bühnenkreisen, und er regiert in Berlin in autokratischer Manier über eine ganze Reihe von Talenten und Freunden: Neben Feuchtwanger sind dies Caspar Neher, ein wegweisender Ausstatter und Librettist, mit seiner Frau Erika – beide sind trotz Namensidentität nicht mit der Schauspielerin Carola verwandt. Ebenso beherrscht Brecht seine Gefolgsfrau wie enge Mitarbeiterin Elisabeth Hauptmann, auf deren Einfälle große Teile der *Dreigroschenoper* zurückgehen – sowie seine Geliebten und Ehefrauen Marianne Zoff, Helene Weigel, Ruth Berlau und Margarete Steffin. Brecht schafft sich im Laufe der Jahre eine Vielzahl willfähriger, ihm geradezu höriger Assistentinnen, die er gegeneinander ausspielt, als Sekretärinnen, Mimen und Coautorinnen einsetzt.

Weill und Brecht scheinen sich auf ideale Weise zu ergänzen: Der Komponist schätzt die kurzen, sarkastischen Gedichte, wie sie in der *Hauspostille* erschienen sind, und registriert mit Interesse die unzähligen Song-Einlagen in Brechts Stücken, ein Charakteristikum seiner Theaterkonzeption und als Erbe aus Münchner Kabarettzeiten in seine Dramen eingeflossen. Komponist und Dramatiker teilen das Interesse an einer »epischen« Konzeption ihrer Stoffe, haben spätexpressionistische Formen, Zeitstücke und Zeitopern als Zwischenstufe überwunden und wollen ein aussagekräftiges, politisiertes wie humanes Bühnengenre schaffen – ideologische Festlegungen spielen noch keine Rolle. Beide sind auf der Suche nach einem zugkräftigen Beiwerk, um Anspruch und Breitenwirkung miteinander zu verbinden: Weill braucht konzise, straffe Textstrophen voller Lakonie und mit einer Prise Provokation, ein stabiles Handlungsgerüst mit fundiertem gesellschaftlichen Hintergrund; Brecht benötigt ein musikalisches Idiom, das zeitgenössisch und zeitlos zugleich markante Akzente setzt – Belcanto oder Ausflüge in die Atonalität wären für seine Dramen fehl am Platz. Beide wollen einen »Hit« landen und in den Köpfen der Zuschauer etwas bewegen, sie zum Mitdenken auffordern und dennoch mitreißen. Die beiden Männer sind sich sympathisch und voneinander fasziniert, bereit, sich bis zur Erschöpfung zu verausgaben, und hart im Nehmen. Kurts Vermögen, künstlerische Ziele mit dem Nachdruck höflicher Zurückhaltung durchzusetzen, imponiert Brecht und kontrastiert aufs angenehmste mit seiner eigenen, so energischen wie rücksichtslosen Verhandlungspolitik. Vier Jahre lang werden die beiden Partner miteinander auskommen, und sei es mehr als einmal um den

Preis, sich arrangieren zu müssen und mit zusammengebissenen Zähnen weiterzumachen.

Eine besondere Rolle in ihrem Werk sollte den Frauen in ihrer unmittelbaren Nähe zukommen: Ihre Gegenwart wird Stimulans, Inspirationsquelle und lebende Veranschaulichung sein. Elisabeth Hauptmann wirkt als Verfasserin ganzer Stückpartien, fungiert als unverzichtbares, literarisch ambitioniertes Faktotum, das nur einen Schritt hinter dem vermeintlichen Alleinautor Brecht zurückstehen mag; Weigel und Lenja sind Ehefrauen, eigenständige Künstlerpersönlichkeiten und sollten ästhetische Positionen wie Personalstil ihrer Männer auf eine für das Publikum schnell selbstverständliche Weise personifizieren. Wer Helene Weigel in ihren späteren Jahren auf der Bühne erlebt, bekommt die gesamte Verfremdungstheorie und die humanistische Botschaft des epischen Theaters gleich mitgeliefert, ein Auftritt der Weigel ist hundertprozentiger Brecht, sie ist sein Sprachrohr, die Verkörperung seiner Ideen. Wer Lotte den *Benares*-Song intonieren hört oder dabei sein wird, wenn sie vom »blauen, so blauen Meer« träumt, bekommt die denkbar authentischste Weill-Interpretation geliefert und meint, es habe schon immer nur diesen einen, unvergleichlichen Songstil, fordernde, vorantreibende Klavierakkorde und die schnoddrig-laszive, doppelbödige Vortragsweise gegeben: Berliner Sound mit Wiener Nuancen.

Das Abenteuer, das einer ganzen Epoche des deutschen Musiktheaters seinen Stempel aufdrücken und die Hörgewohnheiten des Opernpublikums gründlich auf den Kopf stellen sollte, beginnt mit dem »Kleinen« *Mahagonny*: Anfangs Verlegenheitslösung für Baden-Baden, am Ende spektakulärer Höhepunkt des dortigen Festivals moderner Oper, bereitet das *Songspiel* den Nährboden für weitere Experimente. Einige der *Mahagonny*-Gesänge sind schon vorab erschienen, man greift auf vorgeformtes lyrisches Material zurück, und zum allerersten Mal steht Lenja in einer Komposition ihres Mannes als Sängerin auf der Bühne. Damals verfügt sie noch über ein helles Register, kann eine Quinte höher singen als in den heute von ihr bekannten Aufnahmen. Als dilettierender Sopran schlägt sie sich bravourös unter den Opernprofis, gewinnt Anerkennung bei den Kritikern. Ihr kaltschnäuziger, lebensweiser Vortragsstil sagt Brecht zu. Er bietet an, mit Lotte regelmäßig »ernsthaft« zu arbeiten, und so findet sich das Trio mehrmals wöchentlich im Studio des Dichters in der Spichernstraße ein. In der Menschenführung erweist sich Brecht diesmal als verständnisvoll und geduldig. Er zeigt Lotte, wie sie das Publikum mit einfachen, überzeugenden Gesten in ihren Bann schlagen kann, treibt ihr den »ägyptischen« Firlefanz, überflüssige, unkontrollierte Handbewegungen aus. Er rät ihr statt dessen etwas scheinbar sehr Einfaches: sie selbst zu sein und damit die Leute zu packen. Der »Mond von Alabama« muß für sie zum Greifen nah sein, an nichts anderes darf sie dabei denken, nur dann geht er auch am Himmel der Zuschauer auf. Zeitlebens wird sie auf Brechts pragmatische, Wunder wirkende Ratschläge rekurrieren, wenn sie für ihre Gastspiele und Soloauftritte übt.

Ein Sextett von vier Damen in Abendgarderobe und zwei Herren im Frack hat sich im *Songspiel,* einer »Stilstudie« von »essentieller Traurigkeit«, auf den beschwerlichen Weg nach Mahagonny gemacht, einer Phantasiestadt irgendwo in einem imaginären Amerika. Charlie, Billy, Bobby, Jimmy und das feminine Tandem Bessie–Jessie suchen, mit Reisekoffern ausgerüstet, ihr Heil in diesem Utopia und geben sich schnell Trunksucht, Kartenspiel und Ausschweifungen hin. Sie rauchen, beklagen ihr Los in der verdorbenen Ansiedlung mit oftmals auf Englisch gereimten Balladen, Shimmys, Walzern und Tarantellas und beschließen dann, nach »Benares« weiterzuziehen. Sie müssen schnell erfahren, daß ihr neues Ziel inzwischen von einem Erdbeben dem Boden gleichgemacht wurde. So finden sie an dieser wüsten Stätte nichts vor, an daß sie sich halten können, »weil es nichts gibt«, nicht einmal einen trostspendenden Gott: »Mahagonny, das ist kein Ort. Mahagonny ist nur ein erfundenes Wort.« Brecht spricht in einem Kommentar von einer »Lektion«, die das richtige sei »für die Stunden des

Reichtums, das Bewußtsein des Fleisches und die Anmaßung«. Ein Orchesterchoral bereitet das Finale und den Auftritt der Gottesgestalt vor, die populären Foxtrotts wechseln mit dissonanten, streckenweise von der Tonalität losgelösten instrumentalen Überleitungen und Einschüben.

Der parareligiöse Charakter des Bühnenwerkes, seine strengen, nahezu oratorischen Züge prädestinieren es für halbszenische oder gänzlich konzertante Aufführungen, ohne »Bühne« oder »Inszenierung«. Der Boxring von Baden-Baden pferchte die Darsteller bereits in einen geschlossenen Raum: Alleingelassene Menschen in der Moderne, eingekesselt von inneren und äußeren Zwängen, selbst im Kollektiv unfähig zum Befreiungsschlag oder zur Hoffnung.

Mahagonny muß, so die Vorgabe seiner Autoren, ohne Sentimentalität, aber mit starken Emotionen vorgetragen werden. Die ausgedachte Lasterhöhle kann man als eine Allegorie auf das im Scheinwerferlicht funkelnde Berlin lesen, aber auch als Chiffre aller modernen Großstädte und dem orientierungslosen Dasein ihrer Bewohner ansehen. Denn die meisten Textbestandteile sind Hilferufe und Verzweiflungsschreie von Menschen, die ihre Richtung verloren haben: »Oh, show us the way to the next whisky-bar! Show us the way to the next pretty boy! Oh, don't ask why!« Auf das Publikum machte die Verwendung des Englischen starken Eindruck, aber mehr noch traf die Thematisierung der Neuen Welt den Nerv der Zeit: Modetänze und Frisuren, Stummfilm und Jazz, Hollywoodstars und Whisky – alles, was Farbe in den deutschen Alltag brachte, schien aus Amerika zu kommen. *Mahagonny* war da gerade recht mit seinen Anspielungen auf den Goldrausch und der Suche nach einem fiktiven Eldorado, bekräftigte das Magnetfeld »goldener Westen«.

Lenja zufolge geschah die Verankerung der Handlung zufällig, war bloße Kulisse, genau wie später das Chicago aus *Happy End*, das London der Bettler oder das Louisiana und das Philadelphia aus den *Sieben Todsünden*. Alabama und Mahagonny, das klang unbestimmt, attraktiv und exotisch, Alabama reimte sich zudem bestens auf »Mama«, das nächste Zeilenende. Von den realen USA wußten die Berliner Pioniere so gut wie nichts: Daran änderte sich auch wenig, wenn sich Stars wie Josephine Baker in der Lichterstadt tummelten. Als einmal der junge amerikanische Komponist George Gershwin im Gefolge von Freunden in Kurts Wohnung erschien, wurde Weill und Lenja erst im nachhinein wirklich klar, welche Berühmtheit sie da bei sich zu Gast gehabt hatten. Und dabei verfolgte Gershwin auf dem anderen Kontinent, zwischen Klassik und Populärmusik seine Netze spannend, einen fast identischen Werdegang wie Weill, schrieb Songs für Jazzclubs, komponierte Opern und Klavierkonzerte. Doch um dieses handgreifliche Amerika ging es vorerst noch nicht. Was sie an Lokalkolorit und umgangssprachlichen Wendungen in den Romanen von Jack London und John Dos Passos aufgeschnappt hatten, floß ungefiltert in Szenenaufbau und Dialoge ein. Mit dem Finger auf dem Globus bestimmten Weill und Brecht auf gut Glück, wohin die Reise für Sänger und Publikum gehen sollte.

Die sensationelle Kraftprobe von Baden-Baden hatte einen Keil zwischen die bürgerlichen, wohlsituierten Festivalbesucher und die Anhänger eines radikal neuen, die Formen sprengenden Musiktheaters getrieben. Weill und Brecht lernten in der süddeutschen Kleinstadt wichtige Entscheidungsträger für die kommenden Jahre kennen: den an einer »großen« *Mahagonny*-Oper interessierten Orchesterchef Otto Klemperer, designierter Direktor der Berliner Kroll-Oper, mehrere Intendanten aus Leipzig und Frankfurt, und nicht zuletzt Darius Milhaud, Weills französischen Komponistenkollegen und später sein einziger Freund aus der gesamten Generation europäischer Tonsetzer.

Lotte verbrachte auf Einladung von Kurts Verleger Hertzka noch einige weitere Tage in Baden-Baden, und Kurt selbst hatte unterdessen einige Mühe, sein Wiener Stammhaus von der Notwendigkeit einer ausgedehnten Weiterführung seiner Pläne mit Brecht zu überzeugen. Denn wenn es nach dem Dramatiker gegangen wäre, hätten Jessie und Bessie nackt in den

Boxring steigen müssen – Weill legte rechtzeitig sein Veto ein. Seine Rechtfertigungsschreiben, im Ansatz bereits ein Konglomerat von Entwürfen für *Mahagonny* Nr. 2, geben sich wie ein großangelegtes ästhetisches Exposé, in dem er seine »totale Übereinstimmung« mit Brecht in allen Aspekten darlegt, soweit sie das Erreichen eines großen Publikums, den »Tenor unserer Zeit« und die Funktion von zeitgemäßen, evolutionären Libretti betrifft.

Pläne für das ambitionierte *Ruhrepos*, eine von den Städtischen Bühnen in Essen in Auftrag gegebenen Industrieoper, zerschlugen sich zum Bedauern des neuen Gespanns – die Aufgabe, eine gesamte Region mit ihren Menschen, ihrem Arbeitsraum und ihren Lebensbedingungen in einer »Multimedia«-Produktion einzufangen, eine soziale Botschaft im Gewand experimenteller Formen, unter Ausbau des »epischen« Konzeptes, zu verdichten, war einfach zu verlockend – und entführte Kurt mit dem Flugzeug zu Verhandlungen mit Brecht, kommunalen Autoritäten und Kulturfunktionären in die Landschaften aus Industrie. Sie besichtigen Fabriken, Berg- und Stahlwerke. Lotte erhält einen euphorischen Brief.

Doch lokalpolitische Streitigkeiten machten die Hoffnung zunichte. Nichtsdestotrotz gelang es Weill in der Zwischenzeit, zwei »ernste« Werke nach Brecht-Vorlagen abzuschließen: Die Baßballade *Vom Tod im Wald*, eine kammermusikalische Miniatur und – zur Überraschung vieler – eine von Lottes Lieblingskompositionen, ist zugleich Kurts letztes Werk, dem er noch eine Opuszahl zuordnet. Jene kleinliche Zählweise aus der Rumpelkammer des 19. Jahrhunderts erachtet er als seinem neuen Status als »engagierter«, aber auch als Unterhaltungs-Komponist unangemessen. *Das Berliner Requiem* stellt hingegen eine siebenteilige sogenannte »kleine« Kantate dar, montiert aus Brecht-Texten unterschiedlichster Provenienz – eine Auftragskomposition der Reichsrundfunkgesellschaft für das Frankfurter Radio für zwei Männerstimmen, Männerchor, Holz- und Blechbläser sowie ein Saxophon. Weill huldigt hier dem Schaffen seines neuen literarischen »collaborateur« und setzt an die Stelle der traditionellen Totenmesse pazifistische Vorlagen mit deutlich politischem Unterton – eine *Ballade vom ertrunkenen Mädchen* steht neben zwei *Berichten über den unbekannten Soldaten* und einer *Grabschrift* für die »rote Rosa«. 1928 endete vollkommen unerwartet das Leben des jungen Berliner Kabarettkomponisten Franz S. Bruinier, den Brecht einige Jahre zuvor zur Vertonung von Gedichten aus der *Hauspostille* bewegen konnte. Mit Weill an seiner Seite konnte er den Verlust dieses früheren Mitarbeiters freilich leicht verschmerzen.

Ihr nächstes Bühnenprojekt zu zweit ließ nicht lange auf sich warten: Diesmal war die Premiere für die Lichterstadt selbst bestimmt. Kurt und Lotte blieb nicht viel Zeit zum Luftholen, nur ein Tapetenwechsel stand an: der Umzug in eine geräumigere Behausung in der Bayernallee, mitten im schicken Berliner Westend.

Im Frühjahr 1928 suchte Ernst Josef Aufricht, ein durch Erbschaft zu unverhofftem Reichtum gelangter Schauspieler in Berlin, eine zündende Produktion, mit der er sein Theater am Schiffbauerdamm für die kommende Herbstsaison eröffnen konnte. Er wollte sein Glück als Bühnendirektor und Produzent versuchen und hatte kurzerhand das Haus im Bezirk Mitte angemietet, in der Nähe der Charité und gleich um die Ecke von der belebten Friedrichstraße. Da traf es sich gut, daß Elisabeth Hauptmann gerade eine Übersetzung vom Libretto der Londoner *Beggar's Opera* angefertigt hatte, ein exakt zweihundert Jahre altes Bühnenwerk von Johann Pepusch und John Gay. Die »Ausgrabung« dieser präveristischen Satire im Bettlermilieu hatte in London die Herzen der Zuschauer im Sturm erobert, ließ sich doch der defätistische Tonfall der Balladen und des Bänkelgesangs, der nicht mit Kritik an den herrschenden Verhältnissen sparte, ohne Schwierigkeit auf die derzeitigen, nicht weniger problematischen Machtverhältnisse im Lande übertragen. Brecht roch instinktiv das theatralische Potential der Vorlage – in Berlin machte das Gerede vom »Proletarischen Theater« die Runde, Piscator und Max Reinhardt brachten erste Vorschläge dazu heraus. Für die deutsche Umformung verlagerte Brecht das historische Geschehen ohne viel Aufhebens ins viktorianische England, fügte Verse von Rudyard Kipling und François Villon ein und bestimmte, daß Weill die Komposition der Moritaten übernehmen sollte.

Mehr als alle früheren Projekte war die *Dreigroschenoper* – Titel wie *Gesindel* oder *Ludenoper* wurden rasch verworfen – eine Kollektivproduktion, und ein Team von eingeschworenen Getreuen Brechts arbeitete fieberhaft an der Umsetzung für die bevorstehende Premiere. Bis zum 31. August blieb nicht mehr viel Zeit: Elisabeth Hauptmann assistierte, Caspar Neher baute die Bühnenbilder, Regie führte Erich Engel, der schon für den *Frisiersalon* verantwortlich zeichnete.

Der Großteil der Partitur entstand allerdings keineswegs in Berlin, sondern an der französischen Riviera: In mediterraner Umgebung schrieben Weill und Brecht von morgens bis abends an ihrem neuen Werk – mit von der Partie waren Lenja und Brechts neue Gefährtin, Helene Weigel. Man hatte sich in Strandnähe eingemietet, die Männer kamen nur für wenige Minuten aus ihrem Arbeitsraum herausgelaufen, um sich im Meer zu erfrischen. Brecht stapfte rauchend, mit hochgekrempelten Hosenbeinen, im seichten Wasser hin und her. Lenja hielt ihn einfach nur für wasserscheu. Weill hingegen stürzte sich in die Fluten und schwamm mit energischen Zügen weit hinaus. In Le Lavandou und Saint-Cyr-sur-Mer gefiel es Kurt und Lotte ausnehmend gut, und auch im Folgejahr zog es sie wieder dorthin. Während die Damen sich in der Abenddämmerung unter Pinien einen kühlen Rosé genehmigten und dabei zusahen, wie die Sonne in Richtung Marseille langsam im Meer versank, ertönten im Zimmer hinter der Veranda die ersten Strophen des *Barbara*-Liedes und die charakteristische große Sexte, die der *Moritat von Mackie Messer* ihre unnachahmliche Suggestivität verleiht. Noch heute ist strittig, ob einige melodische Einfälle nicht doch auf das Konto des Amateurkomponisten Brecht gehen. Strophenbau, Phrasierung, harmonischer Ablauf und Instrumentierung lassen jedoch keinen Zweifel daran, daß es sich bei jedem Takt der mehr als zwanzig Nummern um unverfälschten »Weill« handelt.

Der Tag der Uraufführung nahte, und Unsicherheit und Nervosität breiteten sich unter allen Mitwirkenden aus. Für Aufricht stand viel auf dem Spiel, Weill und Brecht wollten ihrer Reputation gehörigen Vorschub leisten, und schließlich hatte man die Crème de la Crème des deutschen Kabaretts für das Unternehmen verpflichtet: Rosa Valetti sang Frau Peachum, Kate Kühl die Lucy, Erich Ponto gab den Bettlerchef Jonathan und Kurt Gerron Polizeichef Brown – sie schlüpften allesamt aus ihren hübschen Kostümen von Rudolf Nelsons Hitrevue *Der rote Faden* in die Lumpengewänder des Londoner Untergrund. Die Leitung der *Dreigroschen*-Kapelle und die Einstudierung der schmissigen Begleitung hatte der Chansonkomponist Theo Mackeben inne.

Lenja blickt zurück: »Einer der größten Schlauberger war [der Schauspieler] Fritz Kortner, der zu Brecht und Kurt sagte, daß es Wahnsinn sein würde, dieses Stück aufzuführen, daß es der größte Theaterskandal aller Zeiten werden würde. Und kurz vor der Premiere schien es, als ob sie recht behalten sollten, denn es war wirklich ein fürchterliches Durcheinander.« Die Generalprobe mißlang vollständig, im Premierenpublikum herrschte anfangs eine reservierte, geradezu eisige Stimmung, alles schien aus dem Ruder zu laufen. Doch dann, wie auf Kommando, wendete sich das Blatt: Auf der Bühne intonierte man den *Kanonen*-Song. »Da geschah plötzlich etwas mit dem Publikum, weil sie es jetzt wohl mitbekommen hatten, daß hier etwas *Neues* passierte. Und von da an waren wir wie im Siebenten Himmel, ganz bis zum Schluß. Es war ein Riesenerfolg, und niemand, weder Kurt noch Brecht, hatten damit gerechnet. Sie hatten ganz einfach angefangen, es zu schreiben, weil sie es mochten.

Erfolg kann man eigentlich nie voraussagen, aber Hoffnungen kann man immer haben. Ich erinnere mich, daß ich einmal den Ku-Damm entlangging, und ein Bettler, der Bleistifte verkaufte, sagte zu mir: ›Oh, Fräulein Lenja, Sie haben doch so nett gesungen auf der Bühne, und jetzt wollen Sie mir nichts geben!‹ Solche Sachen passierten dann später sehr oft.«[8]

In Deutschland breitete sich binnen weniger Wochen das *Dreigroschen*-Fieber aus. Seinen Urhebern war es gelungen, im Rahmen eines zeitgenössischen Singspiels eine andere soziale Wirklichkeit einzufangen als diejenige, die gemeinhin die Opernbühnen bestimmt: meilenweit entfernt vom Verismo italienischen Zuschnitts, trotz aller parabelhaften Züge fast ein photographisches Abbild konkreter sozialer Mißstände, bewältigt mit Humor und Menschlichkeit, versteckt hinter einer rauhen Schale, den Zuschauern nahegebracht in einem aggressiven Ton, einer Parodie von barocken Formen, Volksliedern und Drehorgelgesängen. Evangelisch-lutherische Ernsthaftigkeit und Strenge, eine der verborgenen Wurzeln von Brechts Ethik, kollidiert mit dem Jargon der Gauner und Verbrecher, feierliche Choräle wechseln mit sarkastischen Balladen.

Die Lumpen, Huren und Krüppel wissen, wovon sie reden und singen, und die Zuhörer können es ihnen überraschend gut nachfühlen: Auf den Straßen der deutschen Großstädte vervielfältigt sich das Arbeitslosenheer beim bloßen Hinsehen; der Kollaps der internationalen Wirtschaft, der große Börsen-Crash sind nur noch wenige Kalenderblätter weit entfernt. In den Songs von Lucy, Polly, Jenny und Macheath erkennen viele Theaterbesucher die bitteren Fakten der sozialen Wirklichkeit wieder, die sie tagtäglich in Neukölln oder am Prenzlauer Berg erleben. Nicht nur der Bleistiftverkäufer vom Ku-Damm kann sich mit Peachums Untertanen identifizieren: Dieses künstliche Bühnen-London, hingetuscht unter Verwendung barocker Fugen, absichtlich falsch eingefügter Noten und unvergeßlicher »Schlager« wirkt wie ein Transparent, auf dem der Berliner Alltag seine Spuren hinterlassen hat.

Weill und Brecht nehmen Anflügen von Kitsch auf Anhieb den Wind aus den Segeln: Dafür sorgen der Zynismus im Duett der Verliebten, die schäbige Anmut der Hochzeitszeremonie, die traurigen Wahrheiten der Zuhälterballade, das Keifen der Weiber im Zwiegesang von der Eifersucht. Statt dessen setzten sie »kriminelle« Energien frei: Die auf der Bühne installierte Combo verwendet ein Instrumentarium wie im Varieté und gibt einen Ton vor, nach dem sich die zerbrechliche Republik sehnt: Triste, schwermütige Litaneien; aufmüpfige, grelle Fanfaren; Walzer und Moritaten von ätzender Moral: Der *Unzulänglichkeit menschlichen Strebens* und deren humorvoller Bewältigung gilt das Augenmerk ihrer Schöpfer, nicht ohne Schmunzeln und Zwinkern.

Die literarische Kritik gab sich anfangs reservierter, als man heute meinen möchte. Orthodoxe kommunistische Blätter vermißten gar die redliche Wiedergabe eines »echten« sozialen Anliegens. Die in ihren Kinderschuhen steckende Nazipresse wütete erstmals gegen Weill, und das Musikfeuilleton war irritiert von diesem populären Mischmasch aus Oper, Operette und Politrevue. Aber der Siegeszug der bahnbrechenden Schöpfung war längst unaufhaltsam. Die großen Zeitungen priesen »eine prachtvolle Musik, die zwischen scharfem Jazzrhythmus und dunkel drängendem, farbig malendem Balladenton glänzende Variationen findet«, sprachen von Weill als »ausgezeichnetem Helfer Brechts«, »geistreichen, nirgends groben Mitteln«, von »apartem Reiz und parodistischem Witz«.

Universal Edition druckte Klavierauszüge, Volksausgaben und Bearbeitungen für alle Besetzungen und Stimmlagen, Kurt komponierte noch rasch eine *Kleine Dreigroschenmusik* für Bläserensemble hinterher, ein Amalgam für den Konzertsaal, dissonanter und anspruchsvoller als die Combo-Begleitmusiken; Brecht schrieb bald seinen *Dreigroschenroman*. Die erste Aufricht-Saison am Schiffbauerdamm brachte dem Theater epochalen Ruhm. Ausverkaufte Vorstellungen waren die Regel, die Besetzung der Rollen wechselte ständig, und schon im ersten Jahr nach der Premiere gingen in ganz Deutschland mehrere tausend Aufführungen über die Bühne. Im Büro mußten die Kassenbücher gleich um mehrere Zahlenkolonnen erweitert werden, denn mit mehrstelligen Beträgen hatte hier vorher niemand gerechnet. Zeitweilig zog man in der Publikumsgunst sogar mit Lehárs *Land des Lächelns* gleich, einem Lieblingskind der Berliner. Im Ausland fertigte man Übersetzungen von der »Bettleroper« an, die Verlage kamen mit der Auslieferung von Partituren und Orchestermaterial kaum mehr nach. In Frankreich wurden aus den dreimal zehn Pfennig »quatre sous«, und Weill stand nach dem Doppelerfolg mit *Zar* und *Dreigroschenoper* mehr denn je im Rampenlicht der europäischen Musikwelt.

Einer noch intensiveren Kooperation des Teams Brecht–Weill stand nichts mehr im Wege; Bühnenmusiken, ein Lehrstück, Arbeiterchöre und die Schuloper *Der Jasager* folgten. Weill hatte den Bogen heraus, selbst die Allerjüngsten unter seinen Zuschauern mit einfachen Wendungen und effektvollen Rhythmen in den Bann des Geschehens zu ziehen. Schulkinder folgten Wiedergaben des *Jasagers* wie angewurzelt, blieben während der gesamten Aufführung mucksmäuschenstill, und Weills Wiener Verleger konnten miterleben, wie sich in der Aula so manche Väter und Mütter, die eigentlich nur als Aufpasser mitgekommen waren, Tränen aus den Augenwinkel wischten.

Im Juli 1929 war das Gespann Brecht–Weill wieder in Baden-Baden vertreten, diesmal mit der von Hermann Scherchen dirigierten Rundfunkkantate *Der Lindberghflug*, einer Auftragskomposition, die in Arbeitsteilung mit Weills Kollegen Paul Hindemith erfolgte. Mit der Eroberung neuer Anhängerkreise – Schüler, Radiohörer, dem »Proletariat« – erschlossen sich die ambitionierten Rivieratouristen neue Bevölkerungsschichten jenseits von Parterre und Logen; eine Partnerschaft mit Hindemith »zu dritt« erwies sich gleichwohl als problematisch und zeitigte keine Fortsetzung. Weill fertigte später sogar seine eigene Version des *Lindberghfluges* an, unter Ausschluß der Nummern Hindemiths – seinerzeit Professor für Komposition an der Berliner Musikhochschule und innerhalb der Stadtgrenzen Weills Rivale.

Weiter ging es für Weill und Brecht mit *Happy End,* 1929 am Schiffbauerdamm mit der erfolgreichen *Dreigroschen-*

Mannschaft Hauptmann–Mackeben–Engel–Gerron–Neher sowie den »Neulingen« Theo Lingen und Peter Lorre verwirklicht, und dem »großen« *Mahagonny*, 1930 in Leipzig aus der Taufe gehoben. Verkaufszahlen, Produktionen und Aufträge steigerten sich – die Kurve der Weill-Brecht-Konjunktur schnellte nach oben und verhielt sich umgekehrt proportional zum Niedergang der deutschen Wirtschaft und der deprimierenden Lebensverhältnisse von Millionen Menschen.

Die Eintracht zwischen den ungleichen Männern bekam erste Risse, als Helene Weigel den programmierten neuerlichen Triumph von *Happy End* leichtfertig aufs Spiel setzte, indem sie während der Premiere aus ihrer Rolle ausscherte und das Publikum mit politischen Beschimpfungen attackierte. Weills einprägsame melodische Einfälle, der Einsatz von Hawaiigitarren, Heilsarmeelieder, das Finale *Hosianna Rockefeller*, todsichere Erfolgsnummern wie der *Matrosen-Tango* und das Lied vom *Bilbao-Mond* vermochten das Fiasko nicht mehr abzuwenden – die Aussicht auf weitere ausverkaufte Spielzeiten wurde ideologischen Parolen geopfert. Nicht weiter schlimm – Kurts mit erotischen Farben getönte Ballade vom *Surabaya-Johnny* überlebt seit Jahrzehnten ihre unheilvolle Geburtsstunde. Der phänomenalen Interpretation von Marlene Dietrich sollten dereinst weltweit die Fans zu Füßen liegen. Aber für Brecht und Weill war ein Happy-End für diese Schöpfung in weite Ferne gerückt, zumal die kommerzielle Ausbeute ihrer Produktionen immer mehr in Widerspruch zu den gesellschaftlichen Anliegen ihrer Stücke zu geraten schien. Und Kurt wollte, obwohl seine Songs buchstäblich in aller Munde waren, nicht auf Dauer mit Zeitgeistnummern die, wie im Falle von *Happy End,* reichlich dürren Handlungsskelette seines marxistischen Koautoren bebildern. Als auf Teamarbeit angewiesener Künstler befand er sich am Scheideweg, und er schlug schließlich einen Pfad ein, der ihm künftig ideologische Vereinnahmung ersparen sollte.

Lenja urteilte kategorisch: »Die Zusammenarbeit von Kurt mit Brecht war natürlich eine große Sache, aber sie gibt ganz und gar nicht ein vollständiges Bild von Kurt als Komponisten wieder. Alles spricht immer von Brecht/Weill, als ob Kurt vorher nie etwas getan hätte, als ob er immer nur darauf gewartet hätte, daß Brecht ihn entdeckt.«[9]

Sie hatte allen Grund zur Klage, denn bereits am Nachmittag der *Dreigroschen*-Premiere war der sonst so beherrschte Kurt in Rage geraten, als auf allen Plakaten mit Rollenbesetzung der Name seiner Frau fehlte. Seinem wütenden Protest verdankte Lotte, daß zusätzlich ein Zettel auf die Ankündigungen geklebt wurde, sie letztlich sogar aus dem Gros ihrer Kollegen hervorgehoben wurde. Aber weder sie noch Weill wurden den Verdacht los, daß der Dramenautor die Lorbeeren für sich allein wollte – ihrer beider Namenszüge sollten offenbar, wo es nur ging, aus der öffentlichen Diskussion getilgt werden. Ein weiterer Vorfall aus dem Jahre 1930 bestätigte ihre Bedenken. Ernst Aufrichts Frau Margot berichtete, wie Brecht bei einem Pressetermin einem Photographen die Kamera aus der Hand schlug, weil er nicht ertragen konnte, daß auch von Kurt Weill eine Aufnahme gemacht werden sollte. Aufgebracht schrie er: »Diese Richard-Strauss-Nachahmung will ich nicht mit mir zusammen auf einem Photo haben!« und setzte seine Tätlichkeiten gegen den Journalisten fort. »Brecht war ein Diktator«, gab die Produzentengattin zu Protokoll, »wollte absolute Kontrolle über alles und jedes einschließlich Weill. Und das war mehr, als Kurt hinnehmen konnte.« Die Unstimmigkeiten hatten eine neue Dimension erreicht, sich vom Prinzipiellen ins Persönliche verlagerte.[10]

Lenja hatte von Anfang an das egozentrische Gebaren Brechts mit Unbehagen registriert und nahm auch in ihren Briefen an Weill kein Blatt vor den Mund, wenn es darum ging, ihrem Mann die Meinung über seinen rücksichtslosen »Librettisten« zu sagen. In ihrem Bericht von einem Brecht-Besuch bei ihnen zu Hause (in den USA) stieß sie sich schon an den alltäglichen Schrullen des Dichters: »Wir gaben ihm ein Gästezimmer, das recht gemütlich war, mit der üblichen Einrichtung. Als ich nach ein paar Minuten nach oben kam, um ihm ein paar Handtücher zu bringen, sah ich, daß er das Zimmer vollständig verändert hatte: der Teppich war unter das Bett geschoben, das Bild von der Wand genommen, und an dessen Stelle hing eine chinesische Schriftrolle, und eine Art Wäscheleine war quer durch das Zimmer von einem Fenster zum anderen gespannt mit einem roten Stern, der daran hing. Innerhalb von zehn Minuten hatte er das Zimmer vollkommen verändert mit diesen Sachen, die er immer mit sich herumtrug, wo immer er auch war.«[11]

Nach außen hin schien das Einvernehmen des Tandems Brecht–Weill weiterhin ungetrübt, und seine herausfordernden Werke im Leierkastenton beherrschten Bühne und Film. Im Jahre 1930 machte sich Georg Wilhelm Pabst, einer der großen Regisseure der deutschen Stummfilmära und Urheber der epochalen *Lulu*-Verfilmung mit Louise Brooks, an den *Dreigroschen*-Stoff: Gleich zwei Versionen kamen im Frühjahr 1931 auf die Leinwände, zunächst in Deutschland, wenig später, mit französischer Besetzung an denselben Drehorten, in Frankreich. Für die deutsche Fassung verpflichtete Pabst neben Lenja, die hier in ihrer ersten Filmrolle zu sehen war, Carola Neher, Valeska Gert, Ernst Busch als Moritatensänger und Rudolf Forster als Mackie Messer. Als »Seeräuber-Jenny« verbindet Lotte hier Charakterzüge und Songs verschiedener Figuren zum eindringlichen Porträt einer so verwundbaren wie unbarmherzigen Frauengestalt. Der *Dreigroschen*-Streifen trug den Ruhm der Oper weiter über den Kontinent als alle bisherigen Inszenierungen, und ein Massenpublikum machte Bekanntschaft mit den Kompositionen Weills, den Figuren Brechts und der grausig-schönen Interpretation Lenjas.

Während Pabsts Meisterwerk als einer der ersten Tonfilm-Triumphe Deutschlands nach dem *Blauen Engel* in die Annalen der Filmgeschichte einging, stritten Brecht und Weill hinter den Kulissen um ihre künstlerischen Rechte an dem Kassenschlager. Die Akten, Debatten und Hintergrundinformationen um den *Dreigroschen*-Prozeß füllten seinerzeit Dutzende von Ordnern, heute mehrere Regalmeter in den großen Bibliotheken der Welt – am Ende war Weills Klage gegen die verantwortliche Produktionsgesellschaft Nero-Film erfolgreich, Brecht erreichte immerhin einen Vergleich, und eine in der Literaturgeschichte beispiellose öffentliche Anteilnahme an der Problematik von Urheberrechten, künstlerischer Freiheit und politischem Aussagewillen hatte weite Kreise gezogen, die Wachsamkeit des Publikums und der Intellektuellen geschärft. Musik und Bilder der *Dreigroschenoper* zogen in den Kinosälen um den Globus, und deren Schöpfer hatten vorerst wieder festen Boden unter den Füßen.

Allen Angriffen und Invektiven durch seinen literarischen Partner zum Trotz hatte Weill im Filmprozeß Brecht gegenüber seine Solidarität bewiesen. Und auch ein weiteres Mal, anläßlich des von Hindemith initiierten Festivals Neue Musik (»Deutsche Kammermusik« 1930) verteidigte er seinen künstlerischen Freund: Dort sollte der von Traditionen des japanischen *nô*-Spiels beeinflußte *Jasager* uraufgeführt werden, zusammen mit Opernexperimenten von Toch, Hindemith und Eisler. Obwohl auch Hindemiths *Wir bauen eine Stadt* didaktische Züge trug, entschloß sich die Festivalleitung entgegen früheren Ankündigungen, Hanns Eislers *Maßnahme*, die Vertonung von Brechts klassenkämpferischer Parabel, vom Programm zu streichen. Kurt zog darauf seinerseits den *Jasager* zurück, und es kam zu einer vielbeachteten Gegenaufführung in Berlin. Weill bekannte sich öffentlich zu seinem Partner und nahm mit Brecht, dessen Kosename »Bidi«, ein Relikt aus harmonischeren Tagen, er noch immer im Munde führte, zugleich auch seinen Konkurrenten Eisler in Schutz.

Brecht hatte sich jedoch längst Eisler zugewandt: Beide verfügten über eine identische Weltanschauung, stimmten in ihrer politischen Zielsetzung bis zur Deckungsgleichheit überein. Mit Weill hatte Brecht, bei aller gemeinsam erreichten Popularität und Durchschlagskraft, nur im Rahmen ihrer Projekte Übereinstimmung erzielen können. Persönliche Konflikte hingegen konnten nur so lange im Verborgenen schwelen, wie Weill an seiner nachgiebigen, versöhnlichen Haltung festhielt. Als endlich seine Empörung den Ausschlag gab, als er sich verletzt und getroffen fühlte, funktionierte auch die harmonische Arbeitsteilung nicht mehr. Mit Eisler an seiner Seite sollte Brecht ein Erfolg im *Dreigroschen*-Format für immer versagt bleiben.

Ästhetischer Höhepunkt der Zusammenarbeit Weill–Brecht blieb ihre Konzeption von *Aufstieg und Fall der Stadt Mahagonny*. Inhaltlich erheblich gegenüber dem Songspiel erweitert, politisch zugespitzt, musikalisch ausgebaut und um zahlreiche Figuren verstärkt, entwickelten Brecht und Kurt einen Operntypus, der intellektuelle Lager polarisierte, Politiker und Industrielle verprellte und Weills erheblichen theoretischen Anteil an Brechts Idee eines »epischen« Musiktheaters überdeutlich veranschaulicht. In seinem Vorwort zum Regiebuch schreibt Weill, er habe hiermit die »ideale Form des musikalischen Theaters« formuliert, »eine stufenartige Aneinanderreihung von Zuständen. Die Musik ist hier nicht mehr handlungstreibend«, sondern skandiert mit ihren Einsätzen eine Unterbrechung der Handlung; ein Verfahren, das wiederum »episch« genannt wird. Die Geschichte der Stadt Mahagonny, der »Hauptfigur« des Stückes, ist »ein Gleichnis vom heutigen Leben. Sie wird dargestellt in einer lockeren Form von aneinandergereihten Sittenbildern des 20. Jahrhunderts.«[12]

Von den Originalcharakteren ist nicht mehr viel übriggeblieben, aus Lenjas Jessie ist eine Jenny geworden, und Jim Mahoney gehört zu einer Handvoll Pionieren, die eine Paradiesstadt mitten in der Wüste gründen, anarchistische Stätte und Zufluchtsort für Durchreisende auf dem Weg zum Goldrausch. Die Oper endet mit Jims Verurteilung zum Tode, gefolgt von einer Demonstration der Bevölkerung gegen die hohen Lebenskosten in der Stadt, ein Volksauflauf, der das Ende ihrer Existenz besiegelt. Zu den Glanznummern der ausgedehnten Partitur zählen »Ach bedenken Sie, Herr Jakob Schmidt« (das *Havanna*-Lied), das *Kraniche*-Duett zwischen Jim und Jenny, der Song »Denn wie man sich bettet, so liegt man« und die refrainartigen Einwürfe »Erstens, vergeßt nicht, kommt das Fressen/zweitens kommt der Liebesakt«.

Weill und Brecht stießen auf unerwartete Schwierigkeiten, die Verantwortlichen des Theaterbetriebs zeigten sich eingeschüchtert: Man befürchtete Aufstände nach dem aufrüttelnden Finale der Oper, verlangte Zugeständnisse. Eine Liebesszene mußte entschärft, der eine oder andere Figurenname geändert werden: Dreieinigkeitsmoses oder Alaskawolfjoe schienen nicht tragbar.

Was sich dann am Abend der Leipziger Uraufführung, verantwortet von bewährten Kräften wie Neher, Brecher und Brügmann, am 9. März 1930 ereignete, überstieg die schlimmsten Erwartungen: Nie zuvor lagen die vollkommene Einlösung theoretischer Konzepte, in Einklang mit ihrer szenischen Realisierung, und die Wucht massiver Ausschreitungen so dicht beieinander. Schon während der ersten Musiktitel war eine unangenehme, aufgeheizte Spannung auf den Rängen spürbar; Kurt, der mit Lenja und seinen Eltern im Zuschauerraum saß, hatte die organisierten Störtrupps der Nationalsozialisten schon auf dem Vorplatz des Theaters aufmarschieren sehen. Mit einer Reihe von aufrichtig konservativen Krakeelern, denen das aufrüttelnde Finale mit Plakaten und Parolen zu weit ging, entfesselten die Nazis gezielt einen Proteststurm, dem Verunglimpfungen schlimmsten Ausmaßes anderntags in der einschlägigen Presse folgten. Ein Teil des Publikums konnte das Gebäude nur unter Polizeischutz verlassen. Eine Panik brach aus, Stinkbomben wurden geworfen, und der Weill-Brecht-Clan konnte sich des Eindrucks nicht erwehren, daß hier ein Skandal inszeniert worden war. Die rechtsextremen Kräfte in Leipzig wollten mit einer Eingabe erreichen, das Stück noch vor der zweiten Aufführung vom Spielplan abzusetzen, doch die Stadtväter widerstanden der präfaschistischen Provokation.

Es gab aber auch andere Stimmen: Kritiker sprachen vom Triumph einer modernen Kapitalismuskritik, stellten den *Aufstieg* auf eine Stufe mit Wagners *Götterdämmerung* oder würdigten den offensichtlichen Fortschritt vom Songspiel zum Dreiakter.

Karl Kraus, von *Mahagonny* tief beeindruckt, nahm das Werk in seine Berliner Vortragsreihe »Theater der Dichtung« auf und lud Weill ein, an seiner Seite im Mozartsaal Auszüge am Klavier zu demonstrieren – der Komponist nahm das Angebot gerne an.

In der Provinz hingegen verhinderten einflußreiche Wirtschaftskreise in zahlreichen Fällen weitere Produktionen, vertraglich bereits zugesicherte Inszenierungen in vielen deutschen Städten wurden von einem Tag auf den anderen annulliert. In Kassel, Braunschweig und Frankfurt dagegen stand die Oper auf dem Spielplan und die rechtsgerichteten Schreihälse setzten ihre Aktionen fort. Der Berliner Rundfunk organisierte eine Übertragung unter dem Titel »Pro und contra Mahagonny«, während Weill dabei war, die Intendanten der drei Berliner Opern für eine Produktion in der Hauptstadt zu gewinnen.

Es überraschte ihn, ausgerechnet von den Progressiven einen Korb zu erhalten: Otto Klemperer, der Kurt ein *Mahagonny* an der Kroll-Oper schon seit Monaten so gut wie zugesichert hatte, erklärte dem Komponisten, daß eine Aufführung »unmöglich« sei, sprach von den unwiderlegbaren musikalischen »Schönheiten« des Projektes, gestand aber auch mit Tränen in den Augen, wie unverständlich und fremd er das ganze Unterfangen finde. Der »besondere Charakter« von *Mahagonny* verhindere jedes weitere Engagement. Weill schien es fast, als handle er unter Druck.

Alle drei Opernhäuser verweigerten sich. Am Ende war es ausgerechnet das Theater am Kurfürstendamm, Schauplatz der *Zaubernacht*, das sich zum mutigen Schritt durchringen konnte. Wieder agierte Ernst Aufricht als Produzent, Neher übernahm die Regie, und neben Lenja als Jenny Hill spielten Trude Hesterberg und Harald Paulsen. Am Pult stand diesmal ein bedeutender Komponist – kein Geringerer als Alexander von Zemlinsky, der mit seinem Auftritt als Veteran der Wiener Schule und als Schönbergs Lehrer die Bedeutung der neuen großen Oper Weills unterstrich – einen Rang, der auch im Ausland längst unangefochten war. Lenja ging gleich zweimal hintereinander ins Plattenstudio, um die »Ohrwürmer« aus *Mahagonny* für verschiedene Firmen aufzunehmen, und 1932 wirkte sie an der Wiener Produktion mit.

Die Saga von Jenny und Jim Mahoney gipfelte letztlich in einem deutlichen Erfolg, auch für Lenja und Brecht; *Havanna*-Lied und *Benares*-Song gingen um die Welt – aber Weill war gewarnt: Zwar ist er noch der ungekrönte König des deutschen Musiktheaters, den Nazis aber ist er schon lange ein Dorn im Auge.

Unterdessen hat sich das Liebespaar gewandelt, Kurt und Lotte sind aneinander gewachsen. Die berühmten Photographien von Lotte Jacobi zeigen den Zugewinn an Mondänität, Selbstbewußtsein und Reife: Diese Konterfeis sind heute Ikonen der zwanziger Jahre, Antlitze von Stars, Prototypen eines Zeitalters. Lenjas nonchalant gehaltene Zigarette, ein verächtliches Lächeln, das um die Mundwinkel spielt, kontrollierte Posen, in denen sich Modernität spiegeln soll – Lottes emanzipierter Blick in die Kamera ist so intensiv wie leer, sie scheint in sich gekehrt, wirkt herausfordernd und dennoch von großem Ernst getragen. Die diagonale Linie ihrer Hand, die Schattierungen, Farbkontraste und weißen Flächen sind meisterhaft komponiert, der perfekt geschminkte Mund ist Berlins Gegenstück zu den geschürzten Lippen der Kiki von Montparnasse, Lotte Jacobi Berlins Pendant zu Man Ray. Sie wußte, wie man Verruchtheit und Narzißmus in Gesichter zaubert.

Seit dem *Songspiel* sind Weill und Lenja auch beruflich viel stärker aufeinander angewiesen. Doppelte Energieschübe verleihen den Brecht-Opern erst ihre unvergleichliche Intensität. Lenja schenkt ihm ihr markantes Timbre, und er schreibt für sie seine größten und schönsten Frauenpartien: die Seeräuber-Jenny der *Dreigroschenoper*, Jessie und Jenny in den beiden *Mahagonny*-Versionen, und bald, in Paris, die Anna I der *Todsünden*. Wie sie auf einzigartige Weise die Balladen der Polly singt, trägt zum beispiellosen Ruf von Kurts Moritaten bei. In Pabsts

Verfilmung macht sie aus einer Nebenfigur eine Hauptrolle – ihr Gesicht füllt die Leinwand, ihre vokalen Nuancen bleiben im Gedächtnis der Zuschauer haften, ihre Gesten überzeugen. Ihr Gesang bedeutet mehr als das weibliche Echo männlicher Einfälle: Er macht süchtig. Kurts Revuen, Polit-Musicals und Schauspielmusiken machen aus ihr im Gegenzug eine gefragte Größe im Theater- und Filmleben der Hauptstadt.

Weills Verleger Hertzka ist von Lenjas Bühnenwirkung so beeindruckt, daß er ihr einen Ferienaufenthalt in Prerow an der Ostsee finanziert. Die Kritiker der *Dreigroschenoper* bescheinigen ihr außergewöhnliches Talent und unerhörte Ausstrahlungskraft. Engagements lassen nicht lange auf sich warten: Sie ist die Lucille in *Dantons Tod* von Büchner, die Alma in Marieluise Fleißers *Pioniere in Ingolstadt*, die Ismene in Sophokles' *Ödipus* und – wie schon so oft – eine Wedekind-Figur: Diesmal spielt sie die Ilse in *Frühlings Erwachen*, an der Seite von Peter Lorre, dem Kinderschänder aus Fritz Langs *M*. Man sieht sie ausnahmslos an den großen Häusern der Stadt, an der Volksbühne und am Staatstheater. Sie vertritt Rosa Valetti als Mrs. Peachum und lernt binnen Stunden, viel tiefer zu singen, als sie es bisher gewohnt war: eine Entscheidung für den Stimmbruch, die zugleich auch einen Durchbruch darstellt. Im Musical *Das Lied von Hoboken* ergattert sie daraufhin eine Rolle, am Schiffbauerdamm gibt sie die Frau Götz in Paul Kornfelds Feuchtwanger-Bearbeitung *Jud Süß* und die Tanja in Valentin Katajews *Quadratur des Kreises*. Die ausnahmslos positiven Resonanzen füllen bald mehrere Spalten. In Lion Feuchtwangers *Petroleuminseln* trägt sie als Charmian Peruchacha einen melancholischen Foxtrott vor: *Das Lied von den braunen Inseln* stammt selbstverständlich von Weill – nach der *Muschel von Margate* sein zweiter Song in wenigen Monaten, der mit Öl zu tun hat.

Elisabeth Bergner, die bewunderte Zürcher Kollegin, ist in einer *Dreigroschen*-Vorstellung in Berlin zu Gast und sieht plötzlich die Seeräuberbraut Jenny, ein »Abwaschmädchen in einer Vierpennykneipe« (Brecht) auf sich zustaksen. Es trägt schwarze, durchlöcherte Strümpfe, ein schiefsitzendes Mieder, einen Zigarettenstummel im rechten Mundwinkel. »Ja, Sie haben schon recht, ich bin's wirklich: Linnerl Blamauer!« Die Bergner traut ihren Augen nicht, und Lotte ist stolz darauf, Eindruck zu schinden. Aus der kleinen Tänzerin ist eine dominante Vokalistin geworden, und ihre große Kollegin starrt sie noch minutenlang ungläubig an.

Lenja ist viel unterwegs in diesen Jahren. Im Januar 1930 macht sie ohne Kurt, aber nicht allein, Ferien im Schweizer Winterkurort St. Moritz. Sie erlernt Karten- und Glücksspiele und entwickelt hier ihren Wett- und Spieltrieb, der sich später zur Leidenschaft auswachsen sollte. In Berlin hört man sie zeitgleich Weills Songs im Radio singen. Kurt erinnert sein »Süßilein« in einem traurig gestimmten Brief an ihren vierten Hochzeitstag. Auf ein Telegramm hatte er eigentlich verzichten wollen, das hätte sein »Rehbeinchen« vielleicht traurig gemacht. Lotte bleibt über einen Monat in St. Moritz. Ein Jahr darauf erhält sie Piscators Einladung, in seinem Film *Aufstand der Fischer von Santa Barbara* die Maria, ein käufliches Matrosenliebchen, zu spielen. Die Dreharbeiten sollen im Sommer 1931 in Rußland stattfinden. Anna Seghers Romanvorlage war 1928 der Kleistpreis zuerkannt worden, und für Lenja ergab sich eine einmalige Gelegenheit, mitten im Mekka der Berliner Amateurkommunisten, in Moskau und Odessa, ihre Erfahrungen als Seeräuber-Jenny in eine Rolle ähnlichen Zuschnitts einzubringen.

Der Juli verging mit endlosem Warten in einem Hotel, dessen altersschwaches Mobiliar unter der Last einer ungeduldigen Filmcrew zusammenbrach. Ratten fraßen das im Zimmer servierte Frühstück. Die Langmut von Piscator und seiner Truppe wurde auf eine harte Probe gestellt. In der Sowjetunion herrschte nämlich Papiermangel, und bis zur nächsten Lieferung, die in den Sternen stand, war es unmöglich, ein vernünftiges Skript zu erstellen, geschweige denn auszuteilen. Die erste Einstellung konnte erst Ende Oktober nahe der Krim abgedreht werden. Schließlich wurden die deutschen Schauspieler ergebnislos in die Heimat entlassen, Piscators Film erst zwei Jahre später komplettiert – und Lottes sämtliche Auftritte fehlten in der geschnittenen Fassung.

Im nächsten Jahr, 1932, ging es zum Wiener *Mahagonny* zurück in die Heimat – Lenja war zu einer Globetrotterin geworden, und auf einem Photo von Elli Marcus sieht man sie als elegante Dame mit Hut und Koffer, den Blick himmelwärts gerichtet. »Für meinen Murli von seiner Jenny«, lautet ihre Widmung an Kurt vom 29. Mai. In jenen Tagen gaben sich jedoch weder Weill noch Lotte sonderlich Mühe, eine inzwischen eingetretene Beziehungskrise zu vertuschen. Beide gingen mittlerweile eigene Wege – der Koffer steht für einen Abschied auf Zeit; und sie blieben weiterhin enge Freunde, wie die Zeilen auf dem Photo belegen.

Das Berliner Tempo fordert seinen Preis. Man ringt um dieselben Stücke, Lotte ist in Sachen Weill in halb Europa unterwegs, eine Botschafterin seiner Musik. Doch kreuzen sich ihre Pfade auf der Liebesinsel immer seltener. In der Bayernallee ist es trotz der größeren Räume eng geworden für zwei, die sich einander entfremdet haben. Frühere Rückzugsstrategien verfangen kaum noch. An die Stelle von Leidenschaft und Nähe sind Respekt und zärtliche Anteilnahme getreten. Man beobachtet das Leben des anderen als Chronist, führt füreinander gewissenhaft Tagebuch. Die geschwisterliche Komponente ihres Verhältnisses überlagert die frühere erotische Verbundenheit. Einstweilen haben die jeweiligen Karrieren die Oberhand gewonnen. Weill kämpft um Lenja, aber sie entwischt immer dann, wenn er einen neuen Annäherungsversuch startet.

Im Oktober 1931 hatte er ihr ein kleines, modernes Flachdachhaus zum Geburtstag geschenkt. Es liegt in Kleinmachnow, einem ruhigen Vorort südwestlich von Berlin. Prominente und Ruheständler wohnen dort. Die Nachricht erreicht Lotte mitten während der desaströsen Dreharbeiten im Hotel von Odessa, und obwohl die Überraschung gelungen und die anfängliche Freude groß ist, vermag die Gabe doch wenig an der momentanen Sprachlosigkeit zwischen ihnen zu ändern.

Es handelt sich nur um einen Schauplatzwechsel. Seit dem Tantiemensegen der *Dreigroschenoper* und ihrer Folgewerke sind Weill und Lenja zu verhältnismäßigem Wohlstand gelangt, können sich ein neues Auto leisten, kurze Sommerferien einschieben. Das Häuschen erscheint als logische Steigerung verbesserter Lebensverhältnisse. Aber in der Wißmannstraße Nr. 7 residiert der Hausherr jetzt meist allein – dabei ist die »7« doch, so will es Lenjas Privatmythologie, die Glückszahl des erfolgreichen Paares. Er lebt dort mit seinem geliebten Schäferhund Harras und der Haushaltsgehilfin Erika, einer treuen Seele mit Haaren auf den Zähnen. Die Katze Polly hat er nach Carola Nehers Rolle in der *Ludenoper* benannt. Das Geburtstagsgeschenk, gedacht für zwei Liebende, hat sich zum Sinnbild seiner Vereinsamung mitten in der Betriebsamkeit, zum Symbol von Lenjas Entfernung gewandelt.

Im Sommer 1932 stellen sich »Pünktchen« und sein »Tütilein« gegenseitig vor vollendete Tatsachen. Lenja ist kurz nach Ostern im Wiener Raimundtheater einem 29jährigen Tenor begegnet. Der blonde Otto Pasetti, der seinen Namen gerne in Doktor- und Adelstitel kleidet, spielt den Jim Mahoney in einer Kurzfassung der großen *Mahagonny*-Oper, Lotte soll die Jenny an seiner Seite singen. Sie verrät dem Wiener Produzenten Heinsheimer, daß sie Otto für einen feschen Burschen hält. Diesmal handelt es sich nicht um eine amouröse Episode: Otto, Sproß eines hochrangigen österreichischen Militärs, verläßt Frau und Sohn und zieht mit Lotte in ein Hotel in Hietzing. Die Kollegen und Freude aus dem Weill-Clan können nichts Besonderes an Pasetti entdecken, wenngleich er sich auch schon seit längerer Zeit auf Kurts Repertoire spezialisiert und Schallplatten mit Weill-Songs eingespielt hat.

Erst später wird deutlich, was das junge Glück neben Bühne und Sinneslust vereint: Otto ist ein leidenschaftlicher Spieler, und nachdem die Saison vorbei ist, nimmt er seine neue Freundin mit in die Casinos an die Riviera. Lotte ist entzückt, einen Verbündeten für ihr neues Hobby in ihrer Nähe zu wissen. Als Karoline Pasetti trägt sie sich in die Hotelregister ein und stürzt sich ins Nachtleben von Monte Carlo. Otto steht ihr Tag und Nacht zur Verfügung, und von diesem ihr noch unbekannten Privileg profitiert sie. Von der Stadt, der Landschaft und den Stränden in der Briefmarkenmonarchie lernt sie herzlich wenig kennen. Ihr Interesse konzentriert sich ausschließlich auf den Roulettetisch. Wenn – mehr als einmal – das Geld ausgeht und Pasettis Gagen aufgebraucht sind, hilft der in Berlin zurückgelassene Gatte mit spendablen Anweisungen.

Der beiderseits unausgesprochene Ehebruch hindert Kurt auch nicht daran, Lottes Mutter Johanna in Wien eine anständige monatliche Unterstützung zukommen zu lassen. Seine Großzügigkeit überwiegt die Ressentiments – er muß lernen, mit Lenjas Freiheitsdrang fertigzuwerden. Nirgends fühlt sie sich derzeit mehr fehl am Platze als im neuen Kleinmachnower Haus, wo sie Weill nach seiner Abkehr von Brecht eine willkommene Stütze sein könnte.

Die Sieben brachte auch 1933 keinem von beiden Glück: Im siebten, »verflixten« Jahr ihrer Ehe steuerten sie geradewegs auf eine fundamentale Krise zu, beschleunigt von Lenjas zunächst nur kleinlaut, dann immer bestimmter vorgetragenem Wunsch nach einer baldigen Scheidung. Zwei Autounfälle hintereinander, zuerst auf den vereisten Straßen von Kleinmachnow und, wenige Tage danach, am Fehrbelliner Platz, lädierten Kurts Citroën beträchtlich, und wenn er selbst auch ohne größere Verletzungen davonkam, so stand es um seine Gesundheit doch nicht zum besten. Ein schwerer Befall von Schuppenflechte suchte ihn heim, die Ekzeme breiteten sich über den ganzen Körper aus und wurden von nun an bis zu seinem Lebensende zu einem immer häufiger wiederkehrenden Signal – für Überarbeitung, Nervosität, seelischen Druck und längerwährende depressive Phasen.

An seinem Stimmungstief nimmt in den ersten Wochen des neuen Jahres nur ein anderer Mensch wirklich Anteil: Erika Neher, die Frau von Caspar, Brechts Ausstatter und Bühnenbildner. Die Freundschaft zwischen Kurt und »Cas« hatte sich längst intensiviert, schon in der Bayernallee haben die alten Weggefährten über ihrem neuen Opernprojekt namens *Die Bürgschaft* gebrütet, einer inspirierten Herder-Bearbeitung. 1931 reisen sie gemeinsam per Auto nach Frankreich und Nordspanien. Cas schreibt das Textbuch, Kurt assistiert ihm dabei, und beide lassen sich seelenruhig von Brecht verspotten. Der exklusiv auf Eisler fixierte, von Weill und Neher im Gegenzug geschmähte Dramatiker verhöhnt das Konkurrenzunternehmen als »Avantgartenlaube« und »Spießbürgerschaft«.

Sein Argwohn ist berechtigt: Die Berliner Städtische Oper sowie die Opernhäuser Düsseldorf und Wiesbaden bringen die humanistische Parabel im Abstand von nur drei Tagen heraus, die Aufführungen sorgen für Furore. Weill hat seine bis dato anspruchsvollste Opernpartitur – von drei Stunden Umfang – abgeliefert, endlich einmal »ausmusizieren« können und scheint froh, der heiklen Aufgabe entronnen zu sein, immer nur für Laien, Schüler und nach strengen Brechtschen Vorgaben komponieren zu sollen. Auf den schriftstellernden Diplomaten Harry Graf Kessler, einen zwischen Berlin und Paris pendelnden, überaus kultivierten Dandy mit Ballettplänen für Weill, machte die *Bürgschaft* einen »gewaltigen Eindruck«: »Das Werk wirkt wie das Buch eines alttestamentarischen Propheten, ›messianisch‹, ein Volk im tiefsten Unglück auf den Erlöser wartend, und insofern auch wie ein großes historisches Dokument und Zeugnis vom Zustand des deutschen Volkes um 1930 in Erwartung von Hitler. Ein Werk ganz großen Wurfs und Formats.«[13]

Auch im Hause Neher stand es mit der Harmonie im Ehealltag nicht zum besten: Nach jahrelangen inneren Konflikten hatte sich Cas seine homosexuellen Neigungen eingestanden und erprobte diese in den Künstlermilieus Berlins. In der Zwischenzeit waren sich Kurt und Erika, eine in Österreich geborene Tornquist, nähergekommen. Während der *Bürgschaft*-Librettist sich öffentlich befreien durfte, hatte sich zwischen ihnen eine Romanze entsponnen, deren Tragweite Lenjas zarten Banden mit Pasetti in nichts nachstand. Als Lotte erschöpft aus Odessa zurückgekehrt war, hatte sie einen wie immer überarbeiteten, aber unvermutet verliebten Kurt vorgefunden. Weill stand zu seinen Gefühlen, und Lotte hatte ihm nichts vorzuwerfen: Die Professorentochter Erika war fünf Jahr jünger als sie selbst, auf der Höhe aller künstlerischen Diskussionen, insofern sie die Brecht- und Weill-Zirkel betrafen, und Kurt hatte sich in ihren Ehejahren als ein Muster an Toleranz und Fairneß erwiesen, ihre zahlreichen Eskapaden mit freundlichem Schweigen ertragen.

Was als eine Trennung auf Zeit begann, wurde zu einer dauerhaften Bewährungsprobe ihrer Liebe. Man ging auf Distanz, begegnete sich europaweit bei Konzerten und Inszenierungen in Sachen Brecht und schrieb sich innige Briefe, die von unverbrüchlicher Zuneigung und Seelenverwandtschaft zeugen – als sei die Realität von nur vorübergehender Bedeutung. Lenja kam es manchmal so vor, als spielte sie Szenen aus der *Quadratur des Kreises* nach: eine russische Komödie über zwei Ehepaare, die nicht so recht zueinander passen wollen. Der Wohnraum wird knapp, die Behörden greifen ein und teilen zu, und so werden die vier Liebenden allesamt in ein Zimmer gepfercht. Was liegt da näher als Partnertausch? Im Planquadrat von Kurt und Lotte waren drei Paare beteiligt – mit dem Unterschied, daß Pasettis Gattin in einer Art Abschiebehaft zu leben hatte und Cas der Appetit auf außereheliche Abenteuer mit anderen Frauen vergangen war. Übrig blieb ein Quartett, das mehrere hundert Kilometer trennten und dann wieder nur wenige Zentimeter hinter dem eisernen Vorhang.

So auch bereits am 11. Dezember 1932, als zwei legendäre Pariser Mäzene, der Vicomte Charles und die Vicomtesse Marie-Laure de Noailles, für eine Gala-Vorstellung mit Werken Weills in der Salle Gaveau sorgen. Der von Abravanel und Curjel vorbereitete Abend – auf dem Programm standen *Mahagonny*-Songspiel und *Jasager* – wird zu einem Triumph für den Komponisten der *Opéra de quat'sous*, die zuvor die Pariser Kinosäle gefüllt hat. Kurts Musik erobert die französischen Konzertbesucher im Sturm. Der Kritiker Émile Vuillermoz schwelgt in höchsten Tönen, und Weill heimst sogar einen

Kompositionsauftrag ein: Die Prinzessin Edmonde de Polignac bestellt eine »zweite« Symphonie bei ihm. Zum Gelingen der Soiree, die seinem immensen Prestige auch außerhalb Deutschlands zugute kommt, tragen nicht zuletzt Lenja und Pasetti bei. Weill hat sie eingeladen, und sie sind tatsächlich erschienen. Für einen Moment hat Kurt Lotte vom Spieltisch loseisen können, sie brilliert mit seinen Songs und entwaffnet die versnobten Pariser. Pasetti gibt sein Bestes.

Für einige Minuten sind Lenja und Weill wieder vereint auf einer Bühne, im Blitzlichtgewitter der Photographen.

Sechs Wochen vergehen, eine Nation schreitet zu den Urnen – Deutschland wählt sich einen neuen Reichskanzler. Über die Lichterstadt legt sich dichter brauner Nebel, Vorbote eines »tausendjährigen Reiches« der Finsternis. Die Fackelzüge, die sich wie gigantische Tausendfüßler durch die winterlichen Straßen Berlins winden, spenden zwar Licht, aber Banner und Fahnen schränken die Strahlkraft ein, werfen düstere Schatten gegen die Häuserwände, und die Musik, zu der die Braununiformierten durch den Schnee stampfen, klingt nicht nach Foxtrott, Shimmy oder Tango. Vorbei ist das elektrisch aufgeladene Zeitalter, dessen glanzvolle Revuen und Spektakel die Herzen der Menschen erwärmten: Eine Ära der Lagerfeuer und Scheiterhaufen ist angebrochen. Nur wenige Monate später gehen Bücher in Flammen auf. Für Nachschub sorgen gut organisierte Spezialeinheiten, und so manch braver Bürger leert seine Regale, damit es abends an den Straßenecken wieder einmal ordentlich auflodern kann. Die Stücke von Kaiser, Goll und Feuchtwanger, die Gedichtausgaben und Songtexte von Brecht brennen besonders gut, und wer genau hinsieht, entdeckt auch die eine oder andere Partitur, deren weiße Seiten vom Rand zur Mitte hin verkohlen. In der Metropole der Arbeits- und Obdachlosen, der unzähligen Verlage, Industriebetriebe, Theater und Tingeltangels, Behörden und Tanzkneipen legt die eigene Bevölkerung ihre jüngsten Kulturerzeugnisse systematisch in Schutt und Asche.

Weills Karrierehöhepunkt und der Januar 1933 treffen aufeinander: Sein *Silbersee* hat in Leipzig, Magdeburg und Erfurt gleichzeitig Premiere, und dennoch liegen bereits Fluchtgedanken für ihn und Lotte drohend in der stickigen Luft einer Kulturrevolution von rechts. Neun Tage nach der Dreifachpremiere breiten sich schwarze Rauchwolken über dem deutschen Reichstag aus, den Sitz der Volksvertretung benötigen die neuen Befehlshaber nicht länger. Noch ein Jahr zuvor, 1932, hatte Lenja stolz mit Hut und Pelzkragen vor dem imponierenden Gebäude posiert. Brecht setzt sich unmittelbar nach diesem manipulierten Großbrand mit seiner Familie ins Ausland ab. Im nationalsozialistischen Feuilleton züngeln die Flammen, man hetzt gegen Juden und Kommunisten, die es immer noch wagen, die Spielpläne großer Bühnen mit »schmutzigen Ausgeburten« ihres »minderwertigen Geistes« zu »besudeln«. Als dekadent, krankhaft und von staatsfeindlicher Gesinnung werden Schöpfungen beschimpft, die das Ausland bewundert, und die Preußische Akademie der Künste hat mit dem Ausschluß ihrer prominentesten Mitglieder alle Hände voll zu tun. In die Wanderausstellung »Entartete Musik« nimmt man Weills Bühnenwerke als Paradebeispiel einer degenerierten Kunstauffassung selbstverständlich mit Freuden auf.

Der »Völkische Beobachter« bringt es auf den Punkt: »Einem solchen Komponisten muß man mit Mißtrauen begegnen, noch dazu, wenn er es sich als Jude erlaubte, für seine unvölkischen Zwecke sich einer deutschen Opernbühne zu bedienen! [Beim *Silbersee*] handelt es sich um eine Anzahl Orchestervor- und -zwischenspiele, die durch ihre Rhythmen nicht ganz erfolglos versuchen, die belanglose Handlung vorwärtszupeitschen, um geheimnistuerische anstachelnde oder prophetische, am Schluß sogar ›versöhnende‹ Chöre und um alberne ›Songs‹, fast durchweg im eintönig ausdruckslosen Sprechgesang vorgetragen; es ist nur angedeutet, daß es sich um ›Musik‹ handeln soll. Gegenüber seinen früheren Machwerken zeigt sich Weill hier im musikalischen Ausdruck ›gemäßigt‹ – aber es kommt auf den Geist an und auf die Gesinnung.

Der Geist aber ist ›snobistisch‹, die Gesinnung spekulativ! Es ist nichts Starkes an dieser Musik, nichts, was den Aufwand rechtfertigen könnte. Unschön und krankhaft – das sind die Merkmale.«[14]

Kaisers Vorlage trug tatsächlich prophetische Züge. Für die neuen Machthaber überschritten die Parallelen zur aktuellen sozialen Lage, das utopische Potential und der politische Sprengstoff des *Silbersees* eine empfindliche Grenze. Es handelte sich um ein »Wintermärchen« in Deutschland, und sowohl Kaiser als auch Weill legten hier ihren Schwanengesang vor. Die Reverenz an Heine war überdeutlich und schien auch historisch angebracht. Kurt verabschiedete sich für immer von seinem Vaterland, nicht ohne zuvor der nahenden »Eiszeit« eine künstlerische, so poetische wie musikalisch eindrucksvolle Entsprechung verliehen zu haben.

In einer Hütte am Ufer des Silbersees findet eine Gruppe von mutlos gewordenen Arbeitslosen Unterschlupf, in einem imaginären Land, dessen Wirtschaftslage aussichtslos geworden ist. Ihr Hunger ist so groß, daß sie sich entschließen, ein Lebensmittelgeschäft zu überfallen. Sie stehlen eine Ananas, und die beiden Ladenmädchen singen dazu im Duett:

> Wie mit den Menschen ist es mit der Preisgestaltung
> Mehr als der inn're Wert gilt oft die äuß're Haltung.
> Du selbst kriechst schon dabei auf allen Vieren
> Nur die Haltung darfst du [dabei] nicht verlieren!
> Das hört man sonderbarerweise aus dem Munde
> Von zwei Verkäuferinnen
> Wir fragen uns nach dem wahren Grunde
> Sind alle denn von Sinnen?[15]

Dem Polizeibeamten Olim gelingt es, Severin, einen der fünf flüchtenden Räuber, anzuschießen und festzunehmen. Ein als Wechselgesang mit dem Chor ausgetragener Gewissenskonflikt zwingt ihn jedoch, sich in die jämmerlichen Lebensbedingungen Severins zu versetzen. Ein Lottogewinn gibt den Ausschlag: Olim befreit Severin aus dem Gefängniskrankenhaus, kauft ein Schloß und zieht mit seinem neuen Freund dort ein. Auf seinem Anwesen arbeiten zwei verarmte Adlige als Dienstboten. Sie versuchen mit einer geschickt eingefädelten Verschwörung, dem geläuterten Expolizisten sein Eigentum abzujagen. Doch Fennimore, die junge Nichte der Hausdienerin, kümmert sich um Severins Genesung, unterhält ihn und macht ihn mit dem märchenhaften Versprechen des Silbersees vertraut, denjenigen zu helfen, die in Not sind. Die List der Hausangestellten geht auf, Olim verliert seinen Besitz, und in seiner Not will er sich mit Severin im See ertränken. Wieder greift, als Deus ex Machina, von außen das Gewissen ein, Fennimores Stimme erinnert die beiden Fatalisten an ihren gesellschaftlichen Auftrag, ermahnt sie, nicht aufzugeben. Wie durch ein Wunder verwandelt sich die Winterlandschaft in einen blühenden Frühlingsgarten, nur der See bleibt zugefroren – Olim und Severin können ihn überqueren und sich retten; erst hinter ihnen beginnt die silbrige Fläche zu schmelzen. »Wer weiter muß, den trägt der Silbersee«, lautet die Verheißung Fennimores am Ende der Allegorie.

Schon mit Nehers *Bürgschaft*, einer Fabel vom Ende der Freundschaft zwischen zwei Männern, die mit Verrat, Vertrauensbruch, Lynchjustiz, dem Zugewinn korrumpierter Obrigkeit, fragwürdigen Gerichtsentscheidungen und dem zynischen Bekenntnis des »Siegers« zu einem ewigen »Gesetz des Geldes, Gesetz der Macht« schließt, hatte sich Weill mißliebig gemacht. Im mythischen Land Urb regierten am Ende der totalitäre Staat und seine willfährigen Schergen. Kümmerliche Anflüge von Menschlichkeit werden der Gewaltbereitschaft des Mobs geopfert, und die Ausweglosigkeit der Orwellschen Weltsicht liegt greifbar nahe, mit Überwachung, Denunziation und Zertrümmerung individuellen Freiheitswillens. Mit der *Bürgschaft* wird die Fragwürdigkeit jeglicher Ideologie angeprangert, dies erklärt Brechts Skepsis wie das gesteigerte Aufbegehren der NSDAP – Pressekampagnen, Proteste, Schmähschriften waren die Folge.

Fennimores Song *Ich bin eine arme Verwandte* wurde später eine von Lenjas zugkräftigsten Konzertnummern, aber bei den drei Erstaufführungen glänzte Lotte durch Abwesenheit. Sie wurde allerdings von prominenten Kollegen vertreten: In Leipzig gab Lina Carstens Fennimores intrigante Tante, Frau von Luber, in Magdeburg forderte Ernst Busch als Severin den wohlmeinenden Teil des Publikums zu Begeisterungsstürmen heraus. Doch mit dem provozierenden *Cäsars Tod*-Song des Juden Weill war für die Nazis das Maß voll – Fennimore berichtet darin in kaum verhüllten Anspielungen vom Tyrannenmord durch Brutus, deklamiert indirekt eine Warnung an Hitler. So interpretierten es die treuen Anhänger und progressiven Kritiker Kurts, die sich anläßlich des letzten Ereignisses von Rang im modernen deutschen Musiktheater versammelten. Es war ein Abschied von der Freiheit, und niemand unter denjenigen, die in den vergangenen fünfzehn Jahren den Ton angegeben hatten, konnte sich dieser bitteren Wahrheit verschließen. So sah es auch die staatliche Propaganda und wurde in den Stunden nach der ungemein akklamierten Simultan-Premiere in den Theaterdirektionen der drei Städte vorstellig.

Sechzehn Tage nach der »Machtergreifung« war der *Silbersee* eine Manifestation der intellektuellen Opposition im Lande, seine glitzernde Eisdecke mußte umgehend zertrümmert werden. Dem Leipziger Regisseur Detlef Sierck, in Hollywood bald unter dem Namen Douglas Sirk bekannt, wurde mit persönlichen Konsequenzen gedroht, wenn er das Werk nicht sofort vom Spielplan absetzte. Am 4. März ging die letzte Aufführung über die Bühne. Die Elogen linker Musikjournalisten konnten nur noch im Ausland publiziert werden.

Noch scheint nicht alles verloren. Schallplatten mit dem »Lied vom Schlaraffenland« werden in Berlin mit Busch und Lenja aufgenommen, der *Silbersee* wirkt seine Wunder jetzt vom Grammophon aus. Weill soll die Musik für eine große Tonfilmproduktion schreiben, im Gespräch ist Hans Falladas *Kleiner Mann, was nun?* – ein Thema, das in der Luft liegt und

Hunderttausende von Menschen bewegt. Als Regisseur denkt man an Gustaf Gründgens, aber für ernsthafte Verhandlungen ist es zu spät. Fallada wird Anfang März arrestiert. Auch aus einem Projekt mit dem französischen Cinéasten Jean Renoir wird vorerst nichts. Aufricht arrangiert eine letzte Zusammenkunft mit Brecht vor dessen Flucht, die Unterredung findet in gespannter Atmosphäre statt, obwohl sich »Bidi« nach Kräften bemüht, sich, so Weill, »scheißfreundlich« zu geben. Kurts Depression nimmt bedrohliche Züge an. Erika vertraut er an: »Ich muß doch alles mit mir allein ausmachen. Ich bin in einer verdammten Situation.« Lenja, vor der Weill seine Nöte verbirgt, ist irgendwo in Europa. Sie vertreibt sich die Zeit mit Pasetti und dem Austüfteln neuer Gewinnstrategien. Das große Los zieht sie dabei nicht. Zufällig ist sie am 21. März gerade in Berlin, als die Eröffnung des neugewählten Reichstags stattfindet.

Zwei Tage später wird das sogenannte »Reichsermächtigungsgesetz« erlassen, das das Parlament ausschaltet. Am Vorabend wird Weill die Information zugespielt, er befinde sich auf einer Schwarzen Liste und schwebe in Lebensgefahr. Lenjas Lage ist kaum weniger dramatisch: Als Ehefrau Weills und Freundin Brechts, von übrigen verdächtigen Kontakten ganz zu schweigen, sitzt sie im gleichen Boot. Doch diesmal wartet es nicht am Ufer des von Kaiser beschworenen Silbersees, der sie heil ins paradiesische Grünheide bringen kann.

Und dann geht alles ganz schnell. Auf die Inselstadt bewegt sich eine riesige Flutwelle zu und droht alles, was Kurt und Lenja sich geschaffen haben, mit sich zu reißen. Weill, der schon einige Tage inkognito in einem Hotel in der Berliner Innenstadt und mehrere unruhige Nächte auf der Couch der Nehers verbracht hat, packt ein paar Sachen zusammen, beseitigt kompromittierende Spuren, läßt sein Kleinmachnower Haus in der Obhut von Faktotum Erika und den Vierbeinern Harras und Polly zurück. In seinem Briefkasten in der Wißmannstraße stapeln sich schon zu viele anonyme Zuschriften mit der immergleichen, Unheil verkündenden Botschaft: »Juden wie Sie sind in Kleinmachnow unerwünscht.« Er schwingt sich ins Auto, das an der Straßenecke auf ihn wartet. Nur wenige Unterlagen führt er mit sich, darunter Skizzen für die Zweite Symphonie. Cas und Erika Neher warten im Wageninneren schon darauf, ihn aus Berlin zu entführen, Lotte sitzt mit auf der Hinterbank. Als der Funkturm nicht mehr im Rückspiegel zu sehen ist, gehen für Weill und Lenja die letzten Lichter in Deutschland aus. Zwölf Jahre lang verstummen die Kompositionen Kurts, und Lottes Stimme kommt aus keinem Radiolautsprecher mehr.

Die vier Freunde fahren die ganze Nacht hindurch, und noch bevor sie an der französischen Grenze angekommen sind, läßt Lenja den Wagen anhalten. Sie wünscht ihrem Mann und den beiden Rettern Glück und gute Weiterreise und steigt selbst in einen Zug nach Wien. Weill verspricht sie, sich um seine Angelegenheiten, Manuskripte und Besitztümer zu kümmern. In Österreich wartet bereits Otto Pasetti auf seine Freundin.

Kurt gelingt es gerade noch, über Lunéville und Luxemburg nach Frankreich zu entschwinden, in der Tasche hat er fünfhundert Francs. Am 22. März passiert er die Grenze und gibt dort an, mehrere Wochen durchs Land reisen zu wollen.

Die Lenya-Legende kennt einen anderen, heroischeren Aktschluß, mit dramatischen Paßkontrollen, einer Inspektion des Autos durch die Nazis, einer gemeinsamen Ankunft an der Seine – aber am 23. März überschreitet Weill ganz allein die Türschwelle zum Hôtel Jacob in Paris; ohne Frau und Freundin, ohne die Hilfe des Silbersees und »ohneland«.

4
Je ne t'aime pas

> Retire ta main, je ne t'aime pas,
> Car tu l'as voulu, tu n'es qu'une amie.
> Pour d'autres sont faits les creux de tes bras
> Et ton cher baiser, ta tête endormie. [...]
>
> Je n'ai pas pleuré, je n'ai pas souffert,
> Ce n'était qu'un rêve et qu'une folie.
> Il me suffira que tes yeux soient clairs,
> Sans regret du soir, ni mélancolie,
> Il me suffira de voir ton bonheur.
> Il me suffira de voir ton sourire.

Drei Wochen nach seinem dreiunddreißigsten Geburtstag schlendert ein einsamer Mann durch die engen Straßen am linken Seineufer. Er betritt das »rive gauche« der Sorbonne-Studenten und Café-Literaten nicht als Unbekannter: Ruhm ist ihm vorausgeeilt, das enthusiastisch aufgenommene Gaveau-Konzert vom vergangenen Dezember hat ihm den Weg geebnet. Weills Musik ist Stadtgespräch, und auf den Trottoirs zwischen Montparnasse und Saint-Sulpice summt so mancher Pariser die Melodie von *Mackie Messer* vor sich hin.

Auch Kurt, der vor Tagesfrist mit dem Leben davongekommen ist, könnte jetzt an einem der Marmortischchen auf den Terrassen des Boulevard Saint Michel eine Pause einlegen, sich setzen und getrost durchatmen, sich von den ersten Strahlen der Frühlingssonne wärmen lassen. Überschwang oder gar Jubel gestattet er sich an diesem Märzmorgen allerdings nicht, und Müßiggang war noch nie seine Sache. Er muß erst einmal verkraften, was ihm sein Vaterland in den letzten Wochen zugemutet hat, und seine Bilanz fällt traurig aus: Es hat den Anschein, als würde 1933 tatsächlich zu seinem verflixten Jahr.

Dem *Silbersee* hat man von einer Minute zur anderen den Ton abgedreht, seine Werke sind überall dort verboten, wo man ihren Text verstehen kann. Seine Partituren sind auf den Scheiterhaufen der Nazis gelandet, und die so mühsam aufgebaute Reputation, Ergebnis jahrelanger, eiserner Arbeit, ist mit einem Schlag dahin.

Die Frau, die er liebt, tourt mit einem anderen Mann durch die Casinos von Europa und setzt ihm immer öfter mit gezielten Vorschlägen zur zügigen Abwicklung der Scheidung zu. Gerade hält sie sich in Wien auf, besucht Johanna und den mehr denn je gewalttätigen Ernst Hainisch und hat es noch nicht einmal für nötig befunden, sich von seiner sicheren Ankunft im Hôtel Jacob zu überzeugen. Die andere Frau, in die er verliebt ist, lebt auch in weiter Ferne, jenseits des Rheins hinter einem unsichtbaren, zugezogenen Vorhang, und wenn die beiden sich treffen wollen, ist immer ihr Ehemann dabei, mit dem bevorstehende Projekte durchgesprochen werden müssen. Sein Wiener Verleger hat ihn augenscheinlich im Stich gelassen und buckelt vor den Schergen einer neuen, kulturfeindlich gesinnten Obrigkeit. »Warum sind Sie jetzt nicht in Paris, Dr. Heinsheimer?« kabelt Kurt enttäuscht den Herren von Universal Edition.

Feigheit und Passivität sind ihm zuwider, und ihm ist unbegreiflich, daß sein Verlag die sich für ihn bietenden Pariser Chancen nicht ergreift und entschlossen zupackt. Wieder einmal muß er alles selbst in die Hand nehmen. Dabei möchte er lieber ungestört komponieren und nicht den Agenten spielen, noch dazu in einer fremden Umgebung. Seine Tantiemen werden drastisch gekürzt, können bald gar nicht mehr ausgezahlt werden. Seine Berliner Konten haben braune Beamte eingefroren. Weill ist traurig und fühlt sich müde. Er blickt von der Passerelle des Arts auf das unter ihm vor sich hin dümpelnde, schmutziggraue Seinewasser. Sein Blick schweift von den Türmchen der Conciergerie auf der Ile de la Cité über die Tuilerien bis zum Montmartre. »Ich liebe dich nicht«, scheint es ihm aus dem Häusermeer entgegenzuschallen. »Ich habe nicht geweint, ich habe nicht gelitten«, heißt es weiter im Text für das Chanson, das er bald für die beliebte französische Diseuse Lys Gauty schreiben wird.

Kurt gibt sich einen Ruck. Wenige Métrostationen von hier wartet eine Prinzessin auf seine neue Symphonie, eine Vicomtesse interessiert sich für seine Musik und auch für ihn selbst, und Jean Renoir sowie René Clair möchten gerne ihre Filme mit Weill-Klängen unterlegen. Es wird weitergehen, sagt er sich und macht sich auf den Weg zu einer vornehmen Residenz am Place des États-Unis. Im Seitenspiegel eines am Straßenrand abgestellten Taxis überprüft er seine Züge: Kontrollierte Emotion und die eingespielte, höfliche Zurückhaltung prägen seine Miene. Für eine *Complainte de la Seine*, für Selbstmitleid und unschlüssiges Lamentieren, ist Kurt Weill heute nicht zu haben. Da schreibt er lieber ein Chanson mit diesem Titel und legt es einer Sängerin mit ausdrucksvoller Altstimme in den Mund. Auf dem Grund des Flusses haben sich die Geheimnisse von Liebesgeschichten und Verbrechen, von erwiderter Leidenschaft und unstillbarer Einsamkeit abgelagert – ein Schatz, der zu bergen sich lohnt; aber auch ein ungewisser Sumpf, in dessen Abgründe man sich besser nicht wagt.

Paris hatte Erfahrungen darin, Emigranten und freiwilligen Exilanten einen warmherzigen Empfang zu bereiten. Nicht erst seit Heines Tagen witterten Nonkonformisten aus Deutschland, von bigotten Moralaposteln oder engstirnigen Gesetzeshütern vertrieben, Morgenluft an den Quais gegenüber von Notre-Dame. Urbane Abenteurer aus aller Herren Länder ließen sich hier nieder. Die amerikanischen »expatriates« entdeckten ihre europäischen Wurzeln und die Literatur neu, fühlten sich, wie Hemingway, in Bistros und an Pferderennbahnen willkommen geheißen. Oder sie hielten Hof, wie Gertrude Stein und Alice B. Toklas, in großräumigen, vom Baron Haussmann erbauten Appartements, in denen schon ein bißchen Stuck von der Decke rieselte, in denen aber auch die bei Kahnweiler erworbenen Picasso-Porträts auf die Köpfe der Besucher hinabblickten. Henry Miller, abgerissen und ohne einen Sou in der Tasche, schnorrte sich bei mitleidigen Landsleuten durch. Sylvia Beach zog einen großen Fisch an

Land, als sie James Joyce zu sich in ihre winzige Buchhandlung bestellte und ihm vorschlug, seinen *Ulysses* bei ihr zu verlegen. George Antheil kletterte über die Schaufenster ihrer legendären Erdgeschoßbibliothek in den ersten Stock, wenn er mal wieder den Schlüssel zu seiner Wohnung verloren hatte, ließ sich dabei photographieren und verschaffte so »Shakespeare & Co.« zusätzliche Publicity. Wenn Walter Benjamin, der gegenwärtig in den Lesesälen der Bibliothèque Nationale über dem *Passagenwerk* brütete, Paris auch zur Hauptstadt des neunzehnten Jahrhunderts erklärt hatte – die Amerikaner und Engländer, die in billigen Hotels rund um das Odéon das Herz der Metropole bevölkerten, sahen das ganz anders. Gertrude Stein befand mit ihren Getreuen, ihre Wahlheimat sei der Nabel der Welt und die Wiege der derzeit tonangebenden Literatur: »Paris war der natürlichste Hintergrund für das zwanzigste Jahrhundert, Amerika kannte es zu gut, kannte [es] zu gut um es zu erschaffen, für Amerika gab es einen Glamour der es nicht zum Stoff für schöpferische Tätigkeit machte. England lehnte bewußt das zwanzigste Jahrhundert ab – vielleicht würde [es] sich als zu viel für sie erweisen, so leugneten sie [es] ganz bewußt aber Frankreich machte sich darüber keine Sorgen was ist war und was war ist, war ihr Standpunkt. Und nun war das zwanzigste Jahrhundert gekommen und es könnte interessanter werden.«[1]

Und es war hochinteressant geworden. Nach den stürmischen Années Folles hatte sich der Wind zwar etwas gelegt, doch in der Ära »entre-deux-guerres«, dem kulturellen Schmelztiegel der Zwischenkriegszeit, waren die scharfen Abgrenzungen innerhalb der Kunstgattungen kräftig durcheinandergewirbelt worden. Die Surrealisten waren in die Jahre und durch die momentane Integration von Dalí und Buñuel auch mit dem Kino sowie den Methoden der »Kritischen Paranoia« in Berührung gekommen; Spaltungen, Neugründungen und »Prozesse« hielten die Mitglieder in Atem, Abweichler kokettierten mit dem Kommunismus stalinistischer Prägung und wanderten in Richtung Moskau ab. Spanische und russische

Komponisten präsentierten ihre Entwürfe in Paris, Prokofjew hatte hier seine Oper *Der Feuerengel* in Angriff genommen und war dabei, sein Zweites Violinkonzert zu skizzieren. Henri Sauguet und Igor Markevitch hießen die neuen Sterne am Konzerthimmel, André Jolivet und Olivier Messiaen standen bereits in den Startlöchern. Wie immer wurden in Balletten die aufregendsten Tendenzen moderner Musik erprobt, Picasso und Coco Chanel, Henri Laurens und Christian Bérard kümmerten sich um die Dekors, und das Erbe des Russischen und Schwedischen Balletts wurde von jungen Choreographen verwaltet und weitergeführt. Im Gegensatz zur Entwicklung in Deutschland hatte das Tanztheater der Oper den Rang abgelaufen. Satie hatte mit *Parade* den Anfang gemacht; Poulenc, Sauguet, Honegger und Milhaud vervollkommneten mit Dutzenden von Kompositionen die Gattung des »Zeit«-Ballettes. Die Mitglieder der »Groupe des Six« waren unterdessen erwachsen geworden, durften ihre Kreationen im Opernhaus Garnier zeigen und zählten selbst schon zu einer Art Elite, deren Abendgarderobe Cocteau oder Elsa Schiaparelli, Hohepriesterin der Haute Couture, diktierten, und deren Werke regelmäßig von extravaganten Mäzenen bestellt und aufgeführt wurden.

Für ihre Großzügigkeit und ihren Pioniergeist berühmt waren Charles und Marie-Laure: Das Ehepaar Noailles zeigte wenig Interesse am protokollarischen Einerlei einer konventionellen Adelsfamilie, bestimmte dafür mit um so größerer Intensität die Stoßrichtung im Kulturleben von Paris. Jeder Empfang, jedes Kostümfest, das sie im sechzehnten Arrondissement, im familieneigenen Landsitz bei Fontainebleau oder in ihrem mediterranen Anwesen nahe Hyères ausrichteten, versammelte all diejenigen, die in Musik- und Kunstszene Rang und Namen hatten. Man übertrumpfte sich gegenseitig mit ausgefallenen Verkleidungen, und kein Monat verging im Salon der Noailles ohne die Uraufführung einer bahnbrechenden Komposition. Bei Poulenc bestellten sie das Ballett *Aubade*, förderten Markevitch, der als blutjunger Debütant eben erst den Fittichen seines

Gönners Diaghilew entschlüpft war, und sie finanzierten *L'âge d'or*, den cineastischen Höhepunkt des Surrealismus, an dem sich die Geister schieden. Dalí und Buñuel gingen beim Vicomte und seiner aparten Gattin jüdischer Herkunft mit ihren Drehbüchern ebenso selbstverständlich ein und aus wie einige Monate später Kurt Weill, dessen Konzert in der Salle Gaveau bevorstand.

An jenem denkwürdigen Dezemberabend war es ihnen gelungen, für die »Sérénade« im Publikum Strawinsky, Cocteau, Picasso, Honegger, Gide, Auric und Léger zu vereinen. Wie es sich gehörte, erschienen sie alle ohne Ausnahme, und Darius Milhaud, der auf keinen Fall fehlen wollte, schaffte es in letzter Minute, dabeizusein. Er hatte sich auf einer Vortragsreise durch Holland befunden, »und auf der Rückfahrt nach Paris bemerkte ich zu Madeleine [Milhauds Ehefrau], daß die Aufführung die Stadt gewiß im Sturm nehmen würde. Ich ahnte nicht, wie recht ich hatte, denn die trunkene Begeisterung, mit der *Mahagonny* und *Jasager* aufgenommen wurden, hielt für Tage an. Montparnasse benutzte das Konzert zu Zwecken politischer Propaganda und sah in ihm den Ausdruck der Erschlaffung und des Pessimismus unserer Zeit. Die elegante Gesellschaft andererseits war hingerissen, als ob sie der ersten Aufführung einer Bachschen Passion beigewohnt hätte.«[2]

Die elegante Marie-Laure fühlte sich in der Gesellschaft bedeutender junger Männer besonders wohl. Und als sie von Kurts dramatischer Flucht nach Paris erfuhr und hören mußte, daß er gerade von einem Hotel zum anderen wechselte, entschied sie kurzerhand, ihn für ein halbes Jahr bei sich aufzunehmen, stellte ihm ein fürstlich ausgestattetes Zimmer mit Flügel zur Verfügung und ermunterte ihn, seine Kompositionen fortzusetzen. Weill nahm die Einladung mit Freuden an, verließ das Hôtel Splendide, die vorläufig letzte Station auf seinem Zickzackkurs durch Paris, und stellte überrascht fest, daß er in dieser Stadt bereits über eine Handvoll sehr guter Freunde verfügte.

Am liebsten ging er nachmittags auf eine Tasse Tee zu den

Milhauds, die am Pigalle in einer Wohnung am Boulevard de Clichy residierten, eine Etage oberhalb von Schießbuden, Lotrieständen und Karussells. Mit Darius verband Kurt nicht nur die Erinnerung an Baden-Baden, als *Mahagonny* und *Minutenoper* auf demselben Programmzettel standen. Beide vereinte die Grenzüberschreitung von seriöser und leichter Musik, das Wagnis, »unterhaltend« zu komponieren, der Einbezug von Jazz und Tanzformen, ein Wille zur Reform der zeitgenössischen Oper, zu deren Evolution sie jeweils mehrere Handvoll Experimente beigesteuert hatten, ein unbezähmbarer Schaffensrausch und fast manischer Arbeitseifer. Milhaud hatte mit Claudel das Konzept der epischen Oper erprobt, mit Werfel zusammengearbeitet und auf deutschen Bühnen größte Zustimmung erfahren. Er betonte stets, daß seine jüdische Herkunft sein Werk in gleichem Maße geprägt habe wie seine Verwurzelung in der Provence. Wie Weill schrieb er später Auftragsstücke für den jungen Staat Israel, und wie der Deutsche zeichnete er sich durch Toleranz, Güte und höfliche Umgangsformen aus. Ein Brasilienaufenthalt vor 1920 hatte ihn davor bewahrt, akademischen Traditionen zu vertrauen, und ihn zum bestaunten, dennoch vielgespielten Außenseiter werden lassen. Milhaud war mit seiner Cousine Madeleine verheiratet, wie Lotte eine Schauspielerin. Weill und Madeleine verstanden sich auf Anhieb sehr gut, lagen intellektuell auf einer Wellenlänge, und die Gefühle, die beide bald füreinander hegten, wurden noch durch die Tatsache gefördert, daß den Milhauds Kurts Verbindung mit Lenja nicht sonderlich behagte. Sie fanden sie unsympathisch und mißbilligten ihr eigenwilliges Privatleben. Darius war durch eine schwere Arthritis an den Rollstuhl gefesselt und konnte ermessen, was es bedeutete, von seiner Ehefrau rund um die Uhr versorgt zu werden. In Artikeln setzte er sich für seinen jüdischen Kollegen, dem die Nazis nach dem Leben trachteten, lautstark ein und arrangierte Treffen mit Cocteau und einflußreichen Kritikern.

Unter den Bravorufern der Salle Gaveau hatte sich auch der englische Mäzen Edward James befunden – hingerissen von

Kurts Musik, lag er vor allem Lenja und ihrer ausdrucksstarken Darbietung zu Füßen. Der spleenige James war fünfundzwanzig und verfügte über ein enormes Vermögen. Der Patensohn Edwards VII. war Dichter und Sammler surrealistischer Kunst in Personalunion, veranstaltete Happenings in Kalifornien und mitten im mexikanischen Dschungel, ließ sich von Dalí Möbel entwerfen, rettete imposante Bauwerke vor dem Verfall, bezahlte Auric für seine jüngste Klaviersonate und lieferte die literarische Vorlage für Poulencs Chorzyklus *Sécheresses* – vier so preziöse wie spröde Textgebilde, die Traumlandschaften von Yves Tanguy zu evozieren scheinen. Obschon homoerotisch veranlagt, vermählte er sich pro forma mit der schönen Tänzerin Tilly Losch und verhalf deren Tanztruppe »Les Ballets 1933« mit tatkräftiger finanzieller Unterstützung zu durchschlagendem Erfolg.

Unter diesem Namen hatten sich die in alle Winde verstreuten Nachfolger des erfolgreichen Diaghilew zusammengetan, um im avantgardistischen Geist des Impresarios weiterzuarbeiten. Boris Kochno, Diaghilews letzter Partner und rechte Hand, führte das Unternehmen gemeinsam mit George Balanchine an, einem begabten Solisten und Choreographen. Tilly Losch hatte bereits Erfahrungen auf dem Broadway gesammelt, und als Edward ihre verblüffende physische Ähnlichkeit mit Lenja auffiel, war sein Entschluß unumstößlich: Unter der Bedingung, daß Tilly den Hauptpart tanzen und Lenja als ihr Zwilling singen würde, sollte Weill ein Ballett für ihn schreiben.

Nur drei Wochen nach seiner Ankunft sah Kurt sich mit einem neuen Vorhaben konfrontiert, hatte eine respektable Behausung gefunden und wurde von gleich zwei interessanten Damen begehrt. Ein literarischer Partner mußte gefunden werden, denn James und die Tanztruppe bestanden auf einer anspruchsvollen Textgrundlage, tragfähig für ein »Ballet chanté«. Cocteau hatte zu Weills Leidwesen aus Zeitmangel abgelehnt, und es blieben nur noch drei Monate bis zur Premiere. Gegen seinen Willen akzeptierte er einmal mehr Brecht, dessen Namen James ins Spiel brachte, und reiste am 5. April nach

Nancy. Dort wollte er Lenja mit der Idee ködern, ihre Tanzkünste als singendes Losch-Double in Paris einzubringen. Das letzte, was er von Lotte zu hören wünschte, war ein unabänderliches »Ich liebe dich nicht«.

In Nancy sitzen sich zwei Menschen gegenüber, die sich seit neun Jahren sehr gut kennen, denen große Gefühle füreinander zwischendurch abhanden gekommen sind, ohne daß dies ihre grundsätzliche Zuneigung schmälern kann. Beide stellen Bedingungen: Kurt möchte die *Sieben Todsünden*, sein neues Projekt, mit James, Lenja und der »Familie« Brecht–Neher–Abravanel auch in London zeigen, gekoppelt mit *Mahagonny* und *Jasager*, um auf der britischen Insel einen starken Eindruck zu hinterlassen. Lenja kennt Tilly noch aus Berlin und freut sich auf die neue Aufgabe. Aber sie besteht auch darauf, daß Pasetti unter den vier männlichen Vokalsolisten mit ihr auftritt. Und sie eröffnet Kurt, daß sie es nun doch noch mit einer Schwangerschaft versuchen möchte. Sie läßt keinen Zweifel daran, daß Otto der Vater sein wird. Weill zeigt sich dermaßen bestürzt von dieser Ankündigung, daß Lotte sofort einen Rückzieher macht. »Er sah mich an und sagte: ›Das würde mir sehr weh tun.‹ Das genügte. Ich sagte: OK, ich werde keins kriegen. In diesem Verhältnis standen wir zueinander!«[3] Und dabei blieb es. Als dieser Punkt geklärt ist, stehen Details der Trennung auf der Tagesordnung. Zwei Vertraute und ein Anwalt kümmern sich in Berlin um die Angelegenheit. Am 18. September ist die Scheidung unter Dach und Fach, doch nur wenige Eingeweihte wissen davon – es gelingt Kurt und Lotte, ihre temporäre Entfremdung vor den meisten ihrer Freunde geheimzuhalten.

Aus der Rückschau erscheinen Lenjas Beweggründe für einen formalen Schlußpunkt reichlich rätselhaft. Schließlich hängen beide weiterhin aneinander, Lotte lebt von Kurts immer geringeren Einkünften, und ohne seine Vermittlung von Engagements in Aufführungen seiner Werke bietet sich ihr derzeit keinerlei berufliche Perspektive. Aus zahlreichen ihrer Bemerkungen spricht sogar Bitterkeit. Lenja beschwert sich über die hohen Kosten der Prozedur, erwähnt immer wieder Summen, die durch ihre eigene Initiative zustande gekommen sind, und droht, »nun wirklich nichts mehr zahlen zu wollen« – so als sei Kurt der allein Verantwortliche für die Zuspitzung ihres Verhältnisses. Der Verlassene verzeiht mehr, als ihm lieb sein kann.

Mehrere Faktoren scheinen den Ausschlag gegeben zu haben: Otto Pasetti befindet sich gleichfalls in einem Scheidungsverfahren und trennt sich 1933 endgültig von seiner Frau Erna. Möglicherweise hat er Lotte gedrängt, es ihm gleichzutun. Außerdem wäre sie als eine Pasetti oder Blamauer vor dem Zugriff der Gestapo geschützt, und ihr Name würde nicht mehr direkt mit dem als unerwünscht geltenden Komponisten in Verbindung gebracht werden: Dies wäre ein Vorteil, um das Haus in Kleinmachnow ohne größere Umstände verkaufen und Hausrat sowie eine beträchtliche Summe von Erspartem außer Landes bringen zu können. Tatsächlich nehmen Kurt und Lotte sehr bald die Dienste von Pasetti und seinem einflußreichen Vater, dem Oberst, in Anspruch, um das Anrecht auf ihr Vermögen zu wahren. Bei einer gewagten Aktion versteckt Lenja einen großen Geldbetrag im Innern ihrer Handschuhe und chauffiert ihr Auto über die streng bewachten deutschen Grenzen ins Ausland. Doch nicht alle Scheine sind für Kurt bestimmt, dem sie zumindest anteilig gehören: Otto und Lotte sind wieder einmal einem Gewinnsystem auf der Spur, und um an der Riviera Kasse machen zu können, muß die Methode mit neuen Einsätzen erst einmal getestet werden.

Um die Transaktionen zu erleichtern und Weill auf dem laufenden zu halten, bedienen sich die geschiedenen Freunde in ihren immer zahlreicheren Schreiben eines Geheimcodes. Orts- und Personennamen werden bis zur Unkenntlichkeit ausgetauscht. In einem Schwall von Nebensächlichkeiten und Einzelheiten, die bevorstehende Konzerte betreffen, gehen die Transfers und Ortswechsel, Verabredungen für Treffen und Übergaben nahezu unmerklich unter. Lottes erste erhaltene Briefe datieren aus diesen hektischen Monaten. Bei ihrer Lektüre hat man Mühe, daran zu glauben, daß sie von einer Frau geschrieben wurden, die im Begriff ist, sich scheiden zu lassen. Zu groß ist der Grad von Vertrautheit und ironischer Komplizenschaft, zu deutlich ist die zärtliche Anteilnahme, mit der zwei Einzelgänger die kleinen und großen Schritte ihrer besseren Hälfte begleiten. Man gewinnt den Eindruck, als fichten Kurt und Lenja ein Duell mit einem Phantom aus – die nicht eingestandenen Empfindungen füreinander werden vergeblich bekämpft oder nur unzureichend ignoriert. Aber es gelingt Kurt noch nicht, Lotte an seine Seite zurückzuholen und mit ihr in einer Region zu leben, die poetisch Veranlagte »l'île de France«, die »Insel von Frankreich« getauft haben.

Da ein Unglück selten allein kommt, fallen die Scheidung und das Auslaufen von Kurts Vertrag mit Universal Edition zeitlich zusammen. Der Wiener Verlag trennt sich von einem seiner erfolgreichsten Autoren, weil die Lage im deutschsprachigen Raum immer brenzliger wird und Kurt in Zukunft nur noch minimale Tantiemen erwarten kann. Es wird ihm nahegelegt, sich einen neuen Betreuer im Ausland zu suchen. Durch die Vermittlung von Milhaud und Arthur Honegger kommt Weill beim Pariser Verleger Heugel unter. Im Herbst 1933 zieht er aus Marie-Laures hochherrschaftlichem Stadtpalast in einen Vorort westlich von Paris um, nach Louveciennes in der Nähe von Saint Germain-en-Laye. Dort mietet er sich im November in einem kleinen Häuschen ein, das einst von den Dienstboten der Madame Dubarry bewohnt wurde. Die langen Anfahrtswege nach Paris schrecken ihn nicht: Weill liebt mehr und mehr den Rückzug aus der Metropole, und er braucht in gesteigertem Maße absolute Ruhe, um sich auf seine Arbeit konzentrieren zu können. Mit der Familie Berthon, die im selben Haus wohnt und sich um seine Wohnung kümmert, entspinnt sich eine herzliche Verbundenheit. Kurt kann kaum noch den Tag abwarten, an dem sein geliebter Schäferhund Harras endlich in Louveciennes eintrifft. Mit vielen Tricks gelingt Lenja die Verschickung von Weills treuem Gefährten nach Frankreich, und Weill, der seine Briefe nun als »Froschi mit hochgehobenem Affenschwanz« signiert, schwärmt von ausgedehnten Spaziergängen mit Harras in die umliegenden Wälder von Saint-Germain.

Ein Wesensunterschied tritt immer deutlicher zutage: Lotte entwickelt sich zur Nomadin, während Kurt zur Seßhaftigkeit neigt. Ihr macht es nichts aus, von einem Auftritt zum anderen, von einem Casino zum nächsten zu tingeln, einige Tage in London, Paris oder Zürich, dann wieder in Wien, San Remo, Rom oder Arabba zu verbringen. Sie benötigt Ortsveränderungen, die Intensität der Großstädte, den Nervenkitzel der Spielsäle, liebt den flüchtigen Aufenthalt in anonymen Hotelzimmern. Aus dem Dessauer Schüler hingegen, den Berlin magnetisch anzog, ist ein stiller Arbeiter geworden, dem zuletzt schon in Deutschland die Betriebsamkeit im Stadtzentrum auf die Nerven ging. Dort floh er nach Kleinmachnow, in Paris zieht er die Ereignislosigkeit der öden »banlieue« der mondänen Lebensführung bei den Noailles vor. »Ich bin ein vollkommen anderer Mensch, wenn ich aus der Stadt weg bin.«[4] Diese Spirale wird sich sein Leben lang weiterdrehen.

In den kommenden Monaten liefern sich Lotte und Kurt ein Katz-und-Maus-Spiel: Lenja scheint erst in Kleinmachnow wohnen und sich dort um das Anwesen, die Manuskripte und Unterlagen kümmern zu wollen, als Weill nicht mehr nach Berlin zurückkann – vor 1933 hätte er gern mit ihr die Wochenenden in der Wißmannstraße verbracht. Wenn Lenja für die *Todsünden* nach Paris kommt, zieht sie selbstverständlich nicht nach Louveciennes, sondern steigt im Hôtel Splendide ab, das Kurt mit Freuden verlassen hat, von ihr aber wegen seiner guten Lage geschätzt wird. Erst wenn Weill zu Verhandlungen außer Haus ist oder während einer Sommerpause in Italien ausspannt, begibt sich Lotte regelmäßig nach Louveciennes – in Begleitung des einen oder anderen Herren. Das Hakenschlagen hat System: Kurt klappert am Mittelmeer nahezu alle Stationen ab, die Lenja und Otto auf ihrer Roulettereise absolviert haben. Nur eines vermeiden beide tunlichst: sich länger als ein paar Tage an ein- und demselben Ort aufzuhalten.

Ihre Briefe sprechen eine andere Sprache: Da ist von Sehnsucht die Rede, und mit viel Aufwand und Überredungskünsten versucht Weill, Lenja von einem Neubeginn zu überzeugen und ihr sein beschauliches Nest zu offerieren. Lotte ist noch nicht soweit: Die Beziehung mit Pasetti beginnt zu kriseln, ein Gewinnsystem nach dem anderen schlägt fehl. Ottos Bemühungen um Kurts Vermögen ziehen sich in die Länge, dann hat es gar den Anschein, als habe ihr Geliebter ihm anvertraute Summen veruntreut. Die Scheidung ist längst in Vergessenheit geraten. Kurt wird für ein gutes Verhandlungsergebnis mit James oder Brecht gelobt, Lotte werden Streicheleinheiten zuteil, wenn sie wieder einmal ihre Geschicklichkeit beim Umgehen von Zollvorschriften und Naziverordnungen unter Beweis gestellt hat. Nie vergißt Weill, einen höflichen Gruß an Pasetti hinzuzufügen, diskutiert Lenjas Pläne im Plural, verwendet behutsam die Zauberworte »ihr« und »euch«. Sie ist da empfindlicher, versieht ihre Depeschen mit kleinen Spitzen. Ihr gelingen aber auch witzigere Anspielungen: Einmal erwägt sie im Scherz eine erneute Namensänderung für sich: Aus »Lotte Lenja« soll »L. Marie« werden – die Umkehrung von Marie-Laure; ein andermal bezeichnet sie die adlige Konkurrentin als »Marie-Laura«, an deren Seite Weill »selbst die achte Todsünde« verkörpere. Lotte hat sich kundig gemacht: Man sagt der Mäzenin ein kurzes Verhältnis mit ihrem deutschen Untermieter nach.

Dem verläßlichen Freund Bravi kommt bei diesem Wechselbad aus Annäherungen und Distanzierungen eine Schlüsselfunktion zu: Ihm wird von beiden Seiten zugesetzt, er wirkt als Berater bei abrupt auftretenden Kommunikationsstörungen. Gedankt wird ihm dies nicht immer – Abravanel sieht Lenja häufig, wenn er *Mahagonny* in Rom oder die *Todsünden* in London dirigiert, was sie nicht daran hindert, in Briefen an Kurt über seine langsamen Tempi und ganz allgemein über seine Schwächen zu schimpfen. Bravi hört ihr dennoch zu und hilft mit seinem flüssigen Französisch aus, denn damit hapert es bei seinen Freunden gewaltig. Er ist auch dann ganz Ohr, wenn Kurt ihm in Paris seine geheimsten Wünsche zuflüstert. Zwischen den einstigen Weggefährten und Eheleuten stehen noch Pasetti, Erika Neher, Marie-Laure de Noailles und Madeleine Milhaud; der Silbersee ist nicht weit genug zugefroren, um eine Überquerung zu wagen. Dabei sind Lotte und Kurt einander schon wieder ganz nah.

In Paris laufen die Vorbereitungen für die *Sieben Todsünden*, die am 7. Juni im Théâtre des Champs-Élysées über die Bühne gehen sollen, auf Hochtouren. James finanziert ein aufwendiges Programm, das – mit einem Volumen von einer Million Francs – auch neue Produktionen von Koechlin, Sauguet und Milhaud einschließt. Nach der anfänglichen Euphorie häufen sich die Schwierigkeiten. Brecht reist zweimal aus der Schweiz an und erfährt durch Weill von Auseinandersetzungen mit einer Gruppe von Tänzern, denen der literarische Anteil zu weit geht: »Es ist das übliche Chaos.« Erika Neher gegenüber beklagt Kurt, daß sich an seiner grundsätzlichen Haltung zu seinem ehemaligen Koautor leider nichts geändert hat. Er ist, nachdem er acht Tage mit Brecht gearbeitet hat, in »verschärftem Maße der Ansicht«, daß er einer der »widerlichsten, unangenehmsten Gesellen« sei, »die auf der Erde herumlaufen«. Aber Kurt vermag das vollständig von Brechts Arbeit zu trennen. Der Beschuldigte kann den von Weill in zähen Verhandlungen herausgeschlagenen Zusatzverdienst gut gebrauchen, tut das Werk selbst aber als Gelegenheitsarbeit ab, wenn er Helene Weigel berichtet, daß er es »ganz hübsch« finde, dennoch als »eher unwichtig« erachte. Hinzu kommt Cas' widerspenstige Haltung: Neher wirft dem Pariser Team einen Knüppel zwischen die Beine, indem er sich anfangs weigert, überhaupt mitzuarbeiten. Er hält die neue Brecht-Weill-Produktion ganz einfach für »literarischen Müll«, die Ausrichtung des Ballettes sei »reiner Quatsch«. Weill wehrt sich und schreibt an seine Geliebte: »Die furchtbarste Tatsache für mich ist die, daß ihr (es ist schrecklich, daß ich ›ihr‹ schreiben muß) zu mir überhaupt kein Vertrauen habt. Jeder, der mich ein bißchen kennt, weiß, daß für mich ein Text ein Anlass ist, daß jeder Text, den ich komponiert habe, völlig anders aussieht, wenn er durch meine Musik hindurchgegangen ist. ... Nein, Liebling, seien wir ehrlich: die Gründe liegen anderswo. Seit Wochen hält mich C.[aspar] durch seine Unentschlossenheit hin. [...] Stelle dir doch vor: derselbe Cas, der es <u>niemals</u> gewagt [hat], über B.[recht] etwas zu sagen, der geschwiegen hat, wenn einer geschimpft hat, der mich bei *Mahagonny* in Berlin vollkommen im Stich gelassen hat in meinem Kampf gegen B., der noch immer mit ihm zusammengekommen ist, als ich verfeindet war [...] derselbe Cas ergeht sich jetzt, da B. weg ist u. keine Rolle mehr spielt, in den wüstesten Schimpfereien. Das stimmt doch nicht! Engelein, liebstes, geliebtestes, süßestes Engelein, sei nicht bös, daß ich das alles schreibe. [...] Aber dieser Brief soll nicht schließen, ohne dir zu sagen, daß mich trotz allem der Gedanke an dich ruhig u. froh macht u. daß ich traurig, aber sehr schön an dich denke.«[5]

Weills Zorn über Nehers vorgeschobene Unentschlossenheit ist begreiflich: Er spürt die Eifersucht des Kollegen, dem es nicht gefällt, daß Kurt nach dem Intermezzo mit der *Bürgschaft* wieder mit Brecht ein Tandem bilden will, daß sich im Ausland Gelegenheiten für die Fortsetzung deutschen Avantgardetheaters bieten, während seine eigenen Arbeitsmöglichkeiten unter dem nationalsozialistischen Kulturdiktat beinahe zum Erliegen gekommen sind. Und trotzdem hat Cas mit seiner Einschätzung nicht Unrecht: Das Zustandekommen des Ballett-»Librettos« krankt von Anfang an am Zusammenspiel zu vieler unvereinbarer Ideen und Köpfe. Kochno und Balanchine beanspruchen mit ihren Choreographien Mitspracherecht und Koautorenschaft. Den Einfall, die Titelgestalt Anna in zwei Persönlichkeiten aufzuspalten, hatte Brecht bereits in seiner Dramenskizze *Die Ware Liebe* mit ihrem beziehungsreichen Wortspiel entwickelt. Unwillkürlich fühlt man sich bei den Zwiegesprächen zwischen Anna I und II an die im Dialog ausgetragenen Gewissenskonflikte Olims im *Silbersee* erinnert, und die Verteilung von komplementären Charaktereigenschaften auf zwei Protagonisten hatte schon Theodore Dreiser in seinem Roman *An American Tragedy* vorgebildet – Stoff für einen Sternberg-Film, der erst vor kurzem über Pariser Leinwände geflimmert war. Wenig deutet jedenfalls auf eine Textvorlage hin, die einem Tanzstück entgegenkommt. Brecht verzichtete auf eine Publikation der *Sieben Todsünden...* zu Lebzeiten, und der Zusatz *...der Kleinbürger* stammt nicht von den Urhebern des »Ballet chanté«.

Am Premierenabend im Juni 1933 versammelte sich neben der Pariser Haute Société ein illustrer Zirkel von Emigranten, und die alten Berliner Zeiten wurden mit dem Stimmen des Kammertones wundersam wiederbelebt. Die Aufführung schien genau da anzuknüpfen, wo sich nur ein halbes Jahr zuvor der Vorhang geschlossen hatte: nach dem Leipziger *Silbersee*. Die Reaktionen des Publikums fielen unterschiedlich aus: Die Exilanten feierten ihre Elite aus besseren Tagen als Helden, die Pariser standen der deutschsprachigen, also den meisten unzugänglichen Textvorlage und ihrer bitteren Moral skeptisch gegenüber. Im veränderten kulturellen Klima der frühen Dreißiger begegnete Weill Verständnislosigkeit. Seine Musik gab sich kühl, appellierte an den Intellekt und fiel deshalb im überhitzten Ambiente von damals durch. Lenja und Tilly Losch wurden jedoch gefeiert und als kongeniale Interpretinnen angesehen; eine Bestätigung für Lotte, die sich beim Gastspiel in London wiederholte. James' Kleinod überlebte keine zehn Aufführungen an der Pariser Prachtavenue, und Harry Graf Kessler gab die Empfindungen der Zuschauer treffend wieder, als er in seinem Tagebuch zum anspruchsvollen Experiment der *Todsünden,* die er als Pantomime auffaßte, notierte: »Sie hat trotz der Beliebtheit, die Weill hier genießt, eine schlechte Aufnahme gehabt. Ich fand die Musik hübsch und eigenartig; allerdings kaum anders als die der *Dreigroschenoper*, Lotte Lenja sang mit ihrer kleinen, sympathischen Stimme (deutsch) Brechts Balladen, und Tilly Losch tanzte und mimte graziös und fesselnd. Man hat offenbar von Weill hier zu viel erwartet, ihn gleich mit Wagner und Richard Strauss in eine Linie gerückt; Snobismus. [Der Solotänzer] Serge Lifar sagt: ›C'est de la pourriture de ballet.‹ Weills Ballett hat überhaupt hier sehr enttäuscht.« Für Kessler schien sich zu bestätigen, was er schon anläßlich des *Zaren* konstatierte: »Weills Musik hat Tempo, ist aber dürr wie Matzen.« Und noch schlimmer wog das Verdikt des Tanzfürsten Diaghilew, der 1928 prophezeit hatte, Kurt tauge nicht zum Ballettkomponisten: »Diaghilew lehnt Weill nach wie vor ab. ›Il vous faudra un musicien.‹ Weill schreibe Musik nach Donizetti, nur camoufliert durch die notwendige Anzahl falscher Töne, die sich immer im richtigen Moment einstellten.«[6]

Mochte Kurt hiermit auch das wackelige Terrain des Tanztheaters und die zunehmend unerfreuliche Beziehung zu Brecht ad acta legen, im nachhinein erwies sich seine Partitur als ein großartiger Wurf, zeigte er hierin doch noch einmal alle Tugenden seines »europäischen« Bühnenstils in Reinkultur, besser womöglich für eine halbkonzertante Wiedergabe geeignet. Die Parabel von *Anna-Anna* (so der Titel des Werkes auf den Londoner Plakaten) ist von überwältigender Eindringlichkeit, Brechts lyrische Vorgaben ein Wechselspiel zynischer Gesellschaftskritik und konzentrierter Poesie. Anna wird von ihrer Familie nach Louisiana geschickt, um in den »großen Städten« ihr Glück zu versuchen. Ohne ein gewisses Vermögen erwirtschaftet zu haben, braucht sie erst gar nicht zurückzukommen, denn man erwartet von ihrer »Geschäftsreise« eine Ausbeute, die zum Bau eines kleinen Hauses am Mississippi ausreichen soll.

Memphis, Los Angeles, Philadelphia, Boston, Baltimore und San Francisco sind die Stationen ihres finanziellen Werdegangs, der mit einem immer beschämenderen menschlichen wie moralischen Abstieg verbunden ist. Jeder Stadt ist eines der sieben Laster zugeordnet, Verfehlungen, denen Anna beim besten Willen nicht entrinnen kann. Sieben Jahre dauert ihr Kreuzweg durch die Abgründe der kapitalistischen, korrupten Gesellschaft, die eine Frau nur als Prostituierte oder als Vieh anzusehen vermag. Für Ideale oder Kultur – Anna ist schließlich insgeheim aufgebrochen, um eine berühmte Tänzerin zu werden – ist in einem solchen System kein Platz; eine ironische Parallele zum Mißerfolg der »Ballets 1933«.

Anna bewältigt ihr Dilemma mit dem Kunstgriff der Schizophrenie: Eine zweite Anna reguliert und korrigiert als Seelenschwester ihren Lebensweg, verkörpert Vernunft, Lebensklugheit und Abgeklärtheit und steht ihr in innerem Dialog bei, wenn sie in Not gerät. Gesellschaftliche »Zwänge«, so der Weill-Forscher Kim Kowalke, haben sie »zerrissen, so daß zwei ›Schwestern‹ entstehen: Anna I, die Sängerin [Lenya], ist die unscheinbare, praktische Wirtschafterin, die jeden natürlichen, gesunden Impuls der schönen, idealistischen Anna II, der Tänzerin [Losch], drosselt. In ihrer Funktion als skrupellos pragmatisches Gewissen geht Anna I mit Anna II wie mit einer Ware um: Schließlich haben sie ein gemeinsames Sparbuch. [...] Nachdem sie sieben Jahre lang getreulich ihre Einnahmen an die Familie geschickt haben, kehren die Schwestern heim in ein elegantes, neues Haus, zu dessen Bau jede nicht begangene Sünde beigetragen hat.«[7]

Ungewollt spiegelt die doppelte Titelfigur die zwei Künstlerseelen in Lenjas Brust, hin- und hergerissen zwischen zwei Vortragsformen, und auch die einzelnen Etappen im Leben der Bühnen-Annas kommen ihr in Teilen vertraut vor. Wie Abbildungen belegen, schlüpften Lotte und Tilly – eine Wiener Tänzerin! – auf der Bühne in ein Gewand mit kunstvollem Faltenwurf, aus dem ihre identisch geschminkten Gesichter hervorlugten, Köpfe von siamesischen Zwillingen. Kommentiert werden die streng voneinander getrennten Gesänge der Lenya-Anna vom Quartett der Männerstimmen, das die Meinungen und Kritik der zu Hause gebliebenen Familie verkündet – stilistisch zwischen protestantischem Choral und der zeittypischen Barbershop-Polyphonie der beliebten »Comedian Harmonists« angesiedelt. Weill und Brecht greifen hier auf ein Verfahren aus dem *Mahagonny*-Songspiel zurück und radikalisieren es: Höchstes Gut der Kleinfamilie ist der Siegeszug des Dollar, der auch ihr bescheidenes Heim beglücken wird. Interpunktiert werden Prolog und Epilog von suggestiven Nachfragen der Anna I: »Jede tut nur, was für die andre gut ist. Nicht wahr, Anna?« Anna II bleibt nichts anderes übrig, als mal kläglich, mal erleichtert, mal resigniert zu echoen: »Ja, Anna« – die einzige vokale Äußerung, die für die Tänzerin vorgesehen ist.

Die Botschaft der Gesellschaftskomödie ist eindeutig: Nur eine geschundene Frau wird zur perfekten, weil manipulierten »Ja-Sagerin«. Die Unmoral triumphiert. Für Weill schließt sich damit so sinnfällig wie folgerichtig der Kreis seiner europäischen Beiträge zur »neuen« Oper.

Man kann sich leicht die problematische Versöhnung von ambitioniertem, engagiertem Musiktheater, noch dazu unter Verwendung epischer Mittel, mit einem elaborierten Tanzstil, der das von optischen Reizen verwöhnte »tout-Paris« zufriedenstellen sollte, vor Augen führen: eine schier unlösbare Aufgabe. Auch nach der Londoner Präsentation am Savoy-Theater ließen Musikkritik und öffentliche Meinung kein gutes Haar an der Produktion – ohne Nachvollzug der inhaltlichen Ebene war James' »Geschenk« für Tilly Losch einfach zum Scheitern verurteilt.

Kaum ist Neher nach Deutschland zurückgekehrt, da trägt ihm seine Mitwirkung in Paris zu Hause ein Berufsverbot ein. Erst 1936 kamen die *Todsünden* in Brechts dänischem Exil nochmals zur Aufführung, ohne Mitwirkung von Lenja oder Weill, und danach erst wieder in den fünfziger Jahren in einer von Lotte in Auftrag gegebenen, transponierten Fassung, die ihrem abgedunkelten Stimmklang Rechnung trug. Wie Löwinnen kämpften die Witwen Lenja und Helene Weigel um die Rechte und die komplizierte urheberrechtliche Situation, Balanchine brachte 1958 in New York eine gelungene Ballettfassung heraus, zu der er Lenja als Gaststar dazubat, und seither zählt die vermeintliche Totgeburt zu den Paradestücken der großen Chanson- und Pop-Diven: Marianne Faithfull, Ute Lemper oder Cleo Laine.

Lotte und Tilly waren sich unter dem Poncho, der ihnen so reizend zu Gesicht stand, auch körperlich nähergekommen und setzten ihre auf der Bühne erprobte Komplizenschaft im Hotelzimmer fort. Nicht nur Kurt, auch Pasetti mußte mehr als einmal seine Abende in Paris und London ohne die vorgesehene Begleitung verbringen. So froh er zwar war, im Männerquartett an Lenjas Seite agieren zu dürfen – auch im Weill-Konzert von Rom, das im Dezember stattfand, war Pasetti wieder mit von der Partie –, die Blitztour an die Seine hatte er sich anders vorgestellt. Und selbst Tilly Losch erwies sich als undankbar: James' opulentes Präsent, den Aufbau und die Europatournee der »Ballets 1933«, quittierte sie, indem sie sich im Folgejahr prompt von ihm scheiden ließ: »Ich liebe dich nicht.«

Die *Todsünden* markieren in vielerlei Hinsicht einen Wendepunkt für Weill: Es handelt sich um seine letzte Teamarbeit mit Neher und der übrigen Brecht-Familie, um sein letztes ausschließlich deutschsprachiges Bühnenwerk und auch für lange Zeit um die letzte Gelegenheit, in einer seiner eigenen Kompositionen Lotte eine Rolle »auf den Leib« zu schreiben. Stilistisch entwickelt er sich nunmehr in eine ganz andere Richtung: weg vom »engagierten« Musiktheater hin zu Operette und humanistischen Bilderbögen, weg vom markigen, holzschnittartigen Song hin zum lyrischeren, geschmeidigen Chanson.

Weills Talente für die Unterhaltungsbranche bleiben in Paris nicht unbemerkt. Für den französischen Rundfunk wirkt er an einer Radioballade mit, deren Text von Robert Desnos stammt, die von dem kubanischen Romancier Alejo Carpentier dirigiert wird und die der Theaterrevolutionär Antonin Artaud für den Rundfunk einrichtet: *La grande complainte de Fantômas*. Für Marlene Dietrich vertont er Erich Kästners *Abschiedsbrief*, ein Projekt, das ohne konkrete Folgen bleibt. Lys Gauty hypnotisiert ihre Fans in Pariser »café-concerts« mit den melancholischen Kabarettnummern von den Untiefen der Seine und der Weigerung zu lieben – aus *Je ne t'aime pas* wird zehn Jahre später ohne größere Umbauten das Walter Mehring-Lied *Wie lange noch?*, eine mit Nachdruck vorgetragene Frage, mit der fordernd das Leiden an unerfüllter Sehnsucht und die Klage über unerträglich gewordene politische Verhältnisse auf den Punkt gebracht werden.

Zwischendurch sitzen Kurt und Lotte auf dem Sofa von Jean Cocteau und plaudern über ein eventuelles *Faust*-Projekt, bislang nichts als ein kollektives Hirngespinst. Der »Six«-Gründer, Filmemacher und Poet gefällt sich in der Pose des polyglotten Lyrikers, brüstet sich mit seinen dürftigen Deutschkenntnissen und verschwindet alsbald im Nebenzimmer, um mit einem spontanen Geniestreich seine Vertrautheit mit »deutschen Substantiven« unter Beweis zu stellen. Was dabei herauskommt, ist ein Blatt Papier mit wenigen Zeilen, aus denen Weill im Handumdrehen das Chanson *Es regnet* macht. Verse wie »Aber kaum höre ich deinen Wagen/denke ich: Sagen oder nicht sagen?/Er hat alles auf dem Gesicht!/Glaubst du denn, daß nur der Mund spricht?« möchte man im nachhinein am liebsten weder dem eifrigen Ästheten Cocteau noch Kurt, der womöglich das kleine Gedicht noch redigiert hat, in die Schuhe schieben.

In Louveciennes werden indessen die Stapel von Noten, Briefen, Telegrammen und Manuskriptseiten immer dicker. Denn die *Todsünden* sind, ungeachtet aller damit verbundenen Widrigkeiten, auch Weills letztes Projekt, das in einem vernünftigen zeitlichen Rahmen auf die Beine gestellt werden kann. Nun beginnt, was bis an sein Lebensende anhalten sollte: Die leidigen Phasen der unverwirklichten Pläne, Verhandlungen mit Regisseuren, Librettisten, Theaterdirektoren und Agenten ziehen sich über Monate oder Jahre hin, machen immer öfter Ortswechsel, längere Reisen und zermürbende Auseinandersetzungen über künstlerische Aspekte erforderlich. In verstärktem Maße muß Kurt darauf achten, daß seine Handschrift nicht im Gefecht kommerzieller Interessen und personeller Intrigen bis zur Unkenntlichkeit verwischt wird – Streitigkeiten, die ihm zutiefst verhaßt sind und ihm das Leben zunehmend schwerer machen.

Ephemere Begabungen machen das Rennen im Gefeilsche um Tantiemen und Mitspracherecht: »Bums! Es lebe das Mittelmaß! Nieder mit den guten Leuten! Ich habe den Dreck sofort hingeschmissen u. erklärt [...], man müsse ja wissen, auf welchem Niveau man arbeiten will«,[8] spottet Weill, als er in London wieder einmal wochenlang hingehalten wird, und selbst Lenja sein Herz ausschütten zu können, ist da nur ein schwacher Trost. Ungeduld und das Unvermögen, aufgrund mangelnder Bewegungsfreiheit selbständige Entscheidungen von künstlerischer Tragweite fällen zu können wie einst, als ihm in Deutschland alle Türen offenstanden, setzen ihm zu.

Darunter leiden Konzentration und Gesundheit: Im Sommer zieht es ihn nach Italien, wo er mit den Nehers als Kulturtourist durch Städte und Dörfer streift. Er steht in Paris nicht selten am Rande eines Nervenzusammenbruchs, und die Regelmäßigkeit, mit der er neuerdings von der unangenehmen Schuppenflechte heimgesucht wird, spricht Bände. Lenja erteilt unbekümmerte Ratschläge und empfiehlt ihm schriftlich, sein »Glätzchen« nicht allzulange der mediterranen Sonne auszusetzen, »sonst wirste doof«.

Die Lektüre von Verdis Korrespondenz verschafft ihm Trost und Genugtuung, im Aufbegehren des italienischen Komponisten gegen Mißerfolg und Verschwörungen in der Kulturpolitik erblickt er schlagende Parallelen zu seiner derzeitigen Lage als ungeliebte Berühmtheit.

Er genießt Spritztouren mit dem Auto, besteht erneut eine Fahrprüfung in Frankreich und nennt alle Modelle liebevoll »Max«. Es gefällt ihm, seine Freunde in landschaftlich schöner Umgebung herumzukutschieren, und auf seinen Lippen liegen Nonsensverse wie »Ja, so ein Sträßchen/ja, das macht Späßchen« – wer weiß, vielleicht ist auch hier Cocteau der Urheber gewesen. In Venedig oder Rom trifft er für ein paar Stunden mit Lenja zusammen, und wenn die Nehers gerade nicht mit ihm durch Verona ziehen, Bergwanderungen unternehmen oder in Arabba schmackhafte Klöße verzehren, kommen sie auf Besuch nach Louveciennes.

Lotte erfährt: Die »Nehers sind wieder weg. Die Tage waren sehr nett, wenn auch ein bißchen anstrengend, da man ja, wenn man Besuch hat, immer das Gefühl hat, er langweile sich und man müsse ihn unterhalten. Cas ist wirklich ein feiner Kerl, und die Art, wie er sich zu den Dingen einstellt, ist durchaus sympathisch. Er hat mir ein sehr hübsches Bild für mein Musikzimmer gemalt und gerahmt. Er ist ganz begeistert von meinen neuen Arbeiten, besonders von der Symphonie. [...] Er sagt, ich hätte mich in dem Jahr ungeheuer entwickelt. Du kannst Dir vorstellen, wie begeistert er von dem Haus und von meiner ganzen Lebensweise hier war.«[9] Über Erika wird kein Wort verloren – vermutlich, weil sie mit Hans Küpper, einem engen Mitarbeiter von Cas und Brecht, angebandelt hat. Als in Rom während der gemeinsamen Ferien mit den Nehers unvermutet Küpper auftaucht, verkündet Weill, daß er ihn auf keinen Fall sehen wolle. Caspar wiederum ist es in Urlaubsorten, wo die Konzentration von Emigranten und Geheimpolizei unübersehbar wird, unangenehm, in Weills Gesellschaft beobachtet zu werden. Der Umgang mit den Nehers erfordert wie stets Fingerspitzengefühl, und selbst wenn Erika und Kurt eine freie Stunde füreinander finden, so ist doch der Gedanke an Cas' Anwesenheit, ganz in der Nähe, keine ideale Voraussetzung für Intimitäten ohne Gewissensbisse.

Die andere Erika trauert in Berlin um den Hausherrn im verwaisten Kleinmachnower Bungalow und schüttet Lenja ihr Herz aus. »Sie hängt mehr an Dir als ein Hund«, kommentiert Lotte ihre Tränenausbrüche. Sie erwägt, die gute Seele nach Südfrankreich zu holen und sich gemeinsam mit ihr und Otto in einem kleinen Dorf an der Riviera einzumieten, »wo das Leben soviel weniger kostet als im Norden.« Von den Finanzen ist überhaupt ununterbrochen die Rede in den langen Botschaften, die sich Lenja und Weill in zweitägigem Abstand quer durch Europa zusenden. Lotte wird von ihrem Gatten beglückwünscht, wenn sie sich als besonders sparsam erweist: »Du scheinst Dich ja wirklich zu einem großartigen kleinen Geizhals zu entwickeln.« Er rät ihr, fleißig Französisch und

Englisch zu lernen, um Engagements an Land zu ziehen, und wünscht, daß es mit dem »Zigeunerleben« Lenjas bald ein Ende nehmen möge. In Paris sieht man Kurt jetzt häufig am Arm von Natasha Paley, einer attraktiven russischen Prinzessin. Sie ist noch dazu die beste Freundin von Marie-Laure de Noailles und hakt sich bei Weill gern unter, wenn beide die Boulevards entlangflanieren. Er besucht sie bei seinen Reisen nach England und bewundert sie auf der Leinwand an der Seite von Douglas Fairbanks in einer Don-Juan-Verfilmung. Bei soviel Liebesleid und Liebesfreud, vermengt mit Kintopp, nimmt es nicht wunder, daß er seine Briefe, die er Lotte nach San Remo oder Ostende schickt, jetzt so sarkastisch wie elegisch mit »Knut Garbo« unterzeichnet.

Kurt arbeitete während seines Pariser Intermezzos an drei Bühnenwerken gleichzeitig, deren verwickelte Entstehungsgeschichte ihm Ausdauer und Zähigkeit abverlangte. Am 22. Dezember 1934 kam am Théâtre de Paris *Marie Galante* zur Uraufführung, eine Bearbeitung von Jacques Devals gleichnamigem Roman mit Bühnenmusik und Chansoneinlagen. In der Titelrolle war die beliebte Sängerin Florelle zu sehen, der Pabst bereits in der französischen Filmversion der *Quat'sous* den Part der Polly anvertraut hatte. Die Inszenierung rief zwar nur gleichgültige Reaktionen hervor und ließ die Produktion zu einem Mißerfolg werden, aber Weill hatte sich Esprit und Techniken des französischen Chansons so zueigen gemacht, daß die Couplets und Tanznummern auf eine vom Schicksal des Stückes unabhängige Laufbahn hoffen durften. Weills neuer Verleger Heugel engagierte sich seit kurzem auch in der prosperierenden leichten Muse, veröffentlichte Ohrwürmer als lose Blätter und versprach seinem Autor aus Deutschland rosige Zeiten.

Besonders populär wurden zwei Nummern, in denen die von einem Kapitän aus Bordeaux nach Südamerika entführte Marie Galante ihr Heimweh besingt, darunter das legendäre *J'attends un navire* – ihr vergebliches Sehnen nach einem Schiff, das Rückkehr in vertraute Gefilde und Glückseligkeit verheißt. In den frühen Vierzigern münzten die Résistance-Kämpfer das Lied zu einer Metapher für die bevorstehende Befreiung von den Deutschen um: Wann immer der Schlager angestimmt wurde, erwartete man die baldige Landung der Alliierten in der Normandie. *J'attends un navire* wurde so von einem sentimentalen Lied zu einem Bekenntnis zwischen Hoffnungslosigkeit und Zuversicht, dem Los von Hans Leips *Lili Marleen* nicht unähnlich. Mehr als ein Kenner hörte in der Instrumentalbegleitung des Chansons buchstäblich die Ozeanwellen gegen den Strand rollen, und wie im Lied der Seeräuber-Jenny, aber mit einem ganz anderen Unterton, wartet hier eine einsame Frau darauf, daß ihr mit der Ankunft eines Schiffes die Stunde schlägt.

Der zweite Evergreen war *Youkali*, ein Instrumentaltango, den Roger Fernay mit einem vom Drama unabhängigen Text unterlegte und damit das Fernweh der französischen Hörer einfing. Das in *Youkali* beschworene Inselparadies nährte eskapistische Träume, verführte dazu, einer rauhen Wirklichkeit für die Dauer einer Schallplattenseite den Rücken zu kehren, bevor sie die Zeitgenossen mit dem unruhigen Wechselbad von Volksfront, Spanischem Bürgerkrieg und heraufziehender Weltkriegsgefahr wieder einholen konnte. Viel später sollte sich Weills Tango als Klassiker erweisen, als er nämlich in Pedro Almodóvars spanischem Kultfilm *Kika* Anfang der neunziger Jahre fröhliche Urständ feiern konnte – ohne Text dargeboten in einem Streichquartett-Arrangement.

Wenig Glück war Weill auch mit der für London bestimmten Operette *Der Kuhhandel* beschieden. Robert Vambery, der aus Ungarn stammende Autor der Stückvorlage, war früher Dramaturg am Schiffbauerdamm gewesen und Kurt als Mitarbeiter bei *Happy End* und *Dreigroschenoper* bekannt. Als er ihm seinen Dramenentwurf zeigte, sah Weill eine Chance, ein Bühnenwerk im Geiste Offenbachs wiederzubeleben, das gesellschaftliche Verwicklungen mit einem Liebesidyll vereint und zugleich deutliche Anspielungen auf die nichtendenwollenden

Abrüstungsverhandlungen und Friedensverträge im Europa der Zwischenkriegsjahre enthält: »Weit weg vom Wiener Operettenschund«, im Geiste von Karl Kraus' Berliner Ausführungen, sollte *A Kingdom for a Cow*, so der endgültige englische Titel, einen Platz finden. Wieder steht eine Insel als Schauplatz im Vordergrund, wie Mahagonny und das Louisiana der *Todsünden* auch sie ein Phantasieprodukt, stellvertretend für europäische Nöte auf die Bühne gezaubert. Auf ihr müssen zwei Nationen Platz finden, Ucqua und Santa Maria. Juan und Juanita sind Bewohner der zuletzt genannten Republik. Sie sehen sich ihres einzigen Besitzes, einer leistungsfähigen Milchkuh, beraubt, als sie sich weigern, eine neue Abgabe zu zahlen, die aufgrund von Aufrüstungsbeschlüssen ihrer Inselregierung fällig geworden ist. Juan wird zum Kriegsdienst eingezogen, fügt dem durch einen Putsch an die Macht gekommenen General Conchas öffentlich Schande zu, als er ihm bei einer Propagandaveranstaltung an den Ohren zieht und geht doch als Sieger aus dem turbulenten Geschehen hervor: Die in Massen bestellten Waffen funktionieren nicht, die Regierung ruft unvermittelt den Frieden aus und verkündet mit offenkundigem Opportunismus, daß die Fehde mit Ucqua beigelegt sei. Das Liebespaar Juan und Juanita empfängt Conchas' persönlichen Segen.

Zum erstenmal in seiner Karriere mußte Weill eine schon halb fertiggestellte Komposition veränderten Bedürfnissen anpassen, umschreiben und umtexten lassen: Aufführungen in Zürich oder Paris, mit denen Vambery unter anderem durch die Vermittlung von René Clair bzw. Hans Curjel fest gerechnet hatte, kamen nicht zustande. Man wich nach England aus. Weill blieb nichts anderes übrig, als sich den Gesetzen des Marktes zu beugen, standardisierte Music-Hall-Nummern einzubauen und auf Originalität zu verzichten. Am Repertoire geschulte Profilibrettisten glätteten die Ecken und Kanten der brisanten Satire und verschnitten die deutsche Politoperette zu einem Musical-konformen *Shady Business*. Es ging im Juni 1935 nach schier endlosem Gerangel über die Bühne des Londoner Savoy-Theaters. Nach nicht einmal drei Wochen verschwand die Kuh, die von Weill und Vambery anderthalb Jahre lang so kräftig gemolken worden war, aus dem Blickfeld eines deutlich gelangweilten Publikums. Der Handel mit ihr endete als finanzieller Fehlschlag und reservierten Presseberichten. In Anlehnung an Heine formulierte Weill für Lenja seine aktuellen *Nachtgedanken* in der britischen Hauptstadt: »Wenn ich an London denke in der Nacht/dann bin ich um den Schlaf gebracht.« Das »war schon ein schwerer Schlag für mich«, setzt er seine Selbsteinschätzung mit verändertem Tonfall fort. Doch mit einer Zeile aus *Happy End* nimmt Kurt sich vor, nicht aufzugeben und es wie in seinem Brecht-Lied von der »harten Nuß« zu machen: »Aber nur nicht weich werden!«[10]

Er hatte große, zu große Hoffnungen auf eine Zukunft in England gesetzt, in den vergangenen sechs Monaten alle Kontakte bemüht, Elsa Schiaparelli eingeschaltet, Diners inszeniert und versucht, bei den großen Filmstudios der Insel vorstellig zu werden. Umsonst. Schon im Januar 1935 mußte er vernichtende Kritiken einstecken, als eine miserabel besetzte Rundfunkproduktion der *Dreigroschenoper* im englischen Radio zu hören war – ein schlechtes Omen für die Operette. Mit der von James und Lenja notdürftig übersetzten *Todsünden*-Fassung für London hatte zwei Jahre zuvor die Serie der britischen Mißerfolge eingesetzt, und das Vergehen, sich am nationalen Stolz, der *Beggar's Opera,* vergriffen zu haben, schien man ihm niemals verzeihen zu wollen. Er wurde eines »falsch« klingenden Jazz, eines drittklassigen Abklatsches englischer Tanznummern bezichtigt. Tonfall, Vehemenz und Ausmaß der Verrisse waren von der völkischen Hetze der Nazi-»Berichterstatter« so weit nicht entfernt, die seinem Stil »ekelerregende« Abgedroschenheit vorgeworfen hatten. Daß Weill schon für sich und Lenja auf Wohnungssuche gegangen war, von der Gewißheit getragen, für beide hier eine neue Existenz aufbauen zu können, mußte ihm jetzt wie eine unbedachte Torheit vorkommen. Es ließ sich nicht länger leugnen: In London würde Kurt nie wirklich landen können, und ausgerechnet die Stadt, in der die *Dreigroschenoper* spielt, zeigte ihm sein Lebtag die kalte Schulter: »Ich liebe dich nicht.«

Die Mißerfolge wollen für Weill in der Zeit vor und nach der Scheidung kein Ende nehmen. Die USA-Premiere der *Dreigroschenoper*, am 22. April 1933 am Broadway herausgebracht, fällt nach nur zwölf Vorstellungen ins Wasser – für Kurt ein erneuter schwerer Schlag, denn für eine potentielle Karriere jenseits des Atlantiks stellt ein Fiasko, noch dazu mit seinem stärksten Zugpferd, die denkbar schlechteste Grundlage dar. Dann scheint sich das Blatt zu wenden. Kurt erreicht ein Telegramm aus Hollywood, das ihn förmlich über den großen Teich zieht: Marlene Dietrich und ihr Entdecker Josef von Sternberg laden ihn in die Traumfabrik ein, an einem Musicalfilm mitzuarbeiten. Weill ist Feuer und Flamme, doch Wochen vergehen, bis eine Antwort auf seine finanziellen Vorstellungen vorliegt. »Dieses Herumsitzen und Warten macht mich förmlich wahnsinnig.« Dem Glamourvamp und dem Erfinder des Mythos vom *Blauen Engel* ist Weills Haltung unverständlich, seine Forderungen sind entweder zu hoch oder zu wenig präzise. Ungeschicktes Taktieren auf beiden Seiten und völlig konträre Vorschläge zu Arbeitsweise und Bezahlung in den kalifornischen Studios führen schließlich zur Absage durch Sternberg – mittlerweile addieren sich die Enttäuschungen zu einer niederschmetternden Bilanz.

Kurt hofft nunmehr, mit seiner soeben für die Prinzessin von Polignac fertiggestellten Zweiten Symphonie zu reüssieren. Deren Uraufführung brennt ihm unter den Nägeln: Jeden Tag, der ungenutzt verstreicht, ist er noch ein wenig mehr auf ihre Zahlung der letzten Vorschußrate angewiesen. Mit einem Seitenhieb auf das brillante Orgelspiel der Prinzessin, die ihn an die wuchtige, autoritäre Schauspielerin Adele Sandrock erinnert, wettert er in einem Schreiben an Lotte: Er sei »entschlossen, sie an einer Pfeife ihrer Orgel aufzuhängen, wenn sie mir mein Geld nicht gibt«.[11] Eine reguläre Aufführung ist jedoch weit und breit nicht in Sicht, und einmal mehr muß Bravi den Vermittler spielen. Abravanel schlägt ein Treffen mit Bruno Walter in Zürich vor. Kurt verbindet den Abstecher mit einem Besuch bei seinem Bruder Hans, der sich dort mit seiner Familie niedergelassen hat. Es gelingt ihm, den bedeutenden Dirigenten für die Premiere zu gewinnen – Walter nimmt die Symphonie in ein Abonnementskonzert im Oktober 1934 auf, das mit dem Orchester des Concertgebouw in Amsterdam stattfindet.

Wie kein zweites Werk spiegelt die dreisätzige »Phantasie« – Weills Alternativtitel – seine innere Zerrissenheit, das Lavieren zwischen Flucht und Erleichterung, den Zwiespalt eines Fremden, hin- und hergeschubst zwischen drei Kulturen, drei Milieus. Trotz der konventionellen Anlage in drei Sätzen verstören die Integration eines Trauermarsches zu Beginn ebenso wie das regelrechte Medley aus Songmelodien, das im Finalrondo kulminiert. Kurt wirft darin einen Blick zurück auf seine Berliner Erfolge, eingefärbt von den Erfahrungen der vergangenen Monate. Die Symphonie wirkt inspiriert und besitzt ausgewogene Proportionen. Sie zeigt ihn auf der Höhe seiner Instrumentationskunst, was nicht ausschließt, daß in weiten Passagen orchestraler Bänkelgesang anklingt. Ungeachtet der hochkarätigen Wiedergabe durch Walter in Amsterdam, zu der Weill eigens angereist ist, gelingt es ihm aber auch mit den drei »Nacht-Szenen« nicht, in einer europäischen Hauptstadt mit seiner Musik Fuß zu fassen. Die Stimmung im Concertgebouw ist eisig, katastrophale Kritiken beherrschen am nächsten Morgen die überregionalen Blätter. Walter zieht weiterhin tapfer mit der Symphonie durch die Konzertsäle der Welt. Das Todesurteil der Kritiker ist jedoch eindeutig: Man beschimpft das Largo, einen an Schubert und Mozart angelehnten Mittelsatz, als »Beethoven im Biergarten«, findet Weills Einfälle geistlos, banal und leer. Kurt rechtfertigt sich: »Absolute Musik schreibe ich deshalb, um der Routine zu entgehen, um meinen textgebundenen Stil zu kontrollieren und einer Prüfung zu unterziehen.« Die Kritiken zeitigen Konsequenzen: Die Zweite Symphonie bleibt vorerst unveröffentlicht, sie ist sein allerletztes Orchesterwerk und zugleich seine allerletzte Instrumentalkomposition. Weill verwindet nicht, daß man ihr »semitische Anklänge« bescheinigt.

Es war nicht das erste Mal, daß er mit einer derartigen Denkungsart außerhalb Deutschlands konfrontiert wurde: Im November 1933 wird Abravanel engagiert, für zwei Konzerte in der Salle Pleyel das Orchestre de Paris zu dirigieren, Werke von Weill sollen auf dem Programm stehen. Kurt denkt an die Schmach mit den *Todsünden* und rät ab: »Die Leute sind neidisch, und ein Mißerfolg mit Kompositionen von mir kann dir da nur schaden.« Stattdessen schlägt er Stücke von Hindemith oder Krenek vor. Die Konzertdirektion bleibt hartnäckig: »Das Publikum will Weill hören.« In Windeseile verpflichtet man die derzeit tonangebende Sängerin Madeleine Grey, Madeleine Milhaud fertigt in wenigen Stunden eine Übersetzung von drei Songs aus dem *Silbersee* an, und der stürmische Applaus nach jedem Lied gibt den Organisatoren recht. Es werden sogar Zugaben gefordert, vor allem nachdem *Cäsars Tod* erklungen ist, eine Ballade, die auch in Paris ihre doppelbödige Wirkung nicht verfehlt. Mittendrin werden auf einer Seite des Zuschauerraums Proteste laut: »Wir haben genug von der Musik deutscher Emigranten!«, und auf dem Höhepunkt des Krakeelens entbietet der französische Komponist Florent Schmitt Weill mitten im Saal den Hitlergruß. Mehr noch als die offensichtliche Geschmacklosigkeit berührt Kurt der antisemitische Affront, die Vermengung rassistischer Vorurteile mit einer Bewertung seiner Kompositionen.

Florent Schmitt besaß als Rompreis-Gewinner, wortgewaltiger Musikkritiker und Präsident der »Société Nationale de Musique Indépendante« großen Einfluß im Kulturleben Frankreichs und ließ selten eine Gelegenheit aus, seine konservative Einstellung zur Schau zu stellen. Auch fortschrittliche französische Kollegen hatten darunter zu leiden, und Weill nutzt es wenig, daß ihn sein Freund Milhaud, ohne zu zögern, öffentlich in Schutz nimmt. Kurt tritt zu Bravi hinter den Vorhang und fragt mit bedrückter Miene: »Hatten wir das nötig?« Beide wandern ziellos, jeder für sich, durch die nächtlichen Straßen von Paris und begegnen sich im Morgengrauen in einem Zinc zum ersten Kaffee des neuen Tages. Keiner macht viele Worte, zwischen ihnen herrscht schweigendes Einverständnis, und die Spatzen pfeifen es ohnehin schon seit langem von den Dächern: Auch durch Frankreich geht eine Woge der Judenfeindlichkeit, innenpolitische Vorfälle verstärken Ressentiments, und die Pogrome in Nazideutschland sind selbst hier in interessierten Zirkeln mit Aufmerksamkeit registriert worden.

Weills Zeit in Paris ist unwiderruflich abgelaufen, die wenigen angenehmen Wochen haben sich als trügerisches Intermezzo erwiesen, französische Schriftsteller haben sich hinter ihren Versprechungen zurückgezogen, wollen nichts mehr von einer »collaboration artistique« wissen. »Bei mir ist nach wie vor alles in der Schwebe«, schreibt er Lotte nach San Remo, und als er den Stift niederlegt, fällt ihm auf, daß er noch nie mit ihr über die beiden Seine-Inseln spaziert ist: Von Youkali keine Spur. Nichts vermag ihn mehr abzulenken, und dem privilegierten Dasein in der Nähe der Großstadt kann er nichts abgewinnen: »Ich war diese Woche nur einmal in Paris, denn es ist garnichts los in der Stadt, nicht einmal Filme gibt es.«[12]

Für den Weill-Stil war in Europa eine Eiszeit angebrochen, und wenn die Vorhersagen nicht täuschten, war das Einsetzen gnädigen Tauwetters weit und breit nicht in Sicht. Es sprach für Weills unerschütterlichen Optimismus, wenn er nach Tagen der Depression die reale Bedrohung durch die Faschisten in nächster Nähe mit Galgenhumor verdrängen konnte und sich auch von Einschüchterungsversuchen nicht ins Bockshorn jagen ließ. Nie geriet er auch nur an den Rand der Versuchung, sich mit den Nazis zu arrangieren, linientreu zu komponieren und so in eine sichere Falle zu tappen. Lenja war mit ihm auf der Hut und warnte ihn mehr als einmal: »Denk' nicht im Traum daran, auch nur für einen Tag wieder dorthin zurückzukehren!« Sie litt derzeit unter einem Bandwurm, und ausführliche Erörterungen, wie sie ihn am schnellsten wieder loswerden könnte, mündeten in Kurts Vorschlag, den Wurm einfach »Adolf« zu nennen.

Kurt kämpfte mit Humor gegen seine Niederlagen an. Er machte sich über seine Ängste lustig, porträtierte sich als »Zappelfritz«. Nicht einmal der Zugewinn an Macht für die Nazis, der auch aus der Ferne unübersehbar geworden war, vermochte ihn so ernsthaft zu schrecken, daß sich Verzweiflung seiner bemächtigte oder daß er letzte Schritte wie Weltflucht oder Selbstmord erwogen hätte. Von periodischer Mutlosigkeit kündeten viele seiner Schreiben, nicht von Selbstaufgabe. Und dennoch plagten ihn Gedanken über die inhaltlichen Ursachen für die Ablehnung seiner Musik. War das in *Dreigroschenoper, Mahagonny* und *Todsünden* entworfene, imaginäre Amerikabild zu weit von der Realität in Großbritannien und den USA selbst entfernt und deshalb untauglich? Klang sein Idiom für Engländer imitiert, falsch und unecht; waren seine Foxtrotts, Songs und Shimmys ein bloßer Abklatsch der dort verbreiteten Originale? Funktionierte die Vermittlung einer politischen oder humanistischen Botschaft nur dann, wenn progressive Deutsche im Konzertsaal saßen? Und warum erfreuten sich seine weitaus sentimentaleren Chansons, Musik für den Tagesgebrauch, so großer Beliebtheit, wenn sie doch auch von einem unbeliebten Ausländer, einem Flüchtling, geschrieben wurden? Hörte man ihnen nicht gleich nach den ersten Tönen an, daß sie die Handschrift eines deutschen Juden, eines »Stilparasiten« trugen?

Die erlösende Antwort auf bohrende Selbstzweifel kam aus Österreich und führte geradewegs in die Neue Welt: Unter dem schönen Motto *Der Weg der Verheißung* versprach Weill eine Zusammenarbeit mit Max Reinhardt und Franz Werfel den schon nicht mehr für möglich gehaltenen Silberstreif am Horizont. Die Initiative für das gigantische Bühnenprojekt, Exodus, Siegeszug und Bestimmung des jüdischen Volkes mit einem musikalischen Bilderbogen nachzuzeichnen, stammte von Meyer Weisgal, einem aus Polen in die USA emigrierten

Zionisten aus Leidenschaft. Weisgal wirkte seit den frühen dreißiger Jahren in seiner Wahlheimat als Theaterproduzent und hatte Reinhardt unmittelbar nach dem Machtantritt der Nationalsozialisten per Telegramm künstlerisches Exil angeboten, wenn jener bei seinen Unternehmungen mitwirken wollte. Für die Weltausstellung in Chicago hatte er das zionistische Festspiel *The Romance of a People* auf die Beine gestellt, eine Auftragsproduktion jüdischer Organisationen, die auf Worten der Heiligen Schrift basierte. *Der Weg der Verheißung* sollte in dieselbe Richtung zielen: ein biblisches Drama mit mehr als zweieinhalb Stunden Musikanteil, das Parallelen zwischen historischen Begebenheiten, etwa der Geburt Moses', dem Tanz um das Goldene Kalb, der Zerstörung des Tempels, zu aktuellen Vorfällen in der Moderne zieht und dabei insbesondere die Verfolgung der Juden zu allen Zeiten akzentuiert.

Es war Weisgals ausdrücklicher Wunsch, die führenden künstlerischen Kräfte der Epoche für das Bühnenepos zu vereinen, und so fiel die Wahl ziemlich schnell auf den österreichischen Romancier und Weill als herausragenden Vertreter jüdischer, verfemter Komponisten. Beide wurden Mitte Dezember 1933 von Reinhardt kontaktiert. Geplant war ein Start in der Royal Albert Hall zu London, und Reinhardt dachte an einen fünfstufigen Bühnenaufbau, wobei die verschiedenen Ebenen eine Synagoge, einen Altar, mythische Stätten und zuletzt den Himmel selbst repräsentieren sollten, untereinander symbolisch durch eine »Straße« verbunden. Mehrere Chöre und über zwanzig Solisten verkörpern einen Rabbiner, alttestamentarische und fiktive Gestalten, Engel und die Stimme Gottes.

Im Juni 1934 trafen sich die Autoren erstmals in Venedig, und Weill ließ sich von seinem Vater, den er im tschechoslowakischen Karlsbad und in Basel aufsuchte, beraten, erhielt von ihm Material für die ausufernde Komposition: traditionelle jüdische Weisen, Psalmvertonungen und überlieferte religiöse Gesänge. Aus der Erinnerung notierte Kurt an die zweihundert Lieder, stellte Nachforschungen in der Pariser Nationalbibliothek an und begab sich bestens ausgerüstet in die Lagunenstadt, wo er mit Werfel Aufführungen von Reinhardts Inszenierung des *Kaufmanns von Venedig* beiwohnte. Weitere intensive Treffen wurden erforderlich und mehrfach in Reinhardts luxuriösem Schloß Leopoldskron abgehalten, unweit der Staatsgrenze zu Deutschland. So war Weill mit seinem flotten Graham-Page in zwei aufeinanderfolgenden Sommern nach Salzburg unterwegs und stürzte sich dort mit Weisgal und seinen Partnern in nervenaufreibende Diskussionen.

Wie kaum anders zu erwarten, machte Werfel, der dem Wort die Vorrangstellung einräumen wollte, die meisten Schwierigkeiten: »Werfel ist so ungefähr das widerlichste u. schmierigste Literaten-Ferkel, das mir begegnet ist. Er hat Angst vor jeder Note Musik. Aber ich habe sehr leichtes Spiel mit ihm, weil er feige ist u. sofort nachgibt, wenn man fest bleibt. [...] Ich hoffe, daß das Werfeltier Dienstag abreist.«[13] Reinhardt zeigte sich verständiger und unterstützte Weills Bestrebungen in Richtung Oper und Monumentalrevue, und seine Produktionen des *Sommernachtstraumes* in Hollywood sowie des Hofmannsthalschen *Jedermann* auf der Salzburger Freilichtbühne, zu deren Besuch er Kurt und Werfel einlud, bestätigten die Konzeption des Komponisten, mehr Suggestion und Publikumsnähe zu wagen. Nachdem die Verhandlungen, wie so oft, im märchenhaften Rahmen von Reinhardts Festung in den Bergen an einen toten Punkt gelangt waren, fand sich schließlich ein Kompromiß, den Weisgal später beschrieb: »Ich weinte. Weill weinte. Werfel weinte. Am Ende weinte auch Reinhardt. Da wußte ich, daß wir etwas gefunden hatten.«

Im August 1935, als Weill in Salzburg auch mit James und Bruno Walter ein Wiedersehen feiern kann, verlagern sich die Pläne in Richtung Vereinigte Staaten: Nunmehr ist an eine Produktion an der Manhattan Opera um die Weihnachtszeit gedacht, aus dem »Weg der Verheißung« wird jenseits des Atlantiks *The Eternal Road*. Kurt gehört inzwischen zum Produktionsteam, seine Anwesenheit in New York wird unerläßlich sein. Er wittert seine Chance, Europa hinter sich lassen zu können und kämpft dafür, daß auch Lenja eine Schiffspassage nach Amerika bezahlt wird. Denn er weiß, daß er einen zweiten Neubeginn nur mit ihrer Hilfe schaffen kann.

Lotte geht gestärkt aus den unruhigen Jahren seit Kurts Flucht aus Deutschland hervor. Paris und London jubeln ihr zu, in England wird die Doppelbödigkeit ihrer Diktion mit der wissenden Sinnlichkeit einer Mae West verglichen. Wann immer Weill wichtige Leute kennenlernt, kommt die Sprache sofort auf Lenja. »Man scheint Dich hier überall für eine neue Duse zu halten. Deine Aussichten auf eine Karriere in England wären enorm.« Sind die Kritiken für die Brecht-Stücke auch noch so schlecht, ihre Präsentation der Songs wird gelobt und gepriesen. Viele Damen scheinen sich für Lenja zu interessieren: In Paris macht ihr eine adlige Journalistin den Hof, die gerne über sie schreiben will, und im in der Rue du Renard gelegenen Stadtpalais der Kolumnistin kommt es beinahe zu einer Verführungsszene. Kurt versucht, bei einer Abendgesellschaft im Hause der Prinzessin von Polignac mit einer schönen Marquise anzubändeln, doch alle Flirtversuche sind umsonst: Die Dame hat nur mit ihm gesprochen, um von Lotte zu schwärmen und ihr ihre besten Grüße bestellen zu lassen. »Anna I« zeigt sich amüsiert und verliert bei so vielen Komplimenten nicht gleich den Kopf – im Gegenteil. Die Pariser Klüngel kommen ihr noch schlimmer vor als die Cliquen von Berlin. Lenja stöhnt: »Hier finden alle alles immerzu nur ›merveilleux‹.« Sie vermißt es, daß niemand richtig seine Meinung sagt, hat es ganz gern, mal von einem ehrlichen Befund vor den Kopf gestoßen zu werden. Ein bißchen geschmeichelt ist sie doch und läßt sich von dem prominenten Modephotographen George Hoyningen-Huene für die Pariser »Vogue« ablichten – Posen mit Weichzeichner, wallender Mähne und viel Make-up, die in scharfem Kontrast zu den Standphotos aus dem Pabstfilm stehen – hier das ein wenig in die Jahre gekommene Glamourgirl im Seidengewand, dort das »alte, rotzige Linnerl« – so ihre Selbstbeschreibung; zerlumpt, wie Surabaya-Johnny mit einer Kippe im Maul.

Die ausgiebige Affäre mit Pasetti hatte ihr gutgetan: Er erlaubte ihr, sich geliebt und bestätigt zu fühlen, war stets zu albernen Streichen aufgelegt, und es gefiel ihr, wenn ihn die Leidenschaft packte. Mit ihm kam sie herum in Europa und konnte aus dem Trott von Proben und Gastspielen ausbrechen. Tag und Nacht kümmerte sich ein junger Mann um ihre Launen, der immerhin seine Familie für sie aufgegeben hatte. Inzwischen war sie selbst zu der Einsicht gelangt, daß es sich bei seinen finanziellen Transaktionen um Schurkereien handelte: Große Beträge vom Erlös des Hauses würden sie und Weill wohl nie wiedersehen. Der Einsatz für die vielen Monate in den Casinos war hoch gewesen: Verzicht auf Angebote, in Cabarets zu singen und neue Rollen anzunehmen, Verzicht auf ein Leben mit Weill. Später gestand sie, daß es sich bei ihrer Scheidung um den einzigen Fehler ihres Lebens gehandelt hatte. Sie machte sich Vorwürfe und fühlte sich für Kurts Isolierung verantwortlich. Mit den Jahren erwuchs daraus ein Schuldkomplex, sie warf sich vor, ihn in die Vereinsamung getrieben zu haben. Doch sie ahnte wohl schon damals, daß sie damit Kurt nicht wirklich verlieren konnte. Die gegenseitige psychologische Hilfestellung, die sie sich in ihrem Briefwechsel leisten, war der beste Beweis dafür. Sie bestärkte ihn in seinen künstlerischen Zielen, gab ihm die Kraft, bei Streitigkeiten aufzutrumpfen, hohe Gagen einzufordern, sich niemals unter Wert zu verkaufen. Er griff ihr bei ihren Spielschulden selbst dann unter die Arme, wenn er in Paris nur noch wenige Francs auf dem Konto hatte, bekundete mit seinen Ermunterungen zu Französisch- und Englischlektionen eine lebhafte Anteilnahme am Fortgang ihrer Karriere. Anders als Lenja sprach er dauernd von Zukunft. Und wenn es einmal nicht so gut um sie stand, bot er an, zu ihr zu kommen, und machte sich nichts daraus, sie mit Pasetti teilen zu müssen. Nach San Remo sandte er ihr diesen Liebesbeweis:

»Vielleicht kann ich es einrichten, ein bißchen hinunterzukommen, um alles mit euch zu besprechen. In jedem Fall weißt du, daß keinerlei Grund für dich besteht, entmutigt oder niedergeschlagen zu sein, und du solltest nicht solche Sachen denken wie: du wüßtest nicht, wie ihr euch durchbringen sollt. Du weißt, daß du jederzeit und in jeder Weise auf mich rechnen kannst. Ein alter Jude ist immer froh, wenn er sich um jemand kümmern kann, und du weißt doch, daß du dir keine Sorgen zu machen brauchst, so lange ich verdiene. Ich finde, es genügt, eine bestimmte Summe in Sicherheit zu haben, damit man den kommenden Krieg überdauern kann, an irgendeiner Küste. Im übrigen soll man sich möglichst wenig Sorgen machen. Wir werden also noch das Ergebnis eures neuen Versuches abwarten und dann einen ernstlichen Kriegsrat abhalten, was zu tun ist.«[14]

Es war Kurt nicht verborgen geblieben, daß das Verhältnis mit Otto in den letzten Zügen lag, denn wenige Tage zuvor, im März 1934, hatte Lotte kokett angefragt, ob Weill ihr nicht einen neuen Ehemann empfehlen könne: »Solltest Du einen netten Amerikaner für mich finden, der mich rasch heiratet, zwecks eines amerikanischen Passes – denk daran. Ich kann natürlich zu <u>jeder</u> Zeit kommen, wenn Du mich brauchst.«[15]

Kurt hatte nichts dagegen, diesen Amerikaner zu spielen, und als sich der Weg der Verheißung gen Westen über den Ozean zu bahnen schien, war er es, der sich um ihr Visum kümmerte. Einmal vor Ort, würde sich die Sache mit dem Paß schon von alleine regeln. Ein bißchen Liebe wäre vielleicht auch mit im Spiel... Und eins war sicher: Er würde mit der emanzipiertesten aller Ehefrauen die Reise antreten, ob nun geschieden oder nicht.

Ein bißchen Liebe... – die letzten Töne des Liedes verklingen, der letzte Akt neigt sich dem Ende zu, Pussy Angora macht ein paar Schritte zurück in die Kulissen, und die Zuschauer, die zuvor ausgiebig Gelegenheit zum Lachen hatten, sind still und nachdenklich geworden. Es ist Sommer 1934, Zürich stöhnt unter einer Hitzewelle, das frisch renovierte Corso-Theater hat Lotte Lenja für eine Operettenrolle im August unter Vertrag genommen. Auf dem Spielplan steht *Lieber reich, aber glücklich*, eine Operette mit Musik von Walter Kollo, und Lotte spielt darin den komischen Part der Pussy Angora. Dem Publikum und dem Rezensenten der »Neuen Zürcher Zeitung« gefällt ihre Darbietung, ihr Song verhilft dem Stück zu einer meditativen Pause. Nur sie selbst kann sich nicht so recht mit dem Titel ihres Gastspiels anfreunden: Sie hält sich weder für reich noch für vollkommen glücklich, denn die Affäre mit Otto ist so gut wie vorüber, und zu Weill hat sie noch nicht zurückgefunden. Lediglich ein Wiedersehen mit ihrem alten Weggefährten Révy-Wanja muntert sie auf. »Hier ist es unverändert heiß, und das Theater ist leer. Mein Song wird immer schöner und die Leute klatschen immer weniger.«[16] Lenja versteht es, die Dinge von ihrer heiteren Seite zu nehmen. Sie begegnet dem surrealistischen Maler Max Ernst, der soeben die Wände der neuen Bar im Corso-Theater gestaltet hat. Bei der Eröffnung des Hauses ist auch Thomas Mann anwesend, und Lotte hat Lampenfieber verspürt, als sie auf die Bühne tritt. Dreizehn Jahre sind vergangen, seit sie das letztemal in Zürich als Schauspielerin zu sehen war.

Eines Nachmittags zieht es sie zur Abkühlung ins Freibad. An ihrem Tisch sitzen drei gutaussehende junge Männer, aber es gelingt ihr nicht, sich auf die Unterhaltung zu konzentrieren. Nur wenige Meter von ihr entfernt steht jemand, dessen Gesicht ihr bekannt vorkommt, der sie schon seit mehreren Minuten von weitem gemustert hat. Es ist ihr ehemaliger Geliebter, der reiche Tscheche vom Zürichsee. Lotte registriert die grauen Schläfen, den Bauchansatz, lächelt und zuckt mit den Achseln. Bevor sie sich wieder ihren Tischnachbarn zuwendet, begleitet ihren letzten Blick zurück eine Erwiderung aus den Augen des Schwimmers: »Ich liebe dich nicht«.

5
Na und?

> POLLY *(allein)*: Hübsch, als es währte.
> Und nun ist's vorüber.
> Reiß aus dein Herz,
> Sag: good-bye, mein Lieber!
>
> MACHEATH: Die Liebe dauert oder dauert nicht
> An dem oder jenem Ort.
>
> POLLYS ABSCHIEDSLIED

Am 4. September 1935 schifften sich Kurt und Lotte in Cherbourg an Bord der SS *Majestic* ein. Sechs Tage dauerte die Überfahrt nach New York, und mit von der Partie waren Reinhardt, Weisgal und Werfel. Bis zur letzten Minute hatte sich die Entscheidung hinausgezögert, ob Lenja Kurt tatsächlich auf seiner *Eternal Road* nach Amerika begleiten würde. Noch eine Woche vor der Abreise wurde sie von Weill aus Salzburg mit einer Reihe ungeklärter Fragen bombardiert: »Wir können nun überlegen, wie wir es mit deiner Reise machen. Es wäre natürlich fein, wenn wir zusammen fahren könnten u. ich habe auf jeden Fall mal eine Doppelkabine reservieren lassen. Aber die ›*Majestic*‹ ist ein sehr teures Schiff, u. deine Reise müssen wir ja zahlen. Was meinst du? Ich würde vorschlagen, daß du auf alle Fälle mal nach Louveciennes kommst. Wir können dann gemeinsam überlegen, wie es am besten ist, und können es bis Ende der Woche entscheiden. Ich will morgen losfahren u. hoffe, Mittwoch abends in Louv. zu sein. Willst du Donnerstag kommen? Sind deine Papiere in Ordnung?

[...] Ich war gestern reichlich verzweifelt, als es aussah, als ob die ganze Sache nicht zustandekäme. Dann habe ich beschlossen, die Sache einfach selbst in die Hand zu nehmen [...] u. gesehen, daß es sehr wohl geht. [...] Lebe, Kleene. Ich freu mich auf dich. Aber du wirst ja so frech geworden sein! Wiedi! Knut.«[1]

Lenja hielt sich im August noch in London auf, wohin sie

Weill Ende Juni zu der folgenlosen Premiere des *Kuhhandels* nachgereist war. Ein weiteres Mal hatten sie für mehrere Wochen überkreuz gelebt: Lotte in der Stadt, deren Gast Kurt während der ersten sechs Monate des Jahres gewesen war, Weill an den Stränden von Norditalien und Jugoslawien zur Erholung in den ehemaligen Urlaubsorten seiner Glücksspielgattin. Jener Sommer 1935, den Weills Eltern zur Emigration nach Palästina nutzten, war für Lotte und Kurt die letzte Gelegenheit, für ein paar Wochen durchzubrennen – schneller, als sie es sich hätten träumen lassen, fand danach auf dem Überseedampfer die entscheidende Versöhnung statt. Die gemeinsame Reise in der engen Kabine schuf Tatsachen, und im Speisesaal des eleganten Schiffes saßen sie seit langer Zeit regelmäßig wieder zu zweit, verbrachten Abend für Abend als Paar – ein Paar, das gewillt war, wieder zueinander zu finden. In sechs Tagen, auf dem Weg nach Amerika, vollzog sich die Wiedervereinigung. Man hatte sich in der Vergangenheit gegenseitig viel Freiheit gelassen, war aber in den entscheidenden Fragen Seite an Seite geblieben. Max Ernst und Otto Pasetti, Erika Neher und Madeleine Milhaud mußten sich damit abfinden, daß Weill und Lenya auf großzügige Weise unzertrennlich bleiben wollten.

Im Innern des Schiffsrumpfes, in ihrer Kajüte auf dem Transatlantik-Liner, lassen Kurt und Lotte die Ereignisse der vergangenen Jahre Revue passieren. Die Lichter haben sie schon lange gelöscht, doch ihre Gedanken irren noch unruhig durch die Nacht auf dem Eismeer, einer dunklen Masse hinter den Bullaugen. Das gleichmäßige Brummen der Schiffsmotoren fördert sanftes Dösen. Im Halbschlaf gestatten sich die Bettgenossen eine kritische Bestandsaufnahme ihrer zahlreichen Affären und Techtelmechtel. Sie lassen nicht nur einen Kontinent hinter sich, sondern nehmen Abschied von einem Quartett – vier Menschen, bei denen sie in kritischen Momenten Zuflucht suchten, aus deren Präsenz sie Lebenskraft gewannen, mit deren Beistand sie emotionale Krisen meisterten.

Spätestens im Januar 1935 hatte sich Lenjas Verhältnis zu Otto abgekühlt. Sie berichtete Kurt, daß sie noch ab und zu »pflichtschuldige« Briefe ihres Geliebten empfing, der in Wien darauf hoffte, zum führenden österreichischen Tenor der Gegenwart gemacht zu werden. »Vielleicht gelingt es ihm ja«, spottete die Strohwitwe und fragte sich, ob sie und Weill wohl jemals das Pasetti so leichtsinnig anvertraute Berliner Vermögen wiedersehen würden. Nach dem Verkauf des Kleinmachnower Hauses war ein Großteil von Kurts Habseligkeiten in Innsbruck bei Herrn Pasetti senior zwischengelagert worden, der Verbleib größerer Geldsummen blieb für immer ungeklärt, und was aus Weills Berliner Auto geworden war, vermochte Lotte nie zu beantworten. Freunden gegenüber bezeichnete sie ihren Bühnenkollegen, der sie einst so entzückt hatte, als Schwindler und Schurken, als nichtswürdigen Dieb, der das Haus verkauft und sich mit dem Erlös auf und davon gemacht habe. Nach der Trennung von Lenja verliert sich Pasettis Spur, in Hotels trug er sich mal als Geschäftsmann, mal als Berliner Opernsänger, dann wieder als Doktor der politischen Wissenschaften ein. Zeitweise lebte er in Graz, Zürich und Prag und machte sich nach dem Krieg einen Namen als Befürworter einer Kampagne, die sich für die Entnazifizierung Herbert von Karajans einsetzte.

Lotte hatte in Pasetti lange nur den Liebhaber sehen wollen, als Trickbetrüger lernte sie ihn erst in vollem Umfang kennen, als ein »todsicheres« Spielsystem nach dem anderen fehlschlug und sich Kurts Geldreserven langsam, aber sicher in nichts auflösten. Warnungen Weills, erhöhte Aufmerksamkeit walten zu lassen, sobald Pasetti »seine Finger« in finanziellen Angelegenheiten hatte, die ihre Zukunft betrafen, ignorierte Lenja, solange ihr das Leben in Ottos Begleitung Abwechslung und physische Befriedigung versprach. In einem unvollständig datierten Brief aus Berlin, entweder vom 20. Oktober 1933 oder 1934, machte sie ihrer Verärgerung schließlich Luft – Otto hatte ihr zuvor einen Korb gegeben und keinen Zweifel an seinem Unwillen gelassen, eine Zeitlang zu ihr in die Hauptstadt der Nazis zu ziehen. Es erzürnte sie, daß Pasetti Berlin als kulturelle Wüste verunglimpfte – ausgerechnet »ihr« Berlin, dessen Zeitgeist Kurt und sie ihren Stempel aufgedrückt hatten. Der Exliebhaber wurde daraufhin von Lenja als Gymnasiast abgekanzelt, dem das Thema für seine Klassenarbeit abhanden gekommen ist. Otto handelte sich eine gehörige Standpauke ein, denn Lotte schätzte es nicht, wenn ein ihr nahestehender Mensch dazu ansetzte, ihre Seele zu analysieren. So qualifizierte sie Pasettis Ausführungen als unlogisch und sein Schreiben als puren Unsinn ab, den er womöglich auch noch ernst genommen habe.

»Einen Unsinn mit soviel *Ernst*« – nur wenige Wochen sollten verstreichen, und Lenja erhielt die Post, die sie von Pasetti für immer vergeblich erwartet hätte. Denn nicht die Briefe eines zaudernden Pennälers flatterten ihr jetzt in Paris ins Hotel, sondern die geistreichen Botschaften eines erotischen Routiniers: Max Ernst übernahm für ein Dreivierteljahr die Rolle des Liebhabers, und seine so witzigen wie euphorischen Schreiben zeigen, wie sehr ihn Lenjas sexuelle Attraktivität zu verbalen Höchstleistungen beflügelte. Ernst war ein neuer Männertyp in Lottes inzwischen stattlicher Sammlung von Eroberungen: Zwar war er sieben Jahre älter als sie, doch taugte er kaum zur schutzbietenden, mäßigenden Figur des großen Bruders. Als Surrealist der ersten Stunde war er eine internationale Berühmtheit und erlaubte sich auch im Privatleben so manche Verrücktheit. Und was das Zusammensein mit Max betraf, so brauchte Lotte nicht das unbedarfte Liebesgestammel eines körperlich feurigen, aber intellektuell harmlosen Altersgenossen zu fürchten, sondern stieß auf einen Mann, für den künstlerische Produktivität, sexuelle Aktivität, Partnertausch nach surrealistischen ›Prinzipien‹ und literarische Umgangsformen einander bedingende Aspekte einer kühnen und stimulierenden Lebenshaltung waren.

Lotte und Max waren sich im Frühherbst 1934 in Zürich begegnet, als Ernst letzte Hand an seine Wandmalereien in der Bar des Corso-Theaters legte und Lotte als Pussy von *Ein biß-*

chen Liebe sang. Die Liaison setzte sich in Paris fort, und auch Weill wurde unverzüglich von der neuen Konstellation im Dreiecksverhältnis in Kenntnis gesetzt. Seine Großzügigkeit half Ernst für eine Weile über die Runden, denn Kurt empfahl seine Gemälde auf Wunsch von Max einem befreundeten Mäzen, Dr. Henri Monnet. Monnet gehörte zum engeren Kreis im Noailles-Palais an der Place des États-Unis und zu den Gründern des Pariser Symphonieorchesters, wurde von Kurt manchmal zum Brunch eingeladen und bekundete seine Liebe zur modernen Musik und Malerei, indem er von Zeit zu Zeit Schecks ausstellte, die bedürftigen Künstlern das Überleben sicherten. Auch die Noailles nahmen aufgrund von Kurts Vermittlung ein Ernst-Bild in ihre Sammlung auf, und Weill agierte wieder einmal nicht als düpierter Ehemann ohne Trauschein, sondern als Freund, der letztlich Lenja einen Gefallen tun wollte.

Max verfügte über Erfahrung mit Liebesabenteuern zu dritt, denn schon ein Jahrzehnt zuvor war er bei Gala und Paul Éluard in Paris der Dritte im Bunde gewesen. Libertinage gehörte für ihn wie für alle Dichter innerhalb der surrealistischen Bewegung zum guten Ton. Über moralische Begriffe wie Untreue setzte sich das Männerbündnis, das in seinen Schriften zur Verwirklichung der »amour fou« aufgerufen hatte, ohne viel Federlesens hinweg. Daß man Körper, Seele und Persönlichkeit der geliebten Frau einem anderen Mann zur Verfügung stellte, galt als Vertrauensbeweis und wurde zu einem Ritual innerhalb der Bewegung. Éluard war nachgerade stolz auf die amouröse Triangel, nahm Max in seiner Wohnung auf, hielt ihn aus und sorgte dafür, daß Ernst und Gala unter den Augen seiner eigenen Eltern ungestört zueinanderfinden konnten. Max belohnte den toleranten Freund mit der Bemalung von Türen und Wänden. Für Paul gab es kein Ehegeheimnis, das er nicht mit Max geteilt hätte, und Éluard und Gala galten ohnehin als manisch erotisches Idealpaar, dem man mit dem Anlegen eines bürgerlichen Kodex nicht beikommen konnte.

Der geteilte Beischlaf wurde so zum Inbegriff solidarisch

gelebten Respekts vor dem Künstlerkollegen, und auch die begehrenswerte Frau bewahrte in einem solchen Schema ihre eigenständige Position: Sie setzte Träume, Gedichte, Gemälde und Skulpturen frei, war phantasiebegabte Gesprächspartnerin und Kultobjekt in einer Person, und die gesamte Liebesaktivität steuerte sie als Zentrum kollektiver Befriedigung. Soweit die Theorie – es gab Rückfälle, Eifersuchtsszenen und inquisitorische Interviews wie in vielen anderen (Surrealisten)-Ehen. Erst als die selbstbewußte Gala, die ihre Sexualität samt Musentauglichkeit souverän einsetzte und freizügig handhabte, zur Geliebten Dalís wurde und Éluard verließ, zerbrachen so manche schöne Ideale von zwangloser surrealistischer Polygamie: Echte Liebe kam ins Spiel, und von einem Tag auf den anderen kam Paul sein Kindheitstraum abhanden: die faszinierende, sinnliche, perfekte Partnerin.

Max war also nicht weiter erstaunt, als Kurt nicht gegen seine Beziehung mit Lenja protestierte und ihm statt dessen beim Verkauf seiner Bilder ein wenig unter die Arme griff. Schließlich waren sie Schicksalsgefährten, deutsche Avantgardisten auf der Flucht vor den Nazis. Man begnügte sich mit einem Achselzucken: »Et alors?« Lotte ähnelte Gala in gewisser Weise: Beide waren Musen und ihren berühmten Männern zu Beginn von deren Karriere begegnet, beide waren begnadete Briefeschreiberinnen und machten unter ihren Verehrern die Runde. Doch Lenja war außerdem eine aktive Bühnenkünstlerin und rekrutierte ihre Liebhaber nicht ausschließlich aus ein und derselben Clique, sie verfügte eigenständig über ihre Aufenthaltsorte und Zukunftspläne. Zum erstenmal begegnete sie in Ernst einem Maler und einem Wahlfranzosen; jemandem, der einer ganz anderen künstlerischen Sphäre zugeordnet war. Die Surrealisten kannte sie bislang eher vom Hörensagen, und die Jünger Bretons und Aragons rühmten sich ihrer vollendeten Ignoranz in musikalischer Hinsicht, erklärten sich sogar zu Musikfeinden. So weit wäre Max nicht gegangen. Er und Lotte hegten vergleichbare Erwartungen: Beide waren auf der Suche nach einer so vergnüglichen wie lustvollen Eskapade, hatten weder Langeweile noch große Gefühle im Sinn, hielten nichts von Versprechen und Ewigkeitswerten. Sie nahmen frivole Bonmots in den Mund, aber verbrannten sich nie die Zunge mit trügerischen Verheißungen.

Am 12. Oktober 1934 sandte Max aus Zürich, dort mit der Organisation einer Vernissage befaßt, liebevolle Zeilen nach Louveciennes. In der Schweiz übermannt ihn die Langeweile, und so legt er, nachdem er sich ausführlich über die Angestellten der Galerie lustig gemacht hat, dem Bekenntnis seiner Treue zu Lotte ein »falsches« Selbstporträt bei. Von jetzt an begleiteten Zeichnungen, Skizzen und Karikaturen seine Briefe, einmal ist ein kleines Schwein dabei, über das Max »Ich bin ein ...« gekritzelt hat. Er macht Lenja ein Geschenk: Es ist ein von ihm illustriertes Buch seines Surrealisten-Freundes René Crevel, der sich in diesem Jahr 1935 das Leben genommen hat. Von Hand fügt Ernst eine Zeichnung hinzu, eine Doppelkarikatur von Lenja und sich, ihre beiden Köpfe, links und rechts auf der Seite, sind mit einer gekringelten Linie verbunden, Lotte trägt einen Hut, und die Monogramme lüften ihre Identität. Zwischen ihnen tanzt ein Raubvogel, Emblem vieler Ernst-Gemälde aus den dreißiger Jahren, mit graziösen Bewegungen, seine Flügel sind gen Himmel gereckt, und mit dem Schnabel pickt er nach Lenjas Kopfbedeckung: ein »cadavre exquis« für Verliebte. Den ganzen Winter über dauert die Verbindung an. Max' künstlerische Produktion kommt manchmal tagelang zum Erliegen, beide fahren ab und zu aufs Land nach Louveciennes, um in Kurts Haus nach dem Rechten zu sehen, und Lenja schickt Weill fröhliche Briefe nach London.

Max' Sohn Jimmy Ernst war schon Zeuge gewesen, als Gala 1921 in Köln seiner Mutter Lou ihren Mann ausspannte. Ungerührt hockte er auf dem Schoß von Paul Éluard und machte sich, wie es sich für einen Surrealistensprößling gehörte, mit den Usancen der Erwachsenenpaare vertraut. Vierzehn Jahre später war der Jüngling stolz darauf, wenn ihn sein stadtbekannter Papa mit einer noch berühmteren Dame ausführte: »Um mir etwas ganz Besonderes zu bieten, ging Max eines

Abends mit mir und seiner Freundin Lotte Lenya am Montmartre in ein elegantes Restaurant und ins Kino. Ich war beeindruckt, mit dieser Frau zusammen zu sein, gehörten doch die zerbrechlichen Schellackplatten der *Dreigroschenoper*, die Max mir einst geschenkt hatte und auf denen sie der Star war, zu meinen größten Schätzen. Wir sahen den Film *Viva Villa* mit Wallace Beery und – ich glaube – Stu Erwin. Während des aufregenden Filmes delektierten wir uns an einer Schachtel feiner Pralinen von einem sehr exklusiven Chocolatier. Als wir zurückfuhren, bemerkte ich, wie Lottes Hand Maxens Knie streichelte und wie sie ihren Mund zu seinem Ohr reckte, um ihm mit Bühnengeflüster etwas Zärtliches zu sagen. Ich bat, mich an der nächsten Métro-Station aussteigen zu lassen, und knallte die Wagentür hinter mir zu.«[2]

Mit den Intimitäten seines Vaters mochte Jimmy nicht schon wieder aus nächster Nähe konfrontiert werden, und es wurde ihm hoch angerechnet, daß er die Akteure dieses Abends ihr Schäferstündchen ungestört fortsetzen ließ. Beim nächsten Mal hatte eben Lotte das Nachsehen und mußte sich mit einer kurzen Erklärung von Max zufriedengeben: Er bat sie, ihm nicht böse zu sein, aber er habe Jimmy zugesagt, den Abend mit ihm zu verbringen. Dann wieder, am 4. Februar 1935, findet »Madame Caroline Weill« im Pariser Hôtel de la Paix am Boulevard de Raspail einen Zettel vor, der ihr von »unterwegs« Ernsts Kommen ankündigt, untermalt von mehrfachen Liebesbeteuerungen. »Maxerl« befindet sich derzeit auf der Durchreise ins Château de Pouy nahe Jegun im südwestfranzösischen Gers und will dort für die große Surrealistenshow, die im Herbst in London stattfindet, Kräfte sammeln. Auch plant er für den Sommer eine Einzelausstellung in Paris. Er leidet unter selbstauferlegtem Liebesentzug, und seine Sorge gilt seiner Geliebten – Lenja muß sich in diesen Winterwochen einer kleinen Operation unterziehen. Es handelt sich um einen etwas heiklen Eingriff: An ihren Genitalien haben sich Warzen gebildet, ein Polyp muß auch entfernt werden, doch der Befund ist gottlob negativ – kein Grund zur Aufregung. Im Gegenteil: Zwischen Weill und Lotte und zeitgleich zwischen Lotte und Max entspinnt sich eine heitere Korrespondenz, in der die Stationen der Genesung, der Aufenthalt in einer Privatklinik, das Auskurieren in Louveciennes und die rührende Anteilnahme der Liebhaber in extenso zur Sprache kommen. Das Trio, das zwischen London, Paris und den Pyrenäen für ständigen Informationsaustausch sorgt, hat auch sogleich einen Namen für die Ursache des Übels parat: Die überflüssigen Hauterhebungen werden »Zippi« getauft und geistern durch die Korrespondenz der kommenden Wochen. Zimperlich ist man schon in Grünheide und Berlin nie gewesen, und Ernst beweist, daß er mit der Drastik und Lakonie im Schreibduktus von Linnerl und Knuti mithalten kann. Für das Wegschneiden der leidigen Warzen erfindet er einen weiteren Begriff – die Prozedur wird kurzerhand »Nockerln« getauft.

Und vierundzwanzig Stunden später, am selben Tag, als Lenja Kurt Beistand wegen der mißglückten Rundfunkproduktion der *Dreigroschenoper* in England leisten muß, erreicht sie ein neues Zeichen aus Ernsts südfranzösischem Winterschlaf. Max schmiedet Pläne für eine Wiederbegegnung im Sommer, erzählt Lotte von der bevorstehenden Präsentation seiner »sürrealistischen« kleinen Bilder, beklagt die Auswirkungen des Reitens auf sein Hinterteil und preist schließlich den Trost, den ihm Lenjas Patiencekarten spenden.

Vom Verbleib von Lottes Briefen an Max ist nichts bekannt, aber die Rekonvaleszente hütete das Konvolut von Ernsts Mitteilungen bis an ihr Lebensende wie einen Schatz. Am 7. Februar hat sie die Operation längst überstanden und notiert befriedigt: »Gehst du weg vom dem Fleck ist der Zippi auch schon weg.« Kurt erhält zwei lange Nachrichten aus ihrer Feder. Am 11. Februar zieht Lenja über den Pariser Berlin-Korrespondenten Theodor Wolff her, dessen Verfassung in ihren Augen symptomatisch ist für die Lethargie der deutschen Exilanten insgesamt: »Die warten alle noch auf Hitlers Tod. Wie wandelnde Mumien kommen einem solche Leute vor.«[3] Sie lernt fleißig Englisch – es gelingt ihr jetzt schon, die Lektüre ganzer Theaterstücke ohne Nachschlagen im Wörterbuch zu bewältigen –, und Kurt setzt sie die Vorzüge und Nachteile vom Singen im Kabarett und Spielen im Sprechtheater auseinander.

Lenja ist unübersehbar in Form, und das nicht nur, weil Anästhesie und Eingriff so glimpflich verlaufen sind. Sie spürt, daß man sie vermißt, kostet die Macht aus, mit der sie ihre Buhlen hinhält, und hat schon wieder Post von Max bekommen. Er vergleicht sich mit Beethoven und Lotte mit der »entfernten Geliebten«, beschwert sich über seine ungewollte sexuelle Enthaltsamkeit und bezweifelt augenzwinkernd, daß der operative Eingriff in Lottes Intimsphäre überhaupt schmerzhaft gewesen sein könnte. Offensichtlich hat Lenja zuvor ihre Besorgnis um Ernsts Manneskraft zum Ausdruck gebracht – auf die intensiven sexuellen Energieschübe war für beide, wenn auch aus unterschiedlichen Gründen, eine Phase von Askese und Enthaltsamkeit gefolgt. Zur zusätzlichen Aufmunterung und als Souvenir an verflossene Tage folgt dann noch ein kleines Gedicht von Max – frivole Wortspiele, die um das Nokkerln und weibliche Geschlechtsteile kreisen.

Am selben Tag bewundert Kurt in einem Londoner Kino den amerikanischen Filmstar Claudette Colbert. »Sie ist wieder sehr niedelich, aber sie hat ja einen ganz großen Zippi u. du hast keinen mehr, darum bist du viel pisönlicher. [...] Warum schreibst du nichts wegen Geld? Du hast doch sicher nichts mehr. [...] Ist es dir langweilig? Soll ich lieber gleich zurückkommen? Viele Bussi von deinem Weilli.«[4]

Wenn Kurt auch – zu Unrecht – befürchtet, Lenja knausere an den Kosten für ihre völlige Wiederherstellung, so erfüllt es ihn doch mit Genugtuung, daß Lotte zur Erholung nach Louveciennes gezogen ist, ein Ortswechsel mit hohem Symbolwert. Das ergebnislose Warten auf Fortschritte mit Vamberys *Shady Business* zerrt an seinen Nerven, über tausend Kilometer weiter südlich plagt Max Ernst die Einsamkeit. Drei Liebende haben zum Briefeschreiben mehr Muße als je zuvor. An einem einzigen Tag geht Post von drei Absendern hin und her, und

Lotte liest am 16. Februar, daß in Ernsts Landidyll der absolute Stillstand eingetreten sei. Max flüchtet sich in die Beobachtung der Haustiere, als gälte es, aufgezwungene Ferien auf dem Bauernhof hinter sich zu bringen, und kündigt, da Besuch ins Haus steht, den Rückzug in seine »christliche Vorhaut« an – Schutzschild gegen Regengüsse und unvorhersehbare Liebesqualen.

Und als Weill in London zum Lunch von Elsa Schiaparelli ausgeführt wird – ohne Frack, den laut Elsa kein Genie braucht –, schmiedet Max Pläne, wie er Lotte am besten an seinen künstlerischen Aktionen beteiligen könnte. Nicht ohne Selbstironie kommentiert er die monotone Thematik seiner Lagebeschreibungen. Religiöse und libidinöse Metaphern werden bunt durcheinandergewirbelt, gefolgt von dem Vorschlag, Lenja möge ihm für »Happenings« zur Verfügung stehen – Ernst denkt daran, sie theatralisch einzusetzen, »lebende« Bilder zu inszenieren, provokative Kommentare singen zu lassen.

Mit der Regelmäßigkeit einer Weckuhr kann Lotte auch weiterhin surrealistische Depeschen, die erstaunlich wenig Einfluß von »écriture automatique« aufweisen, aus ihrem Briefkasten in Louveciennes fischen. Wäre sie auf das Angebot eingegangen, »Ratschläge« zu singen, ihre Karriere hätte womöglich einen ganz anderen Verlauf genommen, und sie wäre die erste Muse des Surrealismus geworden, die nicht nur Körper und Verstand, sondern auch ihre in Kabaretts und auf Opernbühnen geschulte Stimme in die Bewegung eingebracht hätte. So aber bleibt es bei dem kunstübergreifenden Vorhaben, und zwischendurch haben sich Kurt und Lotte für einige Tage zum tête-à-tête nach Louveciennes zurückgezogen: ein Novum in den Pariser Jahren, ein wenig nostalgisches Inselleben für Weill, dem in London der rauhe englische Wind ins Gesicht wehte, und für Lenja der erste Schritt, sich mit dem Gedanken an eine Wiederbesinnung anzufreuden.

»Die 3 Tage in Louveciennes waren sehr niedelich. Nur daß du mir den Zippi nicht aufbewahrt hast, hat mich enttäuscht. Ich werde es aber dem blassen Zweig deiner Familie hier erzählen. Hoffentlich bleibst du viel im Bett u. machst richtig Feinlebe, damit du wieder ein bißchen ansetzt. Nun lebe, Kleene. Viele Bussi dein Knuti (pisönlich).«[5]

Kurts Zeilen nach dem Blitzbesuch bei Lotte lassen keinen Zweifel daran, daß auch auf erotischer Ebene die Dinge wieder im Lot sind. Max' Aufforderung bleibt folgerichtig ohne konkrete Antwort, und sein Ton wird zusehends fordernder. Das Vaterunser muß zur Verballhornung herhalten, und er läßt den Namen seines berühmten Kollegen Breton fallen, um Lenjas Einbezug in seine Ausstellungspläne Nachdruck zu verleihen. Ernst gibt sich unverändert witzig, doch eine gewisse Ernüchterung ist unverkennbar. Wenige Wochen später startet er, der sich jetzt als ihr »böser Max« bezeichnet, einen letzten Versuch, bettelt um ein Treffen, dessen Termin sie allein bestimmen darf: »Wann Du willst.«

Lotte wollte nicht mehr. Bei der Jagd nach Liebe, die sie in den frühen dreißiger Jahren so lange umgetrieben und Kurt mehr als einmal an den Rand der Verzweiflung gebracht hatte, waren zunächst Pasetti und jetzt Max auf der Strecke geblieben. Die Liaison von Maler und Diseuse währte nur einen Winter lang. Ernst und Lenja behielten sich gleichwohl in guter Erinnerung, denn in den frühen Sechzigern nahm er den Briefkontakt mit ihr wieder auf. Und Lotte hütete ein »Insekt«, das Ernst angefertigt und ihr geschenkt hatte, wie ihren Augapfel und bewahrte es unter Glas auf. Erst spät in ihrem Leben entschloß sie sich zum Verkauf dieses wertvollen Andenkens, wahrscheinlich an ihren Freund Johnny Meyers, einen Kunsthändler in New York.

Ihr Zippi und die Freundschaft mit ihrem – neben Weill – prominentesten Liebhaber fügten sich zu keiner Collage, vergangene Zärtlichkeiten hatten Lotte und Max wie seltene, kostbare »objets trouvés« zusammengetragen. Der Verlust von beidem war dann zeitgleich erfolgt. Die Schiffssirene von Cherbourg setzte die Zäsur, und auch Ernst suchte in einem anderen, *seinem* Amerika sein Heil und eine Ausgangsbasis für künstlerischen Erfolg in der Emigration.

Kurt versucht, an nichts Besonderes zu denken, aber es will ihm nicht gelingen. Unruhig wälzt er sich hin und her, dann wieder hört er auf Lottes regelmäßige Atemzüge. Schließlich springt er auf, streift sich einen Morgenmantel über und verläßt die Kabine. Auf dem Zwischendeck strömt ihm kalte Nachtluft entgegen. Er tritt an die Reling und blickt in die Fahrtrichtung des Dampfers. Am Horizont sind schon die ersten Lichtpünktchen auszumachen, und es kann nicht mehr lange dauern, bis der Morgen graut. Noch eine oder zwei Stunden, und er wird mit Lotte in Manhattan an Land gehen. Manhattan: Wieder eine Großstadt, diesmal eine richtige Insel, eingefaßt von Hudson und East River, im Norden abgetrennt von der Bronx. Eine neue Sprache, die keiner von beiden so richtig beherrscht. Drei Monate noch bis zur Premiere der *Eternal Road,* in der Lenja den Part der Miriam übernehmen soll. Kurt erinnert sich an seine öffentliche Liebeserklärung für Lotte, die er schon vor sechs Jahren abgegeben hat – in den meisten Punkten hat er recht behalten:

»Sie ist eine miserable Hausfrau. Aber eine sehr gute Schauspielerin. [...]

Sie kümmert sich nicht um meine Arbeit (das ist einer ihrer größten Vorzüge). Aber sie wäre sehr böse, wenn ich mich nicht für ihre Arbeit interessieren würde. [...]

Sie hat stets einige Freunde, was sie damit begründet, daß sie sich mit Frauen so schlecht verträgt. (Vielleicht verträgt sie sich aber auch mit Frauen darum so schlecht, weil sie stets einige Freunde hat.)«[6]

Wie würde ihre Beschreibung von ihm ausfallen? Zuletzt hat er sich mit zwei Frauen gut verstanden, die jeweils mit seinen besten männlichen Freunden verheiratet sind. Erika hat ihn sicher über die deutsche Grenze nach Frankreich gebracht, Madeleine würde sich um das Häuschen in Louveciennes kümmern, sollte sich der USA-Aufenthalt länger hinziehen. Auf beide kann er sich also verlassen, und doch ist es ihm lieber, Lenja an seiner Seite zu wissen. Beide wird er vermissen, wenn auch schon vor Ort ungestörte Rendezvous nur schwer zu bewerkstelligen waren. Bei Lotte, seinem »Pips«, hat er gelernt, sich in Geduld zu üben und die Tugend des Briefeschreibens anzuwenden, auf einer unverwechselbaren Sprachebene innere, beständige Verbundenheit herzustellen.

Erikas Mann Cas hat seine Karriere in Deutschland aufs Spiel gesetzt, weil er für Kurts und Brechts Werke durchs Feuer ging. Darius konnte Weill in Frankreich manchen Gefallen erweisen, wenn auch der Vertrag mit Heugel nach nur kurzer Laufzeit von Seiten des Verlegers wieder gekündigt worden ist. Kurt selbst ist einer Bitte von Universal Edition nachgekommen, Georg Schönberg, dem Sohn des berühmten Komponistenkollegen aus Wien, bei der Arbeitssuche in Paris unter die Arme zu greifen. Weill gelingt es, dem Dreißigjährigen eine Stelle zu vermitteln, und Georg hat wenigstens vorübergehend im Ausland ein Auskommen. Schönberg war Kurt schon zwei Jahre zuvorgekommen und hatte Europa von Le Havre aus in Richtung Boston verlassen – die Fluchtbewegung der gesamten Elite von Neuerern und Pionieren gen Westen war zu einer Bewegung von musikgeschichtlicher Tragweite geworden. Andere würden folgen müssen: Für Milhaud schlägt die Stunde der bitteren Wahrheit erst 1940 – dann werden ihn Kurt und Lotte im amerikanischen Exil empfangen.

Für Weill sind die Beziehungen zu anderen Frauen in der Zeit seiner vorübergehenden Trennung von Lenja immer Dreiecksverhältnisse gewesen – selbst bei den Noailles, wobei den Ehemännern, mit denen er beruflich eng verbunden ist und die er als gute Freunde schätzt, unter keinen Umständen Schaden zugefügt werden darf. Sein Hingezogensein zu Darius' Gattin Madeleine hat sich daher womöglich nur auf die platonische Ebene beschränkt. Einzelne Äußerungen in ihren Schreiben an ihn lassen allerdings den Schluß auf weitergehende Leidenschaft zu. Die Schauspielerin, die oft als »Récitante« die Rolle der Sprecherin in Oratorien von Honegger oder Strawinsky übernahm und – wie Lenja – ihrem Mann bei fast allen Uraufführungen seiner Werke zur Seite stand, ist eine kleine, energische und durchsetzungsfähige Person mit flinken, wachen Augen und einer scharfen Zunge. Weill wird von ihr liebevoll »Kurtchen« oder »Kurt cher« genannt, für Darius ist er »Kurtschen Weillschen«. In Madeleines inniger Korrespondenz mit Kurt, die weit bis ins kalifornische Exil der Milhauds zu Beginn der vierziger Jahre hinein reicht, dominiert anfangs das formelle Sie, das im Französischen zärtliche Wendungen nicht ausschließt, ihnen vielmehr eine besondere Qualität verleiht. In den auf Englisch verfaßten Briefen erübrigt sich die Differenzierung zwischen vertraulicher und distanzierter Anrede von allein; erst in einem stürmischen Liebesbekenntnis aus dem Jahre 1940 erfolgt der Durchbruch zum hemmungslosen Du in Madeleines Muttersprache. Erhitzt hat sie ein »billet doux« nach dem anderen noch auf den Seitenrand gekritzelt – eine vervielfachte Bejahung ihrer grenzenlosen Liebesbereitschaft.

Dieser überraschenden Eröffnung muß eine Offenbarung, ein überwältigendes Liebesgeständnis Weills vorangegangen sein. Für einen Augenblick gibt sich die Verfasserin einer süßen Utopie hin. Barrieren fallen, und ungefilterte Empfindungen flattern wie Brieftauben direkt ins Herz des fernen Geliebten. Daß Versprechungen nicht beim Wort genommen und überprüft werden können, erhöht den Reiz, spornt die Vorstellungskraft an und entbindet den Adressaten der Pflicht, die an ihn gestellten Ansprüche einzulösen.

Der Wechsel zwischen Du und Sie wird in Briefen, die das Ehepaar Milhaud gemeinsam nach New York schickt, am offenkundigsten: Man läßt, bei allem emotionalen Überschwang, Diskretion walten. Madeleine ist die Vorstellung unerträglich, daß Kurts Leben in den Krisenjahren, wie sie den gesamten Globus erschütterten, unnötig in Gefahr geraten könnte. Noch vor dem Ausbruch des Zweiten Weltkriegs hat sie ihn angefleht, jeden Gedanken an eine Europareise zu verwerfen und unbedingt in den Vereinigten Staaten zu bleiben. Mit größter Eindringlichkeit wiederholt sie die Warnungen an ihren »chéri«, ihre »amour aimé«, sich nicht in das Wespennest Europa hineinziehen zu lassen, auf alle Fälle in Amerika zu bleiben. Ausrufezeichen und Unterstreichungen bevölkern Seiten und Couverts. Antwortschreiben des fernen Vertrauten werden mit nicht nachlassender Ungeduld eingeklagt, ihr Ausbleiben oder auch nur die kleinste Verzögerung halb scherzhaft, halb empört getadelt. Die Worte purzeln in Madeleines Botschaften nur so übers Papier, als handle es sich um einen Würfelwurf Mallarmés oder ein *Calligramme* von Apollinaire.

Ein Großteil der zum Ausdruck gebrachten Gefühle geht sicherlich auf das Konto der extrem angespannten internationalen Lage. Die Distanz zwischen Paris und New York und später zwischen Ost- und Westküste tat ihr übriges, um jegliche Kontaktaufnahme als übersteigerte Wunschvorstellung herbeizureden, sich jedes eventuelle Beisammensein in den rosigsten Farben auszumalen. Die Milhauds und besonders Madeleine situierten sich über Jahre hinweg im selben Boot mit Weill, fühlten eine Schicksalsverwandtschaft als Juden und angefeindete Künstler, die Erfahrung von wirksamer Solidarität setzte Kräfte wie Entschlossenheit und Kampfgeist frei. An Kurt bewunderten sie seine unnachgiebige Haltung gegenüber den Nazis, verfolgten seinen künstlerischen Überlebenskampf in widrigen Zeiten und an einem Ort, wo niemand den roten Teppich für ihn ausrollte, und schlossen indirekt Lenja aus dieser Gemeinschaft von Verbündeten aus. Kurt diente ihnen als Vorbild, und Madeleine erblickte in der unmöglichen Liebe zu ihm die nicht ausgeschöpften Möglichkeiten ihres eigenen Daseins – das Leben an der Seite eines Mannes, der nicht der tagtäglichen, aufopfernden körperlichen Pflege bedurfte.

Weill wird so zum Protagonisten komplexer, »internationaler« Liebesbeziehungen, die seine zweite Emigration, von Paris an den Hudson, überdauern und begleiten, er pflegt Amouren in mehreren Sprachen zugleich. Leben lassen sie sich weder hüben noch drüben. Lenja hat sich für einen radikaleren Schritt entschieden: Sie setzt eine unwiderrufliche Zäsur, nimmt ihre Verhältnisse nicht mit nach Amerika. In den USA wird sie nicht mehr an deutsche oder französische Männer geraten.

Größte Schwierigkeiten bereitet Kurt hingegen die allmähliche Ablösung von seiner wichtigsten und am tiefsten gehenden Affäre, von der Bindung an Nehers Frau. In Louveciennes und bei mehreren Italienreisen hat er mit ihr an eine Beziehung anknüpfen können, deren Grundlagen schon in Berlin gelegt wurden und sich als epochenresistent erwiesen haben. Erikas Liebe ist Weill sich so sicher wie Lenjas unerschütterlicher Abhängigkeit, und mit Erika bestand zeitweise eine begründete Aussicht auf eine gemeinsame Zukunft. Doch auch sie klammerte sich stets an die unbefriedigende Realität an der Seite des abtrünnigen Cas. Nur selten ließ Kurt seinen Gefühlen, Selbstzweifeln derart freien Lauf wie in seinen seitenlangen Beteuerungen an Erika, mit einer bisher unbekannten Offenheit und einem erstaunlichen Mangel an humorvollen Untertönen. Briefe dieser Kategorie sollten Lenja von Weill nie erreichen.

In undatierten Brieffragmenten läßt Kurt die Geliebte in die Abgründe seiner Seele blicken. Er tröstet sich mit Erikas Pullover, vergegenwärtigt sich mit dessen Geruch ihre körperliche Gegenwart. Unaufhörlich werden Begriffe wie »Sehnsucht« und »Wiedervereinigung« eingesetzt, Weill beschreibt sich als ausgezehrt von unerfüllter Lust. Die physische Komponente spielte für Kurt demnach eine beträchtliche Rolle und trug zu seiner Gewißheit bei, sich an ihrer Seite geborgen fühlen zu dürfen. Weills bisherige Biographen haben stets erklärt, daß er mit seiner Übersiedlung nach New York auch einen Schlußstrich unter die in der Schwebe gehaltene Angelegenheit mit Erika gezogen habe. Vielmehr hielt er sich seinerzeit aber mehrere Optionen offen und spielte immer wieder mit dem Gedanken, Erika zu sich in die Staaten zu holen, sie in seiner Wohnung unterzubringen. Als sich für die verlassene Freundin abzeichnet, daß Weill viele Monate länger als vorgesehen an der *Eternal Road* laborieren wird, übt Erika Druck auf ihren Ehemann und den mehrere tausend Kilometer entfernten Geliebten aus. Sie berichtet Cas von einem Rivalen, ohne Namen zu nennen, und droht zugleich Kurt mit dem Abbruch ihrer Affäre. Das Ultimatum erzielt die erwünschte Wirkung, Weill bezieht Stellung. Und er ahnt, daß Erikas Liebe zu ihm allein auf dem Phänomen gründen könnte, eine Alternativbeziehung in petto zu haben – das imaginäre Duo Erika–Kurt wäre dann lediglich als »Gegenpol« zum realen Duo Erika–Cas aufzufassen. Mit einer solchen Analyse charakterisiert Kurt unfreiwillig die Funktionalität seiner eigenen Gefühle: Seine Liebe zu Erika wurde sehr lange auch nur als Gegenpol seiner unerwiderten Empfindungen für Lenja aufrechterhalten, mangelnde Befriedigung hier speiste glühende Liebesbeweise dort. Doch dieser Umkehrschluß wird Weill, gefangen in einem Netz unterschiedlicher, sich kreuzender Besitzansprüche, nicht wirklich bewußt. Die Hellsichtigkeit währt nur einen kurzen Moment, und er besinnt sich mehrere Absätze weiter vermeintlich eines besseren. Expressis verbis legt er sich Erika zu Füßen und beharrt auf der Eigenständigkeit *ihrer* Entscheidungen, erklärt sie zur Expertin bei Ehekrisen und schätzt sich glücklich, auf einen so reifen Menschen getroffen zu sein.

Selbst wenn Erika auf ihn hören sollte – es wird ihm schwerfallen, ihr als guter Berater zur Seite zu stehen, da ein Ozean sie trennt und ihre Lebenswege auf zwei Kontinenten, in zwei gegensätzlichen politischen Systemen, immer weiter auseinanderdriften. Bei allen Entbehrungen, die in den USA noch seiner harren: Kurt hat sich zur rechten Zeit für eine Existenz in Freiheit entschieden. Für die Nehers beginnen in Deutschland erst die schwarzen Tage. Wenn er von Erfahrungen mit Eheproblemen spricht, vergleicht er Erikas Lage mit seinem eigenen Befinden in Paris und hält sich, um mehrere Jahre versetzt, den Spiegel vor.

Caspar hat unterdessen Erika eröffnet, sich von nun an stärker der Malerei zuwenden zu wollen, nachdem seine Theaterarbeiten unter äußerem Zwang zum Erliegen gekommen sind – ein Vorschlag, den ihm seine Frau seit Jahren unterbreitet hat und den Neher damals gern überhörte. Kurt zweifelt an Cas' »falschen, ungesunden, romantischen Ideen« und glaubt nicht daran, daß seinen Kollegen die reine Malerei »mehr befriedigen« wird als die angewandte Kunst fürs Theater, in der er doch ein »unerreichter Meister« sei. Er hält seinen Freund für einen entscheidungsschwachen, ängstlichen Menschen, der vor allem davonlaufe. Mit seinem Angebot zur Hilfestellung gerät Weill in eine Zwickmühle: Mit Caspar ist er wie mit einem Bruder vertraut, kennt das innere Ringen in einer künstlerischen oder politisch motivierten Sackgasse aus eigener leidvoller Erfahrung, kommentiert Cas' Schritte wie in einer Selbstanalyse, schreibt mit gleicher Post Briefe von Mann zu Mann und will Erika in einem Atemzug wie einer Schwester beistehen – einer Schwester, mit der er seinen Freund betrogen hat; mithin sein Alter Ego: den im Scheitern begriffenen Theatermann.

Kurt überfordert sich mit dieser Doppelbelastung, weiß um die Unredlichkeit eines solchen Spiels auf zwei Ebenen und gibt sich redlich Mühe, seine Sorgen von den aktuellen Problemen Nehers deutlich zu trennen: Sein Kampf sei der ungleich schwerere, verkündet er heroisch. Erika hingegen ergreift Sicherheitsmaßnahmen und wählt für ihre Antworten das Pseudonym Luise Mattes: In der *Bürgschaft*-Oper ihres Mannes ist das die Tochter des Viehhändlers Johann, der im zweiten Akt, so will es das salomonische Urteil des Richters, die Hälfte des von Jakob Orth einbehaltenen Geldes ausgezahlt werden soll, aber erst, wenn sie erwachsen ist. Luise Mattes ist auf der Bühne somit eine Figur, die zum Warten verurteilt ist – auf Volljährigkeit, auf gerechtere Zeiten – und unterscheidet sich darin kaum von ihrer Namensträgerin, die an Weill Briefe schreibt. Kurt wird von ihr stets »mein Liebling«, »mein geliebter Engel«, mein »Geliebter«, »mein süßer süßer Engel« genannt. In Libretto und Partitur ist für Luise ein Duett vorgesehen, gemeinsam mit ihrer Mutter Anna klagt sie dem Publikum ihr Leid: »Er spricht mit mir kein Wort.«

Er schreibt. Am 4. Mai 1936 erhält die Mattes-Tochter eine Nachricht von Weill aus Chapel Hill in North Carolina, wo er sich zu einem wichtigen Treffen mit Cheryl Crawford, einer von drei Leitern des ambitionierten »Group Theatre«, aufhält. Der Text legt nichts davon nahe – er scheint von einem Mann zu stammen, der sich ausschließlich in der Gedankenwelt seines Gegenübers befindet. Kurt zeichnet von sich ein Bild als

Mensch, auf den sich Erika voll und ganz verlassen könne, das Porträt eines Verehrenden, der zur »Seligkeit« vordringen möchte. Seine Geliebte wird zur Madonna, zum »Inbegriff« aller positiven Werte verklärt. Gemeinsame Reisen werden erwogen, Erikas »liebe« Augen gefeiert. Weills verbale Bereitschaft zur Selbstaufgabe, der Sprachduktus seiner amourösen Pilgerschaft berühren peinlich. Noch am Vortag schlägt Kurt in einem Brief an Lenja einen ganz anderen Ton an. Von einer bezaubernden Landschaft wie in Südfrankreich ist darin die Rede, einem göttlichen Fleckchen Erde, vom Frieden der Provinz und der Schönheit Amerikas, neuen Bekanntschaften, Produzenten, Librettisten. »Man sieht nur junge Leute hier u. lernt eigentlich erst, was Amerika ist u. wie unwichtig New York ist für das Land. [...] Wiedisehn, Du Puppe. Bussi.«[7]

Erst im direkten Vergleich werden Strategie und Selbsttäuschung sichtbar. Für Lenja ist, in alter Tradition, ein aufrichtiger Tagebuchauszug bestimmt, banale Beobachtungen, erste Eindrücke, Stationen eines Ausfluges, so aufrichtig wie unaufwendig zu Papier gebracht. Sie soll am Ablauf seines Tages teilhaben. Erika erhält den Liebesbrief im exaltierten Tonfall, der vor ergreifenden, aber auch stereotypen Komplimenten und Koseworten nur so strotzt. Ohne von konkreten Ereignissen zu sprechen, die ihn selbst betreffen, die ihr ein realistisches Bild seiner neuen Existenz in den USA vermitteln könnten, wahrt der Briefeschreiber den Schein, ganz so, als versetzte er sich ausschließlich in die Situation der Geliebten, als sei er selbst nur in seiner Liebesfähigkeit zu ihr vorhanden. Weill nährt unhaltbare Illusionen, wenn er Erika einen Urlaub in Europa verspricht. Vielleicht hat die Freundin die Kluft zwischen hohem Ton und unterschwellig vorhandenem Zaudern gespürt, denn sie legt ihrerseits eine längere Schreibpause ein. Am 26. Mai hält Kurt das Schweigen nicht mehr aus und registriert einen Stimmungsumschwung. Ihm ist nicht entgangen, daß sich die Tonlage in den Depeschen seines »Engeleins« verändert hat. Daher besteht er auf einer Erneuerung ihrer Liebesschwüre und entwirft seinen Traum von Harmonie – die Verbindung von »zarten heißen dunklen« Nächten und permanentem Erfahrungsaustausch. Auf diese Weise wird eine irreale Nähe beschworen. Kurt gesteht zum erstenmal ganz offen, worin für ihn die Glückseligkeit in einer Partnerschaft besteht: den Alltag mit einer Frau teilen, ihr von den Widerständen mit Verlegern und Agenten berichten, sie an den Details seines kompositorischen Schaffens teilhaben lassen, zusammen eine Einheit von sexueller Erfüllung, intellektuellem Austausch und emotionalem Angewiesensein schaffen zu können.

Mit Lenja vermochte er das Verschmelzen all dieser Facetten nur ausschnittweise zu erleben. Sie gewährte ihm die beschriebenen Vorzüge nacheinander oder zeitversetzt, abhängig von Launen und Widrigkeiten ihres eigenen Parcours. Ihm selbst mußte klar sein, daß die Projektion zu vieler Erwartungen auf einen einzigen Lebensgefährten die Liebesfähigkeit des Partners zwangsläufig überfordern würde. Beinahe wurde es zu Kurts Dilemma, daß er sich zuwenig an seine Maxime aus Jugendjahren gehalten, den begehrenswerten »Dummerchen« nun doch eigenständige Frauenpersönlichkeiten vorgezogen hatte. Mit seiner anspruchsvollen Wahl enttäuschte er sich immer aufs neue, geriet er doch entweder an Verheiratete oder Emanzipierte. Womöglich steckte hinter Weills Präferenzen aber ein ihm unbewußtes System: Je ferner oder »entfernter« – um Ernsts Formulierung an Lenja aufzugreifen – eine Geliebte sich von ihm befand, je sicherer er sie im Einflußbereich eines konkurrierenden Mannes wußte, desto eher konnte er sich überschwenglichen, da ungefährdeten und ungefährlichen Tagträumen hingeben. Die Stunde des mit so viel verbaler Mühe herbeigeredeten Vollzugs würde nie eintreten, und im Zwiespalt zwischen Kurts Gefühlsausbrüchen und seiner tatsächlichen Aussicht auf Eroberung der idealen Gefährtin offenbaren sich auch masochistische Züge.

Bis hierhin wird Lenja in seinen Briefen an Erika nicht ein einziges Mal erwähnt, der überwiegende Teil seines New Yorker Alltags ausgeblendet. Fast wäre man bei der Lektüre geneigt anzunehmen, es handele sich beim Verfasser um einen einsamen Liebenden in prekärer emotionaler Verfassung und nicht etwa um einen in dauernder, inzwischen stabilisierter Partnerschaft lebenden Mann, der sogar schon mit dem Gedanken an eine Wiederverheiratung mit der nun scheinbar geläuterten Exfrau spielt.

Erst als Lenja die erstbeste Gelegenheit beim Schopfe faßt, sich auf ein »außereheliches« Abenteuer in der Neuen Welt einzulassen, gewinnen die Liebesbriefe an Erika wieder an Glaubwürdigkeit, wird Weills Sehnsucht nach echter, dauerhafter Zärtlichkeit in ihrer ganzen Intensität sichtbar. Am 25. August 1936 schreibt er ihr, als sorge er sich um ein kleines Kind, die Beschäftigung mit Lappalien versetzt ihn für die Dauer von Minuten in einen Zustand der Unschuld. Während Lotte mit seinem neuen Librettisten Paul Green ihrer Leidenschaft frönt, ergeht sich Kurt mit wehmütiger Nostalgie in einer letzten großen Hymne der Verehrung und Zuneigung. Ein Wassertropfen im Ohr gemahnt ihn an Begebenheiten in der Vergangenheit, und ein melancholischer Tonfall schleicht sich allmählich ein.

Danach, gegen Ende der dreißiger Jahre, wird für Kurt und Erika unübersehbar, daß aus der erhofften Trennung auf Zeit endgültig eine Entfremdung geworden ist. Zwei verschiedene Schicksale bleiben für immer ohne Berührungspunkte, an Reisen oder Besuche denkt keiner der beiden Liebenden mehr. Erst nachdem der Zweite Weltkrieg seine Narben in unzähligen Lebensläufen hinterlassen hat, zwei veränderte Menschen aus einer Epoche der Unsicherheit und Wirrnis hervorgehen, brechen sich Neugier, Fürsorge, Respekt und Anteilnahme Bahn – beide wollen noch einmal alte Spuren zusammenführen, wissen, wie es dem Traumpartner von einst ergangen ist. Weill bekräftigt in seiner Kontaktaufnahme mit den Freunden vom Juli 1946, froh zu sein, sie noch wohlbehalten auf der anderen Seite des Globus zu wissen. Das schwärmerische Du ist einem Sie gewichen, das Cas wieder mit einschließt: Den Briefen haftet nichts Verfängliches mehr an, für Weill sind Caspar und Erika wieder »die Nehers« geworden – ein Paar, eine Einheit.

Seiner Liebe hatte Kurt dennoch ein Denkmal gesetzt, als er Erika am 7. November 1937 eine Komposition widmete, ein Geschenk zu ihrem 34. Geburtstag, übersandt aus New York. Beim *Albumblatt für Erika* handelt es sich um die Transkription einer Pastorale aus dem *Weg der Verheißung* – für sie und Weill ein Weg ohne Ziel, eine gemeinsam zurückgelegte Strecke ohne wirkliche Ankunft.

Nach dem Rückschlag mit *Shady Business*, der Trennung von Pasetti und dem Abebben von Weills Kontakten zu Erika hatten sich die Anzeichen für Lottes Rückkehr zu Kurt gemehrt. Sie wußte genau, woran sie bei ihm war, und kannte ihn durch und durch: »Oft hat man Kurt eine gewisse Arroganz vorgeworfen. Er war aber alles andere als arrogant; er war nur äußerst zurückhaltend und schuf oft zwischen sich und anderen eine gewisse Distanz, als ob eine unsichtbare Mauer ihn umgäbe.«[8] Aufdrängen mochte sie sich nicht, aber sie wollte wieder auf die andere Seite dieser Mauer gelangen, in seine Nähe. So zog sie zuletzt doch für einige Wochen zu ihm nach Louveciennes. Als Weill eine Übersiedlung nach London erwog, obwohl er mit einer Pechsträhne in England zu hadern hatte, sprach sie ihm Mut zu und wagte einen optimistischen Entwurf für ihr künftiges Zusammenleben: »Aber ich würde doch alles tun um Dir das Leben in London angenehm zu machen. Du weißt ich kann das rasch und lautlos. Das bißchen Haushalt mache ich mit der linken Hand. Ich möchte sehr gerne in einem *Flat* wohnen und mache mir natürlich alles selber. Das ist doch gar keine Frage.«[9] Und nur einen Tag danach setzte sie hinzu: »Wie gesagt, ich mache alles. [...] Und Du bist ganz unabhängig. Ich störe Dich gar nicht. – Aber das weißt Du ja selbst. [...] Ich weiß, daß es für Dich jetzt schwer ist und Du ungeduldig bist. Ich sage Dir damit ja gar nichts, was Du nicht selber wüßtest, aber ich kenne [Dich] ja besser wie jeder andere Mensch. Deine Ungeduld und Deine Abneigung gegen Betrieb.«[10]

Nach einer Vorführung des deutschen UFA-Filmes *Victor*

Kurt Weill 1928, zur Zeit der Uraufführung der *Dreigroschenoper* in Berlin.

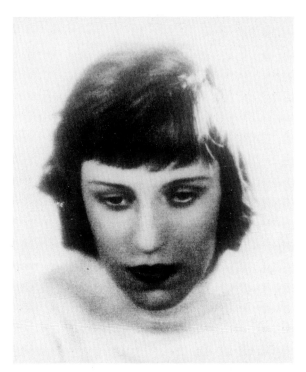

Lotte Lenya um 1925, ein Jahr nach ihrer Bekanntschaft mit Weill.

Das Haus von Georg Kaiser in Grünheide bei Berlin, wo sich Lenya und Weill 1924 kennenlernten.

Vor der Premiere von *Der Protagonist* im Dresdener Opernhaus 1926. Von links: Kurt Weill, Generalmusikdirektor Fritz Busch, Intendant Alfred Reucker und Regisseur Josef Gielen.

Deutsches Kammermusikfest in Baden-Baden, 1927. Unten links Lenya, hinter ihr Bertolt Brecht, oben links Weill auf der Treppe des Kurhauses.

Lenya und Weill 1929.

Das Erfolgstrio: Brecht, Lenya und Weill am Schiffbauerdamm, 1928.

Die Autoren von *Der Lindberghflug*: Weill (links), Paul Hindemith (Mitte) und Brecht (rechts) neben den Rundfunkproduzenten Hans Flesch und Ernst Hardt anläßlich der Uraufführung 1929 in Baden-Baden.

Das Songspiel *Mahagonny*, Aufführung in Baden-Baden 1927. Lenya als Jessie im Boxring (oben links), Weill dritter von rechts.

Erich Engels Uraufführung der *Dreigroschenoper* am Schiffbauerdamm-Theater 1928. Probenfoto mit Lenya als Jenny (links) und Maria Körber als Polly.

Lenya als Seeräuber-Jenny in Georg Wilhelm Pabsts Verfilmung der *Dreigroschenoper*, 1930.

Lenya 1930, fotografiert von Lotte Jacobi.

Bertolt Brecht, 1931.

Georg Kaiser, 1931.

Weill 1930, fotografiert von Lotte Jacobi.

Ankunft von Lenya und Weill in New York am 10. September 1935.
Links Francesco und Eleonora von Mendelssohn, rechts Meyer Weisgal.

Weill am Klavier in seinem Haus in New City am Hudson.

Das Comeback in den fünfziger Jahren. Lenya bei einer Probe in New York.

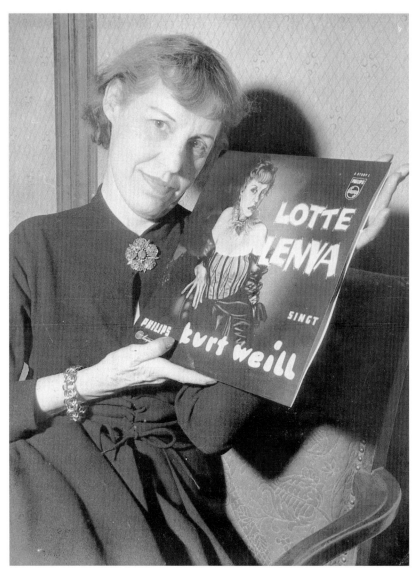

Lenya bei der Vorstellung einer von ihr aufgenommenen Schallplatte mit Weill-Songs in Berlin, 1955.

Als Mutter Courage bei den Recklinghausener Ruhrfestspielen 1965.

Lenya 1973.

Anläßlich ihres 80. Geburtstags singt Lenya im New Yorker Lincoln-Center Lieder von Kurt Weill.

und Victoria in Paris mit Lenjas Berliner Kollegin, der Reinhardt-Schülerin Renate Müller in der Titelrolle, spürte Lotte, daß sie einer Karriere im englischsprachigen Ausland durchaus gewachsen sein könnte. Die Fremdsprache jagte ihr keine Angst mehr ein, und beim Hören amerikanischer Songs im Kinosaal faßte sie den Entschluß, demnächst selbst mit Liedern auf einer Londoner Bühne zu stehen: »Ich habe immer mehr das Gefühl, daß ich es wirklich schaffen kann, weil meine Stimme so ganz anders ist als alle diese Platten. [...] Meine große Chance ist das Mädchenhafte in der Stimme und darauf muß man es anlegen. So ohne Bibber [Vibrato] und Sexapeal [sic]. Ich bin so *ful*[l] *of pep* (das heißt: so geladen mit Energie) und das möchte ich gut und richtig ausnützen.« In einem Geschäft am Boulevard Raspail hatte sie ein Autogrammjäger erwischt, und Lenja fühlte beim Signieren so viel Stolz und Zuversicht wie schon seit langem nicht mehr. »Die Leute merken eben genau, daß ich keinen Zippi mehr habe.«[11]

Die Intimität in der Korrespondenz zwischen Kurt und Lotte nahm deutlich zu, und es verging kein Brief mehr, in dem einer von beiden nicht die Bedeutung des anderen betont hätte. Ihre mundartlich getönten Lieblingsvokabeln, »Pison« für Person, »schliepeln« für schlafen, hielten erneut Einzug in den gemeinsamen Wortschatz, und kein Schreiben blieb ohne humoristisch eingefärbte Spitzen. Retourkutschen ließen nie lange auf sich warten. Liebevolle Neckereien bewiesen ihnen, daß die bedeutungslos gewordenen Seitensprünge nicht zwangsläufig den Lebenspartner von Schilderungen der Gefühlslage ausschließen mußten. Beide liebten sich so, wie sie waren. Sie machten sich keine Illusionen über grundlegende Veränderungen ihrer Charaktere, waren ernüchtert, erleichtert, um manche schmerzliche Erfahrung reicher. Ende gut, alles gut, lautete die Devise, als sie in Cherbourg an Bord gingen. Und so kam es, daß sie sie den Sprung ins Neuland, über den großen Teich wagten.

In einem Interview mit Edwin Newman aus dem Jahre 1970 schaut Lenja abgeklärt auf ihre Empfindungen für Weill zurück: »Die Leute haben mich oft gefragt, ob es sich [zwischen uns] um Liebe auf den ersten Blick gehandelt habe. Das glaube ich eigentlich nicht. Um von Liebe sprechen zu können, braucht es schon eine bestimmte Weile ...«[12]

Aus dem Pariser Freundeskreis hagelte es Proteste, als Kurt seine Entscheidung verkündete, Lenja mit auf die Reise nach Manhattan zu nehmen. Abravanel war entsetzt: »Bist Du verrückt, Kurt? Was Du brauchst, ist eine [richtige] Frau!«[13] Doch Kurt wußte es besser und murmelte als Entschuldigung etwas von einer alten jüdischen Tradition, nach der ein Ehemann seiner Frau stets vergeben müsse – ausgerechnet Weill, der sonst nie etwas von religiösen Gebräuchen im Munde führte. Auch die Milhauds kamen nicht mehr ganz mit, als ihnen Kurt auseinandersetzte, in welch fürchterlicher Gefahr Lenja schweben würde, wenn er sie allein, schutzlos den Übergriffen der Nazis ausgesetzt, in Paris zurückließe. Es waren vorgeschobene Behauptungen für Außenstehende – die tieferliegenden Gründe hatte das zum zweitenmal füreinander entflammte Paar unter sich ausgemacht. Kurt mochte nicht als kleinlich dastehen; lieber ertrug er, daß man ihn für einen Dummkopf in Liebesdingen hielt. Sechs Wochen vor der Abfahrt vergewisserte er sich zum letztenmal der Aufrichtigkeit von Lenjas Sinneswandel: »[...] du hast mir diesmal wieder ganz besonders gut gefallen, ich finde, daß du eine großartige Pison bist u. daß dein menschliches Format sich immer parallel mit meinem entwickelt u. daß du mir (nach 10 Jahren!) immer noch Dinge gibst, die niemand sonst mir geben kann u. die entscheidend sind. Ich habe mir auf der Rückfahrt [von England nach Louveciennes] gedacht, daß wir eigentlich die Frage des Zusammenlebens, die doch für uns besonders schwer ist, auf eine sehr schöne u. richtige Art gelöst haben. Findest du nicht? Ich habe für dich u. deine Arbeit ein sehr gutes Gefühl für England und Amerika. Wir werden es schon schaffen, nicht?«[14]

Und daß er sich berechtigte Hoffnungen machen konnte, hatten ihm bereits Lottes Worte aus dem Vorjahr gezeigt: »Wenn Du nicht wärst, ich wüßte wirklich nicht, was ich jetzt anfangen sollte. [...] Nun leb wohl Weilili, mir kommen immer die Tränen wenn ich an Dich denke, weil Du so gut zu mir bist, wenn ich Dir das nur alles einmal zurückgeben kann. [...] Lebwohl Fröschlein alles Liebe Dein Linerl. Sei bitte nicht nervös, es wird schon werden«.[15]

Kurt wird aus seinen Gedanken gerissen, als über ihm die Schiffssirene ertönt und sich der Dampfer an Staten Island vorbei in den Hafen von New York schiebt. Andere Passagiere haben sich neben ihm auf dem Zwischendeck gruppiert, niemand will die Ankunft versäumen, und vor ihnen, im ersten Tageslicht, schälen sich die Umrisse der Wolkenkratzer aus dem morgendlichen Dunst. Er läuft nach unten: gerade noch Zeit genug, um Lenja zu wecken. Auf dem Weg zur Kabine kommt sie ihm bereits entgegen. Insel um Insel zieht links an ihnen vorüber, als sie Arm in Arm an Deck stehen und schweigend dabei zusehen, wie zuerst die Freiheitsstatue, dann Ellis Island, mit Quarantänestation, Wartehallen und Baracken für die Notaufnahme, schließlich Manhattan selbst vor ihnen auftauchen. Lotte und Kurt können Empire State Building, Radio City Hall und die Hochhäuser in der Wall Street mit Händen greifen. Sie haben die Skyline des »Big Apple« schon in zu vielen Filmen bestaunt, um noch wirklich überwältigt zu sein beim Abschätzen der vielen übereinandergetürmten Stockwerke. »Es kam uns so vor, als wären wir endlich wieder zuhause.«

Die *Majestic* legt an, es ist der Morgen des 10. September. Die Weills gehen an Land und setzen ihren Fuß auf ein glückverheißendes Eiland, das fünfzehn Jahre lang ihre Heimat sein wird. Im St. Moritz-Hotel halten sie sich nicht lange mit dem Auspacken ihrer Koffer auf: Sie wollen vor allem ausgiebig Fahrstuhl fahren und dabei keinen der vielen Wolkenkratzer auslassen.

Zuallererst aber gehen sie ins Kino um die Ecke.

6
Das ist kein lauschiges Plätzchen, das ist 'ne ziemliche Stadt

> Eines Morgens – hatte man überhaupt noch daran
> geglaubt? – standen die Konturen der Wolkenkratzer
> im Grau, und vom Nebel verschönt, hob die Freiheitsstatue
> den Arm. Wenn uns einen Augenblick auf dieser Reise
> feierlich zumute war, so damals. Wir ahnten etwas: New York.
> [...] Die Begegnung mit New York muß für jeden jungen
> Europäer Erlebnis von einschneidender Bedeutung sein,
> oder er ist ein hoffnungslos Verstockter. Streifzüge durch
> New York sind nicht wie Streifzüge durch eine andere Stadt.
> Es ist, als sei die Abenteuerlichkeit aller Städte
> zusammengedrängt und man könne darin spazieren gehen.
> ERIKA UND KLAUS MANN

Was hat ein Liebespaar, das auf einer Insel Schiffbruch erleidet, zufällig bei sich? Auf was würde es ungern verzichten, mit der Aussicht konfrontiert, wahrscheinlich mehrere Jahre lang nicht nach Hause zurückkehren zu können? An wen würde es Flaschenpost aussenden, welche Botschaften würden über die Wellen schaukeln? Wer würde zuerst dem in unzähligen Inselwitzen beschworenen Koller erliegen und unruhig am Strand auf- und ablaufen?

Als Kurt und Lotte in Manhattan landen, bringen sie nur wenige Koffer mit, abgetragene Anzüge und Kostüme, Notenpapier, ein paar Bücher, unvollkommene Englischkenntnisse und eine Liste mit Adressen und Telephonnummern. Ihre Köpfe und Herzen importieren noch ein Stück ihrer ramponierten deutschen Identität – kaum mehr als leichtes Handgepäck, das schon bei den vielen Umzügen der zurückliegenden Jahre arg strapaziert worden ist.

Weill kann in New York kaum mit Vorschußlorbeeren rechnen, Lenja ist eine Unbekannte. Die Insel selbst ist hier der Star, ein gewaltiger »melting pot«, dem sich Menschenschicksale unterordnen müssen. Sie befindet sich auf halber Strecke zwischen dem Börsencrash, der großen Depression Ende der zwanziger Jahre, und dem Kriegseintritt der USA. Europa und der Spanische Bürgerkrieg scheinen unendlich weit entfernt zu sein, und im Kulturleben der Stadt geben die Komponisten Virgil Thomson, Aaron Copland, Elliott Carter und Marc Blitzstein den Ton an. Die Schriftsteller Paul und Jane Bowles haben soeben geheiratet und kehren Manhattan für exotische Trips nach Mexiko, Guatemala, Marokko und Paris den Rücken, um anderntags auf Cocktailpartys von ihren dichterischen Experimenten unter Mescalin-, Kif- und Alkoholeinfluß zu plaudern. Mehrere zehntausend Juden, Verfolgte und Europamüde haben die Vereinigten Staaten in den frühen Dreißigern absorbiert. Fritz Lang, Erich Wolfgang Korngold, Herbert Marcuse, Hannah Arendt, Claude Lévi-Strauss und Billy Wilder sind schon da oder werden nachkommen. Weill wird sich einleben, sobald er einen fähigen Librettisten, einen Flügel, einen abgeschiedenen Platz zum Arbeiten und eine Theatergruppe, die an seine Ideen glaubt, um sich weiß. Eine Verschnaufpause wird er sich nicht gönnen. Lenja ist mit Robinson an ihrer Seite zufrieden, hält vorsichtshalber aber schon einmal nach einem potentiellen Freitag Ausschau. Es verlangt sie nach Bestätigung auf der Bühne und im Konzertsaal, und sie wird unverzüglich Erkundigungen einholen, wie man die Insel schleunigst verlassen und das alte Nomadendasein wieder aufnehmen kann – natürlich ohne dabei ihren ständigen Wohnsitz für Mußestunden als Gefährtin Kurts aufzugeben.

Nach Berlin und Paris ist New York bereits die dritte Weltstadt innerhalb von drei Jahren, in der Kurt und Lotte ihre Zelte aufschlagen. Diesmal sehen sie sich noch gründlicher um, prüfen die Bedingungen, wie sie zu dauerhaften, ansässigen Insulanern werden könnten, und die Flaschenpost in Richtung Alte Welt wird immer seltener auf den Weg gebracht, bis schließlich nur noch unbeschriebene Blätter in die Heimat segeln. Mit den Sentimentalitäten und der Nostalgie der übrigen Exilanten möchten sie nichts zu schaffen haben. Larmoyanten

Ewiggestrigen, die unablässig das Hohelied der »guten, alten Zeit« singen, gehen sie systematisch aus dem Weg. Sie wollen sich rasch integrieren und sprechen von nun an nur noch Englisch. Auch untereinander.

New York trifft eine feine Unterscheidung zwischen den gebildeten »émigrés«, Vertretern der europäischen Oberschicht, die das Kulturleben zwischen Carnegie Hall und Madison Avenue um Errungenschaften der Alten Welt bereichern, und den namenlosen »immigrants«, armen Teufeln, vom Unbill der Zeitläufte aus rückständigen Nationalstaaten herauskatapultiert und nun auf der Suche nach Auskommen und einem besseren Leben. Noch dürfen sich Weill und Lenja auf der Sonnenseite wähnen. Ein Journalist des lokalen »World Telegram« hält nach ihnen Ausschau und bringt eine mehrspaltige Reportage. Publicityträchtige Porträts werden in aller Hast angefertigt. Man interessiert sich für das illustre Duo aus Europa. Immerhin ist Kurt ja an der Seite Reinhardts in Manhattan eingetroffen, um an der Opera *The Road to Promise,* so der Alternativtitel der *Eternal Road,* zu präsentieren. Die Filmfassung von Reinhardts *Sommernachtstraum* ist soeben in den amerikanischen Kinos angelaufen, aktuelles Tagesgespräch zwischen Times Square und Central Park. Vom neugierigen Reporter wird Weill ein solides Englisch bestätigt, Kurt beeilt sich, proamerikanische Statements abzugeben, und ein berühmt gewordenes Photo bestätigt, daß sich hier ein weltgewandtes Paar anschickt, New York zu erobern: Vor der Kulisse der weltbekannten Skyline werden Lotte und er vom Produzenten Meyer Weisgal und dem Geschwisterpaar Francesco und Eleonora von Mendelssohn eingerahmt – Berliner Freunden aus verflossenen *Dreigroschen*-Tagen, mit Einsatzbereitschaft für Weills Œuvre in Amerika. Alle fünf strahlen Zuversicht und Eleganz aus.

Noch scheint es mit den Englischkenntnissen aber ein wenig zu hapern: Weill versichert dem seekranken Weisgal an Bord der *Majestic,* daß er ihn nicht für gutaussehend hält, dabei will er doch nur sein Mitgefühl bekunden: »Man sieht Ihnen förmlich an, daß Sie nicht wohlauf sind.« Und Lotte hat ihre liebe Not beim Pulloverkauf an den großen Avenues der City, in den Konsumtempeln von Macy's und Saks. Nicht immer händigt man ihr aus, was sie verlangt hat, und oft handelt es auch sich nicht um die gewünschte Verpackung. Als bei ihrem allerersten Kinobesuch im Saal die Lichter ausgehen, ist ihr Gelächter groß: Schnell merken sie, daß sie bei der Vorführung von *The Dark Angel,* einem Streifen mit Vilma Banky und Ronald Colman aus dem Jahre 1925, in einem Stummfilm gelandet sind. Mit dem Englischlernen wird es wieder nichts! Sie begnügen sich amüsiert mit dem Studium der Zwischentitel und den Textzeilen der eingeschobenen Songs.

Unverdrossen gehen sie allabendlich ins Theater, in Jazzclubs und kleine Kneipen, schauen dem Kellner in ihrer Cafeteria an der Park Lane aufs Maul und arbeiten sich allmählich vorwärts: Ihr Akzent ist unverkennbar, doch idiomatische Wendungen kommen ihnen bald spielend über die Lippen. Zwischenzeitlich überflügelt Kurt seine Vertraute mit Zungenfertigkeit und Lerneifer, wird sogar wütend, wenn jemand es wagt, ihn auf deutsch anzusprechen. Das war nicht immer so: Im März 1927 hatte er Lenja mit der Übersetzung einer Rezension beauftragt, »weil ich doch nicht englisch kann«. Aus London schreibend, klagte er noch im Februar 1935: »Ich spreche garnicht gut englisch. Du sprichst sicher besser, du giwöhnliche Pison.«[1] Jetzt lauschen sie mit vereinten Kräften und sind stolz auf sich, wenn jeden Tag ein halbes Dutzend Redewendungen dazukommt.

Einmal vor Ort, spüren beide schnell, wie Amerika die weltweit führende Rolle in der Unterhaltungsindustrie eingenommen hat: Unter 25 Musicals und knapp hundert neuen Inszenierungen fürs Sprechtheater können sie in ihrer Ankunftssaison wählen. Der Besuch der Generalprobe von Gershwins *Porgy and Bess* wühlt beide auf – »was für ein Land, in dem heutzutage solche Musik geschrieben werden kann!« Vor allem Kurts Begeisterungsfähigkeit kennt keine Grenzen. Er kann sich über jede Schaufensterauslage, das überquellende Sortiment der Kaufhäuser, die ausladenden Autos, die großzügig angelegten Parks freuen. Alles erscheint ihm überdimensional, vollkommen und menschengerecht, und er ist sich seines Privilegs bewußt, die technischen und künstlerischen Errungenschaften eines Landes bestaunen zu dürfen, das sich ihm gegenüber gastfreundlich gezeigt hat. In Europa hingegen bangen die Juden aller Länder um ihr Leben.

Inzwischen hat sich die gesamte Weill-Sippe in Sicherheit bringen können, Ruth und Nathan sind ihren Eltern nach Palästina gefolgt und leben dort mit ihren Familien, Lieblingsbruder Hans wird sich 1938 mit Frau Rita und Tochter Hanna ebenfalls in New York niederlassen, nachdem ihnen eine Intervention Kurts den Weg geebnet hat. Im Gegensatz zu den vielen »immigrants« haben Weill und Lenja bislang noch keine Probleme mit der Arbeitsgenehmigung, müssen nicht, wie viele unter ihren Exilantenkollegen, als Handlanger und Tellerwäscher ums Überleben kämpfen. Im Gegensatz zu Paris, das Kurt als Berühmtheit mit offenen Armen empfing, aber fallenließ, als Solidarität und Toleranz gefragt waren, bereiteten ihnen die USA einen unspektakulären Empfang, boten aber auf lange Sicht Verläßlichkeit und eine Perspektive. Dieses Angebot aus dem »Land der unbegrenzten Möglichkeiten«, diese Aufforderung an ihn, die Initiative zu ergreifen, sollte Kurt seiner endgültigen Wahlheimat nie vergessen. »Ich kann mich nicht daran erinnern, daß er jemals irgend etwas Amerikanisches kritisiert hat«, berichtet Bravi.

Bei ihren Flanerien zwischen Washington Square und Greenwich Village hätten Lenja und Weill leicht einem alten Berliner Kollegen in die Arme laufen können. Paul Hindemith hielt sich auch gerade in Manhattan auf und berichtete seiner Frau Gertrud von einer Ostküsten-Tournee aus New York: »Nachmittags ging ich in dem Steinbaukasten spazieren. Es mag eindrucksvoll sein, schön ist's sicher nicht. Vielleicht so etwas wie die Radio City ausgenommen, deren schmaler Hauptbau von über 300 Meter Höhe im ganzen etwas Schönes hat, dafür sind die Einzelheiten wenig erfreulich. Riesenverkehr natürlich und all das, was dem kleinen Mann imponiert. In der Fifth Avenue ein toller Laden am anderen. Der liebe Gott hat die niedrigsten Häuser, seine Kirchen stehen ziemlich verlegen zwischen den wichtigeren Gebäuden. Vielleicht leidet er an falscher Bescheidenheit; es kann aber auch sein, daß er dem Fremden recht vor Augen führen will, was die Leute *in his own country* alles können. Diese Leute sind übrigens ein toller Mischmasch. Ihre Kinnladen, auch die femininen, bewegen sich fortwährend von links nach rechts wie die der wiederkäuenden Rinder. Der Gummiverbrauch muß enorm sein.«[2]

Der Anblick so vieler gesunder Menschen mit gepflegten Zähnen, sportlichen Körpern und gediegener Garderobe, die Hochglanzansichten von Schauspielern mit Facelifings und Jackettkronen in Filmen und bei privaten Treffen weckten bei Lenja den Wunsch, auch künstliche Verschönerungen an sich vornehmen zu lassen: Ihre großen Zähne sollten gerichtet werden, die Lücke verschwinden, Korrekturen an Nase und Kinn vorgenommen werden. Weill riet entschieden davon ab: Auf keinen Fall sollte sie sich einer Schönheitsoperation unterziehen. Ihr prägnantes Gebiß und die »wienerischen« Züge verliehen ihrem Gesicht erst den besonderen, unverwechselbaren Ausdruck, unterstrichen ihren eigenwilligen Charakter, trugen zu Bühnenpräsenz und markanter Gestaltung bei. Es war ein anderes Mitbringsel aus Europa, das ihrem Durchbruch in New York unübersehbar im Wege stand: Die deutschen Texte der Weill-Songs, deren Melodien ein jeder schätzte und deren Sinn kaum jemand verstand, gerieten Lotte auf lange Sicht zum Handicap. Dies zeigte sich zum erstenmal bei einem Konzert der »League of American Composers«, das zu Weills Ehren am 10. Dezember 1935 veranstaltet wurde. Unter den Zuhörern waren ausnahmslos Kollegen und anspruchsvolle Liebhaber, als Lenja, unterstützt von zehn Chorsängern und zwei Pianisten, aus dem Zusammenhang gelöste Auszüge europäischer Werke von Kurt vorstellte, darunter Lieder aus *Mahagonny, Dreigroschenoper, Kuhhandel, Bürgschaft* sowie *Marie Galante*. Die Hälfte des Publikums verließ den Saal schon vor der Pause, und es waren gerade die »populären« Nummern, die mißliebiges Aufsehen erregten. Was in Paris als zu abgehoben diskreditiert worden war, empfand man in Manhattan als billigen Abklatsch ungleich erfolgreicherer Gassenhauer vom Broadway.

Nur Blitzstein fand lobende Worte für Lenjas Deklamation und Ausdruckskraft – kein Wunder, war er doch der Europäer unter den jungen amerikanischen Komponisten: Er hatte bei Schönberg in Berlin und bei Nadia Boulanger in Paris studiert, Weills europäische Werke für »Modern Music« rezensiert, 1937 sollte er eine Brecht-Hommage mit dem Titel *The Cradle Will Rock* schreiben, eine Art linksgerichtetes Musical. Nun vertraute er Lotte zwei Songs aus seiner Feder für ihren USA-Start an: Fürs Radio sang sie *Suicide Song* aus *I've Got the Tune* und später, bei Nachtclub-Auftritten, *Few Little English,* das Blitzstein 1936 für sie komponierte.

Weill begegnete Marc kurz vor dem Konzert in der League und traf in diesem November 1935 mit Brecht und Eisler, auf Besuch in Amerika, auch zwei alte Weggefährten wieder, die den Widerstand der New Yorker gegen deutsche Themen und Texte gleichfalls deutlich zu spüren bekommen hatten: Die von der »Theatre Union« am Broadway herausgebrachte Produktion der *Mutter* wurde zu einem ungeahnten Flop. Nicht antisemitische oder politische Vorbehalte gaben diesmal den Ausschlag, auch gegen den Inhalt wurden keine Einwände erhoben – Brechts Dramenkonzeption setzte mit der *Mutter* Theatertraditionen außer Kraft, deren Bestand in den USA schlichtweg nicht vorausgesetzt werden konnte. Amerikanischen Bühnen durfte eine progressive europäische Attitüde nicht einfach übergestülpt werden, um auf Verständnis und Zustimmung zu stoßen oder gar ausverkaufte Häuser zu garantieren.

Die zeitgenössischen Dramatiker auf dieser Seite des Atlantiks wurzelten mit ihren Beiträgen eben nicht in einem Fundus abendländischer Mythen, der zu jahrhundertelanger, evolutionärer Variantenbildung geführt hatte. Man schrieb Stücke über gegenwärtige gesellschaftliche Konflikte oder orientierte sich am Amüsierbetrieb zurückliegender Jahrzehnte, und man übernahm aus dem angelsächsischen Raum nur Einflüsse, die sich wirkungsvoll verwerten ließen. Es wäre voreilig gewesen, alle diese Komponenten als Verteidigung einer Konvention abzutun, die alles Fremde abstößt: Sie unterstrichen lediglich die Autarkie eines selbständigen, parallel zum Film entwickelten Theaterstils mit beträchtlicher Eigengesetzlichkeit. Weill gab es zu denken, daß Eisler und Brecht ausgerechnet mit einem Stück durchfielen, dessen Machart und Botschaft er selbst außerordentlich schätzte. Er rang sich zu der Auffassung durch, nicht länger an seine europäischen Stücke anknüpfen zu können. Um dauerhaften Erfolg zu erzielen, mußte er sich dem amerikanischen Theater anpassen, Stoffe finden, die dem hiesigen Publikum vertraut waren und, last but not least, lernen, »amerikanisch« zu schreiben. Mit den Songs dürfte er leichtes Spiel haben: Schon als Jüngling war er von den auf Schellack gebannten Litaneien der Bluesveteranin Sophie Tucker hingerissen gewesen, und den amerikanischen »Touch« in Liedern und Balladen hatte er schließlich höchstpersönlich dem deutschen Zeitgeist einverleibt.

Zu Beginn des Jahres 1936 stellt sich heraus, daß die aufwendige Produktion der *Verheißung* noch einen langen *Weg* vor sich hat. Es war voreilig, an eine Premiere im Winter zu glauben, vorläufig kann Weisgals *Eternal Road* weder komplett finanziert noch befriedigend realisiert werden. Hindernisse stacheln die Hartnäckigkeit des Produzenten erst richtig an: Hürden und Widerstände können gar nicht hoch genug sein. Das Opernhaus muß für die überdimensionalen Bühnenbilder des Ausstatters Norman Bel Geddes vollständig umgebaut, der Boden ausgeschachtet, Stuhlreihen entfernt werden. Bis zu zehnmal wird der Premierentermin verschoben. Werfel reist verärgert und unverrichteter Dinge wieder nach Europa zurück, und seine Gattin Alma Mahler bringt in ihren Tagebüchern das Dilemma auf den Punkt: Reinhardt habe eine Art

Matthäus-Passion bestellt, die das ganze Alte Testament enthalten sollte, aber er sei sich der Größe dieses Auftrags nicht bewußt gewesen. Weill und Lenja stehen den Widrigkeiten verhältnismäßig gelassen gegenüber, denn noch reichen die Honorare für eine Verlängerung ihres amerikanischen Abenteuers aus. Ihr neues Domizil ist seit Januar das Hotel Park Crescent am Riverside Drive, das deutsche Konsulat hat ihnen neue Pässe ausgestellt. Zunächst wollen sie in den USA bleiben, es sei denn, daß eine Auftragskomposition für die »Ballets de Monte-Carlo« zustandekommt. Der Mietvertrag für das Louvecienner Häuschen läuft im Sommer aus. Beide spielen mit dem Gedanken, ihn zu verlängern und nochmals die Ferien in Frankreich zu verbringen. Auch wartet Harras, in der Obhut der Berthons, immer noch auf sein Herrchen.

Inzwischen ist die Frau von Eugene Meyer, des Herausgebers der »Washington Post«, an Kurt wegen eines Tanzprojektes für die »American Ballet Company« herangetreten und hat ein lukratives Angebot vorgelegt. Beflügelt von der Aussicht, an die *Todsünden* anknüpfen und erneut auf Bestellung komponieren zu können, erwägt Weill Wedekinds *Kaiserin von Neufundland*, einen Stoff, der ihn seit langem umtreibt. Alban Bergs verfrühter Tod im Alter von nur fünfzig Jahren und dessen Fragment gebliebene Oper *Lulu* haben das Interesse der Musikwelt wieder auf Wedekind gelenkt, und Lotte versucht, über Richard Révy, der sich mittlerweile in München niedergelassen hat, wegen der Rechte mit den Erben des Dichters zu verhandeln. Beide Projekte gelangen freilich nie über die Planungsphase hinaus, und erst über die Kontaktaufnahme mit dem »Group Theatre« eröffnet sich für Weill die Perspektive, sich einer exklusiv amerikanischen Thematik zu widmen.

Im Zuge der von Präsident Franklin D. Roosevelt ausgegebenen Parole vom »New Deal« befand sich die gesamte Arbeitswelt in den USA in einer Periode fundamentaler Umstrukturierung, neue Stellen wurden mit föderalen Programmen geschaffen, soziale Tätigkeitsfelder aufgewertet. So erblickte im Sommer 1935 auch das »Federal Theatre Project«

das Licht der Welt, das sich zum Ziel gesetzt hatte, landesweit unabhängige, progressive Theatergruppen zu fördern, eine »reife, unzensierte, erwachsene« Bühnenarbeit auf allen Ebenen ins Leben zu rufen. Doch schon seit den frühen zwanziger Jahren hatte die »Theatre Guild«, eine Vereinigung von Dramatikern, Regisseuren, Bühnenbildnern und Schauspielern, dafür gesorgt, daß sich der Broadway dem Flair des internationalen literarischen Theaters öffnete und nicht länger mit aufgebauschten, im Grunde provinziellen Produktionen stagnierte, die das Ausland bislang weitgehend ignoriert hatte. All dies trug zu einer weit aufgeschlosseneren Mentalität bei, als sie das amerikanische Theater bislang erlebt hatte. Eine neue Generation von Autoren bestimmte die Spielpläne. Die unverbrauchten Köpfe hießen Eugene O'Neill und Maxwell Anderson, ein Jahrzehnt später sollten Thornton Wilder und Tennessee Williams folgen. Das sogenannte »Group Theatre« wiederum war eine talentierte, heterogene Splittergruppe der »Theatre Guild« und hatte 1931 erfolgreich die Spaltung vollzogen. Es brachte Nachwuchshoffnungen wie Elia Kazan und Stella Adler hervor, war basisdemokratisch organisiert und unterstand einem Führungstrio, bestehend aus Cheryl Crawford, Harold Clurman und dem später aufgrund seiner Schauspielerführung im epochalen »Actors' Studio« zu besonderem Ruhm gelangten Lee Strasberg.

Unter den ersten Produktionen der jungen Truppe war Paul Greens *The House of Connelly*. Green hatte 1927, mit nur zweiunddreißig Jahren, für seinen Dramenerstling *In Abraham's Bosom* den Pulitzerpreis gewonnen, einem Text, der die Diskriminierung der Schwarzen auf unsentimentale, realistische Weise thematisierte. Green stammte aus North Carolina und unterrichtete dort an der Universität, als Clurman, ein Bewunderer der *Dreigroschenoper*, ihn im Frühjahr 1936 mit dem deutschen Exilkomponisten zusammenbrachte. Kurt war sofort Feuer und Flamme – sein Enthusiasmus ließ ihn vergessen, daß ihm sein Pariser Interimsverleger Heugel gerade den Laufpaß gegeben hatte. Er besuchte Green noch im Mai in der Begleitung von Crawford, und binnen weniger Stunden war ein gemeinsames Projekt beschlossene Sache. Weill zufolge sollte es sich um ein an Jaroslav Hašeks Geschichte vom »braven Soldaten Schwejk« angelehntes Stück mit Musik handeln. Anfangs befand Kurt zwar, Green sei ein »komischer Kauz«, aber dann nahmen beide unverzüglich ihre Arbeit am »American Schweik« auf, aus dem nach einigem Hin und Her das Antikriegs-Epos *Johnny Johnson* werden sollte.

Als Weill das erstemal bei Green in Chapel Hill eintraf, stieg er versehentlich an einer verödeten Bahnstation aus, wo seit Menschengedenken kein Zug mehr gehalten hatte. Weit und breit war keine helfende Lenja in Sicht. Kurt irrte zwischen Feldern und Gehöften umher und fand schließlich ein mit Fernsprecher ausgerüstetes Farmhaus, um seinen besorgten Gastgeber zu verständigen. Im Sommer begaben sich Lotte und Weill dann gemeinsam in das traditionelle Feriencamp des »Group Theatre« in Connecticut und wurden schnell mit dem kollektiven Lebens- und Arbeitsstil der Truppe vertraut, einer parareligiösen Einheit verschiedener Tätigkeitsbereiche, in der sich jeder einzelne unterzuordnen hatte. Askese und Verzicht dominierten – die Weills erinnerte dies von fern an ihre Erfahrungen mit der Brecht-Familie. Neben der Komposition und den Sitzungen mit Green lehrte Kurt auf Englisch die Theorie des Musiktheaters in der Sommerakademie. Alle Mitarbeiter wohnten in kleinen Hütten, und Lottes Unterkunft war ein Häuschen in der Trumbull Avenue, mit einem Klavier für Weill. Im Erdgeschoß unter ihnen lebten Cheryl Crawford und ihre Partnerin Dorothy Patten. »Kurt drosch unablässig auf die Tasten ein, genau über meinem Schlafzimmer, und Stunde um Stunde wurden mir alle Songs eingetrichtert.« Zum Glück liebte Crawford populäre Musik über die Maßen und war unter allen Beteiligten am enthusiastischsten. Über den verordneten Teamgeist und die sozial »ausgewogene« Lebensführung des »Group Theatre« mokierte sie sich hingegen – man lebte, kochte, schlief, probte und diskutierte zusammen; Tag und Nacht gab es kein Entrinnen vor dem Gruppengeist. Cheryl sprach von dem »summer camp« in Connecticut nur als dem »Metropolitan Kibbutz«.

In jenen intensiven Wochen entwickelte sich das amouröse Verhältnis zwischen Green und Lenja, ihren Worten zufolge nichts als eine harmlose »Spielerei«, und dennoch besonders demütigend für Kurt. Denn zum erstenmal fand eine ihrer Affären nicht nur unter seinen, sondern unter den Augen vieler Beobachter statt, die zugleich allesamt in dasselbe Projekt involviert waren. Und zum erstenmal handelte es sich bei seinem »Rivalen« um den literarischen Partner seines künftigen Bühnenwerks – um einen Mann, mit dem er tagaus, tagein am Schreibtisch saß, wenn sich Green nicht gerade davonstahl, um ein Schäferstündchen mit Lotte zu verbringen. Sie hatte allerdings nicht Unrecht, das Techtelmechtel als belanglos abzutun, denn von nun an verbat sie sich tieferreichende emotionale Bindungen an ihre Liebhaber, bestimmte selbst Anfang und Ende der Leidenschaft, setzte deutliche Akzente. Bereits zwei Jahre später urteilte sie ebenso unbeteiligt wie mitleidslos: »Dann sah ich Paul Green der hier ist. Der ist so vertrottelt, daß man nur nervös wird. Er hat ein Buch geschrieben. Scheinbar wieder was für die ›Ewigkeit‹. Er hat etwas sauer reagiert als ich halb im Spaß sagte, ich könne jetzt nach Ch[apel] H[ill] kommen. Na denn nicht. Ich werde es auch ohne machen können. […] Der ist wirklich hoffnungslos.«[3] Hatte sie einfach nur testen wollen, ob auch ein Prominenter aus den USA sie so begehrenswert fand, wie sie es von seinen europäischen Vorgängern gewohnt war?

Green, dessen Frau Elizabeth auch zu den Zaungästen seiner Verbindung mit Lotte zählte, hatte im Ersten Weltkrieg bittere Erfahrungen gesammelt. Sie gaben den Ausschlag für die endgültige Konzeption von *Johnny Johnson*, einer bewegenden Debatte über Sinn und Unsinn von Kriegführen und Wehrdienst, von Kurt und Paul in das Gewand eines naiven Volksstückes gehüllt. Im Mittelpunkt steht der Steinmetz Johnny, ein verträumter Sonderling, der um 1917 für eine amerikanische Kleinstadt eine Friedensstatue geschaffen hat. Bei deren Enthüllung mahnt der Bürgermeister zu unbedingter Friedensbereitschaft, doch die Stimmung schlägt jäh um, als die Nachricht vom Kriegseintritt der USA die Festgemeinschaft erreicht. Aus der zuvor gesungenen Friedenshymne wird ein flammender Aufruf zu den Waffen, und Johnnys Verlobte Minnie Belle besteht darauf, daß sich ihr pazifistisch gesinnter Freund unverzüglich für den Kampf in Europa aufstellen läßt. Selbst sein ergreifender Lieblingssong, den er ihr als Ständchen bringt, hält sie nicht davon ab, ihm die Ehe nur unter der genannten Bedingung zu versprechen. Zunächst wird er als untauglich eingestuft, stellt aber aus Verzweiflung über sein bedrohtes Liebesglück zum Schein seine Gewaltbereitschaft unter Beweis und gelangt nun doch nach Europa.

Während der Überfahrt führt er einen Dialog mit der New Yorker Freiheitsstatue, die ihm deutlich zu verstehen gibt, daß sie alle diejenigen verurteilt, die in ihrem Namen morden. An der französischen Front setzt Johnny seine friedensstiftenden Aktionen fort, macht die Bekanntschaft eines deutschen Soldaten namens Johann, der seine Ansichten teilt, und trägt zur Wehrkraftzersetzung bei, indem er eine Versammlung von Generälen mit Lachgas besprüht. Unter dem Effekt des Kampfmittels unterschreiben die Militärs einen Friedensvertrag. Als der Waffenstillstand als Fälschung enttarnt wird, geht das Gemetzel mit unverminderter Vehemenz weiter. Johann (derselbe Vorname, derselbe Pazifismus) wird zu Füßen einer Christus-Statue erschossen, Johnny in ein amerikanisches Irrenhaus eingewiesen. Er bekommt Besuch von Minnie Belle, die längst einen anderen geheiratet hat, entschließt sich, seine Mitinsassen zum Parlament eines imaginären Völkerbundes umzufunktionieren, und wird zwangsweise entlassen. Bei einer Demonstration, die für die Wiederaufrüstung wirbt, begegnet Johnny, jetzt ein armer Straßenhändler, Minnie Belles Sohn, der empört ist, daß ihm der Taugenichts keine Spielzeugsoldaten verkaufen will. *Johnny Johnson* endet mit dem »Listen to My Song« des Titelhelden, einer Hymne an die Friedensfähigkeit der Menschen.

Auf die Figur Johnny stießen seine Schöpfer durch systematische Nachforschungen: Sein Name war am häufigsten auf den Gefallenenlisten von 1918 verzeichnet, Johnny Johnson der Prototyp des amerikanischen Durchschnittssoldaten. Kurt konnte sich dem nationalen Idiom annähern, indem er Marschmelodien, Songformen, Countryharmonik, Blues und Anthems sowie das Instrumentarium seiner Wahlheimat – Banjo, Hammondorgel – adaptierte und integrierte. Zugleich boten ihm die in Europa spielenden Szenen die Gelegenheit, deutsche und französische Musikgenres zu parodieren. Dazu zählen Tangos, Reminiszenzen an *Happy End*, der ironische Gebrauch einer Orgel und das simultane Verlesen eines zynischen Gebets auf englisch und deutsch durch einen amerikanischen Priester und seinen feindlichen Kollegen. *Johnnys Song* und ein im französischen Kabarettstil gehaltenes Chanson der Krankenschwester im Lazarett mit den Refrainzeilen »Mon ami, my friend/mon ami, my love« gehören zu den bleibenden Eingebungen Weills. Cowboysongs und Charlestons spiegeln seine Assimilierungskunst.

Hatten sich er und Green vom demokratischen Ungehorsam eines *Schwejk* und des *Hauptmanns von Köpenick* inspirieren lassen, so schien der Fortgang der Handlung voller Anspielungen auf Kurts eigenen Lebensweg zu stecken, seine Vita gewissermaßen rückwärts nachzubilden: den stummen Dialog mit der glückverheißenden Freiheitsstatue, das Irren zwischen Frankreich und Deutschland, sein Außenseitertum als unverbesserlicher Pazifist, seine Kriegsängste als Gymnasiast. Nur Lenja wies glücklicherweise keinerlei Ähnlichkeiten mit Minnie Belle auf, und persönlich ins Kriegsgeschehen involviert zu werden war Weill erspart geblieben. Jedenfalls ließen sich in Greens Singspiel, Sprechtexten mit eingeschobenen Musiknummern, humanistisches Gedankengut, wie es schon in der *Bürgschaft* angelegt war, mit sozialkritischen und humoristischen Zügen verbinden (*Silbersee, Zar*), utopische, ja didaktische Ideen verwirklichen (*Mahagonny, Jasager*) und ein – aus Kurts Sicht – proamerikanisches Bekenntnis zur Freiheit abliefern. Die drei Statuen symbolisierten ethische Werte – Frieden,

Freiheit, Religion –, deren Bedrohung allgegenwärtig war: Respekt für sie einzuklagen und ihren Schutz zu fordern hatte für Weill nichts an Dringlichkeit eingebüßt.

Die Wochen vor der Premiere, die bereits am 19. November 1936 am Broadway über die Bühne ging, verliefen nicht ohne Komplikationen. Harold Clurman fühlte sich auf einmal nicht zum Regieführen geeignet und überließ Lee Strasberg seine Aufgabe. Unter den Schauspielern, in deren Reihen sich auch der junge Elia Kazan befand, verfügte niemand über eine befriedigende Gesangsausbildung, und die Einstudierung der Lieder und Ensembleszenen wollte nicht von der Stelle kommen – für Kurt eine ungewohnte Situation, denn wie schon für das *Mahagonny*-Songspiel und für die *3 Groschenoper* (Weills eigene Schreibweise in Briefen) hatte er die Songs bewußt den Fähigkeiten von Amateuren angepaßt. Doch nur wenige Akteure wollten sich auf seinen Vorschlag einlassen, es mit dem rezitativischen Übersprechen der Melodielinien zu versuchen. Anderen erschien der Saal im großen »44th Street Theatre« als überdimensioniert, und tatsächlich verloren sich die Stimmen der Solisten schon in den vorderen Sitzreihen. Kurt legte eine bis dahin nie gekannte Nervosität an den Tag, und seine Ungeduld stieg, als es einige Schauspieler wieder mit dem »richtigen Singen« versuchen wollten. Seinen Korrepetitor wollte er kurzerhand feuern, weil er den überarbeiteten jungen Mann beim Gähnen erwischt hatte. Und Dirigent Lehman Engel machte sich bei Lotte unbeliebt, als er ihr von seiner Einspielung der *Dreigroschenoper* vorschwärmte und nur am »gräßlichen Hillbilly«-Gesang der Jenny etwas auszusetzen hatte – viel zu spät wurde ihm klar, daß die Interpretin selbst vor ihm stand. Seinen Affront konnte Engel nur dadurch wettmachen, daß er einige Jahre zuvor die USA-Erstaufführung des *Jasagers* verantwortet hatte; Meriten, die für ihn sprachen: Er wurde bald zum gefragtesten Broadway-Dirigenten überhaupt.

Johnny Johnson wurde mit 68 Aufführungen zu einem mittleren Erfolg; der deutliche antimilitaristische Standpunkt der Autoren war großen Teilen des Publikums jedoch unbehaglich. Der Spanische Bürgerkrieg war in aller Munde, Neutralität unpopulär, und pazifistische Parolen hatten weniger Konjunktur denn je zuvor. Viele wußten nicht, was sie von der hier neu entwickelten Gattung halten sollten und fühlten sich zwischen den Kategorisierungen »musical« oder »play with music« hin- und hergerissen. Einzelne Nummern blieben gleichwohl im Gedächtnis der Zuschauer haften, und der rezensierende Reporter des »Morning Telegraph« sprach mit Bewunderung von den Ohrwurmqualitäten von *Johnnys Song*, »diesem einen Lied, das in allen Köpfen spukt, gesummt, gesungen und gepfiffen [wird], auf der Straße, in der Subway, in der Badewanne und auf den Caféterrassen, von einem Ende des Landes zum anderen«.[4]

Wenigen Sachverständigen nur war bewußt, was Blitzstein formulierte: daß Weill eine ganz neue Richtung im amerikanischen Musiktheater eingeschlagen hatte, mit einer Form rang und sie zu überwinden trachtete – und dies in seiner Eigenschaft als Ausländer. Als multinationales Experimentierfeld für Weills stilistischen Eklektizismus hatte das Stück die New Yorker überfordert, doch kam es zu Übernahmen durch andere, kleinere Truppen.

Nur ein Jahr nach seiner Ankunft lief Kurts erste Show am Broadway. Seinen Idealen und inhaltlichen Anliegen war er weitgehend treu geblieben und arbeitete mit der angesehensten jungen Theaterkompanie vor Ort. Für den Komponisten des »Johnny«-Schlagers bewahrheitete sich wieder einmal sein Credo: »Ich habe nie der Auffassung zustimmen können, daß es einen Unterschied zwischen ›ernster‹ und ›leichter‹ Musik gibt. Für mich gibt es nur gute oder schlechte Musik.«[5] Ein Vertrag mit Chappell, seinem neuen Verleger, war in greifbare Nähe gerückt, und der Uraufführung der *Eternal Road* konnte er nun gelassen entgegenblicken.

In diesen Novembertagen kam Weill für einen Moment zur Ruhe. Seit einigen Wochen hatten Lotte und er Cheryls freundliches Angebot angenommen, zu ihr und Dorothy an den East River zu ziehen: Für ein Jahr lang, vom September

1936 bis zum Herbst 1937, war Crawfords Appartement am Beekman Place in der East 51st Street ihre Heimat. Lediglich Lenja vermochte nicht, einen düsteren Gedanken zu verscheuchen – trotz der Freude über ihr neues Refugium mit den liebgewonnenen Freundinnen: Die Theatersaison war in vollem Gange, und sie hatte nicht einmal zur Besetzung von *Johnny Johnson* gehört.

Keine zwei Monate später sollte die so oft hinausgezögerte Premiere der *Eternal Road* endlich Lottes Beschäftigungslosigkeit ein Ende bereiten: Nur sieben Wochen, nachdem *Johnny* ein paar Häuserblocks weiter angelaufen war, stand sie als Moses' Schwester Miriam und als Hexe von Endor auf Norman Bel Geddes' kolossaler Bühne. Unter den knapp 250 Schauspielern und Komparsen, vierzig Säulen und dem ausladenden Terrassenbau auf fünf Ebenen, der sich wie eine offene Landschaft in die Tiefen des Theaters erstreckte, kam sie sich reichlich verloren vor. Es waren kleine Rollen, die man ihr zugeteilt hatte, doch fielen Einzelleistungen bei der Berichterstattung der Zeitungen ohnehin kaum ins Gewicht – wie die Zuschauer waren die Kritiker ausschließlich von dem gigantomanischen Aufwand der Produktion geblendet. Bis nach Mitternacht zogen sich die vier Akte am Abend des 7. Januar 1937 hin, und für ungeduldige Theaterbesucher wurde das ausladende Epos in der Tat zu einer »ewigen« Angelegenheit. Bis zuletzt hatte Reinhardt seinen Glauben an die Umsetzbarkeit von Weisgals Vision nicht verloren und am Heiligabend 1935 Weill mit einer Weihnachtspostkarte aus Leopoldskron aufgemuntert: »Sie wenigstens stellen für mich weiterhin eine Oase der Freude, des Friedens und der Harmonie auf diesem langen Weg dar.« Reinhardt war gut beraten, seine geprüften Mitarbeiter von Zeit zu Zeit mit einem Motivationsschub zu bedenken, denn er war für Perfektionismus und ausdauernde Probenarbeiten, die sich wie das Epos selbst bis in den nächsten Tag hineinzogen, geradezu berüchtigt. Werfels Frau Alma Mahler beklagte sich: »Max Reinhardts furchtbare Angewohnheit, die Nächte wachend zu verbringen, zwang er auch seinen Mitarbeitern auf. Nachts waren die Proben, nachts waren die Konferenzen [...] und [niemand] kam vor fünf Uhr früh ins Bett, nach endlosem Gequatsche und immer verzweifelt.«[6]

Für Weill war die großangelegte Saga von Werden und Schicksal des jüdischen Volkes einerseits noch ein Import seiner europäischen Entwicklung, andererseits kam das Werk von Wagnerschen Dimensionen der in Amerika beliebten Form des »pageant« ziemlich nahe – eines Aufzuges oder Festspiels mit Massenbeteiligung und unbegrenzter Prachtentfaltung, dessen spektakulärer Züge sich in nicht allzu ferner Zukunft die historisch verbrämten Hollywoodproduktionen bedienen sollten. Von der politischen Schärfe seiner Berliner Zeitopern, vom mahnenden Gestus des brisanten, friedensstiftenden *Johnny* war der *Weg der Verheißung* selbstredend meilenwert entfernt, aber Weill befand, daß er viel Arbeit in »eine gute Sache« investiert, sich endlich mit der Geschichte seines eigenen Volkes auseinandergesetzt habe. Den jüdischen Anteil seiner Persönlichkeit und Ausbildung hatte er in Europa schließlich immer mehr unterdrückt, zuletzt bis zur Unkenntlichkeit hinter der Fassade des weltoffenen Tonsetzers verborgen.

Der Erfolg der *Eternal Road* gab ihrem Autorenteam und dem Durchhaltevermögen Weisgals Recht: Während aller 153 Wiedergaben soll kein einziger Sitz leer geblieben sein. Die wichtigsten amerikanischen Kritiker, allen voran David Ewen und Brooks Atkinson, spendeten Kurts Partitur Lob, bescheinigten seiner Verfahrensweise eine Nähe zu Techniken des Melodrams im 19. Jahrhundert. Der aus Deutschland emigrierte Opernfachmann Paul Bekker, Vorkämpfer der Avantgarde, verglich den *Weg* gar mit Schumanns *Manfred*. Weill mochte sich auch an der modernen Oratorienkonzeption eines Arthur Honegger orientiert haben, der in Frankreich und in der Schweiz mit *Le Roi David, Judith* und *Johanna auf dem Scheiterhaufen* die unterschiedlichsten Erfahrungen mit Massenchören, Volksnähe, Beteiligung von Amateuren und Freilichtspektakeln gemacht hatte. Nur Alma ging der im Laufe der

Jahre schon gehörig zurechtgestutzte Musikanteil immer noch viel zu weit, und, was viel schlimmer war, auf Kosten des Textbuches ihres Gatten: »Die Musik von Weill hat hübsche Stellen, wenn auch billige, aber er hat das ganze zu sehr unter Musik gesetzt, so daß das Wort oft undeutlich wurde. Da Weill aber nicht Bach, und Werfel eben Werfel ist, so war es sehr schade und beeinträchtigte die Wirkung.«[7]

Um sich ein Bild zu machen, wie lange die *Eternal Road* in den Köpfen und Herzen ihrer Erfinder reifen mußte, um am Ende doch noch in ein völlig renoviertes Opernhaus zu gelangen, braucht man sich nur am erzwungenen Rollenwechsel des kleinen Sidney Lumet zu orientieren: Der spätere Filmregisseur, dem zuliebe Lenja dreißig Jahre weiter für *The Appointment* in die Haut der Emma Valadier schlüpfen sollte, begann im Knabenalter bei den Proben. Er war dafür vorgesehen, den kleinen Isaak zu spielen. Als die Uraufführung endlich näherrückte, hatte er seinen Stimmbruch bereits hinter sich, und ein zarter Flaum sproß über seiner Oberlippe – ihm blieb nichts anderes übrig, als in letzter Minute einen anderen Part zu übernehmen.

Weisgals Produktion machte trotz beständigen Zuspruchs und ausverkaufter Vorstellungen keinen ihrer Urheber reich, Fehlkalkulationen und fällige Kreditrückzahlungen führten dazu, daß das einst in Europa ausgetüftelte Unternehmen mit erheblichen Verlusten schließen mußte. Dabei hätte Kurt finanziellen Aufwind gut brauchen können, mußte er doch zusammen mit seinen Geschwistern die Eltern in Palästina unterstützen. Dort gab es nach der Massenflucht aus Europa reichlich Kantoren. Für Menschen im Pensionsalter fanden sich nur wenige alternative Beschäftigungsmöglichkeiten. Auch forderte der Lifestyle von Manhattan seinen Tribut. Wer bei den Partys und Dinners der Bühnen- und Künstlerszene mithalten wollte, kam leicht in pekuniäre Bedrängnis. Daran änderte auch nichts, daß Kurt und Lotte sich momentan nur als Untermieter durchschlugen. Am 19. Januar 1937 war daher kein rauschendes Fest in Sicht, als sich Weill und Lenja zum zweitenmal das Jawort gaben.

Sie hatten wieder Geschmack an der Ehe gefunden. Mit zwei Shows am Broadway und einem Engagement für Lotte im Rücken bekamen sie Lust darauf, sich wie früher ordnungsgemäß in Gästebücher eintragen, Mietverträge unterschreiben und sich, wieder ganz offiziell, als Mann und Frau fühlen zu dürfen. Religiöse Riten kamen auch diesmal nicht in Frage, nur ein Friedensrichter von Westchester County in der Nähe von New York besiegelte in North Castle ihren erneuten Bund. Eine Zeremonie, nebenbei absolviert. Sie waren mit sich im reinen, der lange Prozeß der Annäherung und Aussöhnung war abgeschlossen, und auch der Ausrutscher mit Green hatte die Überzeugung absoluter Zusammengehörigkeit bei beiden Insulanern nicht erschüttern können. Doppelt hält besser, sagten sie sich auf dem Rückweg in die City. Selbst engen Freunden war schon entgangen, daß jemals eine Scheidung stattgefunden hatte, und heimlich stahlen sie sich wieder nach Manhattan, ein jeder an seinen Arbeitsplatz. Kurt wandte sich, so besessen wie unverbesserlich, einer neuen Partitur zu, die im Arbeitszimmer von Cheryl Crawfords Loft auf ihn wartete; Lotte streifte sich eine Perücke über und erklomm als Miriam den Gipfel der fünften Bühnenebene im Opernhaus von Manhattan. Hätte man sie gefragt, ob tagsüber irgendetwas Besonders vorgefallen wäre, hätten beide wohl mit gewinnendem Lächeln und unvermeidlichem Emigrantenakzent geantwortet: »Just married.«

Ohne Atempause und ohne Honeymoon verschlägt es Weill für die nächsten sieben Monate nach Hollywood: Der Film ruft. Lenja bleibt in Manhattan zurück und denkt noch über ihr zweites »Ja« nach, als ihr Angetrauter den Kontinent schon westwärts in Richtung Kalifornien durchquert. Es ist immer noch Januar, in Chicago herrscht eisige Kälte, aber der mit dem Zug durchreisende »Schnubi« erwärmt sich durchaus für die Metropole am Lake Michigan. »Blumi« erfährt: »Das ist eine tolle Stadt, wie aus den frühesten Gangsterfilmen sieht das aus.«[8] Wie in seinem Lied vom *Berliner Licht* billigt er Chicago

Qualitäten zu, die er schon an Manhattan zu schätzen gelernt hat: kühles Flair, schlanke, gen Himmel weisende Rechtecke aus Stahl und Beton, eine nüchterne, disziplinierte Stadtlandschaft aus Kreuzungen, Museen und Regierungsgebäuden, Ausdruck urbaner Vernunft und unbedingter Modernität: »Das ist 'ne ziemliche Stadt.« Bei der Ankunft in der Traumfabrik ist hingegen seine Enttäuschung maßlos: Er glaubt, seinen Augen nicht trauen zu können, spricht von einem erbärmlichen, armseligen Dorf und weicht an jeder Straßenecke alten Bekannten aus Europa aus, denen er jetzt lieber nicht über den Weg laufen möchte. Von weinerlichem Geplänkel verwöhnter Kollegen, die in Beverly Hills oder Pacific Palisades wie die Maden im Speck leben und ihre Isolation im goldenen Käfig mißbrauchen, sich als unverstandene Flüchtlinge zu gerieren, hat er schon in New York mehr als genug gehabt. Auch der Wettergott zeigt vorerst kein Verständnis für den anspruchsvollen Newcomer. Weill eilt der Ruf voraus, für die Musik im kostspieligsten Spektakel des Showbusiness seit Menschengedenken verantwortlich zu sein; er kennt seinen Kurswert in der Branche und wirft sich den launischen Halbgöttern des Zelluloids nicht bedenkenlos an den Hals. Nach einigen Wochen steht sein Urteil fest, daß es sich bei Hollywood keineswegs um »ein lauschiges Plätzchen« handelt. Er schreibt an Crawford, Lenjas derzeitige Zimmerwirtin: »Das hier ist der verrückteste Ort auf Erden, und ich habe noch nie soviele unglückliche und verzweifelte Menschen auf einem Haufen gesehen wie hier.«[9]

Kurt begegnet Paradiesvögeln und komischen Käuzen, Stars und europäischen Mumien. Er trifft Fritz Lang und die Brüder George und Ira Gershwin, kommt mit George Antheil und den Spewacks zusammen: Bella und Samuel sind ein durch die Ehe geeintes Dramatikerpaar, vor dessen satirischer Feder der Broadway immer tiefer in die Knie geht: Ihr jüngster Kassenschlager *Boy Meets Girl* hat alle Rekorde gebrochen. Das Pläneschmieden am Pazifik zieht weite Kreise, Agenten umschwirren den Grünschnabel mit Ambitionen, an Projekten und

Offerten herrscht kein Mangel. Von Very Important Persons läßt Weill sich zum Lunch ausführen und hat die Qual der Wahl: einen Film mit William Dieterle oder eine Partitur für Fritz Lang? Ein Musical nach Ferenc Molnárs *Liliom* oder eine Produktion mit den Spewacks? Ein Werk fürs Radio oder eine Bühnenmusik für Elmer Rice? Soll er mit Lotte in Manhattan bleiben, wie es die Handlung von Rices *Two on an Island* nahelegt, oder ist die Zeit schon reif für eine definitive Schwerpunktverlagerung an die Westküste?

Einstweilen ist er auf sich allein gestellt, genießt es, einmal selbst andere hinhalten zu können. Dann wieder hält er sich für das Opfer von Finten und Strategien, wird wochenlang vertröstet, schleicht unruhig um das Telephon. Der milde Winter behagt ihm, und nach einem Aufenthalt in der Whitley Terrace zieht er nach Santa Monica an den San Lorenzo Drive. Am 4. Februar leistet er sich, extra für Hollywood, einen neuen Wagen – ein flottes Oldsmobile: Größenwahn oder Belohnung für entbehrungsreiche Jahre? Die Vernunft regiert auch weiterhin sein Handeln; von den Sirenen der Filmindustrie umschwärmt und betört, bleibt er realistisch, wie es seiner Natur entspricht. Und inmitten des Trubels, auf dem Gelände der Filmstudios, in den Büros der Agenten, fühlt er sich oft einsam, als ginge ihn das alles gar nichts an. Kurt sehnt sich nach Lenja, und sie erfährt postwendend davon.

Er versichert ihr, es sei nicht schlimm, sollte *Eternal Road* schließen, »weil du dann zur Judenblume kommst, wo es ja am niedlichsten ist!«[10] Noch nie waren seine Briefe so lang und so zahlreich wie in den Monaten des kalifornischen Exils, noch nie hat er sich so viele Kosenamen und Wortspiele für sie ausgedacht. Jetzt nennt er sie »Blume«, »Blumenblümchen«, »Schnübenblümchen« oder »Ameisenpflanze« oder gar »Mistblume«, und ist selbst mal eine »Mordspison«, mal ihr »Frosch«, mal »Schnubinchen«.

Kokett unterzeichnet er seine Botschaften auch als »Dein Birühmti« und warnt Lotte vor leichtsinnigen Ausflügen auf dem unsicheren Pflaster des Big Apple: »Bitte immer einen Wagen nehmen, wenn du nachst nach Haus gehst!!!«[11] Von den Verhandlungen erholt er sich beim Tennis, derweil Lenja in New York Reitstunden nimmt. Und längst vertraute Zwiesprache findet wieder ihren Ausdruck: »Du schienst ein bißchen ungeduldig am Telefon, aber das ist nur, weil du so ein Riesendoofi bist – aber nieeeedelich.«[12]

Auf Partys bei den Gershwins, auf Filmbällen und Empfängen wird er Charlie Chaplin, André Malraux und Jean Gabin vorgestellt. Wieder bevorzugt er den Austausch mit großen Männern, die nicht aus Deutschland stammen, wieder erregt der bloße Klang seines Namens Gesten des Entzückens und der Bewunderung, lebende Legenden bugsieren ihn in eine Salonecke, um für Stunden exklusiv mit ihm zu diskutieren. Er läßt sich in die Geheimnisse der Schauspielkunst, der Schriftstellerei und der Diplomatie einführen, lächelt sein verbindliches Lächeln und nimmt Komplimente für seine Songs und Opern mit dezenter Freude entgegen. Kapriziöse Diven, von denen die halbe Welt träumt, tun ihr Bestes, ihm die halbe Partitur der *Dreigroschenoper* aus dem Stegreif vorzutragen. Seine Gastgeber sind über Kurts offenkundiges Charisma verblüfft, stolz auf die Neuerwerbung und streiten sich bereits darum, wer Weill beim nächsten Mal zu sich einladen darf. Und wieder muß Kurt selber staunen, wie wenig er sich von Glanz und Ruhm eingeschüchtert fühlt, wie weit ihn die Kunde von seinen Melodien um den Globus getragen hat.

Am nächsten Morgen kommt die Ernüchterung – die Agenten der bedeutendsten Filmgesellschaften am Ort legen weit weniger Ehrfurcht an den Tag als ein Chaplin oder Malraux. Wer ist für sie schon ein Herr Weill, was zählen Kaiser, Neher, Goll und Brecht? Kurt wird unmißverständlich bedeutet, wer an Schneidetischen und in Vorstandsetagen das Sagen hat. Es hilft auch wenig, daß Cheryl Crawford ihn überall eingeführt hat. Für die Studiobosse bleibt er ein unbeschriebenes Blatt, und die Mitspracherechte eines Filmkomponisten haben sich gefälligst in Grenzen zu halten. Erich Wolfgang Korngold hat Weill vorgemacht, wie man als gefeierter Opernkomponist aus

Europa wieder ganz unten anfangen muß, sich für die Dutzendware auf der Leinwand mit einem diskreten, einschmeichelnden Klangteppich als Hintergrund bescheidet und erst nach Jahren der Routine die begehrten Aufträge für die Dauerbrenner des box-office einheimst.

Das zähe Taktieren des ersten Halbjahres 1937 bringt wenigstens eine Bestellung ein. William alias Wilhelm Dieterle, auch eine Berliner Pflanze, möchte Kurt zur Mitarbeit an einem der allerersten Anti-Nazi-Filme – demnächst ein eigenständiges amerikanisches Genre – überreden: *The River Is Blue* beleuchtet kritisch die Rolle der spanischen Faschisten und wird bald in das aussagekräftigere *Castles in Spain* umgetauft. Doch Kurts spanische Schlösser bestehen aus Luft, seine Partitur wird rundheraus als zu kompliziert und wenig publikumswirksam abgelehnt, und zum erstenmal in 37 Jahren sind sechs Monate intensiver Arbeit umsonst gewesen, von Besserwissern als nicht gut genug oder, besser gesagt, als »zu gut« beurteilt worden – abqualifiziert, verworfen, vernichtet. Der abservierte »Notenquetscher« ist sprachlos und hat zu akzeptieren, daß er hier nur ein Rad im Getriebe, spielend ersetzbar ist. Mit einer stattlichen Überweisung auf sein New Yorker Konto und einem Händedruck verzichtet man auf die weiteren Dienste von Mister Weill.

Auch im Folgejahr 1938 gestaltet sich sein Frühjahrsaufenthalt in Hollywood nicht nach Wunsch: Zwar kann Lenja diesmal mitkommen und ein paar Wochen im Januar mit ihm am Ocean Front Drive in Santa Monica verbringen. Für Lotte ist es der erste Besuch an der Westküste. So manche ihrer Illusionen verflüchtigen sich – offensichtlich hatte sie erwartet, auf Schritt und Tritt ihren Idolen zu begegnen – und dies, obwohl Kurt ihr bereits im Jahr davor diesbezügliche Illusionen geraubt hatte: »Du bist ja niedlich wenn du immer schreibst, ich solle dir von der Garbo schreiben. Ich sehe sie doch auch nicht hier, oder meinst du, daß die Stars hier immer so herumlaufen? Man kann sie manchmal treffen, wenn man immer in bestimmte (besonders scheußliche) Restaurants und Nightclubs geht. [...] [Man] sagt, es ist ungeheuer leicht mit ihr zu arbeiten, sie sei wie ein kleines Mädchen im Studio, brav und folgsam, aber sie hat auch viel eigene Ideen.«[13]

Kurt, bald wieder auf sich gestellt, kämpft ab April um seine künstlerischen Ideale, Spielball der nüchtern kalkulierenden Manager, die unverhohlen auf glänzende Einspielergebnisse spekulieren, und Trumpf des Regiemythos' Fritz Lang, der ihm wohlgesonnen gegenübersteht und mit Weill ein filmisches »Lehrstück« im Brechtstil zustande bringen möchte – ein Lang, der aber auch »bei jeder passenden Gelegenheit gegen mich Stellung nimmt, und der derartig unmusikalisch ist, daß man sich die Haare ausraufen könnte. [...] Aber ich weiß jetzt, was ich im Film machen könnte, wenn sie mich machen ließen.«[14]

Geplant ist *You and Me*, eine Liebesgeschichte, die unter ehemaligen Sträflingen spielt, die in einem Warenhaus ihre Chance zur Resozialisierung erhalten. Ein gefühliges Sozialdrama, das Verständnis und Toleranz predigt und, mit gutem Willen, einige *Silbersee*-Elemente aufgreift. Für ein solches Unterfangen scheint Weill der richtige Mann zu sein, Paramount wünscht überdies nicht nur eine Originalpartitur, sondern hat auch Songeinlagen vorgesehen. Mit dem politischen Engagement à la Brecht ist es freilich nicht weit her, und je länger sich Dreharbeiten hinziehen und Änderungsvorgaben bearbeitet werden müssen, desto entnervter ist Weill. Ihm dauert einfach alles viel »zu lang/zu Lang« – aus der bitteren Erkenntnis macht er wenigstens noch ein gelungenes Wortspiel. Als der Streifen in die endgültige Fassung gebracht wird, ist von Kurts ursprünglichen Eingebungen nicht mehr als ein verstümmeltes Kuriosum übriggeblieben, von einem »routinierteren« Kollegen stromlinienförmig »bearbeitet«. Die besten Einfälle hat man bis zur Unkenntlichkeit zerstückelt – mit Einverständnis des großen Magiers. Das einzige, was Kurt in den Film und für sein Werkverzeichnis retten kann, sind zwei Songs: *The Right Guy for Me* und *You Can't Get Something for Nothing*. Das erste der beiden Lieder bereichert bald Lenjas Nachtclub-Repertoire, den Titel des zweiten hätte er sicher am liebsten seinen mächtigeren Verhandlungspartnern in Los Angeles, die sich stets das letzte Wort vorbehalten, als Denkzettel verpaßt.

Doch bei Rückschlägen dieser Art gibt Kurt nicht klein bei. Cheryl Crawford versichert er: »Keine Sorge. Hollywood wird mich so schnell nicht kriegen. Eine Hure liebt niemals den Mann, von dem sie sich bezahlen läßt. Sie will ihn so schnell wie möglich loswerden, sobald sie ihre Dienste geleistet hat. Genau das ist mein Verhältnis zu Hollywood. Ich bin die Hure. Die meisten verwechseln Hurengeschäfte mit Liebe.«[15]

Von der Prostitution im Filmgeschäft und der Plackerei mit dem unvollendeten Musical *Ulysses Africanus*, für das er im Sommer 1939 nochmals nach Malibu reist, ist Weill so enttäuscht, daß er für mehr als vier Jahre seine Visiten am Pazifik aussetzt. Aber die leidvolle Erfahrung, unablässig verkannt oder verschmäht zu werden, hat auch ihr Gutes: Kurt entdeckt seine Ellenbogen, verbeißt sich in Konflikte, selbst wenn die Lage hoffnungslos erscheint, und triumphiert bei Teilerfolgen. Ein zynischer Unterton hat sich schon länger seiner bisher so zurückhaltenden Sprech- und Verhandlungsweise bemächtigt: »Es scheint, daß [man] zweifelt, ob ich ›amerikanisch‹ genug für diesen Film bin. Ich habe ihm geantwortet, der ›amerikanischste‹ Komponist, Irving Berlin, ist ein russischer Jude – und ich bin ein deutscher Jude, das ist der ganze Unterschied.«[16] Lotte spricht ihm aus der Ferne Mut zu und ermuntert ihn zu härterem Vorgehen. Sie beschwört ihn, ja nicht zu kapitulieren: »So schade es ist, aber man kommt immer wieder dahinter, daß man mit anständig sein allein, so gar nichts erreicht.«[17]

Weill bekommt auch Gelegenheit festzustellen, daß seine unkonventionelle Ehe mit Lenja ungleich stabiler ist als alle verqueren Beziehungen, deren Begutachter er wird, als er in den Küchen und Wohnzimmern der Hollywoodstars ein- und ausgeht. Mit Genugtuung konstatiert er: »Ich glaube, wir sind das einzige Ehepaar ohne Probleme.«[18] Auf einmal findet er Lotte und sich schrecklich normal.

Die so frustrierenden Eskapaden in den goldenen Westen bringen den Weills immerhin einen gewissen Wohlstand. Im September 1937 ziehen sie in ihre eigene Zweizimmerwohnung an die Upper East Side, East 62nd Street. Madeleine Milhaud kümmert sich derweil in Paris um die Verschiffung der Güter von Louveciennes nach New York. Und im Sommer 1938 haben Lotte und Kurt genug beisammen, um ein kleines Haus an der Haverstraw Road in Suffern mieten zu können; die fünfunddreißig Meilen von Manhattan ins ländliche Idyll lassen sich in ungefähr einer Stunde Fahrt mit Kurts »Max« spielend bewältigen. Wie zuvor in Berlin und Paris, hat sich der seßhafte Ehemann gegen die nomadisch veranlagte Gattin durchgesetzt – Kaisers Refugium in Grünheide war wohl sein heimliches Vorbild. Nur bei längerwährenden Verpflichtungen kriecht man in zentral gelegenen Appartements von Freunden unter. Lenja hat für spontane Übernachtungen auch nichts gegen das beschauliche Stundenhotel Belvedere in der 48. Straße einzuwenden, dem »von dir so geliebten«[19] schäbigen Etablissement – Weill verabscheut solche Adressen, wie der kleine Seitenhieb verdeutlicht. Lottes Alleingänge auf und außerhalb der verführerischen Insel am Hudson machen ihm weiterhin zu schaffen. Als in ihrer Wohnung in Manhattan ein Zimmerbrand ausbricht und er ihr, mehrere tausend Kilometer in Hollywood entfernt, nicht sofort zur Hilfe eilen kann, fühlt er sich ohnmächtig und hilflos.

Doch auch in anderer Hinsicht mahnt Kurt zur Umsicht: »Wir wollen mit dem Geld sehr vorsichtig sein, Blumi, weil doch schließlich das alles, was ich jetzt mache, nur eine Berechtigung hat, wenn ich genug damit ersparen kann, um dann endlich mal wieder etwas ganz großes, auf meinem früheren Niveau zu machen. Ich möchte nicht in den Fehler verfallen, den hier alle machen, […] daß man das Geld, das man verdient, ausgibt und dann wieder einen neuen Job annehmen muß und allmählich ein vollkommener Sklave von Hollywood wird. Ich weiß ja, daß das auch Deine Ansicht ist. Wenn wir aufpassen, könnten wir im Herbst […] uns in der Nähe von New York ein kleines Haus mieten, ein Mädchen, ein Auto, und dieses Zigeunerleben aufgeben, das einen ja garnicht zur Besinnung kommen läßt. Das wird auch für dich viel besser sein. Natürlich kannst du dir kaufen was du brauchst, reiten, Sport treiben usw. Aber bitte sei vorsichtig in der Wahl deines Umgangs, damit dich nicht wieder irgend jemand ausnützt. Sei nicht böse, daß ich dir das sage, du weißt, wie ich es meine. Wir sind ja beide jetzt in dem Alter, wo wir unser Leben so formen müssen, daß wir das beste an Leistung herausholen müssen, was uns erreichbar ist. Geld kann nur dazu dienen, sich unabhängig zu machen.«[20]

Lotte kann ihre wiederholten Versprechen, ihn in Santa Monica besuchen zu kommen, nicht halten: Kurz darauf bändelt sie mit Bill Jones an, einem jungen blonden Mann, und entscheidet sich Hals über Kopf für einen stürmischen Trip nach Texas: zu zweit. Das »wilde Tier« in Billy, so ihre eigenen Worte, fasziniert sie, und Kurt wartet vergeblich auf sein Linnerl, in dessen Gefühlsleben es schon wieder heftig brodelt. Ihr erotischer Appetit ist geweckt, Gedanken an den beschäftigten Gemahl allein vermögen ihn nicht zu stillen.

»Männer aller Altersgruppen waren verrückt nach ihr«, erinnert sich Lottes Freundin Gigi Gilpin, die sie im »Acting Studio« von Benno Schneider kennenlernte – Lenja hat sich auf Cheryl Crawfords Anregung zu systematischem Schauspielunterricht durchgerungen, denn auch der störende Akzent soll möglichst schnell getilgt werden. Für Liebesgeflüster mit dem Texaner Billy, einem Cowboy wie aus dem Bilderbuch, verfügt sie schon jetzt über einen idiomatisch zufriedenstellenden, anspielungsreichen Wortschatz. Resigniert enthält sich Kurt in seinem nächsten Gruß an Lotte allzu schwerer Vorwürfe und schwelgt in törichtem Wunschdenken: »Ich selbst kann es kaum erwarten, hier wegzukommen. Ich habe das Gefühl, daß ich ins Leben zurückkehre von irgendeinem anderen Ort, wahrscheinlich von der Hölle. Ich freue mich auch so, dich endlich wiederzusehen. Ich hatte das in meinem vorigen Brief doch nicht so gemeint, das weißt du. Es war nur, daß ich enttäuscht war, weil du nicht kamst, nachdem ich mich schon so gefreut hatte und allen Leuten erzählt hatte, daß du kommst. Aber ich weiß doch, daß Du gern gekommen wärest.« Was ihre materielle Situation betrifft, konstatiert er nun aufmunternd: »Es ist uns ja unberufen lange nicht so gut gegangen, und wenn wir noch ein bißchen Glück haben, wird es uns wieder so gut gehen finanziell wie früher.«[21]

Wie immer kompensiert Kurt seine Enttäuschung mit einer Flut neuer Projekte. Zurück in New York und Suffern, wird er mehr als je zuvor zum Workaholic, huldigt, Not und Eigensinn gehorchend, einem selbstverordneten Zölibat. Aus Europa erreicht ihn Aufrichts Nachricht, die *Dreigroschenoper* sei für die Pariser Weltausstellung 1937 geplant, Frankreichs beliebteste Diseuse Yvette Guilbert solle Miss Peachum sein. Weill schreibt auf ihren Wunsch eigens zwei Lieder, wobei er sich um eine Balance zwischen Berliner und Pariser Charme bemüht – wahrscheinlich hat Guilbert dann aber doch ihre eigene Musik zu selbstverfaßten Texten gesungen und auf Weills neue Nummern verzichtet. Danach arbeitet er an der Bühnenmusik *Madam, Will You Walk?*, einer modernen Faust-Paraphrase, und schreibt 1938 *Two Folksongs for the New Palestine*, Arrangements vorgegebener Melodien. Für die Sammlung komponieren auch Copland, Milhaud, Honegger, Dessau, Wolpe und Toch.

Beeindruckt von einer emigrantenfreundlichen Rede Roosevelts im Radio, kommt Kurt die Idee für das »pageant« *The Common Glory*, das er zusammen mit Paul Green für das »Federal Theatre« konzipiert. Es bleibt ebenso unvollendet wie ein weiterer Beitrag zur Dokumentation des »American dream« durch Weill, ein Porträt des Volkshelden und Kongreßabgeordneten *Davy Crockett*. Für den Rundfunk entwirft er im Januar 1940 die Kantate *The Ballad of Magna Carta*, eine viertelstündige Auftragsarbeit für die Radioserie *The Pursuit of Happiness*. Es folgen Lieder nach Brecht und Robert Frost, und für die New Yorker Weltausstellung 1939 bestellt die »Eastern Railroad« eine Eisenbahn-Phantasie unter Beteiligung aller Kunstformen bei dem Deutschen, der sich schon so viele Verdienste bei seiner systematischen musikalischen Dokumentation der amerikanischen Geschichte erworben hat. *Railroads on Parade* ist Weills akklamierter Beitrag von einer Dreiviertelstunde Länge. Inspiriert von Honeggers futuristischer Maschinenmusik *Pacific 2.3.1.*, in deren Zentrum gleichfalls eine Lokomotive steht, bringt Kurt Tänzer, Schauspieler, Sänger, Chöre, fünfzig Pferde und mehrere Loks in einer szenisch vielschichtigen Choreographie zusammen. Am 30. April 1939 gezeigt, erregt das Spektakel mit einer Textvorlage von Edward Hungerford großes Aufsehen, zumal es Weill mit Hilfe akustischer Effekte gelingt, eine Vielzahl amerikanischer Lieder aus der Kolonialzeit wirkungsvoll in den Gesamtzusammenhang aus Eisenbahnsigalen und Rezitation einzubauen.

Seinem Beitritt zur ASCAP, der US-Vereinigung professioneller Komponisten, steht nun nichts mehr im Wege. Und während Weills Novachord am Broadhurst Theatre zu Elmer Rices Komödie *Two on an Island* das Schicksal zweier Liebender in Manhattan bebildert, rast der Erdball auf eine neue Katastrophe zu. Als der Zweite Weltkrieg ausbricht, sitzen Mr. and Mrs. Weill fest im Sattel und haben es sich in Suffern gemütlich gemacht.

Allein aus psychologischen Gründen tat Lotte ihr erstes wichtiges Nachtclub-Engagement in der Neuen Welt gut. Zu ihrem großen Bedauern versäumte Kurt, in Los Angeles als Geisel der Filmproduzenten unabkömmlich, ihr Cabaret-Debüt im »Ruban bleu«. Dessen Direktor, Herbert Jacoby, war ein alter Hase im internationalen Entertainment und hatte, bevor es ihn nach New York zog, lange Jahre den sagenumwobenen Pariser Club »Le bœuf sur le toit« geleitet, Treffpunkt der »Six« und Brutstätte des französischen Jazz. Musik- und Filmtiteln blieb er auch mit seiner Bar »The Blue Angel« treu, und Lenja war ihm noch aus jenen Tagen ein Begriff, als sie in der Seitenstraße der Champs-Élysées den »Ochsen auf dem Dach« mit improvisierten Einlagen ordentlich in Schwung gebracht hatte. Für die Dauer von vier Wochen gab ihr Jacoby im April und Mai

1938 eine Chance, und als Lotte sich zum erstenmal neben dem Pianisten auf einem stilisierten Barhocker niederließ, hatte Hitler gerade per »Anschluß« ihr Heimatland Österreich annektiert.

»Le Ruban bleu« in der 56. Straße diente vielen vertriebenen Showstars als Sprungbrett für eine neue Karriere, und auch die Aufmerksamkeit von Presse und Fachpublikum, die Lenja dort zuteil wurde, bildete da keine Ausnahme. Sie sang, eingedenk der feindseligen Reaktionen bei der »Composers' League«, vorwiegend auf Englisch, Blitzsteinsongs, Brechtlieder, Berliner Erfolge und *The Right Guy* aus Kurts verunstaltetem Lang-Film *You and Me*. Wohlwollende Zeitungsberichte und Zuspruch von Kleinkunstenthusiasten ließen nicht lange auf sich warten, Theatervolk drängte in das Lokal, das seine Pforten erst zu nächtlicher Stunde öffnete. Die Kollegen Burgess Meredith und Tilly Losch schauten vorbei und blieben gern für ein zweites Glas, Modephotograph Horst P. Horst und Schlagerkomponist Cole Porter bestellten einen Cocktail, wenn Lotte *I've Got the Tune* ins Mikrophon hauchte. Hilde Halpern, eine Bekanntschaft von der *Majestic*, erschien und war gefesselt.

Lenja erwarb Routine und kam mit der intimen Tuchfühlung, auf die sie in diesem beengten Rahmen festgelegt war, besser zurecht als erwartet. »Sonnenblumi« wird von der stolzen Debütantin umgehend Bericht erstattet: »Ich hatte eine nette Kritik in der *Times (Sunday)*: *engaging* ›young‹ *Lady* (auf die *Lady* lege ich keinen Wert). [...] Gestern war es wieder so voll, daß man nicht atmen konnte. Ich bin jetzt richtig gut [...] Den *right guy* singe ich jetzt ganz leise, und es ist jedesmal ein großer Erfolg. Gestern abend waren sie richtig verrückt mit mir. Hatte viele Bekannte drin. [...] Sie waren schwer begeistert. Ich hatte den ›Surabaya‹ gesungen, und Jakobi sagte, ich wäre noch nie so gut gewesen. Du glaubst gar nicht, was alles für Leute kommen und *songs* verlangen. Gestern wollte einer den Anfangssong von *Anna-Anna* [*Die sieben Todsünden*] hören. Es macht mir jetzt Spaß, und ich bin froh, daß ich es gemacht habe. Ich lerne sehr viel dabei. Ich weiß jetzt wie ein *Audience* [Publikum] zu nehmen [ist].«[22]

Unter den bewundernden Gästen fand sich auch allabendlich George Davis ein, ein junger homosexueller Romancier und Publizist, der damals die Literaturseiten von »Harper's Bazaar« verantwortete. Er hatte das Talent von Carson McCullers und Truman Capote entdeckt, verbrachte als passionierter Frankophiler jede freie Minute in Paris und verehrte Lenja bedingungslos, vom ersten Zusammentreffen an. Auch George war Lotte auf Anhieb sympathisch. Ihr bald treuester Freund in Manhattan scharte gern eine Runde trinkfester Literaten um sich. Durch ihn wurde Lotte in Künstler- und Intellektuellen-Zirkel eingeführt, die sich nicht ausschließlich um musikalische Insider drehten; mit ihm ging sie ins Theater, erlebte Ruth Gordon auf der Bühne und polierte ihr Amerikanisch, bis es immer geläufiger wurde. Als eloquenter Alleinunterhalter wurde Davis ihr idealer Gefährte für geistreiche Konversationen, in die sich der Tratsch von Manhattan und die Diskussion gewichtiger ästhetischer Probleme wie selbstverständlich mischten.

Und eines Abends machte sogar Marlene Dietrich ihrer alten Berliner Kollegin Lenja ihre Aufwartung: Schlagartig verwandelte sich die Atmosphäre im »Ruban bleu«, und Lotte gelang, von der Anwesenheit der Leinwandgöttin angestachelt, ihre konzentrierteste Performance. Die Dietrich hielt mit ihrer Begeisterung nicht hinter dem Berg und applaudierte Lotte mit ostentativer Vehemenz. Beim Schlußbeifall bat sie Mrs. Weill an ihren Tisch: Damit war das Gelingen von Lenjas Gastspiel durch höchste Instanz besiegelt. Marlenes Verbeugung bewirkte einen Schneeballeffekt, und bis zum letzten Auftrittsabend steigerten sich Resonanz und Perfektion von Lottes Darbietungen.

Doch am Monatsende waren Hochgefühl und Selbstvertrauen schnell verflogen: Lenja unterzog ihr Debüt einer kritischen Bestandsaufnahme, und die vage Aussicht, irgendwann einmal wieder ein Engagement an Land zu ziehen, versetzte sie unvermittelt in eine fatalistische Stimmung. Als Realistin kannte sie die Vergänglichkeit des Applauses, mochte er auch stürmisch ausgefallen sein, und war hart im Nehmen, wenn sein Echo unwiderruflich verhallte. Im Rückblick bewertete sie ihre Kabaretterfahrung recht pessimistisch, obwohl George Davis ihr jedes aufgeschnappte Kompliment über ihre unnachahmliche Bühnenpräsenz per Telephon zukommen ließ und auf ihren Wangen noch der Abdruck von Marlenes Lippenstift haftete: »Also, das wäre das. – Es hat mir nichts geschadet, ich habe eine Menge gelernt, es hat mir soweit nichts genützt, ich habe es gehaßt wie selten eine Arbeit. (das kann ich Dir jetzt ohne Dich nervös zu machen ruhig sagen).« Sie schlief, offenbar am Ende ihrer Kräfte, erst einmal siebzehn Stunden durch. »(Das ist die ›Ameisgasse‹ in mir.) Ich fühle mich wie neugeboren.«[23]

Der Umstand, nicht selbst eine genuin kreative Künstlerin zu sein, komponieren oder texten zu können, wurde immer mehr zu Lenjas Dilemma. Sie machte sich nichts vor: sie war dazu verurteilt, auf Songs zu warten, die Blitzstein oder andere junge Amerikaner für sie schreiben mochten; sie war abhängig von Kurts Einfällen, seinem Verhandlungsgeschick, seinen eventuellen neuen Bühnenerfolgen. Identifiziert wurde sie bestenfalls, und dann ausschließlich von »émigrés« oder einer Minderheit neugieriger New Yorker »celebrities«, mit einer heroischen, im Untergang begriffenen Epoche, deren Wurzeln in Berlin und Paris längst abgestorben waren. Über dieses Vakuum hatten sie weder der Umzug ins idyllische Suffern noch die Ablenkung mit Bill, Bestätigung ihrer ungebrochenen erotischen Reize, hinwegtäuschen können.

Ihre One-woman-show im »Ruban bleu« blieb bis zum Herbst 1941 ihr einziges amerikanisches Engagement. Mehr als drei Jahre sollten vergehen, bis sie mit *Candle in the Wind* wieder regelmäßig auf einer Theaterbühne stand und auf Tournee gehen durfte. Die wenigen Silvestertage 1938/39 mit Kurt in Florida boten da nur wenig Gelegenheit zur Verdrängung. Lotte fühlte sich nutzlos. Sie war die Emigrantin, er der arrivierte Wahlamerikaner. Je vager ihre darstellerischen Ambitionen, ihre sängerischen Pläne wurden, desto mehr vielversprechende wie unerledigte Projekte schienen sich in Kurts Arbeitszimmer zu häufen. Wenn für sie ein ganzes Jahr wie eine wüste, amorphe Ebene vor ihr lag, ohne konkreten künstlerischen Hoffnungsschimmer und ohne Motivation, dann verging für ihn kaum ein Abendessen oder wichtiges Treffen, aus dem sich nicht eine verlockende Idee, eine neue Bekanntschaft, der Funke zu einem Musical ergeben hätte.

Weill schrieb mit leichter Hand, sagte manchmal allzu leichtfertig zu, aber fundamentale Schaffenskrisen, Schreibhemmung oder Blockaden waren ihm unbekannt. Für ihn war vielmehr typisch, in ein ästhetisch noch ungewisses Vorhaben ungeheure Energien zu investieren, bis zum Umfallen zu arbeiten, Enttäuschungen wegzustecken und ohne Grübeleien den nächsten schweren Brocken in Angriff zu nehmen. Er tat, was er konnte, um Lenja in einer Produktion unterzubringen. Doch für vierzigjährige Europäerinnen gab es nur wenige adäquate Rollen. Hunderte von Starlets umlagerten die Broadwaytheater und Filmagenturen und verliehen ihrem Ehrgeiz notfalls mit dem Einsatz ihrer physischen Vorzüge Nachdruck. Von solchen Beweisen berechnender Bereitwilligkeit hatte sich Weill, mehr, als es Lotte recht sein konnte, in Santa Monica überzeugen können. Am Pazifik trat er als Junggeselle auf, verfügte nicht selten über sturmfreie Unterkünfte. Auf diese Weise vergingen langwierige Warteperioden in Hollywood rascher, und Kurt schien es nicht angezeigt, Details seines neuen Zeitvertreibs in Briefen an Lenja zu erwähnen.

Lange bevor sich die Hiobsbotschaften aus Europa häuften, die Kunde von der verheerenden »Kristallnacht«, den Razzien und Pogromen, den Lagern und den Annexionen friedlicher Staaten, zog das Ehepaar einen Schlußstrich unter seine deutsch-österreichische Vergangenheit. Mit dem Englischsprechen unter vier Augen, mit dem Abfassen von Briefen in der neuen Sprache hatten sie den Grundstein gelegt für eine hundertprozentig amerikanische Existenz. Schon im Sommer 1937, ein halbes Jahr nach der Wiederverheiratung, beantragten sie die US-Staatsbürgerschaft, sahen sich zu einem kurzen Abstecher nach Kanada gezwungen, um ihre nach 24 Monaten abgelaufenen »immigrant visas« zu erneuern. Vom August ihres dritten amerikanischen Sommers bis zum August 1943 vergingen in den Mühlen der Einwanderungsbehörden auf den Tag genau sechs Jahre, bevor Mr. and Mrs. Weill die ersehnten Papiere in den Händen hielten und sich Amerikaner nennen durften. Dazwischen lag fast der gesamte Zweite Weltkrieg.

Lotte betrachtete ihren neuen Paß, studierte ihr Photo und suchte nach Linnerls Spuren auf dem Dokument. Von dem einstigen Zirkuskind aus Penzing war kein besonderes Merkmal übriggeblieben, und das, befand sie, war eigentlich ganz gut so. Sie begutachtete wieder einmal ihren Künstlernamen, und nun war sie bereit für eine kleine Retusche: Sie entschloß sich, Lenya fortan mit einem Ypsilon zu schreiben.

7
Das Paar läßt sich photographieren

> Man vergißt mit der Zeit, wie sehr man Teil
> des Menschen geworden ist, den man liebt,
> und wenn man dann eine Weile allein ist, hat man Zeit,
> eigene Gefühle und eigene Gedanken zu sammeln,
> und dann weiß man wieder und ist sich sicher,
> daß man ohne ihn nicht leben kann.
>
> Darling, jetzt sieht das Leben ganz anders aus, seit Du hier warst.
> Und der Kuchen ist auch alle. Endlich.
>
> LENYA

Am 14. Juli 1940 lief wieder ein großes Passagierschiff in den New Yorker Hafen ein. Die Weills hatten die Rollen vertauscht, sie standen diesmal selbst am Kai, um ein anderes Emigrantenpaar im »promised land« willkommen zu heißen. Über die Reling beugten sich die Milhauds, mit knapper Not ihren antisemitischen Häschern entronnen. Von Paris nach Lissabon führte ihre abenteuerliche Flucht. Kurt hatte alles in seiner Kraft Stehende unternommen, um Darius auf der Sonnenseite der Weltgeschichte behilflich zu sein; in den alarmierenden Briefen seines Kollegen, die ihn Tag um Tag aus dessen portugiesischem Exil erreichten, spiegelte sich schon seit Wochen die nackte Angst.

Madeleine und er, ihren Sohn Daniel im Schlepptau, vertrauten ihrem Freund »Kurtschen Weillschen« vom Broadway. Bevor sie nach Kalifornien übersiedelten, wo eine Professur in Oakland auf den Provenzalen wartete, lernten sie erneut die Uneigennützigkeit Weills schätzen. Als ihn der Produzent Russell Lewis mit einer Aktualisierung und Neuinstrumentierung von Offenbachs Operette *La belle Hélène* beauftragte, zögerte Kurt nicht, das Projekt Darius zuzuschustern. »Wie immer ist er von einer unermeßlichen Güte. Er gehört zu jener Sorte echter Freunde, auf die man immer zählen kann, vor allem dann, wenn einem das Schicksal harte Schläge versetzt«,[1] vertraute Milhaud seinem im besetzten Frankreich zurückgebliebenen »Six«-Kollegen Poulenc voller Bewunderung an. Auch Madeleines Zuneigung war ungebrochen, und sie durfte konstatieren, daß Lenya ihren angestammten Platz zurückerobert hatte. Zwei Freundespaare kehrten dem Atlantik den Rücken und marschierten untergehakt durch den Battery Park auf Downtown Manhattan zu.

In den späten Dreißigern begann es am Broadway wieder zu rumoren. Von der »Theatre Guild« hatten sich fünf der besten und erfolgreichsten Dramatiker Nordamerikas abgesetzt und die »Playwrights' Company« ins Leben gerufen. Unter diesen »big five« befanden sich Elmer Rice, Robert Sherwood und Maxwell Anderson; »Guild« und »Company« besaßen bald eine unwidersprochene Hegemonie in der New Yorker Theaterszene. Nur noch Eugene O'Neill konnte es mit Andersons Ruhm aufnehmen: Maxwell hatte zeitweise bis zu drei Stücke gleichzeitig an der bedeutenden Theatermeile untergebracht, 1933 den Pulitzerpreis gewonnen, und sein Antikriegsdrama *What Price Glory?* schon 1924 Geschichte gemacht. Weill und Lenya hatten letzteres unter dem deutschen Titel *Rivalen* womöglich in Berlin auf der Bühne erlebt, wo es 1929, in einer Übersetzung von Carl Zuckmayer, inszeniert von Piscator, mit Hans Albers und Fritz Kortner in den Hauptrollen, gelaufen war.

Kurts Begegnung mit Anderson, 1938 auf einer Party in New City, war ein beispielloser Glücksfall: Weill faszinierte die kompromißlose moralische Haltung des Dramatikers. Die Perspektive, mit Anderson an *Johnny Johnson* anknüpfen zu können, versetzte Weill in Hochstimmung. Dagegen hatte sich der Amerikaner noch nicht auf das Terrain des »musical play« vorgewagt und fand in Kurt ein ideales Gegenüber. Anders als mit Brecht blieb ihre arbeitsintensive Beziehung frei von ideologischen Spannungen und persönlichen Ressentiments, im Gegenteil: Anderson, zwölf Jahre älter als Weill, wurde bald Kurts bester Freund.

Den hünenhaften Maxwell, zunächst spezialisiert auf historische Versepen, verglichen Zeitgenossen gern mit einem Bären. Mal in sich gekehrt, vor sich hin brummelnd, dann wieder laut polternd und energisch, ergänzte er sich bestens mit dem kleinwüchsigen, flinken Komponisten aus Deutschland, der sich nichts sehnlicher wünschte als einen fähigen, prominenten Seniorpartner, so ebenbürtig wie zuverlässig, mit der gleichen Vorliebe für Stoffe, die seinen Traum von einer Musikalisierung der amerikanischen Geschichte Gestalt annehmen ließen. Lenya fand ihren Widerpart in Maxwells Ehefrau Mab, einer um etliche Jahre jüngeren Schauspielerin, deren Bühnenkarriere im Moment auf der Stelle trat und die sich in die Rolle der Hausfrau geschickt hatte, spezialisiert auf die Ausrichtung geistreicher Abendgesellschaften. Mab und Lenya spielten mit Vorliebe Karten, und es entspann sich eine regelrechte Frauenfreundschaft – ein Novum für Lotte – in der Künstlerkolonie an der South Mountain Road von New City. Dorthin, Tür an Tür mit den Andersons, waren die Weills im Mai 1941 gezogen.

Kurt hatte es unterdessen geschafft: Seine neuen Musikdramen, allen voran *Knickerbocker Holiday, Lady in the Dark* und *One Touch of Venus*, fanden am Broadway die erwünschte Akzeptanz und die erwartete Laufzeit. Es klappte für ihn endlich auch ohne Brecht, und die talentiertesten Librettisten rissen sich um seine Partituren. Durch den Verkauf von Filmrechten seiner neuesten Musicals kam eine hübsche Summe zusammen, und das Paar entschloß sich, in die eigenen vier Wände zu investieren.

Ihr neues Refugium nannte sich Brook House, und hinter dem großen Garten floß tatsächlich ein kleiner Bach durch das Grundstück, in dem es Forellen gab. Und kaum hatten sie Suffern aufgegeben und sich in New City eingekauft, um dichter bei den Andersons, dem gefeierten Bühnenstar Burgess Meredith und anderen ruhebedürftigen New Yorkern zu sein, die fürs Wochenende an die beschaulichen Hänge am Hudson flohen, entdeckte Kurt ganz neue Züge an sich. Wann immer ihm die Theaterarbeit Ruhe ließ, trieb es ihn ins Freie, zum Anlegen eines Gemüsegartens, zum Rasenmähen, einer Beschäftigung, die er nachgerade liebte, und natürlich zum Fischen. Häuslich zu werden und kleinbürgerlichen Hobbys nachzugehen, war ihm nicht peinlich: Er rühmte seine Idylle an der South Mountain Road bei jeder sich bietenden Gelegenheit, und wenn Lotte ihm manchmal ihre Gesellschaft verweigerte, brauchte er nur auf seinen neuesten treuen Gefährten zurückgreifen: Auf der Veranda wartete schon Hund Woolly, ein Geschenk von Moss Hart, dem Autoren der *Lady*. Harras' Nachfolger, ein liebenswertes, zotteliges Wollknäuel, fand ums Brook House genug Platz zum Auslauf, und Kurt frönte den Freuden des vollauf zufriedenen Landmanns.

Als ausgefuchster Theatermann mit der Fähigkeit zu ausgeprägter Selbstironie fiel es ihm nicht schwer, das Image harmlosen Biedersinns zu kultivieren. Über den Zaun hinweg hielt er ein Schwätzchen mit Paulette Goddard, einst Gattin von Chaplin – jetzt komponierte Weill für sie und ihren neuen Ehemann Meredith einen schmissigen Hochzeitsmarsch. Und zum samstäglichen Barbecue schauten Milton Caniff, Amerikas beliebtester Comic-strip-Zeichner, und seine Frau Bunny vorbei: New City glich einer Satellitenstadt, bevölkert von den tonangebenden Figuren der New Yorker Szene. Nach getaner künstlerischer Arbeit verwandelten sie sich in Gartenzwerge und krempelten die Ärmel hoch, um ihre Fertigkeiten mit der Heckenschere zu demonstrieren. An der South Mountain Road galt es als schick, nicht auch noch in der Freizeit das intellektuelle Säbelrasseln fortzusetzen: Small talk und das Hegen und Pflegen sozialer Kontakte sowie des Gartens waren hier gefragt.

Lenya stand der Sinn nach anderem Amüsement. Zwar ließ sie sich von Zeit zu Zeit zu einer Canasta-Runde unter Damen herab – die Männer wollten sie beim Pokern nicht dabeihaben, denn ihr Spieleifer und Talent hatten die werten Gatten schnell ins Verliererlager befördert. Pardon wurde nicht gegeben, wenn Lotte ihre Gewinne einstrich. Ihre Tricks und ihr rauhes, triumphierendes Lachen waren gefürchtet. Hesper Anderson, die halbwüchsige Tochter von Max und Mab, verehrte die neue Freundin ihrer Eltern. Vom Treppenabsatz aus beobachtete sie fasziniert, wenn ihre Mutter, Bunny Caniff und Lenya um den Kartentisch hockten – das stundenlange Auf- und Abwippen eines blonden, eines braun- und eines rothaarigen Kopfes, begleitet von Aufschreien und einem nicht endenwollenden Konversationsfluß, erschien ihr wie ein surreales Marionettenspiel. Lenya war der Rotschopf im Trio der »housewives« und wurde in Hespers Gesellschaft binnen kurzem wieder zu einer unvernünftigen, albernen Göre, heilfroh darüber, mit einer Gleichgesinnten allein zu sein und nicht dauernd eine Erwachsene vorgeben zu müssen.

Wenn sie von den Nachbarn zum Liedvortrag gebeten wurde, zierte sie sich oft länger als nötig. Ohne störende Zeugen sang sie Hesper in der Küche hingegen freiwillig etwas vor, tanzte wie wildgeworden zum Hüpfen der Waschmaschine durch das Untergeschoß ihres Eigenheimes, summte Brecht-Songs zu den letzten Zuckungen des Schleudergangs. Zum Vergnügen des jungen Mädchens übertrieb sie ihren Wiener Akzent und gab Kommentare von sich, die ihrer Zuhörerin aufregend, exzentrisch und typisch europäisch vorkamen. Feminine Ideale ihrer Wahlheimat wurden von Lenya rigoros gegen den Strich gebürstet.

Anderntags liebäugelte sie mit Hespers Halbbruder Quentin, Maxwells Sohn aus erster Ehe. Der junge Mann bekam als erster in New City zu spüren, wie ausgehungert nach Zärtlichkeit oder einfach nur nach Abwechslung die arbeitslose Diseuse war. Kurt zuliebe stutzte sie die Rosenstöcke, durchstreifte die Antiquitätenläden in der näheren Umgebung und stopfte die Zimmer von Brook House mit altertümlich anmutendem Mobiliar voll. Je vollkommener ihr Müßiggang fern von Manhattan zu werden drohte, desto rastloser wurde sie. Der harmonische Lebenswandel all dieser gutsituierten Paare und ihrer Kinder, die sie hier auf dem Lande umgaben, war ihr suspekt. Wenn sie es gar nicht mehr aushielt, fuhr sie zu George Davis in die City.

George hauste derzeit im historischen Distrikt von Brooklyn Heights in der Middagh Street, Mittelpunkt einer alternativen New Yorker Szene und Schauplatz experimentellen Zusammenlebens. In Vorwegnahme von Wohngemeinschaften und Konstellationen freier Liebe lebten hier auf engstem Raum die Paradiesvögel der Off-Szene unter- und miteinander; unruhige Geister, Neurotiker, Genies und Begabte, Berufene und Tagediebe, Außenseiter und Androgyne. Da waren die Stripteasetänzerin Gypsy Rose Lee, der Liedsänger Peter Pears, der Bühnenbildner Oliver Smith, die Komponisten Copland und Britten, das Ehepaar Bowles; Dalí, Leonard Bernstein und Christopher Isherwood kamen vorbei und blieben über Nacht. In wessen Zimmer, in wessen Bett, das wußte niemand genau zu sagen, und die gesamte Hausgemeinschaft umgab etwas Enigmatisches, Unkonventionelles, Verbotenes. Lotte verfiel dem Esprit aus Unzucht und Avantgarde, der die nie aufgeräumten Studios und Schlafkammern beherrschte. Sie liebte die undurchschaubaren Stories der Bewohner, lauschte Gerüchten und Geräuschen, die aus den Liebesnestern drangen, dem Klappern von Tasten, dem Stimmen von Saiten. Dezenter Opiumgeruch umgab sie. In jedem Raum klimperte ein Klavier, arbeitete jemand vor einer Leinwand, entstand auf einer Reiseschreibmaschine Weltliteratur. Davis verkörperte in diesem stimulierenden Ambiente die Verwirklichung künstlerischer wie sexueller Anarchie für Lenya. In der Middagh Street war die Einheit ästhetischer Ziele und experimenteller Lebensführung mit Händen zu greifen. Künftige Stars des Nachkriegs-Underground, Geheimtips der Generationen nach 1945 liefen ihr vor die Füße, erzählten ihr ihre Lebensgeschichte.

Zwischen diesem Tollhaus und den Vorgärten von New City, in denen die Könige des Broadways ihren Feierabend genossen, lagen Welten. Die einen lebten wie Künstler, noch ohne ihr erstes Buch verlegt zu haben, die anderen führten eine Bürgerexistenz und beanspruchten dennoch eine Vorreiterrolle für ihre Großproduktionen, denen das Publikum der Boulevardtheater zu Füßen lag. Einen Moment lang bekam Lotte Sehnsucht nach den schmutzigen Gläsern, die sie als Seeräuber-Jenny zu spülen gehabt hatte.

Für Kurt beginnt in Suffern und New City eine neue Zeitrechnung: Der Umzug aufs Land und die enge Verbundenheit mit Anderson, den Lenya und er unter sich liebevoll-verächtlich »Papa Sudermann« nennen – eine Anspielung auf dessen Vorliebe für historische Stoffe und barocke Sprache –, ist gleichbedeutend mit seinem kometenhaften Aufstieg am Broadway. Weills Ehrgeiz ist ungebremst, er besteht darauf, einen völlig neuen Operntypus für die Vereinigten Staaten zu kreieren: um den Preis, seinen europäischen Personalstil bis zur Unkenntlichkeit den neuen Gegebenheiten anzupassen.

Erster Schritt in Richtung seines »opus americanum« ist die »Quasi-Operette« *Knickerbocker Holiday,* eine satirische Saga der Geschichte New Yorks, die auf Washington Irvings Klassiker *The History of New York by Diedrich Knickerbocker* basiert. Andersons Bearbeitung erzählt die Historie der Besiedelung von Manhattan neu und verstärkt noch die im Original angelegten komischen Akzente. Im Mittelpunkt der verwickelten Handlung um Pioniere, Lokalpolitiker, Bestechung und Liebe steht der neue Gouverneur der Insel in holländischem Besitz, Peter Stuyvesant. Maxwell und Kurt gelingt es, für diese Paraderolle einen großen Theaterstar aus Kalifornien abzuwerben: Walter Huston findet es durchaus reizvoll, mit einem Holzbein aufzutreten und in einer Hauptrolle einen gewichtigen Gesangspart zu versehen. Er sagt zu, unter der Bedingung, daß deftige Liebesszenen hinzukommen und eine markante Liedeinlage extra auf seine Persönlichkeit zugeschnitten wird. Telegramme und Telephonate wandern zwischen Ost- und Westküste hin und her; in einer Radiosendung singt Huston sogar ein paar Takte live, nur damit sich Weill, mit dem Ohr am Empfänger, mehrere tausend Meilen weiter östlich ein Bild von seiner spezifischen Stimmlage machen kann.

In wenigen Stunden schreibt Kurt für ihn den *September Song,* bis heute seine größte Erfolgsnummer in den USA und schicksalsverwandt mit dem Berliner Ohrwurm *Mackie Messer*: Beide Lieder werden auf besonderen Wunsch eines Schauspielers nach Abschluß der Partitur noch zusätzlich in das Stück aufgenommen und gelten, obwohl erst im nachhinein komponiert, noch heute als Kleinode der Musikdramen, scheinen deren Wesenszüge in besonderem Maße zu verkörpern. Harald Paulsen bestellte seinerzeit die *Moritat*, Hustons Hartnäckigkeit ist die Geburt des *September Song* zu verdanken – eine Melodie eigentlich ganz ohne Broadway-»Touch«, noch im europäischen Kabarett-Tonfall, nach wie vor Inbegriff des »amerikanischen« Weill. Kurt macht kräftige Anleihen bei *Kuhhandel* und *Surabaya Johnny,* und mit dem Zugpferd Walter Huston wird *Knickerbocker Holiday,* im Oktober 1938 am Ethel Barrymore Theatre herausgebracht, mehr als nur ein Achtungserfolg.

Spielleiter Joshua Logan scheint für seine Aufgabe prädestiniert: Der 29jährige war als Jüngling ein glühender Bewunderer der *Dreigroschenoper,* wie *Knickerbocker* ein Stück mit einer öffentlichen Hinrichtungsszene; Andersons *What Price Glory?* war ein Schlüsselerlebnis für seine Bühnenkarriere gewesen. Er ist stolz, als Regichoffnung die Teamarbeit seiner Idole inszenieren zu dürfen, und am Pult steht wieder einmal der treue Bravi, der seit 1936 ebenfalls in den USA lebt.

Bedenken von Andersons Kollegen, daß die zahlreichen Anspielungen auf die New-Deal-Ära und ein kaum verhülltes Roosevelt-Porträt zu scharf ausgefallen wären, entkräftet die Reaktion der Zuschauer: Maxwell braucht nur wenige Textpassagen abmildern und bereinigen, seine Seitenhiebe sind für den Broadway keineswegs zu unsanft, und die Parallelen zum Hier und Jetzt werden in aller Deutlichkeit vom Publikum goutiert. Roosevelt selbst schaut sich die musikalische Komödie in Washington an, ein Vorfall, der den Werdegang des Stückes entscheidend beflügelt, und amüsiert sich wundervoll, auf eigene Kosten. Die besorgten Augen seiner Wähler und »Untertanen« im Zuschauerraum wandern zwischen Bühne und Präsidentenloge hin und her, wann immer ein heikles Bonmot fällt, doch keine Spitze vermag das Staatsoberhaupt aus der Fassung zu bringen: Huston, Weill und Anderson bescheren ihm einen rundum vergnüglichen Theaterabend mit Gelegenheit zu selbstkritischer Reflexion.

Kurt scheint seinem Amerikanertum stofflich und idiomatisch näher denn je zu sein, und er verdient sich höchsten Respekt unter seinen Kollegen: Als einziger Broadwaykomponist orchestriert er seine Stücke und Musicals selbst – eine lästige Aufgabe, die andere gern »Routiniers« überlassen; eine einzige Schinderei, wenn nach den Voraufführungen noch ganze Partien in letzter Minute umgeschrieben – und eben auch uminstrumentiert werden müssen. Höchstpersönlich überwacht er die Orchesterproben und besucht, bis zu zweimal wöchentlich, mit dem Notizblock in der Hand bereits laufende Produktionen, um sich von der Frische und vom genauem Zusammenspiel der Musiker zu überzeugen: So viel Sorgfalt ist bis dahin absolut unüblich gewesen. Aber Weill überläßt nichts dem Zufall.

Lady in the Dark ist der zweite Schritt auf der Erfolgsleiter des »neuen Orpheus«. Weills Musical steht im Zeichen der in Mode gekommenen Psychoanalyse. Hitchcocks *Spellbound* mit von Dalí gestalteten Traumsequenzen und die populäre Surrealismuswelle, aus Europa ans Ufer der amerikanischen Ostküste geschwappt, stehen Pate. Kurts Partner sind diesmal Moss Hart, auf dessen Analyseerfahrungen die Stoffwahl zurückgeht, und Ira Gershwin, Bruder des zuvor so tragisch ums Leben gekommenen Komponisten. Ira ist zugleich Amerikas gefragtester Songtexter. Das zweiaktige Drama beleuchtet die Seelennöte einer erfolgreichen Geschäftsfrau aus der Modebranche im zeitgenössischen New York. Als selbstbewußt, emanzipiert und karriereorientiert kennen Kollegen und Angestellte die attraktive Liza Elliott, die aber insgeheim von Traumata aus ihrer Kindheit eingeholt, von Selbstzweifeln und Liebeslähmung geplagt wird. Drei großangelegte Traumsequenzen bieten Weill ideale Gelegenheiten für durchkomponierte, operettenhafte Musiksequenzen mit Songeinlagen, Duetten, ausladenden Orchesterpassagen und Chortutti.

Während ihrer Analysesitzungen durchlebt Liza und mit ihr das Publikum nacheinander einen Glamour Dream, einen Wedding Dream und einen Circus Dream. Eine weitere Phantasiesequenz, der Hollywood Dream, wurde von den Autoren fallengelassen. Am Ende ihrer Selbsterforschung erkennt Liza, daß sie sich zwischen ihrem vermeintlichen Traummann, einem Filmschauspieler, ihrem derzeitigen Liebhaber und ihrem Geschäftsfreund entscheiden muß – und für den weiteren Lebensweg kommt natürlich nur der bis dahin verschmähte Kollege in Frage: nach dem abgedroschenen Motto »if you can't be with the one you love, love the one you're with«. Weill schafft mit dem Song *My Ship* eine unvergeßliche Hymne – eine Melodie, die die Titelheldin seit ihren Kindertagen vergessen hatte und die ihr am Ende des Tunnels endlich wieder einfällt: Die Aussöhnung mit der eigenen Vergangenheit ist vollzogen, Liza sieht sich nunmehr zur großen Liebe imstande.

Mit *My Ship* knüpft Kurt wieder an die Meeres- und Bootsthematik an, von den Brecht-Opern über *J'attends un navire* omnipräsent in seinem Repertoire. Auch eine *Saga of Jenny* vervollständigt die Palette seiner Eingebungen. Und erstmals seit zwölf Jahren schreibt er ein gänzlich »unpolitisches« Werk, ohne jeglichen sozialkritischen Zeitbezug. Von Komponisten seiner Generation trägt ihm dieser Sinneswandel manchen Tadel ein. Virgil Thomson, ein Bewunderer des »Berliner Weills«, brandmarkt in seiner Kolumne die unverhohlene Sentimentalität, den »Kitsch« der *Lady* und bezeichnet sie rundweg als »Schnulze« – Kurt habe mit diesem Machwerk den Ausverkauf seiner künstlerischen Prinzipien in die Wege geleitet. Von anderen Theaterfachleuten kommen wohltuendere Retourkutschen: »Sie sind der größte lebende Theaterkomponist«, telegraphiert Harold Clurman, der schon seit *Johnny Johnson* davon überzeugt ist, daß Kurt einen goldenen Pfad beschreitet.[2]

Der öffentliche Zuspruch ist jedoch so eindeutig wie einmütig: Seit der Uraufführung am New Yorker Alvin Theatre unter der Leitung von Hart und Abravanel gehen fast fünfhundert Vorstellungen über die Bühne, Tourneen schließen sich an. Bei der Premiere sitzt Igor Strawinsky in der ersten Reihe. Der britische Musicalstar Gertrude Lawrence in der Partie der Liza füllt landauf, landab die Säle; in einem Nebenpart ist der junge

Danny Kaye zu bewundern, der der Diva mit einem Staccato-Rap, *Tschaikowsky* betitelt, beinahe die Schau stiehlt. Partituren und als lose Blätter vertriebene Songausgaben sind Verkaufsschlager, Paramount bezahlt die bis dato höchste Summe zum Erwerb der Filmrechte. Kurt und Lenya kleiden sich von Grund auf neu ein. Man leistet sich feine Anzüge und erlesene Abendgarderobe. Und ein schmucker Buick steht als Statussymbol nunmehr in der Einfahrt an der South Mountain Road. Mit Harts und Gershwins *Lady* zeigt Weills Erfolgskurve steil nach oben, materielle Ängste gehören für immer der Vergangenheit an. Das Musical wird mit Ginger Rogers verfilmt. Daß dabei von seiner Originalpartitur wieder nur Versatzstücke übrigbleiben, kümmert Kurt inzwischen nur noch wenig. Er geht auf die Spielchen zwischen Broadwayagenten und Filmstudios ein und weiß längst, daß Gewinner an der Theatermeile zwangsläufig Einbußen an den Schneidetischen von Hollywood hinnehmen müssen. Unübersehbar rückt er in die erste Garde der Theaterkomponisten auf.

One Touch of Venus, eine musikalische Komöde mit vielen Vätern, wird Weills dritter Streich. Wieder ist Manhattan der Schauplatz, wieder geht es um Liebe und Illusionen. Ein Barbier aus den »suburbs« gibt in der vornehmen Eingangshalle seines wohlhabenden Kunden einer Laune nach und streift einer antiken Venusstatue seinen Ehering über den Finger. Diese Leihgabe auf Zeit bewirkt eine verhängnisvolle Mutation: Ungewollt erweckt er die versteinerte Schönheit, bislang zur Unbeweglichkeit verdammt, zu einem anziehenden Wesen aus Fleisch und Blut. Die lebendige Venus verdreht ihrem Befreier, einem unbedarften jungen Mann, den Kopf. Ihre physische Zudringlichkeit, ihre unverblümte Fleischeslust verschrecken den harmlosen Verlobten, der sich schon mit einer gewissen Gloria und deren Mutter unter einem Dach wähnte. Die sinnliche Ausstrahlung des antiken Urweibs obsiegt schließlich über die schwache Anziehungskraft der blassen Rivalin aus Long Island mit ihrer ewig zeternden Erzeugerin. Venus löst Schwiegermutter und Schwiegertochter per Handstreich in Luft auf. Gottlob bringt eine Vision vom gleichförmigen Leben in den Vorstädten, das die mythische Sexbombe an der Seite des Barbiers erwartet hätte, Venus gerade noch rechtzeitig zur Räson. Sie zieht sich auf den Olymp zurück. Der bedrängte Heiratskandidat begegnet einer jungen Frau mit Venus' Zügen, die ihn bei der Hand nimmt. Mit dieser Doppelgängerin nimmt sein irdisches Lebensglück seinen trivialen Lauf.

Bis zum endgültigen Script vergehen viele Monate, der ursprüngliche Titel *Tinted Venus* wird verworfen, das Ende mehrere Male umgeschrieben, Bella Spewack nimmt als Autorin ihren Hut, und Ogden Nash tritt an ihre Stelle. Doch Cheryl Crawford, mittlerweile eine unabhängige Produzentin mit goldenem Händchen beim Lancieren von Musicals, läßt nicht locker: Sie glaubt an das Projekt. Man ist mit Marlene Dietrich im Gespräch, und Kurt reist eigens nach Hollywood, um die Diva, Idealbesetzung für die irdisch-verführerische Bühnengöttin, zu umwerben. Die Dietrich fühlt sich geschmeichelt, aber bei der Drastik der Dialoge und einer verfänglichen Szene im Hotelbett kommen ihr Bedenken. Bodenständigkeit und gesundes Naturell der »realen« Venus bedrohen die eingespielte Distanz zwischen dem unnahbaren Filmstar und seiner weltweiten Fangemeinde – Marlene hat nicht vor, sich als handgreiflich zu präsentieren. Kalkulierte Lacher im Dialogbuch wie »Liebe ist nicht das abebbende Seufzen einer Geige / Liebe ist das triumphierende Quietschen einer Bettfeder« kommen ihr nicht leicht über die Lippen, obschon sich der gesamte Globus an ihrer öffentlich ausgelebten Affäre mit Jean Gabin weidet.

Auch als man den Blauen Engel ins Metropolitan Museum am Central Park schickt, damit sie inmitten von antiken Statuen Studien betreiben, in sich gehen und ihre Entscheidung beschleunigen möge, ist immer noch keine Klarheit gewonnen. Überhaupt weicht Marlene konkreten Verhandlungen gerne aus, um ihre Gäste mit ihrem neuen Lieblingsspielzeug, einer musikalischen Säge, zu unterhalten.

Für Weill wird die Musikantin bald zur Nervensäge. Lenya teilt er mit: »Marlene hat [meine] Musik wohl gefallen, aber sie fing wieder mit der alten Leier an, wie sehr sich meine Musik hier in Amerika geändert hätte. Ich habe sie einfach unterbrochen: ›Lassen wir doch diese alten deutschen Lieder – wir sind jetzt in Amerika und am Broadway gehts härter zu als am Kurfürstendamm.‹ Das brachte sie zum Schweigen.« Und ein Dreivierteljahr später konstatiert er: »Marlene ist raus. Sie ist eine dumme Kuh, eingebildet wie all diese Deutschen. Ich möchte sie nicht haben, auch wenn sie betteln würde, spielen zu dürfen.«[3] Schließlich engagiert man kurzerhand die noch junge und unbekannte Mary Martin als Venus. Sie bringt die nötige Frische und Natürlichkeit mit, mit der sich das Massenpublikum mühelos identifizieren kann: Niemand hätte etwas dagegen, mit dieser sexhungrigen, aber unschuldig wirkenden Mary in den Vorstädten zu leben. Gegen die Zweideutigkeiten ihrer Rolle ist sie gefeit – ein Mädel von nebenan statt einer entrückten Göttin aus Zelluloid.

Die Rechnung geht auf. Am 7. Oktober 1943 leiten Elia Kazan als Regisseur und Abravanel, ohne den keine Weill-Premiere weltweit mehr denkbar ist, die Uraufführung. 567 Vorstellungen sind der Lohn für vierundzwanzig Monate harter Vorbereitungen, wochenlanger Sitzungen im Brook House und in Kalifornien. Kurt regiert unwiderruflich am Broadway mit, und selbst ernsthafteste Konkurrenz wie das ein halbes Jahr zuvor angelaufene *Oklahoma!* des Tandems Rodgers/ Hammerstein vermag dem Siegeszug seiner *Venus* nichts anzuhaben. Eine ganze Nation singt die melancholische Weise *Speak Low,* rasch ein Standard in Nightclubs und ein Highlight im Repertoire der großen Showstars. Amerikanischer als Weill kann niemand mehr komponieren. Aus dem brennenden Wunsch nach Assimilierung ist der perfekte Einklang geworden: Persönlichkeit und Personalstil sind mit seinem nationalen Zugehörigkeitsgefühl bis zur Deckungsgleichheit verschmolzen.

Bereits in einem Interview mit der »New York Times« vom Februar 1940 hat Kurt bekundet, er wolle sich vollkommen der Erneuerung des Broadway-Theaters zur Verfügung stellen.

Und in seinem großen Aufsatz *Oper in Amerika* bringt er seine Erfahrungen, Erwartungen und Zielvorstellungen auf den Punkt: »Amerika ist heute neben Rußland das einzige Land, in dem das Theater einen aktiven, lebendigen Bestandteil des Kulturlebens bildet. Es herrscht, nicht nur in New York, sondern auch in anderen Städten des Landes, ein echtes Interesse für Theater. Die amerikanischen Dramatiker stehen an Können und an Ideen heute an erster Stelle, und es ist ein günstiges Zeichen, daß es einen großen Nachwuchs von jungen Dramatikern gibt, die sich nicht nur mit den Ideen der Zeit auseinandersetzen, sondern auch nach einer neuen dramatischen Form suchen. Überall sieht man die Tendenz, sich von dem realistischen Theater der letzten Jahrzehnte loszulösen und eine gehobene, poetische Form zu finden, die neben dem Film ihre Existenz behaupten kann. Diese Tendenz ist besonders wichtig, weil ja das poetische Theater dem musikalischen Theater sehr nahe ist. Dazu kommt das außerordentliche Interesse für Musik in jeder Form beim amerikanischen Publikum. Ich kann aus meiner eigenen Erfahrung sagen, daß ich selten ein so starkes, unmittelbares Reagieren auf Musik im Theater gefunden habe wie in New York. Es scheint, daß der musikalische Geschmack des großen Publikums hier besser ist als in vielen anderen Ländern, weil sich die populäre Musik auf einem höheren Niveau befindet und weil die Jazzmusik, die tief in das Bewußtsein des Volkes eingedrungen ist, das musikalische Empfinden mehr kultiviert hat als die flache, unzeitgemäße populäre Musik anderer Länder.

Alle diese Anzeichen sprechen dafür, daß hier ein günstiger Boden für die Entstehung eines musikalischen Theaters ist. Mag sein, daß es aus dem Broadwaytheater heraus [oder] aus dem neuen Medium des Films das neue musikalische Kunstwerk entsteh[t]. Denn nirgends wie hier hat der Film eine technische Vollendung und Popularität erreicht, die den Weg für eine neue künstlerische Form ebnen kann.«[4]

Nur die Kritiker vermögen nicht immer zu entscheiden, ob es sich bei Weills Broadwaypartituren um eine raffinierte Parodie »leichter« Musik oder lediglich um eine handwerklich gut gemachte, konventionelle Schreibweise handelt. Kurts Kollege Elliott Carter prangert den allzu »freundlichen« Tonfall des neuen Weill an, vermißt den pointierten Biß seines früheren Engagements.

Als Kurt und Lenya, wenige Wochen vor der Venus-Premiere, als amerikanische Staatsbürger vereidigt werden, will es der Zufall, daß beim Schwur Otto Klemperer mit ihnen zusammen die Hand auf die Verfassung legt. Lotte ist froh, die obligatorischen Kontrollfragen zur US-amerikanischen Geschichte korrekt beantwortet zu haben. Für Weill handelt es sich um nicht mehr und nicht weniger als die Besiegelung seiner »love affair with America« – seine dritte Heirat, ein Ehevertrag fürs Leben. Wenn er die Auslagen des Drugstores in New City bewundert, seiner Begeisterung über die Auswahl an Eiscreme freien Lauf läßt, im Buick mit vollgepackten Einkaufstüten und Woolly auf dem Rücksitz in die Einfahrt der South Mountain Road biegt, kann er nicht umhin festzustellen, daß er »in ganz Deutschland keinen einzigen so schönen Ort« weiß.

Mit dem Zugewinn an Ruhm regt sich das schlechte Gewissen. Kurt erträgt es kaum, daß um sie herum die Welt in Flammen aufgeht, die europäischen Juden zu Millionen in Massengräbern verscharrt werden, während sich in der gepflegten Gartenstadt am Hudson alles nur um die nächste Grillparty dreht oder am nächsten Samstag wieder der Rasen gemäht werden muß. Wenn es am Broadway für ihn einmal einen Tag lang nicht gut läuft, fühlt er sich sofort in die Pflicht genommen. »Bei all meinen Vorhaben herrscht wieder mal totaler Stillstand. [...] Das Ganze ekelt mich einfach an und ich habe das Gefühl, daß ich mit diesen kleinlichen Streitereien meine Zeit vergeude, statt etwas wirklich Lohnendes zu tun. Ich hätte große Lust, das ganze Showbusiness hinzuschmeißen und einen Kriegsjob anzunehmen oder in die Army einzutreten oder in eine Fabrik zu gehen.«[5] Als Amerikaner aus Überzeugung legt er einen Patriotismus an den Tag, dessen er sich in Europa wohl kaum gerühmt hätte; Anstrengungen für den nationalen ›war effort‹ sind für ihn Ehrensache, Ausdruck einer übergeordneten, globalen moralischen Haltung. Im Mai 1942 erwägt er eine Musterung. Er weiß um das Privileg, auf dieser Seite der Erdkugel leben zu dürfen, unbehelligt von Pogromen, nächtlichen Bomberattacken, Fliegeralarm, Denunziation, Elend, Hunger und Tod; ein Umstand, den viele Exilanten nur allzu gern verdrängen. Sie bleiben verschont, während alte Freunde aus Deutschland fatale Irrtümer der Geschichte mit ihrem Leben bezahlen: Carola Neher und Kurt Gerron werden in Lagern ermordet; Ernst Toller und Tucholsky begehen Selbstmord.

Kaum ein Brief Kurts an Lenya, der nicht einen Kommentar zum chaotischen Geschehen in Europa enthält, das Attentat vom 20. Juli, den herbeigewünschten Tod Hitlers, die Vorstöße der Alliierten, die Befreiung von Paris. Bei Lotte dreht sich alles nur um ihren engsten Wirkungskreis, man vermag aus ihren wenigen Anspielungen auf das Weltinferno keine echte Sorge um die Zukunft der Menschheit herauszulesen, derzeit jeglichen ethischen Fundaments beraubt. Um so mehr sorgt sie sich um ihre Familie in Penzing, und sie fleht Kurt an, seine Finger vom aktiven Kriegshandwerk zu lassen. Sie mag sich ihr »Träubchen« nicht in Uniform vorstellen. Zuviel steht auf dem Spiel: die so mühsam erkämpfte Existenz in Amerika, ihr so oft in Frage gestelltes, zerbrechliches Glück zu zweit. Auf Englisch schreibt sie: »Darling, wir müssen uns überlegen, wie wir Dich da raushalten. Das ist kein Spaß. Ich sehe das jetzt. Man muß sehr jung sein, um das auszuhalten. Es ist wie in einer Viehherde zu leben. Die sind ja nie allein, einfach so zusammengewürfelt. Das ist für Dich doch ganz unmöglich. Ach, Darling.«[6]

Kurt wird auf seine Weise in die moralische Widerstandsbewegung aufrichtiger Friedensfreunde involviert: mit noch mehr Arbeit, mit künstlerischen Beiträgen, die zu einer Art amerikanischer Résistance anwachsen – keine »innere«, sondern eine recht militante, zur Schau gestellte »äußere« Emigration. Für die Schauspielerin Helen Hayes schreibt er vier patriotische Melodramen, für Lenya komponiert er, nach langer Zeit wieder einmal nach einer Brechtschen Vorlage, das Antikriegslied *Und was bekam des Soldaten Weib?*, seither eine Universalie des Pazifismus. Lotte und er nehmen im April 1943 an einem von Aufricht organisierten Protestkonzert deutscher Exilanten teil: Im New Yorker Hunter College unter der Überschrift *We Fight Back* erregt dieser solidarische Zusammenschluß einer exilierten Avantgarde großes Aufsehen, und Lottes *Soldatenweib* stachelt die Empörung einer kritischen amerikanischen Öffentlichkeit gegenüber den Verbrechen an, die im Namen Deutschlands begangen werden. Die USA erkennen, daß in ihrer Mitte andere, »bessere« Deutsche wirken: Feuchtwanger, die Brüder und Kinder Mann, Brecht und Eisler, Lenya und Weill.

In Santa Monica brütet Kurt mit Ira Gershwin über einem weiteren Anti-Nazi-Film, *Where Do We Go From Here?* Sechs Monate investiert er in diesen Streifen, den 20th Century Fox gegen Kriegsende herausbringt. Mit Jean Renoir grüßt er das befreite Frankreich in *Salute to France,* einem Dokumentarfilm zu Propagandazwecken. Mit Ben Hecht arbeitet er an einem weiteren »pageant« im Gedenken an das Schicksal der Juden, *We Will Never Die;* eine Zusammenarbeit, für die er mehrere Winterwochen im New Yorker Hotel Ambassador verbringt, fern von New City. Und im Oktober 1941 ging das »pageant« *Fun To Be Free* im Madison Square Garden vor Tausenden von Zuschauern über die Bühne, von Hecht und Weill für die Organisation »Fight for Freedom« erdacht. Anderson, mit dem er eine Radiosendung für NBC unter dem Titel *Your Navy* konzipiert, sind die drei *Walt-Whitman-Songs* zugeeignet, Kurts anspruchsvollste Vokalkomposition aus den Kriegsjahren, zugleich Ausdruck seiner Identifizierung mit einem flammenden amerikanischen Patriotismus. Er verfaßt sogar Propagandasongs – darunter das zynische *Schickelgruber*-Lied. Weill trägt zum Gedächtnis von Millionen ermordeter Juden in Europa bei und vertont Walter Mehrings aufbegehrendes *Wie lange noch?* für das Washingtoner »Office of War Information«.

Aus der Not der Stunde geboren, gelangen alle diese Produktionen ausnahmsweise zügig vor ein interessiertes und motiviertes Publikum. Mehr denn je ist Weill davon überzeugt, daß die Massenmedien ihren wertvollen, aufklärerischen Beitrag leisten können und sich zur Vermittlung verständlicher, eindringlicher Botschaften besonders eignen. Fasziniert beobachtet er, wie die von ihm und Moss Hart ersonnenen »Lunch Hour Follies« eine enorme Zuhörerschaft aufzurütteln vermögen – Menschen, die sonst nicht einmal im Traum daran denken, ins Theater zu gehen. Entworfen für Navy-Einheiten an der East Coast, assoziiert die griffige Namensgebung »Follies« die großstädtischen Revuen der Roaring Twenties. Weill beschreibt später die Wirkung unmittelbarsten Theaters in einem Text, den er »A Coke, a Sandwich and Us« überschrieben hat:

»Es war im Frühling 1942 ziemlich offenkundig, daß der Sieg ebenso von den Kämpfern im Overall wie von den Kämpfern in Uniform abhing. Wenn wir durch Unterhaltung den Arbeitseifer in den Betrieben verbessern und die Arbeiter aus Müdigkeit und Monotonie reißen könnten, würden wir der Welt des Entertainments eine ganz neue Möglichkeit von Kriegseinsatz erschließen. [Hart] fragte mich, ob ich helfen wolle. Ein paar Tage später kamen wir mit einer Gruppe von etwa zehn Darstellern auf der Werft an. Die Arbeiter hatten eine kleine Freilichtbühne auf einem Platz mit Ausblick auf das Meer aufgebaut. Hintergrund war ein ›Victory‹-Schiff, das gerade zum Stapellauf bereit lag.

Es war einer der aufregendsten Momente meines Theaterlebens, als um Mittag, auf den Klang der Fabrikpfeife, etwa 1400 Männer auf den Platz strömten und unsere Aufführung ansahen, wobei sie ihren Lunch aßen. Wir spürten sofort, daß die Idee das war, was man am Broadway ›a natural‹ genannt hätte. Sie hatte die Zwanglosigkeit, die natürliche Volkstümlichkeit und den unmittelbaren Kontakt zwischen Publikum und Darstellern, den man erlebt, wenn ein Wanderzirkus in eine kleine Stadt kommt.

Merkwürdig genug, aber immer, wenn ich seitdem mit einer unserer Shows herauskam, erlebte ich dieselbe Erregung beim Lärm der Pfeife, dasselbe Gefühl, daß dies im ältesten und besten Sinne Theater war, vergleichbar dem der Griechen, der Chinesen oder dem Mysterienspiel des Mittelalters. Aber noch wichtiger war für uns: den Leuten gefiel es, sie waren dankbar und glücklich, sie summten und lachten noch, als sie wieder an die Arbeit gingen.«[7]

Lotte und Kurt kommen ihren Bürgerpflichten in Kriegszeiten nach und besteigen regelmäßig einen Aussichtsturm, wo sie nach feindlichen Flugzeugen Ausschau halten, Männer und Frauen unter sich. Zwei Photos von diesen Spähaktionen im Rahmen der »watchtower duties« haben sich erhalten, auf einem hält Weill an der Seite Andersons seine Hand wie einen Schirm über die Augen, den Blick in die Ferne gerichtet – Kurt als Visionär. »Er war der einzige Freund meines Vaters«, behauptet Maxwells Sohn Quentin. Die beiden Einzelgänger nutzen die Turmbesteigungen zur Diskussion neuer Theaterpläne; Kurt setzt dem Dramatiker immer häufiger zu, in seine Stücke Rollen für Lenya einzubauen. Mab und Lotte im Profil beugen sich über die Protokolle, vermerken auffällige Flugbewegungen. »Dies war unser kleiner, bescheidener Beitrag zu den Kriegsanstrengungen«, spielt Lenya ihr Engagement herunter. Die ungleichen Freundinnen vertreiben sich die Zeit mit Canasta-Runden zu zweit und haben Schwierigkeiten mit den Himmelsrichtungen. »*Well*, ich versuchte immer herauszubekommen, woher die feindlichen Bomber wohl kommen mochten. Bis ich kapiert hatte, wo eigentlich Norden, Süden, Osten oder Südwesten war, hätten wir den Krieg längst verloren.«

Im gemeinsamen Protest gegen den Holocaust, im Kontext des antifaschistischen Bündnisses deutscher Intellektueller begegnen sich Brecht und die Weills wieder des öfteren. Kurt sucht ihn in Santa Monica auf, Brecht kommt mit Ruth Berlau für ein paar Tage ins Brook House. Man denkt kurzzeitig an eine Erneuerung des Zweckbündnisses von einst, nun zusammengeschweißt durch ein gemeinsames Anliegen: den Kampf gegen Hitlerdeutschland. Brecht registriert aufmerksam, daß Weill 1939 *Nannas Lied* komponiert hat, ein Gedicht aus den *Rundköpfen und den Spitzköpfen,* bereits 1936 von Eisler vertont. Doch wie dessen Zeilen schon längst wissen, ist solche Nostalgie »Schnee vom vergangenen Jahr.« Brecht denkt an eine Neubearbeitung der *Dreigroschenoper* mit exklusiv schwarzer Besetzung für Los Angeles, so wie Max Reinhardt Weill auch Pläne vorgelegt hat, zusammen mit Paul Green einen amerikanischen *Jedermann* zu probieren, ausschließlich mit »Neger-Schauspielern«. Kurt winkt ab, nachdem er beide mit Annäherungen und Rückzügen irritiert hat.

Daß ausgerechnet Theodor W. Adorno, erklärter Jazzfeind und Verfechter absoluter Musik, Brecht schriftlich Schützenhilfe leistet, amüsiert und verärgert Weill zugleich – von Leuten, die Unterhaltungsmusik als »dekadent« verunglimpfen, hat er keine Belehrungen nötig, wie »wichtig« und »wertvoll« seine *Dreigroschenoper* sei. Adorno wird mit einem furiosen Schwall von Invektiven abserviert. Kurts Antwortschreiben an Brecht, voller Attacken gegen seinen ehemaligen »collaborateur«, verfaßt er, ungewohnt schroff, auf Englisch: »Das ist leichter für mich, und ich mag es auch lieber so.« Es ist denkbar, daß er nur ungern mit Brecht in Verbindung gebracht werden wollte, um seine bevorstehende Einbürgerung nicht zu gefährden; tatsächlich stellte das FBI Nachforschungen über den deutschen Kommunisten an. Wahrscheinlicher ist, daß Kurt keine Wiederbelebung seiner Berliner Werke wünschte, um das in den USA gefestigte Bild von sich nicht unnötig zu verunklaren. Denn auch Georg Kaiser, der nachfragt, ob Interesse an einem *Billy-Budd*-Projekt besteht, wird abschlägig beschieden. Erst im Folgejahr nimmt er den Kontakt mit Brecht wieder auf, man verhandelt über den *Guten Mensch von Sezuan* und *Schwejk im II. Weltkrieg.* Beide Vorhaben kommen nicht über die Planungsphase hinaus.

Lenya spricht offen aus, was beide über eine Wiederaufnahme denken – mit Adorno als geistigem Beistand: »Diese ganze Brecht-Scheiße – eigentlich zu komisch, um sich aufzuregen. [...] Großer Gott! Klingt wie in der guten alten Zeit, als er versuchte, Deinen Namen aus dem Programm rauszuhalten. Und dieses *blasse flammende Arschloch dieser Wiesengrund*. Es ist kaum zu glauben. Ich bin so froh, daß Du ihm den richtigen Brief über das amerikanische Theater geschrieben hast. Aber bitte Darling, bestehe darauf, daß sie das außerhalb von Hollywood nicht zeigen dürfen. Gib bloß nicht nach. Zum Teufel mit denen. Du weißt doch was die machen werden, wenn Du nachgibst. Die Musik in Fetzen schneiden und das ganze billig und lächerlich machen. Und dieser stupide Brecht, dieser chinesisch-augsburgische *Hinterwäldler-Philosoph*. Daß jetzt Briefe von ihm unsern Briefkasten besudeln, geht schon zu weit.«[8] Sie beklagt Kurts Tugend, einfach nie nachtragend genug zu sein. Kurts erster visueller Eindruck von Brecht fällt versöhnlicher aus: »Er war genauso schmutzig und unrasiert wie immer, aber irgendwie viel netter und fast bemitleidenswert. [...] Wenn ich nicht zum Militär muß, denke ich, daß ich mit Brecht eine Show für Dich machen werde.«[9] Daß Weills Anschauungen von denen seines alten Weggefährten in Wirklichkeit gar nicht so weit entfernt sind, belegt ein Bericht von seiner Zugfahrt nach Los Angeles über Santa Fe, als er auf einmal »kommunistische« Regungen verspürt: »Ich tauschte meinen Salonwagen gegen ein sehr nettes Abteil aus; irgendwie ging es mir gegen den Strich, einen ganzen Raum mit 3 Betten zu belegen, während andere die ganze Nacht im Sitzen zubringen müssen. Aus mir wird wohl nie ein guter Kapitalist.«[10]

Mit der alten Bande vom Schiffbauerdamm, aber auch mit den anderen Europäern aus der kalifornischen Kolonie möchte Weill so wenig wie möglich zu tun haben. Zu Gast bei Ira Gershwin und seiner Frau Lee läßt er es sich zwischen Swimmingpool, Tennisplatz und Happy Hour zwar gutgehen, doch bereut er es jedesmal, wenn er zu einer Zusammenkunft mit den unverbesserlichen Nostalgikern aus der Alten Welt wider besseres Wissen mitgekommen ist. So absolviert er im August

1944 eine Dinnerparty im Hause des Bühnenschauspielers Walter Slezak, zu der auch die Werfels geladen sind, löbliche Ausnahme unter vielen Exilanten, deren bloßer Anblick bei Weill bereits Übelkeit auslöst. »[Werfel] ist ein kranker Mann und sie [Alma] eine alte Närrin, aber sonderbar warm und *herzlich* zu mir und ehrlich begeistert von *Lady in the Dark*, das sie zweimal gesehen hat. Ein Film- und Operettenschreiber Walter Reisch beherrschte die Gespräche. Den sollte man gleich nach Hitler erschießen. Ernst Deutsch ist ein netter alter Opa, der meistens übers Essen redet. [...] Das war eins der ärgsten Flüchtlingstreffen, die ich je über mich ergehen ließ. Ein deutschsprachiger Abend schlimmster Sorte – denn das war nichtmal Deutsch, sondern diese abscheuliche ungarisch-wienerische Mischung. Hauptthema der Unterhaltung war Klatsch über die anderen Emigranten und eine ausgedehnte Diskussion über ›G'stürzte‹ (offenbar eine Art Kartoffelpfannkuchen). [...] Was ich nicht verstehe ist, warum Slezak, der seit 14 Jahren in diesem Lande lebt, sich noch mit solchen Leuten umgibt. Sicher könnte er Scharen von amerikanischen Freunden haben. Ich fange an zu glauben, daß wir fast die einzigen unter all diesen Leuten sind, die amerikanische Freunde gefunden haben und wirklich in diesem Land leben. Die leben alle noch in Europa. Ach, soll sie doch der Teufel holen.«[11]

Kurts Übereifer in Sachen nationaler Identität ist unübersehbar. Bereits in einem Rundfunkinterview vom März 1941 mit William Marshall, dem Assistant Director einer Immigrationsbehörde, trägt er dick auf. Keine Gelegenheit wird ausgelassen, sich als bester Freund der Amerikaner zu erweisen. Am liebsten möchte er alles Deutsche in sich auslöschen. Doch auch an vielen Einheimischen läßt er kein gutes Haar. Die kriselnde Ehe von Ira und Lee Gershwin dient ihm als abschreckendes Beispiel für eine wenig vorbildliche Partnerschaft, und als dessen Bruder George noch lebte, war ihm sogar der Schöpfer von *Porgy and Bess* selbst, ein kauziger Junggeselle, der seine Gäste gern als Alleinunterhalter am Piano um sich scharte, persönlich zuwider – Kurt verehrte ihn nur als genialen Komponisten. Bei Lenya hatte es sich George früh verscherzt, als er ihre sängerischen Leistungen bei einer Party öffentlich verunglimpfte. Aber auch Kurt brauchte geraume Zeit, um zu begreifen, daß das seltsame Gebaren seines Kollegen, seine Ausfälle und Blackouts, Albernheiten und Entgleisungen erste Anzeichen und Symptome einer beginnenden schweren Krankheit darstellten. Bei einer Abendgesellschaft in Georges Haus ist es für Kurt von größter Wichtigkeit, die geladenen Gäste zu blenden, indem er mit seinem neuen »Max« vorfährt – ein seltener Anflug von Kleingeistigkeit. Kein Brief an Lotte vergeht ohne pejorative Werturteile, und erst die Nachricht, daß George Gershwin an einem Gehirntumor verstorben ist, öffnet Weill die Augen.

Nur wenigen nahestehenden Menschen bleibt Kurts Spott, dezent in seiner Privatkorrespondenz verborgen, erspart. Selbst über Maxwell und Mab ziehen die Eheleute Weill kräftig her, wie es nun einmal unter Vertrauten üblich ist. Geld, Häuser, Autos, Kunstsammlungen, Besitz bei anderen beeindrucken Kurt mehr, als er vor sich selbst zugeben möchte, manchmal blitzt ein wenig Neid auf, wenn dritte ein unverdient leichtes Leben zu führen scheinen, und er ist stolz wie ein kleiner Junge, wenn er es solchen Nichtstuern einmal mit einer kleinen Spitze oder einer geschickt plazierten Bemerkung heimzahlen kann – giftige Kommentare, die stets nur für Lotte bestimmt sind.

Fast scheint es, als sei Kurt Amerikaner geworden, um künftig quasi inkognito leben zu können – von seinen Mitbürgern geschätzt, bewundert und respektiert, wozu Kompositionen, Sprachbeherrschung und Patriotismus beitragen; von den Deutschen vergessen und ignoriert: So ist es ihm am liebsten. Ausschließlich für Lenya als durchschaubarer, empfindlicher, angreifbarer Mensch dazusein, genügt ihm. »Es ist schon seltsam«, bemerkt Weill nach seiner Vereidigung, »unsere Familie läßt sich in Freiburg bis ins Jahr 1329 zurückverfolgen, und ich selbst habe in den verschiedensten Gegenden Deutschlands gelebt, bis ich dreiunddreißig war. Und dennoch habe ich mich nie wirklich mit meinem Geburtsland verbunden gefühlt, wir waren nie eine Einheit, hingegen hatte ich, als es mich nach Amerika verschlug, sofort das Gefühl, in meine Heimat zurückzukehren.«[12]

Wunschdenken und aufrichtige Dankbarkeit gegenüber dem geliebten Gastland überlagern sich einmal mehr. Weill bringt Richard Révy mit Ira Gershwin zusammen, mokiert sich über die Schüchternheit von Lenyas Ziehvater und dessen beginnende Verkalkung. Der »vertrottelte Greis«, so Kurt, werde es nie zu einem echten Amerikaner bringen, trotz eines ansehnlichen Vermögens und einer hübschen Kollektion von Gemälden. Aber auch Révy vertraut seinem Tagebuch an, was er an jenem Abend bei den Gershwins erlebte: einen Kurt Weill, der so nostalgisch wie selbstbewußt den halben *Silbersee* an Georges Flügel zum besten gab: »Weill ist so weit weg von den Amerikanern, daß er entsetzt wäre, wenn ihm das jemals in vollem Umfang bewußt würde.«[13]

Lotte verbrachte die Kriegsjahre auf ihre Weise: zwischen Wachturm und Waschmaschine als wohlhabende Gattin in New City, mit einer Handvoll neuer Amouren, und mit einer anhaltenden Lethargie, was den Ausbau ihrer Bühnenkarriere betraf. An manchen Tagen ähnelte sie Figuren aus Weills neuen Musicals auf verblüffende Weise. Für ihn spielte sie die Kindfrau mit ihren überraschenden Launen; ihre seelische Verfassung schwankte zwischen Ausgelassenheit, Verführungskraft und jugendlichem Ungestüm. Nie aber ergriff sie selbst die Initiative, sondern wartete stets darauf, daß Kurt etwas für sie tat, ihr unangenehme Entscheidungen abnahm. Wie die *Lady in the Dark*, eine brillante Geschäftsfrau, der ihre frappierende Unreife im Privatleben zu schaffen macht, irritierte sie Freunde und Bekannte mit ihrem unwiderstehlichen Selbstbewußtsein, dem Charisma einer emanzipierten, sexuell unabhängigen Frau »in den allerbesten Jahren«; dann wieder wunderte sich ihr Damenkränzchen, wie klaglos sie es hinnahm, zu künstlerischer Untätigkeit verdammt zu sein. Sie akzeptierte es scheinbar als ihr

Schicksal, nur winzige Rollen zu bekommen, und fand sich damit ab, daß sie als Sängerin niemand gebrauchen konnte. Studiert man hingegen ihre Briefe, die sie Weill in großer Zahl an die Westküste schickte, so spürt man förmlich, wie sehr sie ihm mit Rollenwünschen im Nacken saß.

Kurt machte sie damit die nervenaufreibenden Verhandlungen in Hollywood und Manhattan nur noch schwerer. Agenten, Dramatiker und Librettisten sträubten sich naturgemäß gegen solche Vetternwirtschaft oder versuchten selbst, für Ehefrauen oder Mätressen wichtige Parts zu ergattern. Ein Großteil des unablässigen Drucks, unter dem Weill stand, rührte nicht zuletzt daher, daß er sich wie ein Vater für Lenya verantwortlich fühlte, sie beschützen wollte, andere von ihren Vorzügen überzeugen mußte. Ein Lebensversicherungsgutachten bescheinigte ihm einen übermäßig hohen Blutdruck, wies auf die Gefahren von Überarbeitung und psychischer Belastung hin. Seine Schuppenflechte meldete sich mit schöner Regelmäßigkeit immer dann zurück, wenn ihm alles über den Kopf zu wachsen drohte. Lotte bekundete schriftlich ihre Anteilnahme und bestärkte ihn im selben Atemzug, alles in seiner Macht Stehende daranzusetzen, Konkurrentinnen, wie etwa Moss Harts »sweetheart« Kitty Carlisle, auszustechen. Selbst rührte sie keinen Finger. Wie ihre exilierte *Dreigroschen*-Kollegin Valeska Gert aus eigenem Antrieb ein Kabarett zu eröffnen – Valeska, die Mrs. Peachum im Film, betrieb zwischen 1941 und 1945 im Greenwich Village eine Spelunke mit dem bezeichnenden Namen »Beggar Bar« –, wäre ihr wohl nie in den Sinn gekommen. Was für die Laufbahn von Lenyas Busenfreundin Mab galt, die einen toten Punkt erreicht hatte und sich auf die Formel »no efforts, no agents« bringen ließ, traf auch für sie zu. Und für diese passive Haltung, in der sie sich selbst wiedererkannte, verabscheute Lotte zuweilen ihre Pokerpartnerin.

Gleich nach der Emigration hatte Lenya gehofft, ein Engagement in Leonard Sillmans Revue *New Faces of 1936* zu ergattern. Kurt komponierte damals *The Fräulein and the Little Son of the Rich* auf einen Text von Robert Graham für sie, ein kleines Songdrama. Böse Zungen behaupteten, es spiegele Lottes Liaison mit Paul Green. Gepaßt hätte der Titel aber auch auf ihren längst verflossenen Tschechen vom Zürichsee. Nach dem »Ruban bleu« mußte sie sich vorerst gedulden, bis Nachbar Maxwell eigens für sie eine bescheidene Rolle als Wiener Dienstmädchen in seinem Drama *Candle in the Wind* einbaute, das von der verzweifelten Suche einer amerikanischen Schauspielerin nach ihrem französischen Geliebten und Résistancekämpfer handelt, den die Nazis in ein Konzentrationslager verschleppt haben. An der Seite der bekannten Helen Hayes in der Titelpartie spielte Lenya 1941/42 Aspekte ihrer eigenen Vita auf der Bühne nach, durfte ihren österreichischen Akzent anbringen, via Textbuch von ihren Erfahrungen mit deutschen und amerikanischen Soldaten berichten. In ihrer Rolle erklärte Lenya dem Publikum, sie träume nur noch auf Englisch, habe aufgehört, in deutscher Sprache zu denken, fühle sich als echte US-Bürgerin: Wasser auf die Mühlen von Kurts manifestem Patriotismus. Andersons Freundschaftsdienst verschaffte ihr immerhin auch ein monatelanges Engagement in New York, wohlwollende Kritiken und neue Kontakte. Ihr Interimsaufenthalt bei Gigi Gilpin, einer ihrer treuesten Freundinnen, mitten in der City, bot ihr ein willkommenes Exil.

Nach der regulären Laufzeit am Broadway ging die Truppe mit dem Stück auf Tournee. Mit Hayes zog Lotte von Pittsburgh nach Memphis, von Austin nach Cleveland, von Boston nach New Orleans und lernte dabei die amerikanische Provinz von Grund auf kennen: Sie tingelte durch knapp fünfzig Städte. Und wie bei ihrem Nachtclub-Engagement war zunächst ihr Enthusiasmus groß, bei *Candle* mitwirken zu dürfen, und wich ebenso schnell einem lustlosen Desinteresse. Schon nach wenigen Reisestationen hatte sie die Nase voll. »Pittsburgh is exactly like Bitterfeld«, konstatierte sie ernüchtert. Ihr Enthusiasmus für die gesichtslosen Agglomerationen hielt sich entschieden in Grenzen. Hotelzimmer, Garderoben, Zugabteile, Kantinen und das ganze wieder von vorn entsprachen zwar dem erwünschten Nomadendasein, doch die den Tourneen eigene Monotonie war gar nicht nach ihrem Geschmack. Sie sehnte sich danach, in ihr ruhiges Landhaus zurückkehren zu dürfen, obwohl sie genau wußte, daß sie es daheim noch viel weniger aushielt. Ausdauer bei Projekten, die nur indirekt mit ihrer Person oder dem Vorankommen Kurts zu tun hatten, war nicht ihre Stärke, und mit ihrer Nervosität und Rastlosigkeit stand sie sich oft selbst im Wege.

Immerhin dauerte es nicht lange, und sie hatte mit ihrem Tourneekollegen Knud Kreuger angebändelt, um sich die Zeit in anonymen Hotelzimmern zwischen Lunch und Abendvorstellungen zu vertreiben. Helen Hayes erinnert sich: »Ich glaube, Lenya war eine der Frauen, die männliche Gesellschaft, Aufmerksamkeit und Ermutigung unbedingt brauchen. Ich habe mich ein bißchen gewundert über diese kleine Episode, die sich da entwickelte und dann während der ganzen Tournee weiterging. Sie ließ sich mit diesem jungen Schauspieler ein, der in dem Stück einen Nazi spielte, sie waren ein Paar. Sie wich nicht mehr von seiner Seite.«[14] Es machte Lenya auch nichts aus, ab und zu ihren Geburtstag zu verschleiern und sich um ein glattes Jahrzehnt zu verjüngen. »Jedenfalls sehe ich aus wie 30 und das ist immerhin eine Leistung«, verkündete die 46jährige siegesgewiß am 7. Juli 1944. Aufrichtigkeit war für sie eine variable Größe, wenn es darum ging, einen Knud oder einen Paul zu bezirzen. Lenya half dem Schicksal gern auf die Sprünge, wenn es denn sein mußte.

Und Weill hätte Lotte so gern als leibhaftige Venus in New City verankert, die ihm mit dem Überstreifen des Eheringes einen geruhsamen Feierabend in den »suburbs« ermöglicht, sich mit dem Ausschmücken des gemütlichen Häuschens, Kartenspiel und unverfänglichem Plausch mit Nachbarn begnügt hätte. Doch mit dieser Gloria-Vision hatte Lotte wenig gemein, sie hielt es eher mit dem gesunden Bedürfnis nach körperlicher Zerstreuung. Wie die zudringliche Venus, herabgestiegen vom Sockel der Verklärung, band sie sich nicht lange an einen Ort, und den womöglich aufrichtigen Empfindungen ei nes neuen Liebhabers gab sie schon gar nicht nach. Nicht immer gelang der Rückzug hinter die Fassade des schnellen Vergnügens: Zu Beginn der vierziger Jahre hatte sie sich über beide Ohren verliebt. Howard Schwartz, Pilot bei der US Air Force, löste als Texaner seinen Vorgänger Bill Jones ab, verwies Kreuger auf den zweiten Rang. Mit zweiundzwanzig Jahren war er gerade halb so alt wie Lenya. Die Präsenz eines begehrenswerten Jünglings ohne intellektuelle Ambitionen war für sie einfach unwiderstehlich. Wann immer sie solchen Versuchungen nachgab, sah sie keinen Anlaß zur Reue, sondern handelte nach einer Maxime, wie sie im damals sehr beliebten Refrain aus dem UFA-Film *Frauen sind doch bessere Diplomaten* von 1940 postuliert wird: »Wenn ein junger Mann kommt, / Der fühlt, worauf's ankommt, / Weiß ich, was ich tu'!«

Das Naturereignis Howard, das wie ein Gewitter in ihre ausgedörrte Gefühlsverfassung einbrach, ging unter dem Namen »Schwartzie« in die Korrespondenz ein. Kurt wie Lotte nahmen wieder einmal wohlweislich nie das heikle Wort vom »Ehebruch« in den Mund, hüteten sich vor Schuldzuweisungen. Solange Schwartzie, ein Soldat auf Abruf mit viel Freizeit an Nachmittagen und Wochentagen, Stellvertreterdienste bei Lenya versah, brauchte Kurt keine Rücksicht bei seinen Ausflügen mit Starlets in die Umgebung von Los Angeles zu nehmen. Schwartzie und die Girls von den Filmstudios waren ein offenes Geheimnis für das Ehepaar und fanden ihren Niederschlag in zahlreichen Anspielungen. »Ich bin froh, daß Du [...] ans Meer gehst und außer Arbeit auch ein bißchen Spaß hast. (Solang der sich in Grenzen hält und Du nicht Deine [Zeichnung einer kleinen Blume] vergißt, Du weißt schon, was ich meine -),«[15] schrieb Lotte ihrem Strohwitwer.

Auf Fronturlaub stattete Schwartzie seiner durch die Lande ziehenden Freundin manch unerwarteten Besuch in ihrem Hotel zwischen Matinee und Abendvorstellung ab. Doch rückte durch seine Gegenwart auch für Lenya der Krieg näher heran: Ein Telephonanruf ihres deprimierten Verehrers, dem wieder einmal ein Einsatz bevorstand, erschien ihr als böses Omen.

»Ich fühlte mich irgendwie unglücklich nach diesem Anruf [...] und dann geht mein Fenster noch auf einen Friedhof raus, und das ist auch nicht so gut. Ich will jetzt nach Hause. Mir reichts.«[16] Anderthalb Jahre mit sporadischen Treffen waren Howard und ihr noch vergönnt. Im Herbst 1943 kam er bei einem Flugzeugabsturz ums Leben. Lenya trauerte tagelang, ohne an Essen oder Schlaf zu denken. Düstere Gedanken vertrieb sie, indem sie Kurt chauffierte und sich zwang, nicht zurückzuschauen. Beileidsbekundungen von Kurts Familienmitgliedern – zum Kriegstod ihres Liebhabers eine nicht unbedingt selbstverständliche Geste – beeindruckten sie, doch gab sie sich beherrscht: »Hoffentlich wird die Zeit hier schnell vorbeigehn. Hier kann ich ja nicht viel tun außer Kurt zum Studio zu fahren. Mehr will ich auch garnicht. Ich brauche nur Ruhe. Es ist eine sehr schwere Zeit für mich, aber ich will nicht wieder davon anfangen. [...] Du hast mir ja so geholfen und warst so gut zu mir. Das übrige muß ich selber tun.«[17]

Zum Glück war, als eine Art Nachspiel zu *Knickerbocker Holiday*, Mary Daniel in ihr Leben getreten: Walter Huston hatte Lenya bei einem Dinner im Hause der Andersons seiner Freundin aus West Virginia vorgestellt. Mary, eine ausgebildete Bibliothekarin, erkannte mit einem Schlag das Vakuum in Lottes erneutem Hausfrauendasein; sie verstand, daß ihre neue Freundin nicht für die Fronarbeit am Herd und im Keller geschaffen war. Selbst eine kulturbesessene Einzelgängerin, die danach hungerte, in der Gegenwart berühmter New Yorker leben zu dürfen, wurde Mary zum unverzichtbaren Faktotum im Hause der Weills. Vierzig Jahre lang sollte sie ihre Dienste an Lenyas Stelle versehen und sich für ihre Angebetete aufopfern, bald darauf assistiert von Jules, einer Perle von einem Koch und zugleich ein Butler voller Noblesse. Freiwillig machte sie sich von Lottes Launen abhängig und sprang ein, wenn ein Medikament besorgt oder eingekauft werden mußte, beriet in künstlerischen und privaten Notlagen, war Gesprächspartnerin, studierte Songtexte ein, wirkte als Putzfrau und als Katalysator für geschundene Seelen. Sie ordnete sich dermaßen unter, daß Außenstehende sie zuweilen mit einer Sklavin verwechseln konnten. Lenya, die bald überhaupt nicht mehr ohne Marys Beistand und Fürsorge auskommen mochte, hielt sie den Rücken frei, verschaffte ihr aber auch mehr und mehr Gelegenheit zur Muße. Und das erwies sich als verhängnisvoll, sobald ein Mannsbild für mehrere Tage in der South Mountain Road auftauchte.

Eine Stellungnahme von Quentin Anderson, frisch geschieden und im Handumdrehen von Lotte als Zeitvertreib in New City auserkoren, trug zur Erklärung bei, warum sie für ihre Eskapaden immer blutjunge, unbedeutende Männer wählte: »Bei allem, was sie tat, investierte sie jede erdenkliche Reserve an emotionaler Energie, die ihr zur Verfügung stand – ganz gleich, ob es sich dabei um ihre Arbeit handelte, die Rücksichtnahme und das Interesse für ihre Freunde, ihr Liebesleben oder ihre Aufopferung und Hingabe für Kurt Weills Œuvre. Was immer Lenya auf dieser Welt begehrte, nahm sie sich und genoß es in vollen Zügen.«[18] Mit Pasetti, Jones, Quentin und Schwartzie erlebte sie ihr Dasein als unmittelbare Gegenwart. Keine langwierigen Projekte, keine komplizierte Vergangenheit belasteten ein unbeschwertes Verständnis. Sie brauchte weder die Allüren der gefeierten Sängerin oder unverstandenen, alleingelassenen Ehefrau an den Tag legen, noch, wie schon so oft zuvor, die Rolle der künstlerischen Ratgeberin spielen, eine Projektionsfigur zwischen Muse, Trösterin und unvernünftigem Kind. Wenn sie es satt hatte, wie Mab als Statistin darauf zu warten, bis der brillante Ehemann vom zermürbenden Kleinkrieg in der »Playwrights' Company« an den Herd seiner besseren Hälfte zurückkehrte, verwandelte sie sich in eine autarke Liebende, die unter Verzicht auf ihre Weill-Identität das Schicksal herausforderte, ihre Bestätigung als Lotte Lenya einforderte. Diese Männer im Sohnesalter liebte sie, wie es ihrem Naturell entsprach: aufrichtig, spontan und verantwortungslos, ohne Reue, ohne Treue, und ohne Versprechen abzugeben.

Der vorerst letzte in einer Reihe von Begleitern, mit denen

sich die Vorzüge unbeaufsichtigten Glücks ausleben ließen, war ein Bariton namens Paul Mario. Ihr Verhältnis fiel in die unglückselige Episode vom *Firebrand of Florence*. Diese zweiaktige Operette rankte sich um das Leben des Renaissance-Bildhauers Benvenuto Cellini. Weill schwebte nicht das übermächtige Beispiel Berlioz', sondern eine Farce im Geiste Offenbachs vor. Der zur Obsession gediehene Wunsch, Lotte mit einem durchschlagenden New Yorker Theatererfolg in einer Gesangsrolle zu verhelfen, hatte sich mittlerweile dermaßen verselbständigt, daß Kurt das Augenmaß für literarische Qualität und Publikumswirksamkeit verlor. Ein weiteres Mal konnte er Ira Gershwin als Experten für die Dialoge gewinnen, doch das Team schien von allen guten Geistern verlassen. Im März 1945 kam ein unzeitgemäßer Kostümschinken auf die Bretter des Alvin Theatre, ein burleskes Verwirrspiel mit Intrigenwirtschaft und lauen Gesangseinlagen, trotz Iras so zündenden Wortwitzes und, was schlimmer wog, ohne jeglichen Bezug zu einer Zuhörerschaft, deren Weltbild in den ersten Wochen des letzten Kriegsjahres im Begriff war, endgültig auseinanderzubrechen. Um die Leute visuell und musikalisch vom Horrorszenario der aktuellen Nachrichten abzulenken – die Amerikaner hörten tagtäglich von Auschwitz und der westwärts stürmenden Roten Armee, verloren ihre Söhne an den verbleibenden Fronten Europas und erfuhren von einer erneuten Mobilmachung gegenüber Japan –, hätte es einer Show anderen Kalibers bedurft. Obwohl Kurt seine besten Einfälle Lenya in den Mund legte, ein Stückedoktor das Fiasko der Bostoner Voraufführungen zu beheben versuchte, waren die Kritiken vernichtend, die finanzielle Ausbeute katastrophal. Die Rezensenten beknieten die Verantwortlichen der Produktion, vor allem Lotte in der Rolle der Duchess umgehend auszuwechseln: Als Herzogin war sie eine Fehlbesetzung durch und durch. Ihr Traum vom Broadway schien für immer ausgeträumt.

Verwundet zog sie sich in den Rosengarten von Brook House zurück und war für niemanden mehr zu sprechen. Kurt, anstatt Erleichterung zu empfinden, endlich ihrem Wunsch nach Starruhm entsprochen zu haben, vermehrte noch seine Selbstvorwürfe. Wieder war er an allem schuld, für alles verantwortlich, an ihrer früheren Untätigkeit und jetzt für ihre schlechte Presse, hervorgerufen von seinem Versagen als Komponist und Initiator des *Firebrand*. Anstatt von Lenya entlastet zu werden, zog er sich ihren Zorn und ihre Verbitterung zu. Zu Hause war keine Rede von ihren offenkundigen Schwierigkeiten mit dem Regisseur und der Artikulation der englischen Songtexte. Daran hatte auch das Engagement nichts zu ändern vermocht, mit dem Lotte zuvor ihre Gesangsstunden mit Eva Gauthier, einer kanadischen Sopranistin und Gershwinspezialistin, in Angriff genommen hatte. Kurt war ratlos. Das letzte, was er jetzt im Sinn hatte, war, seinen Triumphbogen am Broadway, errichtet mit *Knickerbocker, Venus* und *Lady,* unter einer Halde von Schutt und Asche eines eigenhändig ausgelösten Erdbebens zu begraben.

Nach dreiundvierzig Vorstellungen war die Operette ausgebrannt, über dem noch schwelenden *Firebrand* lag eine Rauchwolke von Depression und Agonie. Und drüben in Deutschland, auf jenem fernen, unwirklichen Kontinent, den sie vor einer Ewigkeit hinter sich gelassen hatten, gingen ein System, eine Ideologie, eine Epoche in Flammen auf. Endlich.

In den Jahren zwischen 1940 und 1945 intensiviert sich Lottes und Kurts Briefwechsel auf vorher nie gekannte Weise, vor allem während der *Candle*-Tournee und den vielen Monaten, die Weill in Kalifornien verbringt. Von jetzt an sind alle Schreiben ausschließlich auf Englisch verfaßt, nachdem zwischendurch ein mit deutschen Einsprengseln verbrämtes Kauderwelsch zur Anwendung gelangt ist. Die oft mehrere Seiten umfassenden Exkurse im Tagesabstand, in denen Banalitäten wie die bevorstehende Steuererklärung, die Wetterlage in Santa Monica, die kulinarischen Leistungen von Jules oder der unverzichtbare New City-»gossip« abgehandelt werden, unterstreichen das gegenseitige Bedürfnis nach umfassendem Austausch. Manchmal kreuzen sich mehrere Mitteilungen an einem einzigen Tag.

Kurt macht sich auf liebevolle Weise über Lenyas kuriose Entgleisungen in der neuen Sprache lustig, doch Lotte hatte schon im Deutschen ihre Probleme mit der Rechtschreibung. Konnte man zuvor noch bei »ein pa« oder »ist nicht wa« gleich dutzendweise fündig werden, wobei sie mit dem »ß« manchen Zufallstreffer landete, so werden von nun an französische und amerikanische Namen einfach so geschrieben, wie sie auf deutsch klingen. Simpelste Syntax und naive Kindersprache wechseln mit treffenden Einschätzungen, kleinen und großen Bosheiten, wie sie eben nur von Lenya stammen können. Der vorherrschende Ton zwischen beiden ist witzig und zärtlich, und als neues Element in Kriegszeiten kommt die erotische Komponente hinzu, ein Aspekt, der zwar immer seinen Platz in ihren Briefen hatte, aber selten so explizit die Seiten füllte wie jetzt.

Lotte ist die Initiatorin und entpuppt sich als talentierte Karikaturistin. Erigierte und auch ejakulierende Phalli zieren das Briefpapier, wenn Lenya auf Tournee ist und an ihren Kurti denkt. Zuweilen ersetzen sie eine Unterschrift, tanzen fröhlich über die ganze Seite, oder die Spermatropfen münden in kleine Blümchen, Synonym der Verfasserin. »Des isch wohl der Friiehling!« verkündet das »Träubenknüßchen« übermütig, und Kurt darf sein Porträt bewundern: ein Strichmännchen mit Glatze und Pudelkrause an den Schläfen, aus dessen überdimensionalem Genital die so anregende Jahreszeit in ihrer ganzen Pracht herausschießt. »Das ist der Schpring/Alles Liebe« heißt es ein paar Wochen später erneut,[19] ihre unverbesserliche deutsche Aussprache ist ihr ein graphisches Augenzwinkern wert, und Kurts Konterfei wird von einem blühenden Herzen eingerahmt, unter dem sich ein zartes Maiglöckchen regt. Überhaupt ist seine Männlichkeit das Objekt ihrer zeichnerischen Begierde, und Weill kann sich über einen Mangel an drastischen Komplimenten nicht beklagen. »Ja natürlich, Du hast ja im Leben mit mir allerhand gelernt. – *Du warst eine dünne Rübe* und jetzt bist Du ein sehr kluges *Spargi*.«[20] Wie zum Beweis folgt das Emblem eines zarten, aber potenten Spargelphallus am Seitenende. Kurt seinerseits läßt sich nicht lumpen, versichert sie seines »ergebenen Affenschwanz[es].«. Unzählige »Warschis« bevölkern sein Briefpapier, und von Zeit zu Zeit erhält Lotte, sein »Weilliwüppchen«, neben »haufenweise Liebes« auch eine musikalische Skizze: »O me Darling, o me Darling, o me Darling Caroline«, steht da unter einer Notenzeile, wobei »Clementine« durch Lenyas Geburtsnamen ersetzt wurde.[21] Dann wieder gehen ihm die Zügel durch, und zu einer hastig hingekritzelten Melodie findet er diesen passenden Text: »Komm u. sei mein Passagier, ficke ficke fick' mit mir!«[22] Schwarz auf weiß gestehen sie einander ihre ungebrochene erotische Faszination und fürchten dabei nicht die Trivialität der Alltagssprache.

Auch die Beständigkeit ihres Zusammenlebens wird häufiger thematisiert. Schließlich ist man dabei, Rekorde aufzustellen: »Auf 15 Jahre haben wir's schon gebracht. Nun wollen wir mal sehen, ob wir die Silbermedaille schaffen«, resümiert Lenya im Januar 1942 als Antwort auf Weills Gratulation zum Hochzeitstag und kommt dabei mit den Zahlen ein wenig ins Schleudern: Sechzehn Jahre sind sie verheiratet, achtzehn Jahre lang kennen sie sich.[23] Ein andermal signiert Kurt: »Dein ewiger Gatte« oder gelangt zu einer kritischen Selbsteinschätzung: »Bitte, mein Liebes, sei guten Mutes. Und tausend Küsse für dich von deinem alten Liebhaber, Freund, Gemahl, Komponisten und Rasenmäher Kurti.«[24] Der Verdienstorden für ein Vierteljahrhundert offizieller Zweisamkeit sollte ihnen nicht vergönnt sein, aber das konnte damals keiner von beiden ahnen, weder »Jenny Lind« (Lotte) noch »Ihr italienischer Komponisten-Gatte Kurtio Weillissimo«. Kleine Ausflüge in die traditionelle Musikgeschichte sind ein Beleg dafür, wie sehr sie sich ihrer persönlichen künstlerischen Grenzen bewußt waren.

Das geliebte Gegenüber als unendliches Tagebuch, als Ratgeber und als Bestätigungsinstanz – so verstehen sie den Adressat ihrer Briefe. »Es tut so gut, Deine menschliche Stimme zu hören nach all dem Bühnengewäsch«,[25] bekennt die einsame Schauspielerin »on the road«. Dann wieder hält sich Kurt »an den *Leitspruch* meines Linnerls«, der ihm durch den Tag helfen soll: »*Laß es an dich herankommen* und reg dich ab!«[26] Und man zeigt sich für geleistete Hilfestellung erkenntlich: »Danke für alles und mit meinem ergebensten *Handkuß* bin ich ewiglich Deine Frau Karoline Wilhelmine Charlotte Weill.«[27]

In Los Angeles verfaßt Kurt hellsichtig ein Selbstporträt, aus dem klar hervorgeht, wie gern er auf Lotte angewiesen ist: »Ich hab auch große Sehnsucht nach dir, sehr oft. Aber diese kleinen Trennungen haben sich immer als sehr gut erwiesen. Ich denke immerzu an dich. Du weißt, wie eng alles, was ich tue, denke, arbeite, mit dir verbunden ist, und ich weiß, bei dir ist es genauso. [...] Du weißt doch, wie total uninteressiert an Menschen ich bin, wenn ich arbeite. Ich will überhaupt niemanden sehen und der große Vorzug meines Hauses hier ist, daß es so abgelegen ist und eigentlich niemand weiß, wo ich bin.«[28]

An dieser Kennzeichnung ist viel Wahres, denn auch im gesellschaftlichen Leben ergänzt sich das Paar: Bei Partys ist Kurt der schweigsame Beobachter, der abwartet, insgeheim urteilt und zuweilen eine spöttische Bemerkung einwirft. Nach außen hin gibt er sich verbindlich. Wenn er in sich gekehrt erscheint, in Gedanken versunken ist, so gibt Lotte die ideale Zuhörerin. Von spannenden Geschichten kann sie gar nicht genug bekommen und hat auch selbst jede Menge zu berichten, Tag für Tag. Weill genießt es, wenn sie im Mittelpunkt steht, und erst zu vorgerückter Stunde fühlt er sich genötigt, sie zur Räson zu rufen. Dann mahnt er zum Aufbruch und duldet keinen Widerspruch: »Lenya, ve go«, verkündet er, steckt seine Pfeife ein, stoppt ihren Redefluß und erhebt sich. »And dey vent«, registrieren die Freunde aus New City, für die Kurts deutscher Akzent eine unerschöpfliche Quelle der Belustigung darstellt, vor allem, wenn aus Weills Vierbeiner »Woolly« sein geliebter »Vooly« wird. Lotte und er wissen freilich genau, was sie aneinander haben, und wenn ihnen tatsächlich einmal Zweifel kommen sollten, genügt ein rascher Seitenblick auf das, was sich die Andersons und Gershwins in ihrem ehelichen Zusammenleben antun, um sich gegenseitig zu warnen: »Immer nur auf dem Niveau des eigenen Spießbürgertums zu leben führt zu völliger Leere.«[29] Soweit sind sie noch lange nicht.

Als Gegenstück zur Besichtigung ihrer Innenwelt lohnt das Durchblättern ihrer Publicity-Photos, die in Amerika in großer Zahl von ihnen entstehen. Das Paar posiert, um zu zeigen, wie es von anderen gesehen wird; es posiert aber auch, um ein Bild von sich zu entwerfen, das über kleine und große Krisen hinweg Bestand hat – Ikonen der Selbstvergewisserung. Auf Louise Dahl-Wolfes Doppelporträts erleben wir Lotte und Kurt in einem intakten, komplementären Bildaufbau: Jeder schaut versonnen in eine andere Richtung, der Farbkontrast ist ausgewogen, die aufeinander abgestimmten Linien von Armen und Händen gaukeln uns eine ruhige, kontinuierliche Zweisamkeit vor. Es bestimmt unser Bild von ihnen, und die friedfertige, gelassene Atmosphäre hat sich in retrospektiver Wahrnehmung zu einer so angenehmen wie trügerischen Charakterstudie verfestigt. Man glaubt zu wissen, wen man da vor sich hat. Mächtig stolz sind die Abgebildeten selbst auf diese perfekte Inszenierung, die die Titelseite der Rubrik »Entertainers« in Davis' Magazin »Harper's Bazaar« schmückt, und über den starken Eindruck, den sie bei Entscheidungsträgern hinterläßt: Lenya kann nicht umhin, diesen Streich der »beiden Schnüben« ironisch zu kommentieren.[30] Mit den auf kostspielige Eleganz getrimmten Hochglanzetüden, die George Platt Lynes von ihr allein anfertigte, erfüllt sie sich ihren persönlichen »Glamour Dream«: Lotte zwischen Garbo, Dietrich und entrückter Venus, mit falschen Wimpern schmachtend in die Horizontale gezaubert, aus einer Stoffwolke hervorschwebend. Ein anderer Abzug von Platt Lynes zeigt sie ganz in Schwarz mit Schlapphut, männerverachtende, grausame Attitüde inklusive. Solche Posen stellen die wahren Züge der Abgebildeten geradezu auf den Kopf, private Photos und Schnappschüsse kommen ihrem Naturell schon näher.

So scheint es kein Zufall, daß uns zwei unscharfe Dokumente die frischgebackenen Hausbesitzer von New City in eindeutigen Positionen präsentieren: weit voneinander entfernt, Kurt oben auf der Veranda, schelmisch hinter einer Holzsäule hervorlugend, Lotte, etwas verloren, kindlich lächelnd, zwischen Blumen und Kletterpflanzen. Deutlicher lassen sich die konträren Auffassungen von Eigenheim und Wochenendidyll kaum in Worte fassen. Eine gestellte Szene am Piano von Brook House muß hingegen in den Bereich der Legende verwiesen werden: Lotte schaut ihrem klimpernden Gatten artig über die Schulter in eine handgeschriebene Partitur – so sollte sich der Broadwaygänger Mr. and Mrs. Weill beim Verfertigen von Musicals vorstellen. Das einzige, was an diesem Doppelprofil stimmt, ist die obligatorische Pfeife, ohne die Kurt nur ein halber Mensch war. Über die Schulter zu gukken und beim Komponieren anwesend zu sein hätte Lenya nie gewagt – das hatten die Eheleute schon fünfzehn Jahre zuvor kategorisch ausgeschlossen. Und viele Zeugen haben bestätigt, daß Kurt nie am Klavier seine Ideen zu Papier brachte, vielmehr Kollegen, die so verfuhren, für diese vermeintlich schlechte Angewohnheit sogar verachtete. Für ihn war typisch, nachdenklich summend durch die Natur zu streifen und sich dann unvermittelt an den Schreibtisch zu setzen. Nahezu ohne Korrekturen flossen seine Eingebungen nun aufs Notenpapier, und selbst der größte Lärm stellte seine Konzentration nicht in Frage.

Mehr Intimität gibt Morris Engels' Aufnahme von 1945 preis, die uns das Paar in entspannter Stimmung auf den Treppenstufen im Brook House zeigt: Lächelnd hocken die beiden Weggefährten übereinander; Lenya trägt Puschen und krault Woolly das Zottelfell, Kurt schaut einmal nicht mit der Gedankenschwere des entrückten Tonsetzers drein, er vermittelt hier den heiteren Eindruck wirklicher Zufriedenheit: von Glamour oder Musikgeschichte keine Spur. Hier hat man die privaten Weills vor sich, und auch das wenige, was der Betrachter von der Einrichtung in ihrem Eigenheim zu sehen bekommt, läßt keinen Schluß darauf zu, daß ein wegweisender Theaterkomponist mit seiner charismatischen Schauspielergattin auf dem Photo zu bewundern sind.

Am unmittelbarsten wirkt jedoch eine Abbildung von einem Hollywoodaufenthalt zu zweit vom Herbst 1944, Inbegriff ihrer Harmonie und durchaus nicht für die Öffentlichkeit bestimmt: Weill mit sonnengebräuntem »Glätzchen« und Lenya mit windzerzaustem Haar vor einem Lattenzaun wähnen sich unbeobachtet und gewähren sich einen innigen, traumverlorenen Blick – als hätten sie sich gerade aus einem Kuß gelöst.

8
Youkali

> Love shouldn't be serious, should it?
> You meet, perhaps you kiss, you start.
> I fancied that I understood it,
> I forgot my foolish heart.
> Love can't be illogical, can it?
> You kiss, perhaps you smile, you part.
> It happens the way you plan it,
> If you hush your foolish heart.
> *Foolish Heart*

Der Krieg ist vorüber. Ein Aufatmen geht durch die Welt. Europa hat mit Hilfe seiner Verbündeten unter dem »star-spangled banner« das Joch des »Tausendjährigen Reiches« abgeschüttelt. Zwölf verhängnisvolle Jahre haben ausgereicht, ein Land, einen Kontinent, den halben Erdball in Trümmern zurückzulassen. Die Zahl der Kriegstoten, Verschleppten, Gefangenen und systematisch Ermordeten geht in die zig Millionen. Abertausende von Johnny Johnsons sind Opfer ihrer Leichtgläubigkeit geworden und haben sich doch schuldig gemacht. Das Ausmaß der »Endlösung«, das erst nach und nach sichtbar wird, verschlägt der zivilisierten Menschheit die Sprache. Als die Gaskammern von Treblinka, Auschwitz-Birkenau und Bergen-Belsen geöffnet werden, nutzen Wegsehen und Verdrängen nicht mehr viel. Der Anblick des Unaussprechlichen raubt dem Abendland für immer die Unschuld. Bürger, Intellektuelle, Politiker – alle sind zum Umdenken gezwungen; die »Stunde Null« beginnt mit dem Versuch der Bewältigung des Unfaßbaren, im Gewissen jedes einzelnen. Und doch sind viele schon dabei, sich im Vergessen einzuüben.

Nicht so die Insulaner von New City. Kurt erlebt das Kriegsende im Hotel Bel-Air zu Hollywood und jubelt Lenya am 8. Mai 1945 zu: »Meinem Linnerl-Darling einen ›Happy V-E-Day‹ [Victory-Europe-Tag]! Ich denke den ganzen Tag an dich, weil es ja der Tag ist, auf den wir zwölf lange Jahre lang gewartet haben. [...] Du hast ja den festen Glauben, daß wir das Ende dieses Schreckens noch erleben würden, nie aufgegeben – und jetzt ist das Ende also da. [...] Hoffen wir, daß sie diesmal wirklich hart mit den Deutschen verfahren.«[1]

Weill verhandelt derzeit mit René Clair über eine Show nach Eugène Labiches *Florentinischem Strohhut*, ebenso folgenlos wie Pläne mit Thornton Wilder, Nestroys *Einen Jux will er sich machen* zu bearbeiten – das endgültige Musical *Hello, Dolly!* sollten 1964 andere schreiben. Auch Brechts Vorstöße, es mit dem *Kaukasischen Kreidekreis* zu versuchen, schlagen fehl.

Der Komponist vertreibt sich die Zeit auf seine Weise: Während bei den Dreharbeiten für die Filmversion von *Lady in the Dark* von seiner spezifischen musikdramatischen Konzeption so gut wie nichts überlebt – er registriert es mit dem Achselzucken der Routine und löst einen gut dotierten Scheck ein –, bleibt ein bißchen Zeit für eine Romanze. Catherine Littlefield, die Choreographin vom *Firebrand of Florence*, hat es ihm angetan. Man sagt den beiden nach, daß sie einander »sehr nahe« seien. Sie unternehmen gemeinsam Ausflüge an die Pazifikstrände: »On Sunday I had a very gay time«, berichtet er Lenya wahrheitsgemäß. »Catherine ist ein feiner Kerl – keine Ansprüche und keine Probleme.«[2] Lotte ist zufrieden, auf dem laufenden gehalten zu werden: Catherine stellt Kurts Antwort auf Paul Mario dar. Das Paar von der South Mountain Road hat sich bisher immer an seine Spielregeln gehalten, und es ist nichts Widersprüchliches daran, wenn »der Deiiiiinige«, ihr »alter Bewunderer, Liebhaber und Gemahl« »mein ein und einziges Linnerl« in diesen Schreiben grüßt.

Ob es sich bei ihrer langjährigen Beziehung lediglich um ein Arrangement handelt, wie Außenstehende mutmaßten, oder um eine fortschrittliche, ja exemplarische Ehe, soll offen bleiben. Quentin Anderson vermag sie sich nicht einmal als ein Paar im weitesten Sinne vorzustellen. Doch Definitionsfragen kümmern die beiden nicht mehr. Ihre Liebe entfaltet sich in einem privaten Sektor ihres Bündnisses, zu dem nur sie beide Zutritt haben; und derzeit sind es die Zeitläufte, die sie umtreiben.

Noch im April stand Weill unter dem Schock von Roosevelts Tod, der dem Selbstmord des deutschen Tyrannen um wenige Wochen zuvorkam: »Er kommt einem so sinnlos, so unsinnig vor, dieser Tod eines Großen in einem Augenblick, in dem wir alle auf den Tod Hitlers warten.« Er bemüht sich, »einen tieferen Sinn zu erkennen. Vielleicht bringt Roosevelt mit seinem Tod zuwege, was er als Lebender nicht erreichen konnte. Das ist der optimistische Standpunkt.«[3]

Tage später, wenn die Russen in Berlin einmarschieren, geht er mit seinen Landsleuten hart ins Gericht und erzürnt sich in einem Brief an Lotte: »Ist es nicht phantastisch, wie unvorbereitet diese Nazis auf die Niederlage waren? [...] Ich glaube nicht, daß jemals eine Nation so vernichtend geschlagen worden ist. [...] Welche Dummheit! Welche Feigheit! Was für eine ›Herrenrasse‹! [...] Aber stärker als dieses Gefühl des Abscheus ist das Gefühl des ›Vertrauens in die Menschheit‹ – in einem der großen Augenblicke der Geschichte zu sehen, wie der menschliche Geist fähig ist, eine Krankheit abzuschütteln, zu Anstand zurückzufinden und die größte Gefahr für Zivilsation und Fortschritt zu überwinden.«[4]

Wenige Tage später bemerkt er: »Die Nachrichten aus Deutschland lesen sich wie der spannendste Krimi. Und es ist das letzte Kapitel.«[5] Er sollte recht behalten: Das letzte Kapitel ist aufgeschlagen – auch für ihn. Nur fünf Jahre werden ihm noch bleiben, wie immer angefüllt mit Projekten, Premieren und jeder Menge Arbeit. Lottes Solidarität und unverbrüchlicher Zuneigung ist er sich gewiß, aber die ersten Anzeichen eines gesundheitlichen Niedergangs sind bedrohlich und bald unübersehbar. »The Days Grow Short«, die Tage werden kürzer, sang Walter Huston als Peter Stuyvesant einst im *September Song*, und Weill zerrinnt die ihm verbleibende Zeit zwischen den Fingern. Am Tag der deutschen Kapitulation kann er sich noch vergnügt eine Zukunft mit Lenya in den rosigsten Farben ausmalen: »[Ich fühle mich] wie eine Million Dollar, weil es zu einer Zeit geschehen ist, in der wir noch jung sind und in einer Welt ohne Nazis genießen können, was man so unsere besten Jahre nennt. [...] Auf bald, Baby. *Sei niiiedelich, spiel dich nicht zu sehr auf.*«⁶ Für einen Moment herrscht Frieden auf der Welt, aber Kurts Herbst ist unwiderruflich angebrochen.

Nach dem Abwurf der Atombomben über Japan ist für keinen Amerikaner die Welt so geblieben, wie sie einmal war. Für die Weills ist der Beginn einer neuen Zeitrechnung auch die Stunde der Bilanz, eine Bestandsaufnahme ihrer Jahre in den USA. Kurt hat viel erreicht. Lenya ist als Künstlerin gescheitert und immer noch dabei, ihren neuen Standort zu bestimmen. Ihr gegenüber ergeht sich Weill in Selbstvorwürfen: »Meine Partitur [score] und du sind die unschuldigen Opfer dieser [meiner] Fehler geworden.«⁷ Aber in einem Brief an seine Eltern in Palästina, nur zwölf Tage später, relativiert er seinen Anteil am Fiasko mit dem *Firebrand* erheblich und schätzt das momentane Absinken seiner Erfolgskurve als karriereimmanentes Tief ein: »Ich habe mich längst schon an diese Auf-und-Ab-Kurve des Erfolgs gewöhnt, und ich war mir seit langem bewußt, daß nach diesen beiden Riesenerfolgen, die ich in den letzten Jahren gehabt habe, einmal wieder ein Rückschlag fällig war.«⁸

Es ist Zeit für eine Annäherung an Emma und Albert – das Verhältnis des Sohnes zu seinen Eltern, mittlerweile im vorgerückten Alter, ist in den vergangenen Jahren nicht eben das beste gewesen. Daran hat auch seine regelmäßige finanzielle Unterstützung der beiden nichts zu ändern vermocht. Sein Mißtrauen in die Ziele des Zionismus war bislang groß, und die Gründung eines jüdischen Staates im historischen Gebiet Palästinas hat er mit Skepsis betrachtet. Jetzt, nach den Erfahrungen mit *Eternal Road*, seiner Beteiligung an den jüdischen »pageants« während des Krieges und angesichts der Schreckensberichte von Überlebenden aus den Lagern, ändert sich seine Sichtweise. Bis 1945 hat er versucht, die Balance zwischen dem assimiliert-unauffälligen Juden und seinem Gegenbild, dem engagierten Juden, dem Komponisten pro-semitischer Spektakel, zu halten. Das Pendel schlägt nunmehr zugunsten eines aktiven Interesses an einer jüdischen Identität und der Einswerdung von Staat und Nation in einem neuen Israel aus. Der Abzug der Engländer aus Palästina ist allerdings noch in weiter Ferne, und als Kurt im April 1945 an seine greisen Eltern aus Los Angeles schreibt und seine tiefe Abscheu über die »krankhafte Selbstzerstörungswut« der »sogenannten Herrenrasse in der Zeit ihrer Niederlage« zum Ausdruck bringt, dann benutzt er fast dasselbe Vokabular wie in seinem euphorischen Brief an Lenya – ein Zeichen dafür, daß die beiden Alten seinem Herzen wieder ein Stück näher gerückt sind.

Im ersten Nachkriegsfrühling komponiert er mit *Kiddush*, einem hebräischen Gebetsgesang für die Synagoge in der New Yorker Park Avenue, eine Hommage für Albert Weill: Das kurze Stück für Kantor, Orgel und gemischten Chor ist dem Vater in der Ferne gewidmet. Und noch im selben Jahr, wieder mit einem Text von Ben Hecht, entsteht ein neues »pageant«, dem ein Mangel an zionistischem Engagement schwerlich nachgesagt werden kann: *A Flag is Born,* mit Paul Muni als Publikumsattraktion und dem jungen, noch unbekannten Marlon Brando als »boy«, ist ein flammendes Plädoyer für ein »Freies Palästina«. Ganz zweifellos ist der Weill nach 1945 ein veränderter Tonsetzer, dem das zuvor als fremd empfundene Anliegen, den Juden ein eigenes Staatswesen zuzubilligen, immer wichtiger wird.

In den Februar 1946 fällt Weills erste Kontaktaufnahme mit den Nehers nach den entbehrungsreichen Kriegsjahren. Kurt hat erfahren, daß endlich wieder eine funktionierende Postverbindung zwischen den USA und Deutschland existiert, und bietet an, den alten Freunden etwas zu essen zu schicken. Aus seinem Schreiben an Caspar spricht das schlechte Gewissen des ehemaligen Flüchtlings, dem die Geschichte recht gegeben hat, ebenso wie der Stolz auf seine Anerkennung am Broadway. Weill bekundet, eine richtige Heimat gefunden zu haben, und rühmt die im Vergleich zu Europa »viel gesundere Atmosphäre«. Sein Amerika preist er als ein »wundervolles Land«, und er kann sich nicht vorstellen, noch jemals irgendwo anders leben zu wollen. Vom amerikanischen Publikum heißt es, es sei »großartig, naiv, wissensbedürftig und sehr aufnahmefähig«. Und Kurt gesteht zuletzt, daß die äußeren Lebensumstände hier so angenehm seien, daß er sich fast schämt, »jemandem, der so viel durchgemacht hat wie Ihr, davon zu erzählen«. Eine nur für Erika bestimmte Notiz trägt bei aller Anteilnahme distanzierte Züge – das »Sie« ist wie eine Mauer zwischen die ehemaligen Liebenden getreten. Mit einem Ausdruck von Respekt und Sorge um seine Freundin vollzieht Weill den Wandel in ihrem Verhältnis und entwirft für sie seine neue Weltsicht: »Es gibt keine Ruhe und Eintracht und Frieden und Glückseligkeit [...] auch hier ist es unsicher und zerrissen. Die Lösung, die Voltaire am Ende des *Candide* gefunden hat, scheint noch immer die beste: ein Stückchen Land irgendwo, auf dem man eine Kartoffel und eine Blume pflanzen kann, ein paar Freunde, ein Buch und Arbeit.«[9]

Wieder einmal müssen die Flucht aus der Stadt und das Untertauchen in zermürbende Projekte als Allheilmittel für Depression und Resignation herhalten. Das unaufhörliche Pendeln zwischen Malibu, Manhattan und New City sollte Kurt eines Besseren belehrt haben. Sein Radius hat sich beim besten Willen nicht einschränken lassen, und schiere Arbeitswut schützte ihn weder vor Konfrontationen mit Kollegen noch vor einem Schlagabtausch mit den Widrigkeiten seiner politischen Vergangenheit. Noch immer bezeichnen ihn Journalisten als »German composer« und versetzen ihn damit in maßlose Wut. Das Periodikum »Life« erhält diesbezüglich einen Protestbrief von Weill. Kurt lacht sich immer dann ins Fäustchen, wenn die Leute keine Verbindung mehr zwischen dem deutschen Brecht-Tonsetzer und dem Schöpfer von *Venus* oder *Lady* herstellen. Seine Weigerung, seine literarischen Opernexperimente aus den Zwanzigern aus der Vergessenheit auferstehen zu lassen, wird immer kategorischer. Dessen ungeachtet geht im Berliner Hebbel-Theater im August 1945 die erste Nachkriegsinszenierung der *Dreigroschenoper* über die Bühne.

Für die Verwirklichung seines ureigenen amerikanischen Traumes, der Gestaltwerdung einer »broadway opera«, erhält Kurt endlich grünes Licht. Die Zeit ist reif in New York für die Geburt einer neuen Gattung. Weill ist an der Zeugung beteiligt und spielt zugleich die Hebamme. Mit *Street Scene* tritt er den Beweis an, daß sich bloßes Amüsement und opernhafte Züge, vereint durch einen wirklich zeitgenössischen Stoff, zu einem organischen Ganzen fügen lassen. Seit 1936 hat er Elmer Rice, seinem literarischen Partner von *Two on an Island,* mit dem Wunsch in den Ohren gelegen, der Autor möge sich mit einer singspielhaften Vertonung seines mit dem Pulitzerpreis ausgezeichneten Stückes einverstanden erklären. In Berlin hatte Weill das Drama, das vierundzwanzig Stunden in einem heruntergekommenen New Yorker Mietshaus beleuchtet, schon zu *Dreigroschen*-Zeiten bewundert und Pläne, es zu bearbeiten, nie aufgegeben. Unter dem Titel *Die Straße* lief es 1929/30 in Deutschland, und keine Geringere als Grete Mosheim wirkte bei der deutschen Erstaufführung mit. Jetzt ist Rice mit einer Adaptation einverstanden. Der schwarze Librettist Langston Hughes, für die Songtexte verantwortlich, zeigt Weill ein ganz anderes New York: die Slums und das Elend der Vorstädte, die Unterprivilegierten und Arbeitslosen, Alkoholiker, Jähzornige und Ausgestoßene, verlassene Frauen und Kinder, deren Zukunft schon an der nächsten Straßenecke in Frage gestellt ist. Siebzehn Jahre nach der Premiere hat die Vorlage von *Street Scene* nichts von ihrer Aktualität eingebüßt – im Gegenteil, die Einschränkungen der Nachkriegsära schaffen eine den Depressionsjahren durchaus vergleichbare, zutiefst bedrückende und pessimistische Atmosphäre.

In diesem Milieu stehen sich zwei unglücklich endende Liebesgeschichten gegenüber: die kriselnde Ehe von Frank und Anna Maurrant, reflektiert in der Schwärmerei ihrer Tochter Rose für den jungen Sam Kaplan. Innerhalb eines einzigen Tages – die Einheit von Ort, Zeit und Handlung wird auf ideale Weise respektiert – vollzieht sich das Drama um Eifersucht und Liebesmord; narrative und kommentierende Elemente durchdringen einander. Nachbarn und Passanten schaffen ein Kaleidoskop des sozialen Umfelds, einziger Schauplatz sind Hauseingang und Hinterhof des mehrgeschossigen Gebäudes, hinter dessen Fassaden, Fenstern und Feuertreppen sich Liebe und Zärtlichkeit, Aggression und Grauen abspielen. Das Geschehen »in der Öffentlichkeit« spiegelt Ohnmacht wie Möglichkeiten der Protagonisten, denen sich die Frage nach einem anderen Leben, einer anderen Form zu lieben, immer neu stellt. *Street Scene* wird so, ohne die Virtuosität zahlloser Tanzszenen einzubeziehen, ein direkter Vorläufer der *West Side Story* von Bernstein und Jerome Robbins. Es sei »das Privileg des Theaters [...], die Welt im Spiegel zu sehen«, erklärt »Knuti« seinem »Linutschkerl« Lotte.[10]

Weills Umsetzung besitzt einzigartige Qualitäten innerhalb seines dramatischen Œuvres, ist von seinen übrigen Broadway-Shows und Revuen ebenso weit entfernt wie von den Berliner Experimentalopern und den Brechtschen Moritaten mit ihrem Nummerncharakter. Die Partitur gibt sich im Grunde durchkomponiert und versöhnt Elemente des deutschen Singspiels mit herkömmlichen Broadwaytechniken. Der von Kurt mit Stolz gewählte Untertitel »An American Opera« zeigt eindeutig, daß der Komponist auf die Etablierung einer nationalen Gattung zielt – Anklänge an Dreisers *An American Tragedy* sind beabsichtigt. Gesprochene Dialoge verbinden die Musiknummern und werden ihrerseits von einem dezenten, geschickt eingewobenen Orchester-»Hintergrund« überbrückt. Weill ist nämlich der Meinung, kein Theaterbesucher lege Wert darauf, Zeilen wie »Möchtest du noch eine Tasse Kaffee?« als Gesang zu hören. Sein Konzept nimmt einen neuartigen musikalischen Realismus ins Visier, »großstädtische Musik« alterniert mit von Verdi und Puccini beeinflußten Passagen. Italienischer Verismo, amerikanische Folksongs und überdeutliche Anleihen bei Konzept und Dramaturgie von *Porgy and Bess* verschmelzen zur melodramatischen Großform, einer Würdigung des Alltags in den »suburbs«.

Die Premiere von *Street Scene* am 9. Januar 1947 muß, wie es der Anlage dieses »demokratischen« Werkes entspricht, ohne einen großen Star auskommen. Der Publikumszuspruch hält sich, nach katastrophal verlaufenen Testläufen in der Provinz, auch am Broadway in Grenzen; der Erfolg ist mit knapp hundertfünfzig Vorstellungen eher mittelmäßig. Doch die Kritik erkennt erstmals seine Bemühungen in ihrer ganzen Tragweite an. Weill fühlt sich verstanden. Nie ist er stolzer auf ein Bühnenwerk gewesen als auf dieses: »In fünfundsiebzig Jahren wird es als mein Meisterwerk in Erinnerung bleiben«, orakelt er. Ein halbes Jahrhundert nach seinem Tod hat sich diese Prophezeiung noch nicht erfüllt. Aber der Zuspruch von Kollegen, Fachleuten und Freunden ist 1947 enorm; Vorwürfe, er habe eine zu »unpolitische« oder zu wenig publikumsattraktive Thematik gewählt, werden diesmal nicht erhoben. Engagement, Zeitbezug und konzise lyrische Umsetzung sind als untrennbare Einheit in der Stückanlage unübersehbar. Man fragt sich ein ums andere Mal, wie ausgerechnet dieser zugewanderte Deutsche die Verhältnisse des amerikanischen Alltags so authentisch auf die Bühne zu bringen vermag. Weills Blick »von außen« verleiht ihm jedoch gerade erst die unabdingbare Distanz und Unvoreingenommenheit, wie sie für eine wenig sentimentale, lebensnahe Milieustudie erforderlich ist. Zweifler unter den Rezensenten werden von Weill mit dem Hinweis beschieden, genau das »amerikanische« Element, das in seiner deutschen Musik ungebührlich dominiert habe, sei für seine Vertreibung aus Nazideutschland verantwortlich gewesen – nichts sei also naheliegender, als sein Talent für dieses Idiom im Geburtsland von Jazz, Gospel- und Soulmusik selbst zu erproben.

Eine Ehrung folgt auf dem Fuß, die ihm sogar eine Mitteilung an die Eltern wert ist: Als erster Komponist und Exeuropäer überhaupt und als erstes Mitglied seit 1938 wird er in die »Playwrights' Company« gewählt. Seine stetige, leidenschaftliche Mitwirkung in der angesehenen Vereinigung hat ihn schon seit Jahren de facto als »member« ausgewiesen, seine Wahl bestätigt nur einen längst unumstrittenen Sachverhalt. Für Theaterkreise handelt es sich dennoch um eine kleine Sensation, und Weill darf sich für einige Monate im Glanz von Ruhm und Anerkennung sonnen. Dank kommt auch von den Bühnenstars: Mary Martin, seine so beliebte »Venus«, künftiger Publikumsmagnet von *South Pacific* und *The Sound of Music,* kongeniale Interpretin von Cole Porters *My Heart Belongs to Daddy,* bekundet in einem entwaffnend offenen Schreiben an Kurt, daß sie ohne die Chance, seine Liebesgöttin zu verkörpern, wohl nie in den siebenten Himmel der Theatermeile gelangt wäre. »Jedem Glücklichen passiert so etwas nur einmal im Leben – und dieses ›einmal‹ habe ich Ihnen zu verdanken,« läßt sie ihn wissen.[11] Eingeständnisse dieser Art sind nicht gerade die Regel im oft unbarmherzigen Showgeschäft zwischen Hollywood und Madison Square Garden, und Weill weiß es zu schätzen, daß er wenigstens eine große Sängerlaufbahn auf den Weg gebracht hat.

Einklang mit amerikanischen Musikformen und ein Bekenntis zu einem ausgeprägt nationalen Musiktheater bedeuten nicht zwangsläufig, daß Weill zu einem konformistischen Staatsbürger geworden ist, der unkritisch oder affirmativ das Kulturleben der Vereinigten Staaten bereichert. Zum Beweis für seine geistige Unabhängigkeit unterzeichnet er, gemeinsam mit Maxwell Anderson, ein Protestschreiben von sechsundsechzig Zeitgenossen – unbequeme Demokraten, denen die Aktivitäten des dubiosen »Ausschusses für un-amerikanische Aktivitäten« entschieden zu weit gehen. Eisler und Brecht müssen sich – ein Vorgeschmack auf die innenpolitischen Auswüchse des Kalten Krieges – vor dem Komitee verantworten, sehen sich mit absurden Vorwürfen konfrontiert. Brecht kommt mit einem blauen Auge davon, staatsfeindlicher Umtriebe konnte er nicht bezichtigt werden, und verläßt die USA in Richtung Schweiz. Kurts mutiges Eintreten für seine Kollegen im Exil mit vermeintlich anrüchiger Vergangenheit beeindruckt um so mehr, als er damit seine noch kaum gefestigte amerikanische Staatsangehörigkeit in Gefahr bringt – schließlich, so könnten Andersdenkende argumentieren, verdankt er der Freiheit seiner Wahlheimat überhaupt das Recht auf politische Meinungsäußerung, das er hier für Gestalten, über die schon vor Jahren geheime Akten angelegt worden sind, einklagt. Weill ist sich hingegen lediglich treu geblieben, befindet sich als Mitunterzeichner in guter Gesellschaft. Einmal mehr unterstreicht er, daß es sich beim Broadway keineswegs um eine Wirkungsstätte von Angepaßten handelt: Die Freiheit des Intellekts steht für ihn in keinem politischen System zur Disposition.

Daß die Wunden des Krieges noch nicht verheilt sind, müssen Lenya und Kurt im Sommer 1948 erfahren, als sie sich, in bester Laune, auf der Durchfahrt in Ohio befinden. Bei der Rast in einem kleinen Nest entdecken sie mitten auf dem Bahnsteig, an dem der Zug für eine halbe Stunde gehalten hat, Särge von amerikanischen Soldaten – alleingelassen zwischen gestapelten Autoreifen, Milchkannen und Gepäckwagen. Mehr als drei Jahre nach dem umjubelten »V-day« kehren noch immer stumme Zeugen des fernen Konfliktes auf heimischen Boden zurück. In diesen Holzkisten, die die amerikanische Flagge schmückt, warten die Überreste von Befreiern und Kriegshelden auf ihren Weitertransport zu einem namenlosen Friedhof.

Dem Paar verschlägt der makabre Anblick für die nächsten Stunden die Sprache. Lotte und Kurt befinden sich auf der Rückfahrt von der triumphalen Uraufführung von seiner einaktigen Folkoper *Down in the Valley*. Ursprünglich 1945 für den Radiogebrauch bestimmt, ist aus dem halbstündigen Werk ein Schuldrama für den Amateurgebrauch geworden. Ein Studentenworkshop der Indiana University in Bloomington hat die Südstaatentragödie mit einem Libretto von Arnold Sundgaard bei Weill zur Umarbeitung in Auftrag gegeben und mit relativ bescheidenen Mitteln realisiert: ein Lehrstück von unerwiderter Liebe, das kleinstädtische Intrigen einschließt und mit einem verhängnisvollem Justizirrtum endet. Wenige professionelle Sänger und viele Laien versuchen sich mit Erfolg an der Geschichte von Jennie und Brack, der zu Unrecht zum Tode verurteilt wird, aber seinen Seelenfrieden findet, indem er die Nacht vor seiner Hinrichtung mit seiner Geliebten verbringt. Nach seiner Flucht aus dem Gefängnis hat er sich zu ihr begeben. Die Gewißheit ihrer ewigen Zuneigung bringt ihn dazu, sich zu stellen und der Todesstrafe gefaßt entgegenzusehen.

Down in the Valley ist nicht nur Weills amerikanisches Gegenstück zum *Jasager,* es läßt sich auch als »volkstümliches« Pendant zu *Street Scene* begreifen – setzte er dort raffinierte Mittel und elaborierte Techniken ein, so arbeitet er hier mit einer ganz einfachen musikalischen Sprache, zu deren Vokabular Naivität und Sentimentalität gehören. Die leichte Nachvollziehbarkeit der Vorgeschichte durch effektvolle Flashbacks, schlichte Melodien und mühelose Ausführbarkeit gehören zu den Vorzügen einer Partitur, die so mancher Broadwayjournalist schnell als triviale Gelegenheitsarbeit für Provinzproduktionen abgestempelt hätte. Weill beweist ein weiteres Mal seine beachtliche Assimilierungsfähigkeit, und die enthusiastischen Reaktionen der Workshopteilnehmer unterstreichen, wie gut er die Empfindungen und Moralvorstellungen eines unverbildeten, jungen amerikanischen Publikums einschätzen kann: Seine Folk-Opera wird alsbald im ganzen Land nachgespielt.

Seit einigen Monaten hatten die Weills einen neuen Nachbarn in New City, einen jungen und begabten Librettisten namens Alan Jay Lerner. Daß es sich bei dem kaum dreißigjährigen Lerner um einen gutaussehenden Mann handelte, entging Lotte nicht; daß er der Theaterwelt einmal den Welterfolg *My Fair Lady* bescheren sollte, ahnte Kurt vermutlich – sonst hätte er sich damit begnügt, einige Tennispartien mit ihm auszutragen. So aber erkannte er augenblicklich Lerners beträchtliches lyrisches Potential und machte ihn zum Textdichter seiner vorerst letzten Show für den Broadway, *Love Life.* Wie er zu seiner eigenen Überraschung feststellen konnte, tat es ihm gut, für eine Weile ohne Anderson oder Ira Gershwin auszukommen.

Wiederum produziert von Cheryl Crawford, steuerten Weill und Lerner geradewegs auf ein neues Genre zu, das sich auf den griffigen Namen »Konzept-Musical« bringen läßt. In der Form eines überdimensionalen Vaudevilles porträtieren die beiden neuen Freunde das Auf und Ab im Liebesleben eines »durchschnittlichen« amerikanischen Paares, indem sie sieben große Szenen, die für Ereignisse oder Gemütszustände stehen, in unterschiedlichen historischen Epochen ansiedeln.

Der Bogen spannt sich vom ausgehenden 18. Jahrhundert in Connecticut über die Bürgerkriegsjahre bis in die Prohibitionszeit, um in einer turbulenten Straßenszene der unmittelbaren Gegenwart zu enden. Die Liebe ist hier eine Reise mit vielen Stationen. Verwandlungsszenen wechseln mit Auftritten grotesker und allegorischer Figuren; der Zuschauer erlebt Kartenspiele in einem türkischen Bad, den Gesang einer »Mrs. Horoscope« und den Spuk eines Zauberers, der gleich zu Beginn Susan und Sam Cooper, die beiden Protagonisten, voneinander scheidet. Der Magier bringt das Paar zum Schweben und macht aus Susan eine »zersägte Dame«. Als beide nach allerlei Wirren und Verwicklungen ernüchtert und – auch im juristischen Sinne – geschieden wieder zueinander finden wollen, in der Mitte unseres Jahrhunderts angelangt, müssen sie sich als zwei Seiltänzer auf dem schwankenden Tau aufeinander zu bewegen: »Reality!« heißt ihr letzter Song, und Susan und Sam tun ihr Bestes, um allen Widrigkeiten zum Trotz einen Neuanfang zu wagen und sich in der Mitte zu treffen, ohne jemals dabei die Balance außer acht zu lassen. Das Libretto enthält weitreichende Parallelen zum Werdegang der Weills: In den Goldenen Zwanzigern auf einem Ozeandampfer gelandet, flirten die Coopers ausgiebig mit neuen Bekanntschaften. Und Lotte mußte es bekannt vorkommen, wenn Sam mitten im Eisenbahnboom des 19. Jahrhunderts einfach keine Zeit zum Kinderzeugen findet – sein Beruf geht vor.

Das New Yorker Publikum war mit dieser zynisch-sachlichen Analyse eines »typischen« Ehelebens nicht unzufrieden, erkannte sich mitsamt seinen liebenswerten Schwächen und durchschnittlichen Stärken wieder und bereitete dem Autorenteam einen ebenso durchschnittlichen Erfolg. Diesmal hatte Weill allerdings nicht die Kritiker auf seiner Seite. Für die einen schimmerte der Einfluß Gershwins zu sehr durch, den anderen war die Sicht auf das Liebesleben der Coopers zu emotionslos, oder ihnen fehlte die nötige »menschliche Wärme«. Einige stuften Lerners Libretto als schwach ein, Weill habe seiner bekannten Anpassungsfähigkeit gemäß eben auch nur eine »schwache« musikalische Leistung abliefern können. Zündende Songs seien Mangelware. Wieder anderen ging der Wirbelsturm der Einfälle, Transformationen, Zeitsprünge und historischen Hakenschläge schon viel zu weit. Die Weillforschung urteilte anders: Das multiple Vaudeville vollziehe den Brückenschlag zwischen herkömmlichen Broadwayproduktionen und einer sich anbahnenden Off-Kultur, für die der Name Marc Blitzstein steht, bereite deutlich innovativen Werken wie Bernsteins *Trouble in Tahiti* den Weg. Mindestens ein Vierteljahrhundert sei *Love Life* seiner Zeit voraus, die musical-immanenten Neuerungen ebenso bemerkenswert wie die Fortschritte in der Operndramaturgie bei *Street Scene*. Und wie es Vorhersagen eigen ist, blieb es bisher bei Ankündigungen: Weder die Coopers noch die Maurrants haben sich seither ihren Weg ins Repertoire bahnen können – weder in der Neuen noch in der Alten Welt. Versuche Abravanels, zwischen Weill und der Metropolitan Opera eine fruchtbare Verbindung herzustellen, scheitern ebenfalls. Dort räumte man einem anderen Newcomer aus Europa den Vorrang ein: Gian Carlo Menotti.

Für Kurt versprachen die Nachkriegsjahre auf alle Fälle anregend und spannend zu werden. Was immer aus seiner Feder aufs Notenpapier floß, verwandelte sich in New Yorker Tagesgespräch, in große Theaterproduktionen, Filmmusiken, Kritiken und mehrspaltige Presseartikel, Kollegenneid, -schelte – und manchmal auch -lob: »Es hat mir unglaublichen Spaß gemacht, mit Ihnen zu arbeiten«, telegraphierte ihm sein Librettist Hughes zur *Street Scene*-Premiere. »Sie sind ein großartiger Kerl, und Sie haben wunderbare Arbeit geleistet.« Solche

Worte waren Balsam für seine Seele, und eines war sicher: Als mit allen Wassern gewaschener Theatermann hatte er sich im Laufe der Jahrzehnte ebenso viel »technisches« Wissen angeeignet wie mancher Regisseur, Bühnenbildner und Dramaturg in ihren jeweiligen Gebieten und Zuständigkeiten. Seine Kenntnisse über die Umsetzbarkeit von Spektakeln waren seinen Qualitäten als Instrumentalist und Komponist ebenbürtig – eine Seltenheit unter den Opernautoren dieses Jahrhunderts. Abendspielleiter, Kostümbildner und Scriptgirls verblüffte er mit seiner Sachkenntnis. Als Routinier hatte er immer ein paar anerkennende Worte für den Mann an der Pauke übrig oder erteilte den Streichern einen Rüffel, wenn sie seine sorgfältig ausgeklügelten Phrasen reichlich lieblos herunterkratzten. Als offiziell eingetragener »Playwright« hatte er die Anerkennungsphase seit langem hinter sich und begann allmählich, seine Lorbeeren mit Wohlwollen zu betrachten. Daher befand Kurt im Frühjahr 1947, daß es an der Zeit sei, eine kleine Pause einzulegen, um Europa und Palästina einen Besuch abzustatten. Ganz allein würde er auf diese Reise gehen. Und Deutschland würde er dabei links liegen lassen.

Und Lotte? Es ist still geworden um die einstige Verführungskünstlerin vom »Ruban bleu«, um die Zofe von der *Candle*-Tournee, um die fehlbesetzte, so unglücklich agierende Herzogin – sehr still sogar. Allem Anschein nach beschränkt sie sich auf kontemplatives Däumchendrehen, lästige Hausarbeiten werden ihr von Jules oder Mary Daniel abgenommen. Ihre Gesangsstunden waren nur eine vorübergehende Laune. Angebote erhält sie keine, und ihre Mitwirkung in Kurts jüngsten Schöpfungen ist unmöglich geworden: Für *Street Scene* fehlt ihr die Opernstimme, für *Love Life* ist sie zu alt, und sich als Fünfzigjährige zwischen den Studenten bei *Down in the Valley* zu tummeln, kommt auch nicht mehr in Frage. Obendrein weiß sie nur zu gut, wie nachtragend die New Yorker Kritiker sind – nur allzu gern wollen sie die Erinnerung des Fachpublikums an ihre Schlappe mit dem *Firebrand* wachhalten. Dafür steht mit dem Gefühlshaushalt alles zum besten: Kurt und Lenyas Glück ist beständig geworden, ihre harmonische Enklave hat sich bewährt. Um Brook House herum haben sie sich ein Netzwerk von Freunden und Nachbarn geschaffen. Oft bleiben illustre Gäste übers Wochenende, die bewirtet und angeregt unterhalten werden wollen, und Lenya gehört zu den ersten Bewohnern der kleinen Siedlung am Hudson, die über ein TV-Set verfügen. Ende der vierziger Jahre war das eine kleine Sensation. Manchmal kommt es zu Wiederbegegnungen mit alten Bekannten aus Berliner Tagen – eine davon ist Claire Goll: »Ich sah auch Lotte Lenya wieder, die eine bezaubernde, von Kurt Weill eingerichtete Mühle bewohnte [gemeint ist Brook House]. Während unseres New Yorker Exils waren Goll und ich oft bei dem Ehepaar gewesen; die unangenehme Erinnerung an *Royal Palace* war ausgelöscht. Nach dem Erfolg der *Dreigroschenoper* hatte Kurt Weill seine Zusammenarbeit mit Bertolt Brecht wieder aufnehmen wollen und Goll gebeten, ihm ein Operettenlibretto zu schreiben. Aber Yvan war, indem er die Geschichte einer untreuen Frau nach meinem Bilde erzählte, so sentimental geworden, daß sein Text sich nicht mit der herben Musik Kurt Weills vertrug. Der Durchfall von *Royal Palace* hatte die Beziehungen der beiden Männer merklich abgekühlt, bis sie sich im Exil wiedersahen.«[12]

So herrscht genug Abwechslung in der Kolonie von Theaterleuten, um sich von der eigenen Bedeutungslosigkeit abzulenken. Von kurzen depressiven Phasen abgesehen, klappt dieser Selbstbetrug: Mab Anderson hat es ihr vorgemacht. Die Ekstasen früherer Jahrzehnte, die wie ein Wirbelsturm durch das Liebesleben der Weills fegten, haben überraschend einer Besinnung Platz gemacht: Lotte gibt sich monogam. Auf ihrer ganz privaten Lebensinsel bemüht sie sich, es Kurt in seinen wenigen Mußestunden in New City so gemütlich wie möglich zu machen. An der paradoxen Ausgangssituation hat sich freilich wenig geändert: Lenya verbringt die meiste Zeit fern der brodelnden Downtown im ländlichen Refugium, von dessen Vorzügen Kurt träumt; Weill pendelt weiterhin zwischen Manhattan, Malibu und seinem Zuhause, führt das »Zigeunerleben«, das Lottes Naturell so sehr entgegenkommt.

Ein letztes Mal sollte sich für die beiden Bewohner von Youkali ein Schatten über die Unantastbarkeit ihrer Liebe legen. In Hollywood hat sich Kurt mit einer jungen Schweizerin eingelassen, doch diesmal handelt es sich um eine ernste Affäre, die bis zu den Dreharbeiten zu *Where Do We Go From Here?* zurückreicht. So ernst, daß sich Lenya zu raschem Eingreifen genötigt sieht und höchstpersönlich die Reise nach Los Angeles antritt. Ihrer Schwägerin Rita Weill legt Lotte die Karten auf den Tisch: »Die Reise war so, wie ich's gern habe. Niemand hat mich belästigt – und es war auch keiner da, von dem ich hätte belästigt werden wollen. [...] Dann am Nachmittag besuchten wir ... (das Schweizer Mädchen, das Du ja kennst,) und was sie betrifft, spielt sich da jetzt eine kleine Tragödie ab. Kurt steht wie immer über der Situation. Es ist gut, etwas Erfahrung zu haben, wie solche Dinge am besten zu behandeln sind.«[13]

Lenya spricht also ein Machtwort, das – eingedenk ihrer eigenen Fehltritte – viel Diplomatie und noch mehr Fingerspitzengefühl erfordert: entschieden genug, um ein Zeichen zu setzen, aber so verständnisvoll wie irgend möglich. Sie ist klug genug, um zu wissen, daß Porzellan schnell zerschlagen ist, und sie weiß auch, wie lange es dauern kann, die Scherben wieder zusammenzukitten. Der Schwarze Peter befindet sich ausnahmsweise in Kurts Hand, doch fürs erste gelingt es, die Wogen zu glätten. Und Rita darf sich beruhigen: »Also nur keine Angst, mein Schatz, Du wirst Deine Schwägerin nicht verlieren.«[14]

Das größte Ereignis für Lenya in den Jahren vor Kurts Tod ist, nimmt man eine Blinddarmentzündung aus, zweifellos der Besuch ihrer Mutter Johanna in den Staaten. Lange hat sich die aus Penzing ausgewanderte Tochter gegen diese Begegnung gesträubt und auf die hohen Reisekosten verwiesen, denn auch

Maria, inzwischen eine verheiratete Frau Hubeck, sollte mit von der Partie sein. Kurt läßt sich nicht von seinem großzügigen Entschluß abbringen und spendiert den beiden Frauen den Flug. Diesmal setzt er sich durch. Er läßt es sich auch nicht nehmen, die Wienerinnen im Auto vom La Guardia Airport abzuholen. Lotte, auf dem Beifahrersitz unaufhörlich plaudernd und halb zu Weill, halb zu den übermüdeten Besucherinnen gewandt, ist vom Zeitpunkt der Ankunft an sichtlich nervös. Eine Ewigkeit haben sich die drei nicht gesehen, und für die Gäste aus der Ameisgasse handelt es sich nicht nur um ihre erste Flugreise, sondern um ihren ersten Auslandsaufenthalt überhaupt. Sechs Wochen bleiben sie in New City. Lenya geht das Wiedersehen näher, als sie sich eingestehen möchte. »Mir war ziemlich klar, daß du unbedingt eine Woche Erholung brauchst, wenn deine Familie wieder weg ist. Ich weiß, welche Anspannung es für dich bedeutet, und ich finde, du bist einfach wunderbar und geduldig mit ihnen und schaffst es wirklich, ihnen den Aufenthalt schön zu machen«[15], wird Lotte von Kurt gelobt.

Besonders Johanna macht es ihrer Tochter, die so gewandt mit fremder Zunge daherredet, schwer. Die Achtzigjährige wirkt äußerlich zwar jünger und ausgeglichen, aber sie legt ein apathisches Verhalten an den Tag. Wie ein Block weist sie die meisten Vorschläge für Ausflüge und Besuchsfahrten zurück, mit dem Hinweis, sie habe schon genug von dieser Welt gesehen. Überquert man den Hudson, murmelt sie »die Donau, die Donau«; sieht man das Wolkenkratzermeer von Manhattan im Autofenster immer näherrücken, wendet sie kaum den Kopf. Nichts beeindruckt sie, weder die Radio City noch eine Welcome Party bei den Andersons, sie ist unnahbar und verschlossen. Ganze Tage verbringt sie, ohne sich zu regen, auf einem Gartenstuhl im Freien, ein paar Rosen in der Hand, die ihr Mab aus ihrem Garten mitgebracht hat. Von Dumpfheit geplagt, interessieren sie weder das fremde Land noch das neue Leben der Tochter. Täglich erklärt sie ihre Bereitschaft, sofort zu Hainisch zurückzureisen, der weiterhin ihr Leben dominiert, denn sie habe nun alles kennengelernt. Quälend lang werden dem ungleichen Quartett die Wochen miteinander in der South Mountain Road, Lenya nutzt die Gelegenheit, um immerhin etwas über das Schicksal ihrer Schwester herauszufinden. Maria ist gesprächsbereit und berichtet von ihrer Arbeit in der Süßwarenfabrik und ihrem Mann »Peperl«.

Dann sind die Wochen um, Johanna ist völlig versteinert und in Gedanken immer noch und schon wieder in Wien. Ihr einziger Kommentar zur Neuen Welt lautet, »hier in Amerika laufen die Männer alle mit den Händen in den Hosentaschen herum«. Sie schüttelt den Kopf ob dieser Ballung schlechten Benehmens. Immer noch und immer wieder die Männer – etwas anderes fällt ihr zu New York nicht ein. Lenya ist schokkiert, wie sehr sie selbst ihrer Mutter ähnelt: ohne einen Funken von Sentimentalität oder Romantik, dem erstbesten Mannsbild verfallen; unfähig, sich aus dem immergleichen Trott zu lösen. Als sie sich im November 1948 am Flughafen zum Abschied in die Arme schließen, wissen eine Mutter und eine Tochter, daß es für einen echten Austausch zwischen ihnen viel zu spät ist. Zu sagen hatten sie sich immer schon nicht viel, nun ist ihnen die Sprache vollends ausgegangen. Und ihnen ist klar, daß sie sich wohl nicht mehr wiedersehen werden.

Am 25. März 1947 schrieb Kurt an Caspar Neher, daß er sehr schwere Wochen hinter sich habe. Ein schlimmer Schicksalsschlag hatte ihn ereilt, als sein Bruder Hans am Tag vor seinem Geburtstag verstorben war. Cas erfuhr, daß Hans seit zwei Jahren an hohem Blutdruck als Folge von Nierenschwund erkrankt war. Hans' Ärzte hatten Weill gewarnt, daß sein Lieblingsbruder nicht mehr lange zu leben habe. Weder eine strenge Diät noch eine schwere Operation, die er zunächst glücklich überstanden hatte, konnten Abhilfe schaffen. Alle glaubten Hans gerettet, als er plötzlich einen Herzschlag erlitt. »Er ist unerbittlich, der große Unbekannte, er nimmt seine Opfer, und wir müssen stillhalten und die Zähne zusammenbeißen. Es ist ein schwerer Schlag, da mein Bruder mir sehr nahe war. Furchtbar für meine Eltern, die es noch nicht wissen, und ich habe nun beschlossen, nach Palästina zu gehen.«[16]

Hans starb am 1. März, und sein Tod markierte die erste Warnung an Kurt, sich selbst mit seiner Gesundheit in acht zu nehmen. Er mußte kürzertreten. Die Anfälle von Psoriasis häuften sich in alarmierendem Maße, und seine Arbeitsbelastung war in den Jahren seit 1945 nicht geringer geworden. Auch beruflich verlief in diesem Frühjahr nicht alles nach Plan: Die Filmpartitur der *Venus* besaß nur noch wenig Ähnlichkeit mit dem Original seiner Bühnenmusik; die Produktion von *Street Scene* lief, da viel zu kostspielig konzipiert, mit erheblichen Verlusten – trotz des öffentlichen Zuspruchs. Ein Protestschreiben gegen den vorzeitigen, seiner Meinung nach ungerechtfertigten Abbruch der ursprünglich geplanten Aufführungsserie erregte Aufsehen, führte aber nicht dazu, daß die Geldgeber ihren brüsken Stopp rückgängig machten. Seine Aufnahme in die »American Academy of Arts and Letters« wurde in letzter Minute durch den Einspruch Aaron Coplands vereitelt; Hindemith und Schönberg machten an seiner Statt das Rennen. Und Universal Edition ließ ihm aus Wien die Hiobsbotschaft zukommen, ihre Weillbestände seien entweder von der Gestapo konfisziert worden oder in alle Winde zerstreut: eine niederschmetternde Neuigkeit für Kurt, dem nun keine Orchesterpartitur seiner europäischen Werke mehr zur Verfügung stand. Er befragte sich und seine Freunde, ob wohl jemals einem Komponisten eine ähnlich grausame Behandlung durch seinen Verleger zuteil geworden sei. Bevor er sich Anfang Mai auf der *Mauretania* einschiffte und das erstemal seit zwölf Jahren wieder eine Reise gen Osten antrat, erlitt Weill unter der Übermacht der in seinem Innern widerstreitenden Empfindungen einen nervösen Kollaps. Noch bevor der Passagierdampfer ablegte, widmete Kurt die *Street Scene*-Partitur dem Gedenken an seinen Lieblingsbruder.

Es war ein typisches Merkmal seiner letzten Lebensjahre, daß Kurt und Lotte nie mehr gemeinsam auf Reisen gingen. Selbst auf diesem so wichtigen, knapp sechswöchigen Trip kam ihre Begleitung für Weill nicht in Frage. Mit ihm überquerte jedoch, wie schon auf der Hinreise, Meyer Weisgal den Atlantik. Zuerst ging es nach Liverpool und London, wo Kurt an seine Vorkriegsanstrengungen anknüpfte, mit der britischen Filmindustrie ins Gespräch zu kommen. Die Atmosphäre in der englischen Hauptstadt, wo er sich zum Abendessen mit seinen New Yorker Nachbarn Paulette Goddard und Burgess Meredith traf, inspirierte ihn ebenso wie das Wiedersehen mit Paris. Doch war er von der allgegenwärtigen Armut und dem katastrophalen Zustand der europäischen Metropolen entsetzt. An der Seine hatte er zeitweilig das Gefühl, im Chaos und Schwarzmarktgetriebe einer schmuddeligen Balkanstadt zu versinken, »zutiefst korrupt und defätistisch«. Die Niedergeschlagenheit der von Krieg und Hunger zermürbten Franzosen verstörte ihn. Schnell erwachten seine langgehegten antieuropäischen Ressentiments zu neuem Leben; alles erschien ihm eng, langwierig und umständlich. »Ich habe in diesen drei Tagen mehr gemacht als ein Franzose in 3 Jahren«, faßte er seine Eindrücke für die zurückgelassene Lenya zusammen.[17]

Natürlich blieb er seinem Vorsatz treu, Deutschland bei seinem Europabesuch auszusparen. Mochten andere auch, wie Adorno, Aufricht oder Kortner, in die alliierten Besatzungszonen zurückkehren und sich dort mit Ehrungen überhäufen lassen – die beiden neuen Republiken würden ohne Kurt auskommen müssen. Auch an eine »halbe« Rückkehr, etwa in die Schweiz, dachte er nicht einmal im Traum. Dort kungelten schon Cas und »Bidi«, schmiedeten neue Projekte. Das deutschsprachige Musiktheater war Weill aber so gleichgültig wie nie zuvor. Erst jetzt wurde ihm vollständig bewußt, wie glücklich er in Amerika schon so lange gewesen war, wie viel ihm seine neue Heimat und das Leben dort mit Lotte bedeuteten: New City und das mühsame Überleben machten tatsächlich sein ganz reales »Youkali« aus. Und hier, in der Ferne, verliebte er sich noch einmal ein bißchen mehr in die Frau, mit der er dieses Paradies nun schon so lange teilen durfte. Die Vision ihrer Gestalt am Quai von Manhattan stieg wie eine begehrenswerte Fata Morgana vor ihm auf, und er beeilte sich, es ihr auch zu sagen: »You were so cute at the pier. [...] Ich glaube, ich bin einfach verrückt nach dir! [...] [Ich] bin die meiste Zeit allein, was, wie du weißt, weit weniger langweilig ist als unter Leuten zu sein.«[18]

Über die Schweiz reiste Kurt per Flugzeug zu seinen Eltern nach Palästina. Das Land erinnerte ihn an Kalifornien. Nach der stickigen Luft, die ihm in der Alten Welt zu schaffen gemacht hatte, atmete er hier eine Brise von Freiheit und Optimismus. Überall blickten ihm frische Gesichter entgegen, und der Aufbruchswillen einer dynamischen Jugend steckte ihn an. Meyer Weisgal durfte an einem Mittelmeerstrand feststellen, wie stark sich Albert und Kurt glichen. Und die Freude seiner Eltern kannte keine Grenzen, ihren Sohn, der am Broadway gefeiert wurde, endlich wieder in Augenschein zu nehmen. Stolz präsentierte er seine Partituren aus den letzten anderthalb Jahrzehnten und half ihnen so wenigstens für Stunden über den Schmerz hinweg, daß Hans' Tod in den USA erst einige Wochen zurücklag.

Sein anderer Bruder, der Mediziner Nathan, bestand darauf, Kurts gesundheitliche Verfassung bei mehreren längeren Sitzungen zu untersuchen. Er ordnete Bluttests und Röntgenaufnahmen an und konstatierte eine vergleichbar heikle Disposition für überhöhten Blutdruck, entdeckte bedenkliche Symptome, die ihm schon von Hans' Krankheitsverlauf bekannt waren. Es war Weills erste gründliche Untersuchung, solange er zurückdenken konnte, und Gedanken an mögliche Konsequenzen verscheuchte er mit seinem ausgiebigen Besuchsprogramm. Wider besseres Wissen lautete sein Rezept wie immer, mit noch mehr Arbeit und Energieeinsatz trübe Stimmungen gar nicht erst aufkommen zu lassen. So schloß sich der Teufelskreis von ganz allein, und seinem Körper blieb nichts weiter übrig, als sich auf weitere Überforderungen gefaßt zu machen.

Das »promised land« an der Schwelle zum Orient versetzte ihn tagtäglich in Staunen. Er besichtigte Kibbuzzim und Städte, in denen islamische und jüdische Kultur unvermittelt aufeinanderprallten und offensichtlich eine Form friedlicher Koexistenz gefunden hatten. Nathan machte ihn mit arabischen Honoratioren bekannt. Kurt verschaffte sich einen Eindruck von der blühenden Landwirtschaft, vom Bauwesen und von der Grundlagenarbeit kultureller Institutionen. Immer wieder führte er Gespräche und Interviews, wurde nach den USA, seiner Karriere, seiner Situation als Jude befragt. Noch nie hatte er so viele Auskünfte geben müssen, noch nie stand er so bereitwillig Rede und Antwort. Doch die schmeichelhafte Erfahrung, wie eine Kuriosität herumgereicht zu werden, erschöpfte ihn auch. »Du weißt, wie ermüdend es ist, sich mit Leuten unterhalten zu müssen«, kam Lotte zu Ohren. Bei allem Trubel fehlte sie ihm. »Daß du nicht bei mir bist, bedaure ich hier noch mehr als in Paris und London. [...] Es ist erst drei Wochen her, seit ich von dir weg bin, aber es kommt mir wie eine Ewigkeit vor. Nun gute Nacht, mein Linnerl, [...] *und sei sehr geliebt und geküßt.*«[19]

Wann immer es seine Zeiteinteilung erlaubte, flüchtete er zu Ruth und ihrer Familie nach Haifa oder versuchte, zumindest einige Stunden mit den Eltern allein zu verbringen. Wie er, versteckten sie ihre Rührung hinter langen, ausführlichen Schilderungen der Lebensbedingungen hüben wie drüben. Kurt gefiel, was er zwischem Totem Meer und See Genezareth sah, und er ließ keine Gelegenheit aus, es zu bekräftigen. Und am schönsten fand er es am Strand. Mehrmals täglich zog es ihn zum Schwimmen an den vor Hitze flimmernden, übervölkerten Wassersaum. Dort beobachtete er das Gemisch von Rassen, Berufsgruppen, Generationen. In Malibu mit seinen, laut Weill, »wasserscheuen Californiern« hatte er den ganzen Strand oft für sich allein gehabt, hier war er nur einer unter vielen. Es machte ihm Spaß, in Bademantel und Latschen durch den heißen Sand zu stapfen und sich von der Mittagshitze einlullen zu lassen. Lenya wurde gewarnt, in der Zwischenzeit nicht zuviel abzunehmen und auf sich aufzupassen: »*Sonst versohle ich dir das Warschi*«, fügte er noch auf deutsch hinzu – eine Rarität erster Güte in einem Weill-Brief nach 1940. Und noch ein anderer Satz in seiner Muttersprache stand im gleichen Schreiben an Lenya, sicher beeinflußt durch den Umstand, mit Nathan, Ruth, Albert und Emma tagelang im Dessauer Dialekt palavert zu haben: »Hurra! *Ich freue mich schon mächtig auf mein Schätzchen und auf unser Häuschen!!*«[20]

Die Tage vergingen wie im Flug. Er gab Interviews für die »Palestine Post«, hielt eine Ansprache vor den Mitgliedern des neugegründeten Palestine Orchestra, und eine spontane »standing ovation« der Musiker für ihren berühmten Gast trieb ihm fast die Tränen in die Augen. Mit dem designierten Präsidenten Chaim Weizmann führte er eine private Unterredung in dessen Anwesen, die in überaus freundlicher Atmosphäre verlief. Das Gassengewirr der Jerusalemer Altstadt faszinierte ihn, er fühlte sich in Tausendundeine Nacht versetzt. Er besuchte Theateraufführungen der Habimah, des berühmten Ensembles, das seine Wurzeln in Polen und Rußland hatte, sammelte Kompositionsaufträge ein, eilte von Pressekonferenzen zu Empfängen, die eigens für ihn gegeben wurden. Ein bißchen stolz war er schon auf so viele Ehrungen, und außerdem fühlte er sich wie in den Ferien: An Tage ohne Schreibtischarbeit und Einstudierungen war er kaum noch gewöhnt, und bei so viel Freizeit tat es gut, Komplimente in großer Zahl zu erhalten.

Kurz vor seiner Rückreise, diesmal via Rom, Genf, Paris und ein paar Tagen in England, überwältigten ihn die Emotionen gleich mehrfach. Zunächst machte ihm der Abschied von den Eltern zu schaffen – wie bei Lenya und Johanna eine Trennung auf ewig. »[Sie waren] so tapfer [...] und bemüht, sich nichts anmerken zu lassen.«[21] Nur die Aussicht auf seinen Rückflug nach Genf – ein Abenteuer für jemanden, der an zeitraubende Schiffspassagen gewöhnt war – ließen ihn die Fassung bewahren.

Jeder für sich hatten Lotte und er einen Schlußstrich unter ihre europäische Jugend gezogen; der Händedruck und die Umarmungen besiegelten nur längst vollendete Tatsachen. Stunden später, über den Wolken, brach Kurt ein Zahn ab, den er beinahe verschluckt hätte. Da traf es sich gut, daß er in der Schweiz seine alte Freundin Nelly Frank aufsuchen konnte, die ihn gleich an einen Zahnarzt vermittelte.

Doch am merkwürdigsten war, daß ihm Lenya am Strand von Naharia beinahe leibhaftig erschien: Während er aufs Wasser zuging, ertönte die *Ballade von der Seeräuber-Jenny* aus den Lautsprechern. Zum Geschrei von Hunderten von Kindern, die in den seichten Wellen planschten und durch den Sand tobten, erhob sich eine markante deutsche Stimme, erzählte von einer anderen Zeit. Mit Lottes Melodie in den Ohren setzte Kurt zu ein paar kräftigen Schwimmstößen an und bewegte sich auf die schon tiefstehende mediterrane Sonne zu. Und am Horizont schienen sich der Orchestergraben vom Kurfürstendamm, der Morgendunst über dem Hudson River, das grelle Licht vom Peetzsee und die flimmernde Hitze, die über diesem Uferstreifen im neuen Palästina aufstieg, zu einem einzigen Bild zu verdichten. Lottes Schiff stach in See, und Kurt ließ sich beim Verklingen der letzten Takte von der Sonne trocknen. Er schloß die Lider. »That was very nice. [...] Here are some snapshots from the beach. So long, babe.«[22]

Kaum hatte er wieder heimischen Boden unter den Füßen, begrüßte ihn die Fachwelt mit einem »Tony Award« für *Street Scene*. Die Trophäe, die Antwort des Broadway auf den Hollywoodschen Oscar, wurde seinerzeit zum allererstenmal verliehen, und Kurts Genugtuung veranlaßte ihn, ein weiteres Loblied auf Amerika zu singen: »Bei der Rückkehr in dieses Land hatte ich ein bißchen dasselbe Gefühl wie bei meiner Ankunft hier vor 12 Jahren. Bei all seinen Fehlern (und zum Teil gerade wegen der Fehler) ist es doch der beste Platz zum Leben, und so seltsam es ist, wo immer ich in der Welt Anstand und Menschlichkeit gefunden habe, dachte ich an Amerika; denn für mich ist Amerikanismus (oder sollte es sein) der fortschrittlichste Versuch, die Kluft zwischen dem Individuum und dem technischen Fortschritt zu schließen.«[23]

Nicht in allen Ländern waren Demokratie und Menschenrechte so weit entwickelt wie in den Staaten, und in puncto Meinungsfreiheit hatten viele andere Länder gehörigen Nachholbedarf. So konnte es kaum verwundern, daß Brecht bei wiederholten Versuchen, seinen einstigen Mitarbeiter für eine Aktualisierung der *Dreigroschenoper* in die sowjetische Besatzungszone zu locken, auf Granit stieß. Und auch die *Schwejk*-Pläne des Ostberliners schmetterte Kurt unter Hinweis auf seine derzeitigen Verpflichtungen in den USA kurzerhand ab. Eine Bearbeitung der israelischen Nationalhymne *Hatikvah,* eine Auftragskomposition aus Boston zu Ehren von Chaim Weizmann, war ihm wichtiger. Und mit seinem nächsten abendfüllenden Broadwaystück *Lost in the Stars* nahm er sich, gemeinsam mit Maxwell, der prekären Lage der Schwarzen in Südafrika an. Alan Patons gerade erschienenen Roman *Cry, the Beloved Country* fürs Musiktheater umzusetzen, das verstand Weill unter zeitgenössischer, effizienter Gesellschaftskritik – nicht das Aufwärmen seiner Hits von vorgestern.

Patons aufsehenerregendes Buch, in dessen Zentrum die Rassenproblematik des Apartheid-Staates steht, fiel den Andersons per Zufall auf einer Schiffsreise in die Hände. Auf ihrem Rückweg von Griechenland wurde es ihnen von Oscar Hammersteins Frau Dorothy zur Lektüre empfohlen, und schnell kam es zu einer erregten Diskussion unter den Theaterleuten an Bord der SS *Mauretania*, eben jenem Boot, das Kurt unlängst von Manhattan nach Liverpool befördert hatte. In New City machten sich Weill und Anderson sofort an die ersten Skizzen, und es gelang ihnen, die »Playwrights' Company« als Produzenten und den gefragten Rouben Mamoulian als Regisseur zu gewinnen. Mamoulians Interesse an der Rassenfrage war durch seinen Aufenthalt auf Haiti soeben geweckt worden, und es erschien allen Beteiligten als günstiges Omen, daß er als Spielleiter von *Oklahoma!* und *Porgy and Bess* ein goldenes Händchen für erfolgreiche Broadwaymusicals mitbrachte.

Kurt hatte Mamoulian, eine Autorität in Theaterkreisen, schon für *Street Scene* als Direktor einspannen wollen, und nun war er seinem Vorhaben ein Stück näher gerückt, Gershwins Meisterwerk, das für ihn die Krönung des amerikanischen Theaters darstellte, eine »musikalische Tragödie« (so der Untertitel von *Lost in the Stars*) an die Seite zu stellen. Der Bezug zwischen Weills »tragedy« und Gershwins *Porgy* wurde noch durch den Umstand verstärkt, daß viele Sänger und Schauspieler, die dem Publikum als Inkarnation von Figuren der seinerzeit sogenannten »Negeroper« im Gedächtnis waren, für Hauptrollen in der neuen Produktion verpflichtet wurden – damals war es gar nicht so einfach, unter den wenigen schwarzen Profis im Showbusiness Allroundtalente und starke Bühnenpersönlichkeiten ausfindig zu machen.

Andersons eindrucksvolles Textbuch wandelt Patons Vorlage in vielen Punkten ab. Es erzählt die Geschichte des schwarzen Reverend Stephen Kumalo, der sich auf die Suche nach seiner Schwester Gertrude und seinem verschollenen Sohn Absalom macht und deshalb die Reise nach Johannesburg antritt. Am Ende seiner Odyssee durch Bars, Elendsquartiere und die Ghettos der Hauptstadt muß der stattliche, innerlich gefestigte Priester einer bitteren Wahrheit ins Auge sehen: Gertrude geht der Prostitution nach, und Absalom hat bei einem Raubüberfall einen weißen Mann erschossen – ausgerechnet Arthur Jarvis, einen leidenschaftlichen Fürsprecher der Schwarzen, der sich Verdienste um die Rechte der unterdrückten Mehrheit in Südafrika erworben hat. Die Schlußszenen spielen im Gefängnis, wo der junge Mann, unterstützt vom unerschütterlichen Glauben seines Vaters, seine Hinrichtung erwartet. Absalom weigert sich, einen Meineid zu schwören, tut Buße und nimmt seine Strafe als Sünder an. Stephen Kumalo und James Jarvis, Arthurs Vater und bis dahin ein unverbesserlicher Rassist, finden zur Aussöhnung, nachdem sie beide ihre Söhne durch die sinnlose Konfrontation zwischen den Hautfarben verlieren mußten.

Weill bot der Stoff die Gelegenheit zur Komposition vieler klangmächtiger Chornummern und Songs in der Nähe zum Gospel, die die langen Sprechpassagen als großangelegte Hymnen unterbrechen. Für einige Abschnitte konnte er seine abgebrochene Partitur für *Ulysses Africanus* ausschlachten, bei anderen Szenen inspirierte ihn sein Vorbild Gershwin. Auf naheliegende Afrikanismen verzichtete er und vergriff sich nicht an einem pseudo-authentischen Idiom, das er als weißer Europäer nur unzureichend beherrscht hätte – so kam es weder zu rhythmischem Getrommel, pittoresker Dschungelmusik oder jazzdominierten Ausbrüchen. Kurt schuf vielmehr wuchtige, suggestive Klagegesänge und ekstatische Partien, die in Anlehnung an die Rolle des antiken griechischen Chores der Tragödie Ernst, Würde und Überzeugungskraft verleihen.

Was niemand für möglich gehalten hätte, am allerwenigsten vielleicht Weill und Anderson, trat ein: *Lost in the Stars* machte Schlagzeilen und lief nach seiner Premiere im Oktober 1949 fast dreihundertmal vor ausverkauftem Haus. Mehr noch als *Street Scene* begeisterte Kritiker und Publikum die geglückte Annäherung an eine ureigene amerikanische Opernform, und das aufrüttelnde, intensive Bühnengeschehen, eine überzeugende wie tragfähige Saga, die für Toleranz warb und dem Radikalismus jeglicher Couleur eine Absage erteilte, verfing selbst bei den Musicalfans, die immer zahlreicher ins Music Box Theatre strömten. Die Amerikaner waren reifer denn je für ein sozialkritisches Gegenwartstheater, und im Februar desselben Jahres waren Lotte und Kurt als Gäste bei der Uraufführung eines anderen Bühnenwerkes zugegen, das in die gleiche Richtung zielte und ebenfalls Theatergeschichte schreiben sollte: Arthur Millers *Tod eines Handlungsreisenden,* im Februar 1949 von Elia Kazan im Morosco Theatre herausgebracht. Miller beschrieb den Besuch in seinen Memoiren: »Dann begann die Parade der New Yorker Theaterleute, die die Aufführung mit eigenen Augen sehen wollten. Am besten erinnere ich mich an Kurt Weill und seine Frau Lotte Lenya; sie kamen in Begleitung von Mab, der Frau von Maxwell Anderson. Wir tranken Kaffee in einem kleinen Lokal, und Weill schüttelte immer wieder den Kopf und starrte mich an. Mab sagte: ›Es ist das beste Stück, daß je geschrieben wurde.‹ Ich wage diesen Satz nur deshalb zu wiederholen, [...] weil er begann, mein Leben zu verändern.«[24]

Lost in the Stars, Weills letzter Triumph und sein Schwanengesang am Broadway, veränderte seinerseits das Leben von Lotte und Kurt. Walter Huston fragte bei Weill nach, ob Interesse an einem *Moby Dick*-Musical bestünde; Anderson und Kurt nahmen, ohne zu zögern, ein weiteres amerikanisches Nationalepos in Angriff: Sie wollten sich an Mark Twains *Huckleberry Finn* versuchen. Mamoulian war von ihrer Zusammenarbeit zu dritt so angetan, daß er eine *Don Carlos*-Inszenierung an der Met ausschlug, um für *Huckleberry* unbegrenzt zur Verfügung zu stehen. Und das Metropolitan Opera Studio probierte erstmals eine von Weills europäischen Reformopern aus, den *Zaren*.[25] Über Nacht war Kurt ein gefragter Mann, und es schien, als ginge die Saat von fast dreißig harten Arbeitsjahren endlich auf.

Da plötzlich, im Juli 1949, brach Kurt mitten in einem Tennismatch gegen Alan Jay Lerner zusammen und befand sich minutenlang in völliger Bewußtlosigkeit. Lerner glaubte zunächst an einen harmlosen Sonnenstich, rief dann aber doch einen Krankenwagen, der Weill zur Notaufnahme in ein nahegelegenes Hospital brachte. Man konstatierte einen Kreislaufkollaps und entließ ihn nach wenigen Stunden. Kurt flehte Alan an, den Vorfall zu verschweigen. Vor allem Lenya durfte nichts von dieser »geringfügigen Unpäßlichkeit« erfahren.

Auch dieses zweite Zeichen ignorierte Kurt, aber er war nicht mehr derselbe. Bereits während der Proben im Music Box Theatre hatte sich Kurt jähzornig und gereizt verhalten, eine grundlegende Gemütsveränderung, die vor allem seine engsten Freunde befremdete. Mit Mamoulian war er einmal heftig aneinandergeraten, als der Regisseur Tag für Tag Striche an Weills Partitur vornahm. Beim dritten Mal explodierte der sonst so geduldige Routinier und war, selbst von Anderson, kaum zur Räson zu bringen. Dann, zu allem Überfluß, wiederholten sich die finanziellen Probleme von *Street Scene* auch mit der südafrikanischen Tragödie: Die wöchentlichen Einnahmen deckten nicht einmal den Überhang der vorgeschossenen Produktionskosten; selbst der stetige Zuspruch der Zuschauer konnte eine zum Himmel schreiende Fehlkalkulation nicht länger kaschieren. Anderson und Weill hatten einen Großteil ihres Privatvermögens in die Paton-Vertonung gesteckt und verstanden die Welt nicht mehr: *Lost in the Stars* war beliebt, lief mit großartiger Besetzung vor begeistertem Publikum, und nur die Schlamperei der Finanzexperten der »Playwrights' Company« sollte dem programmierten Dauererfolg das Rückgrat brechen können? Als letzten Ausweg bot man ihnen an, die Show im Sommer 1950 auf Tournee nach Kalifornien zu schicken, um die New Yorker Einspielergebnisse aufzubessern und die Produktion insgesamt wenigstens zu amortisieren. Doch Maxwell und Kurt sperrten sich gegen die Gastspiele, weil sie zu Recht fürchteten, daß mit dem »Exil« des Stückes seine Wiederaufnahme im Herbst am Broadway in Frage gestellt sei. Ein gezielt von der »New York Times« gestreutes Gerücht, das ihre schlimmsten Sorgen bestätigte, zerriß das ohnehin schon dünne Nervenkostüm der beiden Freunde von der South Mountain Road und schadete der Reputation der angeschlagenen Company zusätzlich: Es kam zu hysterischen Szenen und wüsten Beschimpfungen in Büros, Agenturen und hinter den Theaterkulissen. Presseagent William Fields befand, Kurt sei einem Herzinfarkt nahe. Ironie des Schicksals: *Lost in the Stars* gewann im Februar eine eminente Trophäe für Völker- und Rassenverständigung, den angesehenen Brotherhood Award. Und nur wenige Tage später mußten sich seine Autoren mit der Nachricht geschlagen geben, nach der Rückkehr aus Kalifornien sei die Produktion nicht mehr für eine zweite Saison geeignet, seien befriedigende Gewinne nicht zu erzielen. Das Gerücht hatte seine verheerende Wirkung gezeitigt. Den Tribut dieser Aufregungen und Enttäuschungen mußte Kurts Gesundheit zollen.

Seine Erschöpfung wird immer größer. Unvermittelt plant er einen Erholungsurlaub in Kalifornien – natürlich allein. Doch diesmal regt sich Lenyas Widerstand, sie läßt nicht länger zu, daß eine Außenstehende in ihr irdisches Paradies einbricht. Dort, an der Westküste, droht sein Verhältnis mit der anderen, das nun schon Jahre andauert, ihre Ehe ernsthaft zu gefährden. Lotte geht bis zum Äußersten und stellt sogar ein Ultimatum. Ihr ist klar, daß Kurt dabei ist, Youkali zu zerstören, ihre Liebesinsel zu verlassen. Ausgerechnet er, der Seßhafte von beiden, schickt sich an, die Nomadin im Refugium von Brook House zurückzulassen. Ihre Position ist unmißverständlich: Sie wird nicht ein weiteres Mal auf den reuigen Sünder warten. Wenn er von der Reise zurückkehrt, wird ihn ein leeres Haus begrüßen. Kurt lenkt ein. Brecht schreibt er, daß er noch im Frühjahr mit Lenya nach Europa kommen will, und den Eltern teilt er mit, sie sollen sich wegen seines fünfzigsten Geburtstages keine Gedanken machen: »Es ist ja keine besondere Tat, daß man 50 Jahre alt wird, und ich fühle mich überhaupt nicht wie 50, und je weniger man es beachtet, desto lieber ist es mir.«[26] Die alte Bescheidenheit hat ihn, den gefeierten Komponisten, nie verlassen.

Weills Tagebuch aus den ersten Wintermonaten des Jahres 1950 ist ein bewegendes Arbeitsprotokoll. Der Leser erfährt, wie Handlungsverlauf und Dramaturgie von *Huck Finn* Gestalt annehmen – doch seine Handschrift ist fahrig. Der körperliche Verfall ist ein paradoxes Gegenbild zum Anwachsen der Partitur. Fünf Lieder schließt der geschwächte Tonsetzer, der jeden Tag Andersons Besuch empfängt, noch ab. *Catfish Song* und *Apple Jack* werden zu seinem Requiem. *This Time Next Year* heißt das vierte, fertiggewordene Lied, doch so viel Zeit wird seinem Verfasser nicht mehr gewährt. Im Februar kommt es zu einem erneuten Ausbruch des Schuppenflechtenleidens, das den ganzen Körper in Mitleidenschaft zieht. Schmerzen und Juckreiz sind vor allem am Rücken unerträglich, und Kurts schlechte Laune bringt ihn dazu, fortgeschrittene Pläne für eine deutschsprachige *Venus* zu verwerfen. Als sein Geburtstag näherrückt, muß er tagelang das Bett hüten. Einen Weill, der nicht einmal zum Aufstehen in der Lage ist, hat Kurt selbst noch nie erlebt. Lenya ist ratlos. Woolly muß von ihr ausgeführt werden; von Ausflügen in die Innenstadt rät der Hausarzt ab. Für die Dauer von Stunden ist Weill nicht ansprechbar, befindet sich in einem Dämmerzustand, dann arbeitet er mit Max wieder fieberhaft am Ausbau der Skizzen. Am 2. März wird kein rauschendes Fest gefeiert, es kommt zu keinerlei offiziellen Ehrungen, und auch Gäste werden nicht in der South Mountain Road erwartet. Ein bescheidenes Jubiläum ohne Aufsehen, ein Wiegenfest fast nach Wunsch? Lenya und er feiern den Anlaß zu zweit zu Hause, aber am Abend bestehen die Andersons, begleitet von Hesper, dann doch auf einem kleinen Dinner. Mit großer Mühe kann Kurt die Treppen bis ins Eßzimmer hinabsteigen. Bei der Verleihung des Brotherhood Award im Waldorf Astoria muß er sich von Maxwell vertreten lassen.

Es folgen Tage der Ungewißheit, zwischen Verzweiflung und Zuversicht. Lotte und Mab halten Wache, wenn er stundenlang schläft, tigern durchs Haus, spielen Karten und rauchen zuviel. Heinsheimer und Curjel, alte Berliner Freunde, besuchen ihn andertags und finden ihn in aufgeräumter Stimmung. Vom 16. zum 17. März durchlebt Weill eine Höllennacht. Seine Brust krampft sich zusammen. Der Verdacht des herbeigerufenen Arztes, eine weitere Herzattacke habe stattgefunden, bestätigt sich. Ein Schlafmittel wird verabreicht, strengste Ruhe verordnet. Doch in den folgenden Nächten intensivieren sich Schmerzen und Panikzustände, eine Schwester kümmert sich rund um die Uhr um den Verunsicherten. Am Tage komponiert Kurt *Come in, Morning*, aber es ist das Einbrechen der Dunkelheit, das er fürchtet. Auf dem Schreibtisch warten die Druckfahnen von *Lost in the Stars* darauf, korrigiert zu werden, und irgendwie kämpft er sich durch den ganzen Stapel. Er fällt zurück in die Kissen und beauftragt Lenya, den Stoß Papier, sein Vermächtnis, an Chappell zurückzuschicken. Die Andersons sind von seinem Anblick entsetzt, wenngleich sie sich bemühen, ihn aufzuheitern. Und am 19. läßt sich eine

Einweisung ins Krankenhaus nicht länger aufschieben, denn die Symptome eines weiteren Infarktes bringen ihn in akute Lebensgefahr. Am 20. erwacht er im New Yorker Flower Hospital an der Fifth Avenue. Eine weitere Woche verstreicht, tagelang tickern nur die Apparate. Die Kombination von Herzanfällen und Ausschlägen erweist sich als fatal. Dann auf einmal winkt er Lenya übermütig hinter seinem Sauerstoffzelt zu, als sie die Intensivstation betritt, einen Skizzenblock in der Hand. Huckleberry Finn, der arme Junge vom Mississippi, ist der letzte Gefährte des todgeweihten Deutschen. Sein Gesicht verzieht sich zu einem kleinen Lächeln. »Gespenstisch«, notiert Anderson daheim. Lotte übernachtet im Dorset Hotel in der Stadt, um unablässig in seiner Nähe zu sein.

Am 3. April klingelt dort das Telephon: Am Apparat ist Dirigent Lehman Engel, der sich nach Kurts Zustand erkundigt. Sie lädt ihn ein, doch anderntags selbst vorbeizuschauen. Dem Patienten gehe es deutlich besser, und er freue sich auf Besuch vom Broadway. Max wird aufgetragen, er solle umgehend sein Script zu Ende bringen, denn Kurt wolle mit der Arbeit vorankommen. Weill schmökert im »New Yorker«, hört Radio und freut sich, als ihm Lenya einen tragbaren Fernsehapparat mitbringt. Das Schlimmste scheint überstanden. Als sich Maxwell und Mab jedoch um fünf Uhr nachmittags beim Kaffeetrinken befinden, erreicht sie der Anruf, vor dem sie sich seit Wochen fürchten. Lenya ersucht sie, sofort ins Krankenhaus zu kommen. Es könne sich nur noch um Minuten handeln. Beim Zurücklegen der vierzig Meilen zwischen New City und Midtown Manhattan riskieren sie Kopf und Kragen. Im Aufzug diskutieren Chirurgen erregt, aber das Ehepaar ahnt nur, worum es sich handeln mag. Oben steht Lotte im Flur, den Kopf gegen die Wand gelehnt. Ein Assistent schreitet auf sie zu, während sie ihre Freunde umarmt. »Ich glaube, daß es zu Ende geht«, sagt sie zur Begrüßung. Bereits an der Art, wie sich der weißgekleidete Mann ihnen nähert, können die drei Wartenden ablesen, daß Kurt Weill soeben gestorben ist. Es ist neunzehn Uhr.

Fünfzig Jahre erst – der Tod rafft ihn zur Unzeit hinweg. »I don't give a damn about posterity«, hatte Kurt mehr als einmal bekräftigt. Darf man Weills verfrühten Tod trotzdem »tragisch« nennen? »Es geht offenbar darum, wie traurig das Leben ist«, antwortet sein treuer Freund Abravanel in einer Stellungnahme. »[Sein] Werk ist ein Schrei in der Wildnis. Anderereits ist das Schöne an Kurt, daß er ein Mann des tiefen, tiefen Mitleids war, es jedoch nie jemandem gezeigt hat. Er war immer sehr beherrscht, mit so einem ganz ironischen, sarkastischen Lächeln. Ich habe einmal einen Brief gesehen, den er während seiner Zeit in Hollywood geschrieben hat. Ich war damals indiskret genug, ihn zu lesen. Darin hieß es: ›Man kann gutes Geld verdienen, aber ich könnte nie, nie hier bleiben. Ich müßte meine Seele verkaufen.‹ Nun hat Kurt so etwas nie laut gesagt. Aber Sie müssen bedenken, daß er ein Flüchtling war, von allen Einkünften abgeschnitten, weil damals in Amerika nichts von ihm gespielt wurde. Trotzdem war er nicht bereit, seine Seele zu verkaufen.«[27]

Er, der stattdessen lediglich einen Pakt mit der Freiheit geschlossen hat, hinterläßt Dutzende von fertiggestellten Partituren und darüber hinaus Fragmente für ein Nationalepos eines Landes, in dem er nicht geboren wurde. Lotte bleibt das Haus in Brook City; ein Testament von 1944 setzt sie, ohne die bedürftigen Eltern zu übergehen, als Universalerbin ein. Aber darum geht es jetzt nicht in diesen regnerischen Apriltagen in der South Mountain Road, wo sie ihn in seinem Lieblingspullover aus weißer Wolle und mit Rollkragen aufgebahrt hat. Lenya ist am Boden zerstört, aber entschlossen, die Fassung zu wahren. »Er ist unerbittlich, der große Unbekannte, er nimmt sein Opfer«, das sind Kurts eigene Worte gewesen, und Lenya tut, was Weill beschrieben hat: Sie zwingt sich, »stillzuhalten und die Zähne zusammenzubeißen.« Doch der Galgenhumor von einst ist abhanden gekommen. »Und wenn die Chose aus ist/dann fängt's von vorne an«, hatte Weill frech im *Happy End* ertönen lassen, und gerade Lenya vermochte es, den Zynismus dieser Zeile aufs hinreißendste auszukosten. Doch das war auf der Bühne und schon lange her. Jetzt kommt es ihr vor, als habe man ihr den Boden unter den Füßen weggezogen. Noch kann sie es nicht fassen, daß Kurt ihre Lebensinsel als erster verlassen hat. Endgültig. *A Bird of Passage,* so heißt ein Titel aus *Lost in the Stars.* Dieser Zugvogel, ihre andere Hälfte, ist unterwegs in heiterere Gefilde. Lenya bleibt nur, sich Brechts *Kraniche*-Duett aus der *Mahagonny*-Oper ins Gedächtnis zu rufen: »Ihr fragt, wie lange sind sie schon beisammen? Seit kurzem./Und wann werden sie sich trennen? Bald./So scheint die Liebe Liebenden ein Halt.« Ein Vierteljahrhundert lang hat Kurt ihr zur Seite gestanden. Nun muß sie selbst für eine Orientierungshilfe sorgen. Ausreichen wird es nicht, wenn sie sich darauf beschränkt zu beobachten, wie ihr Zugvogel am Nachthimmel seine Kreise zieht: »Lost in the Stars«. Ihr Platz auf Erden will noch gefunden werden.

Zunächst gilt es, die Beerdigung zu überstehen. Rouben Mamoulian und Elmer Rice sind erschienen, ihre Schwägerin Rita, ebenfalls schon eine junge Witwe, und Ruth, Kurts Schwester, mit ihrem Mann Leo. Die Eltern aus Palästina verlieren zu Lebzeiten bereits den zweiten Sohn; sie sind viel zu alt, um anzureisen. Blitzstein, Bravi und Helen Hayes sind aus Manhattan eingetroffen, und als Lenya die Stimmen der Andersons auf der Türschwelle vernimmt, wirft sie einen letzten Blick in den offenen Sarg – auf den Mann, mit dem sie vom ersten Wochenende bei den Kaisers bis zum letzten Atemzug an der Fifth Avenue alles geteilt hat. Sie kennt ihn wie keine zweite, und dennoch ist er ihr plötzlich fremd.

»Eigentlich niemand kannte Kurt Weill wirklich gut«, tut sie zum Befremden aller Angehörigen und Freunde kund. »Ich selbst habe mich oft gefragt, ob ich ihn gekannt habe. Ich war vierundzwanzig Jahre lang mit ihm verheiratet, und bevor wir heirateten, haben wir zwei Jahre miteinander gelebt, das macht insgesamt also sechsundzwanzig Jahre. Aber als er dann starb, sah ich ihn an, und ich war mir nicht mir sicher, ob ich ihn überhaupt wirklich gekannt habe.«[28]

Ein feiner Nieselregen fällt am Nachmittag des 5. April, als sich eine kleine Trauergemeinde vom Dörfchen Haverstraw dem Mount Repose Cemetery nähert, nur wenige Meilen Fahrt von New City. Der Blick geht vom hügeligen Gelände hinab auf den Hudson und ist nicht weit vom Wachturm für zivile Verteidigung entfernt, wo die Ehepaare Weill und Anderson in den Kriegsjahren ihre Spähdienste versehen haben. Kurt war das Panorama seiner letzten Ruhestätte demnach vertraut. Er wird ohne religiöse Zeremonie bestattet. Nur Leo murmelt das jüdische Totengebet, den Kaddisch. Maxwell hält eine kleine Ansprache und erinnert daran, daß Weill und er einmal vorhatten, eine Beerdigungsfeier für Menschen zu schreiben, die vom Glauben abgekommen sind. Nun bleibt ihm nur noch, von seinem Privileg zu sprechen, diesen Menschen, einen herausragenden Komponisten, zum Freund haben zu dürfen. »Ich habe ihn mehr als jeden anderen Mann geliebt, den ich kenne«, lautet sein bewegendes Resümee. Und er schließt: »Er hat so viele wundervolle Werke geschaffen, daß ihn künftig Menschen lieben und sich an ihn erinnern werden, die heute noch nicht einmal geboren sind.« Als Inschrift auf dem Grabstein haben Anderson und Lenya einen Vierzeiler aus *A Bird of Passage* gewählt:

>This is the life of men on earth:
>Out of darkness we come at birth
>Into a lamplit room, and then –
>Go forward into dark again.

»Youkali, das ist ein Licht, das in der Finsternis für uns leuchtet, ein Stern, dem wir gerne folgen«, sangen die Tangotänzer aus *Marie Galante*. Fürs erste ist Kurt ins Reich der Dunkelheit zurückgekehrt, doch es herrscht helles Tageslicht, als sich noch ein weiterer Trauergast seinen Weg zum Grab bahnt. Diskret überläßt Lenya der schwarzverschleierten Unbekannten, die soeben einem Wagen entstiegen ist, ihren Platz und strebt mit ihren Freunden dem Ausgang zu. Lotte hatte die Größe besessen, ihre Rivalin in Kalifornien zu benachrichtigen, als Kurt im

Flower Hospital noch im Koma lag. Doch ihr Brief war zu spät gekommen. Sie dreht sich nach Kurts Geliebter um, nur für einen Moment. Dann läßt sie ihn mit ihr allein. Sie macht keine Szene, gesteht aber Abravanel, bei dem sie sich unterhakt, daß sie sich über Kurts Geschmack wundern muß. Schön und attraktiv kann Lotte die Frau aus Los Angeles nicht finden. Was mochte ihr Kurti nur in ihr gesehen haben? Bravi behält seine Antwort für sich: »Er hat in ihr die Eigenschaften gefunden, die du nicht hast: die Treue, die Verläßlichkeit.«[29]

Lenya nimmt sein Schweigen hin. Daß ein paar Jugendliche bei der anschließenden Trauerfeier dabei sind, macht ihr schon eher zu schaffen. »So etwas ist nichts für junge Leute.« Und von Quentin will sie wissen, ob es noch von Bedeutung ist, daß sie und er einmal ein Verhältnis hatten, hier, in Weills Haus, unter seinen Augen. »Wir haben doch nichts Schlimmes verbrochen, oder? Wenn wir auch für einige Wochen zusammen waren, heißt das noch lange nicht, daß ich mich dafür von Kurt getrennt habe.« Dann rückt der Abend näher, und die wenigen Gäste verabschieden sich, einer nach dem anderen. Bis hierhin hat Lenya Beherrschung an den Tag gelegt, sich Gefühlsausbrüche versagt und noch nicht zu verzweifeln begonnen. Jammern will sie heute nicht, auch keine alten Geschichten aufwärmen. Aber alle können verstehen, wie ihr zumute ist, als sie Burgess Meredith bittet, die Nacht in ihrem Haus zu verbringen, um nicht allein sein zu müssen. Burgess tut ihr den Gefallen und schläft in Kurts Zimmer, in seinem Bett. Mehr als ein Monat sollte noch verstreichen, bis man Lenya wenigstens für Stunden unbeaufsichtigt lassen konnte.

Ein Aufenthalt auf einer Insel ist immer auch ein Aufenthalt auf Zeit. Manchen ergreift, von der Außenwelt abgeschnitten, schnell die Unruhe. Andere machen es sich auf Dauer gemütlich und arrangieren sich mit der Einsamkeit. In Lotte, deren sprunghafte Empfindungen ihrer Umwelt oft zu schaffen gemacht haben, wächst ein ganz neues, unbekanntes Gefühl heran, mit dem sie sich allein auseinandersetzen muß: der

Selbstvorwurf. Bedenken, Kurts Krankheiten nicht früh genug ernst genommen zu haben; dann die Reue: Monate und Jahre, die sie mit ihm hätte verbringen können, an der Seite von Liebschaften vertändelt zu haben – Männer, die ihr im Grunde gleichgültig waren. Die überflüssige Scheidung, von ihr herbeigeführt. Und die vielen Worte und Sätze, die man so gern gesagt hätte, und zu denen man keine Zeit mehr gefunden hat. Weill hat ihr schon vor längerer Zeit einen schönen Brief mit auf den Weg gegeben, dessen Formulierungen ihr in den frühen Fünfzigern mehr als einmal durch den Kopf gehen werden: »*Lebe, Blümchen,* eines Tages muß es einfach enden. Hast Du diese wunderschönen Bilder von Kipling mit seiner ›Caroline‹ in *Life* gesehen? So werden wir zwei aussehen, wenn wir so lange leben. [...] Nun by[e] by[e] Darling, hoffentlich sehe ich Dich noch, bevor ich von hier verschwinde.«[30]

Seinem Auftrag gemäß faßt sie den Entschluß weiterzuleben, für ihn und seine Werke, für sich und eine neue Karriere – der einzige Weg, vom Gefängnis der Liebesinsel loszukommen. Und wenn ihr dabei manchmal auch Zweifel kommen und verzagte Momente, dann genügt es, sich daran zu erinnern, *was die Herren Matrosen sagen*:

> Und das Wasser, das steigt,
> Und das Schiff, das versinkt,
> Und ein rettender Strand läßt sich nicht blicken.
> Nur ein Schiff, das nicht schwimmt,
> Nur ein Strand, der nicht winkt,
> Und da muß sich jeder drein schicken.
> Na also, good-bye!

9
Lenya Lulu

Wo meine Energie herkommt?
Ich habe gar nicht soviel Energie.
Die Mehrzahl der Menschen ist nur so entsetzlich faul.

Great men make poor lovers.

LENYA

Der Frühling des Jahres 1950 verging mit launischer Witterung und durchweinten Nächten. Lenya wurde schwindelig bei dem Gedanken daran, allein auf dem Seil ihres »love life« weiterbalancieren zu müssen. War der Sturz ins Bodenlose unabwendbar? »Das einzige, was mich hier zurückhält ist seine Musik und der einzige Wunsch, den ich habe, alles was ich in den 25 Jahren durch ihn gelernt habe, diese Musik zu verteidigen, sie am Leben zu erhalten und was immer in meiner Macht steht dafür zu tun.« Diese neue Lebensaufgabe, diese Mission, die sich erst schemenhaft vor ihr abzeichnete, hielt sie womöglich davon ab, sich mit finsteren Selbstmordgedanken zu tragen, vor Alleinsein und Orientierungslosigkeit zu kapitulieren. »Alles ist noch sehr verschwommen.«[1]

Als sie sich Manfred George, dem Herausgeber der deutschsprachigen New Yorker Wochenschrift »Aufbau« anvertraute, standen ihr die schwersten Stunden noch bevor. Die Organisatoren des ersten Gedenkkonzertes zu Kurts Ehren, am 10. Juli 1950 im Lewisohn Stadium unter Beteiligung der New Yorker Philharmoniker abgehalten, mußten auf die Mitwirkung der trauernden Witwe verzichten. Lotte sah sich außerstande, keine zehn Wochen nach der Beerdigung den Liedern, die sie beide nach Amerika gebracht und, einmal vor Ort, über Wasser gehalten hatten, ihre Stimme zu leihen. Wenigstens durch einen weiteren öffentlichen Nachruf durch Maxwell erhielt die musikalische Hommage eine persönliche Note. Doch das Schlimmste kam erst, als die Andersons darauf drängten, endlich die Songfragmente für *Huck Finn* zu hören – eben jene Eingebungen, die Kurt in seinen letzten Stunden unter dem Sauerstoffzelt noch zu Papier bringen konnte. Lys Symonette, Weills künstlerische Vertraute seit *Firebrand*-Tagen und deutschstämmige Korrepetitorin, erbot sich, die Lieder in ihrem Studio in Manhattan vom Blatt zu spielen. Unter ihren Fingern gewannen Kurts letzte Gedanken Gestalt. Es war, als ob er noch einmal zu ihnen spräche. Das makellose, von Strichen und Korrekturen freie Manuskript thronte über den Tasten wie eine Reliquie.

Dem Quartett der versteinerten Zuhörer bereitete der Vortrag qualvolle Minuten, so vertraut war das musikalische Vokabular der Entwürfe, die nun in ihr Ohr drangen. Der Pianistin erschien das Ganze unheimlich. Ihr kam es vor, als müßte sie ein Testament verlesen, dessen Inhalt noch unbekannt war. Es war nun an Max, einen Komponisten für die Vollendung dieser »american opera« zu finden. Lotte hingegen sah sich einem Wust von Pflichten und Aufgaben gegenüber, von denen sie bislang noch keine einzige übernommen hatte. »Nun gilt es zu beginnen. Aber wie? Und wo? Das ist nebensächlich: In einen Toten tritt man ein wie in eine offene Stadt.«[2]

Ausgerechnet Lenya, die sich nie entscheiden konnte oder brauchte, ausgerechnet sie, der Kurt alle lästigen Finanz- und Verwaltungssorgen abgenommen hatte, mußte sich nun als Testamentsvollstreckerin durch einen Dschungel von Copyrightbestimmungen, Aufführungsrechten, Tantiemen und Verträgen kämpfen, zeitraubende Korrespondenzen mit Verlegern und Konzertagenten führen, Steuererklärungen ausfüllen, eine Stiftung gründen. War dies schon keine leichte Aufgabe für eine mitten im Leben stehende Berufstätige, der man soeben das geliebte Gegenüber entrissen hatte, so schien das Vorhaben schier undurchführbar für jemanden wie Lotte, die ihre Unselbständigkeit und ihr Kindfrauimage mit Weills stillschweigender Duldung bis zur Perfektion kultiviert hatte. Es steht außer Frage, daß die von Kurt so gewollte, einseitige Aufgabenverteilung im Haushalt der Weills, seine väterliche Fürsorge, seine Schlichtungsversuche und das Fernhalten aller unangenehmen Fakten von seinem »Darling Caroline« ihre passive Haltung begünstigt hatten. Mit dem kleinsten Wehwehchen, der banalsten Sorge konnte sie zu ihm kommen, und von einer Zweiundfünfzigjährigen, die daran gewöhnt war, daß man ihr sogar die Ausflüge zu ihren Liebhabern finanzierte, war kaum zu erwarten, daß sie sich von einem Tag auf den anderen zu einem widerstandsfähigen Organisationstalent wandeln würde. »Du siehst eben, was für ein Doofi du noch immer bist, daß du jetzt noch die Windpocken bekommst, wo du immer behauptest, du seist schon erwachsen.«[3] In solch einem Tonfall pflegte Kurt ihre Probleme und Alltagsstörungen zu erledigen. Doch Lenya überraschte alle Skeptiker. Nach ihrem anfänglichen seelischen Einbruch, verbunden mit völliger Handlungsunfähigkeit, mobilisierte sie ungeahnte Kräfte. Es war, als hätte sie sich vorgenommen, es allen zu zeigen, sich selbst etwas zu beweisen. Nicht noch einmal wollte sie versagen. Sie nahm sich in die Pflicht.

»Als Kurt Weill genau in dem Moment starb, als *Lost in the Stars* Premiere hatte, glaubte ich, daß ich für immer verzweifelt herumsitzen müßte. Aber ich konnte doch nicht einfach auch seine Kompositionen herumliegen und Staub ansetzen lassen. Die Amerikaner hatten seine Musik geliebt, aber kannten nur seine hiesigen Werke, nichts dagegen aus seinen Jugendjahren. Sie wußten nichts von der Art und Weise, wie er die bittere Realität, die Unsicherheit des Deutschlands in den Zwanzigern in seiner Musik einzufangen verstanden hatte. Also entschloß ich mich, wenn auch sehr widerwillig, dort anzufangen. Zuallerst mußte ich mir selbst einen Namen machen.«[4] Den der »widow Weill«: Aus Lotte Lenya wurde Lenya. Zwei Silben nur, und als Markenzeichen ihre Stimme und das rotgefärbte Haar. Wie Hollaenders Lola im *Blauen Engel* wußte sie: »Das ist Rasse für sich/das ist schon ein Programm.«

Isolation und Depression fanden ein jähes Ende, als sie in der sechsten Woche nach Kurts Tod George Davis in der Second Avenue bei einem gemeinsamen Freund, dem Kunsthändler Victor Guarneri, wiedertraf. Davis sah sofort, daß Lenya im Begriff war, »dem Leben zu entsagen«. Er war entschlossen, ihr den »Schleier der Apathie« wegzureißen und das Interesse für sich selbst und ihre Umwelt, das sie für immer zu verlieren drohte, wiederzugeben. George, ihr alter Bekannter aus der Middagh Street, lenkte sie mit aktuellem Klatsch erfolgreich ab und half mit bei der Transformation von der Hausfrau zum Showstar. Mehr noch: Er baute Lotte menschlich, moralisch und künstlerisch wieder auf. Er glaubte an ihre vokalen und darstellerischen Qualitäten, obwohl sie sich selbst längst aufgegeben, als Darstellerin zur Ruhe gesetzt hatte. Und er sorgte dafür, daß sie sich eine Maxime aus dem *Silbersee* zu eigen machte: »[Dich] entläßt die Verpflichtung, weiterzugehen, noch nicht/[Dich] erhebt aus Vernichtung [Deine] besondere Pflicht.« Schnell waren Lotte und George wieder unzertrennlich, und mit seiner ganzen Hingabe baute er ihr Schritt für Schritt eine Solokarriere, die auf der Wiederbelebung von Kurts deutschen Erfolgsnummern fußte. Von den amerikanischen Songs war bald nicht mehr viel die Rede – jedenfalls nicht in Lottes Repertoire.

Sie gaben ein merkwürdiges Paar ab: Lotte war die Ältere, doch sie benötigte Gesellschaft und Zuspruch. Kurt konnte sie ihre Loyalität und körperliche Treue nur beweisen, indem sie fortan mit einem Homosexuellen zusammenlebte. Jetzt, da die Bahn frei gewesen wäre für ein unbeschwertes Dasein mit zahlreichen Liebhabern, für die Promiskuität, die zu Weills Lebzeiten zur Passion geworden war, entsagte sie der Sexualität. Nicht ihr Alter gab den Ausschlag – sie wollte Kurt auch über seinen Tod hinaus nicht enttäuschen. Diesmal war sie es, die über Geld verfügte. Sie verschaffte George keine sexuelle Befriedigung, sondern gab ihm die materielle Sicherheit, die ihm fehlte. Denn der Redakteur und Herausgeber illustrer Zeitschriften stand mehr als einmal abgebrannt da, weil er einer gefährlichen Leidenschaft frönte: Er liebte die intimen Begegnungen mit Fremden, im Schutze der Dunkelheit, an finstern

Piers, hinter Bahngleisen, in schmuddeligen Bars und in Absteigen. Schon in Brooklyn Heights waren George die Docks für nächtliche Abenteuer nicht zu weit gewesen. Was dort aus Faszination begann, war zur Gewohnheit geworden und endete mit Abhängigkeit. Immer wieder geriet Davis an Gestalten, die ihn ausraubten oder zusammenschlugen. Oft hatte er es nicht mit Partnern, sondern mit Verbrechern zu tun. Am Pariser Pigalle und an den Uferböschungen von Marseille ließ er sich schon in den Vierzigern mit Matrosen und Halbstarken ein. Doch George mußte erkennen, daß er sich nicht in einem Roman von Jean Genet befand: Hinter den Hafenromanzen am Hudson steckten nicht immer rauhbeinige Engel, sondern meist handfeste Schlägertypen. Er war solch anonymer Brutalität jedoch verfallen, landete zuweilen im Krankenhaus, wenn es ihn allzu arg erwischt hatte. Narben, Messerstiche und blaue Flecken trug er wie Trophäen aus seinen Liebesnächten davon. Und am darauffolgenden Abend zog es ihn in eine noch gottverlassenere Großstadtgosse, wo er bestenfalls an einen Gleichgesinnten, meistens aber an homophobe Zeitgenossen geriet, die ihrer Abrechnung freien Lauf ließen. Davis genoß es auf seine Weise und leckte am Kamin von Brook House seine Wunden.

Was Außenstehende entsetzte, die keinen Zusammenhang zwischen der Eloquenz des brillanten Intellektuellen und seinen sadomasochistischen Neigungen herstellen konnten, darauf war er stolz. Lotte gefiel es, daß endlich einmal ein Mann von ihr abhängig war. Sie teilte ihm Geld zu und hielt ihn kurz. Streng wurde er nach seinen Ausschweifungen von ihr ausgefragt. Allmonatlich mußte sie ihn in einer Polizeiwache auflesen; dort humpelte er ihr dann, mit Pflastern und Bandagen versehen, lächelnd entgegen. Er ließ sich von ihr bemuttern, spielte die Rolle des Musterknaben, der tagsüber Freude bereitet, sich dann aber in einen Halbwüchsigen verwandelt, der heimlich ausbüchst, sobald alles schläft. Lenya, die bislang nie ein Kind zu versorgen hatte, gefiel sich als Beschützerin. Andererseits war George ihr aufmerksamster, hingebungsvollster

Zuhörer, wenn sie sich in stundenlangen Litaneien über ihr Versagen in der Ehe mit Kurt erging. Auf diesen notorischen Redezwang ging er ein und befreite sie, zumindest teilweise, sowohl von dem Trauma, Weills Krankheit zu spät erkannt zu haben, als auch vom Selbstvorwurf der Untreue. Er war ihr eine ideale soziale Stütze, führte sie aus, brachte sie unter Leute. Anstelle einer Romanze gab er ihr das Selbstvertrauen zurück, immer noch eine gute Sängerin und Schauspielerin mit starker Ausstrahlung zu sein. Unter seinen Fittichen stieg sie höher auf als je zu Weills Lebzeiten. Und George machte sich selbst als »husband« der »widow Weill« bekannt. Bei allem, was er für Lotte tat, beschlich ihn zwar das Gefühl, als schaue ihm Kurt ständig über die Schulter, doch dies schien ihm keinerlei Unbehagen zu bereiten.

Beide führten eine paradoxe Existenz: Kamen bei Davis eine nachgerade pathologische Unzuverlässigkeit im Privatleben und ausgeprägte berufliche Professionalität zusammen, die nur dann funktionierte, wenn er sich für andere einsetzte, so verband Lenya Selbstzweifel und Lampenfieber auf und hinter der Bühne mit unnachgiebiger Strenge in den eigenen vier Wänden – ein Charakterzug, den sie in den Jahren mit Kurt nie entfaltet hatte. Keiner wäre wohl so weit gegangen, von Liebe zu sprechen: Es handelte sich um so etwas wie gegenseitige Fürsorge. Es war das Verdienst dieses Mannes, Lenyas vokales Potential und die Verführungskraft von Weills deutscher Musik wiederentdeckt und hartnäckig gefördert zu haben. Die neue Lenya war seine Schöpfung. Gleichzeitig mußte er es ertragen, sie zu Hause vergeblich um ein paar Dollar für den Nachtbus nach Manhattan anzubetteln. Diese wechselseitige Abhängigkeit funktionierte bestens. So erstaunte es nur wenige Vertraute, als sich Lenya und Davis im Juli 1951 das Ja-Wort gaben – im Wohnzimmer der Andersons. Das ungleiche Paar verstand seine Heirat als gegenseitige Freundschaftsgeste, und Lottes Seelenzustand hatte sich fünfzehn Monate nach Kurts Beerdigung sichtlich stabilisiert.

Die eigenwilligen sexuellen Präferenzen ihres zweiten Ehemannes hielten die Frischvermählten nicht davon ab, ihren gesellschaftlichen Verpflichtungen nachzugehen. Sie verkehrten häufig mit W. H. Auden, einem von Georges besten Freunden, und irgendwann war es unvermeidlich, wieder einmal mit Claire Goll zusammenzutreffen. Das vernichtende Urteil, das sie über Lottes neue Verbindung fällte, zeigt, daß Claire durch die Jahre nicht milder geworden war. »Als ich jetzt nach New York zurückkehrte, war Kurt Weill tot und Lotte Lenya wiederverheiratet, und zwar mit George Davis, einem Homosexuellen, den sie zum schönen Geschlecht bekehrt hatte. Er war Schriftsteller und gab mit Erfolg die Zeitschrift *Mademoiselle* heraus – ein Titel, der gut auf ihn paßte. Aber eines Tages, als er das untere Ende der Zweiten Avenue entlangging, wurde er von ein paar Straßenjungen überfallen. Hatte er ihnen irgendwelche Anträge gemacht oder war es eine der sinnlosen Attakken, wie sie in New York alle Tage vorkommen? Jedenfalls wurde Davis im Rettungswagen ins Krankenhaus transportiert, aus dem er mit schlecht zusammengeflicktem Gesicht und einem fast geschlossenen Auge wieder herauskam. Dieses entstellte Scheusal interessierte Lotte Lenya nicht mehr. Sie behandelte ihn von Stund an wie einen Lakaien, der in seiner Ecke hockt und nur auf den Pfiff seiner Herrin wartet. Nachdem ihm von Unbekannten fast der Schädel eingeschlagen worden war, erdrückte Lotte Lenya ihn vollends.«[5] In diesem unbarmherzigen Porträt sitzt jede Spitze, schmerzt jeder Seitenhieb.

Im Juli 1950 hatte sich der Vorhang zum letzten Mal für *Lost in the Stars* geschlossen. Wie Kurt zu Recht befürchtet hatte, kam es zu keiner Wiederaufnahme in der folgenden Saison, denn die Vorschüsse waren auch nach 290 Vorstellungen immer noch nicht gedeckt. Mit Weills Tod verlor sich gleichsam über Nacht auch das Interesse an seinem amerikanischen Œuvre. Aus den *Huck Finn*-Fragmenten wurde nie die geplante Oper, sondern nur eine dramatisierte Fassung mit integrierten Songs. Unter dem Titel *Raft on the River* lief sie erst 1964 im Fernsehen – jedoch nicht in den USA, sondern in der Bundesrepublik. Was jetzt eintrat, war ein weiteres Paradoxon und hätte Weill womöglich verbittert – die Zeit war reif für eine Renaissance seiner Berliner Werke. Alles nahm mit einem von Aufricht organisierten »Kurt Weill Concert« in der New Yorker Town Hall seinen Anfang, im Februar 1951. Ernst Josef, der sich mittlerweile Ernest nannte, kombinierte geschickt deutsche, englische und französische Songs und Chansons aus den Vorkriegsphasen mit einer konzertanten Aufführung der *Dreigroschenoper*. Grete Mosheim wirkte an dem ausverkauften Abend mit, Inez Matthews sang, und Lotte übernahm alle weiblichen Parts bei der Gestaltung der Brecht-Moritaten. Der Erfolg war derart überwältigend, daß das Festival noch zweimal wiederholt werden mußte. Dabei hatte Lenya zunächst gar nicht auftreten wollen. »I can't do it! I can't do it!« wimmerte sie unausgesetzt hinter der Bühne, doch Davis redete ihr zu wie einem verängstigten Kind. Als sie schließlich auf die Bühne trat, versagten ihr fast die Beine, sie fürchtete, in Ohnmacht zu fallen. Seit dem *Firebrand* hatte sie sich nicht mehr vor ein Publikum gewagt. Doch was so unsicher begann, endete als Triumph. Sie machte die drei Abende zu einer »Zaubernacht«, die Weills Andenken würdig war, und verließ den Saal als Publikumsbeschwörerin, deren Namen die Zuschauer nach draußen trugen.

Mit der nostalgischen Aufricht-Revue verließ Lenya auch endgültig die Insel, auf der sie sich mit Kurt für so viele Jahre niedergelassen hatte. Nicht im Sinne eines Verrats – denn alles, was sie George Davis gab und schenkte, gab und schenkte sie indirekt auch Weill. Seine Musik war das Vehikel für ihren Neuanfang. Aber diesmal gelang ihr wirklich der Aufbruch zu neuen Ufern, eine Horizonterweiterung. Die als glücklich erlebte Idylle und das zur Qual gewordene Eingeschlossensein lagen hinter ihr. Diese Kahnpartie absolvierte sie nun mit gesammelten Kräften und fremder Hilfe, doch sie brauchte nicht mehr darauf zu warten, daß Kurt mit guten oder schlechten Nachrichten ins Brook House zurückkehrte, Projekte und Produktionen, die sie, als sie Hoffnungen auf Rollen darin begraben mußte, zuletzt nichts mehr angingen. Und auch ihre Schuldgefühle konnte sie über Bord werfen. Kurts Bruder Nathan entlastete sie mit einer verspäteten Diagnose: Bei den untrüglichen Symptomen sei Weills Tod nur noch eine Frage der Zeit gewesen, und ihre Gewissensbisse seien unangebracht. Ihr Kraftakt gelang, sie überquerte den Silbersee und verfolgte konsequent ihre Mission. Kurts Partituren, in Berlin eine Quelle des Glücks, in den späten Vierzigern beredte Zeugen ihrer Lethargie, ließen sich erneut umfunktionieren – zu einem Sprungbrett für einen Wiederanfang. Und sie wollte alles dafür geben, aus jedem Song ein Kleinod zu machen. Sie half der Musik, wo sie nur konnte, und die Musik half ihr. War es nicht schon immer so gewesen? Jedesmal, wenn sie an Weill dachte, hatte sie den Eindruck, als heiße er ihre irdischen Aktivitäten alle gut. »Er soll es da oben bequem haben, denn er wird sehr beschäftigt sein«, so pflegte sie zu sagen.

Und mit Weills Nachruhm ging es unterdessen Schlag auf Schlag vorwärts. Eins fügte sich ums andere, und der Erfolg verselbständigte sich beinahe. Marc Blitzstein, einer von Kurts ersten Fürsprechern in den Staaten und stilistisch immer in der Nähe seines deutschen Vorbilds, fertigte eine zeitgemäße, literarisch befriedigende Übersetzung von Brechts *Dreigroschen*-Texten an. In seiner Adaptation sang Lotte erstmals die Jenny auf Englisch, bei einem »tryout« 1952 in der Brandeis University. Leonard Bernstein dirigierte die Weltpremiere, und die enthusiastischen Reaktionen gaben Georges Insistieren recht, Lenya zur Zustimmung für Blitzsteins Neufassung zu bewegen. Die Amerikanisierung tat der in die Jahre gekommenen Bettleroper gut und bereitete den Nährboden für das Wagnis einer szenischen Fassung in Manhattan. Zwei junge Männer, Carmen Capalbo, der auch Regie führen sollte, und Stanley Chase hatten sich entschlossen, das Stück als Off-Broadway-Produktion herauszubringen und bestanden auf Lenyas Mitwirkung. Sie mochte sich wehren und sträuben, alle ihre Einwände, sie sei zu alt für die Rolle, verfingen nicht. George behielt die

Oberhand. Das Team fand ein kleineres Haus mitten in Greenwich Village, das Theatre de Lys in der Christopher Street. Es handelte sich um ein ehemaliges Kino, nach dem Besitzer Bill de Lys benannt. Tag und Nacht arbeiteten Produzenten und Mitwirkende an der Vorbereitung, investierten Handarbeit, Kapital und über selbstverständliches Engagement weit hinausgehenden Einsatz. Lottes Sorge, das Theater sei viel zu weit abgelegen, war ein berechtigter Einwand. Off-Broadway-Inszenierungen waren in den Fünfzigern unüblich, und es bedurfte schon einer kleinen Sensation, um die Theatergänger aus Midtown zwei Dutzend Blocks südlicher ins Village zu locken.

Aller Skepsis zum Trotz – Davis' optimistische Strategie ging auf. Als Pariskenner versetzte ihn der intime Lys-Saal in Entzücken, denn er ähnelte dem Vieux-Colombier am linken Seineufer, Geburtsstätte eines modernen, demokratischen Theaters unter Jacques Copeau vier Jahrzehnte früher. Das Ambiente vom Schiffbauerdamm ließ sich hier unter vergleichbaren Bedingungen rekonstruieren und das von Blitzstein vorgesehene Kammerensemble von nur acht Musikern spielend unterbringen. Als Dirigent Samuel Matlowsky am Abend des 10. März 1954 den Stab hob, ging man von einer Laufzeit von allenfalls zehn Wochen aus. Was dann geschah, übertraf die kühnsten Erwartungen: Diese neue *Threepenny Opera* rächte sich für ihre verunglückte Vorgängerproduktion aus den dreißiger Jahren und brach alle Rekorde. 2611 Vorstellungen gingen in mehr als sieben Jahren über die Bühne und wurden von einer Dreiviertelmillion Menschen gesehen. Siebenhundert Schauspieler übernahmen die zweiundzwanzig Rollen des Stückes – so viele verschiedene Besetzungen gab es im Laufe der Zeit.

Und was Lenya betraf: Sie wurde binnen weniger Stunden an den Theaterhimmel New Yorks katapultiert. Dank Davis und dank ihrer ungeheueren szenischen Überzeugungskraft wurde sie von der »widow Weill« zum Showstar Lenya. Das Publikum von Manhattan umschwirrte die deutsche Chansonnette wie Motten das Licht.«»Du weißt ja wie ich mich begeistern kann, wenn ich was Gutes auf der Bühne sehe«, hatte sie Kurt einst gestanden. »Aber ich habe auch gemerkt, wie ganz, ganz anders das ist, wenn die ihre Songs singen. Ich glaube, das lerne ich nie. Oder es müßte mir jemand beibringen.«[6] Das, was sie im Theatre de Lys allabendlich vortrug und wofür sie stehende Ovationen empfing, waren »ihre« Songs. Sie brauchte dafür nichts zu lernen, und eigentlich hatte ihr auch niemand diesen Vortragsstil beigebracht. Zwei Männer hingegen hatten an sie geglaubt, und das allein zählte: Kurt und George. Sie wußte, wie glücklich Kurt über – ihrer beider – späte Anerkennung gewesen wäre. Und George verdankte sie, aus den Ruinen ihres früheren Lebens zu neuem Glück und unverhofftem Ruhm aufgestiegen zu sein. »Darling, es ist ein wunderschöner Tag, und ich bin so glücklich, mit Dir verheiratet zu sein.« Die an ihn per Telegramm gerichtete Frage, ob sie heute abend nur einen kleinen Drink haben dürfe, beantwortete sie umgehend selbst: »Babababa. Love Lenya.«[7]

Die Revanche der neuen *Dreigroschenoper* glückte auch in England, Heimat der *Beggar's Opera*: Eine Inszenierung der Blitzstein-Version am Royal Court Theatre zu London wurde im Februar 1956 heftig akklamiert. Der Sinneswandel in der Aufnahme des Werkes in den anglophonen Ländern grenzte an ein Phänomen. Blitzsteins stilsichere Übertragung war aber nur ein Grund für die veränderte Wahrnehmung. Am Broadway war man die teuren, monumentalen Hochglanzmusicals allmählich leid und sehnte sich nach einem frischen, idealistischen Theater – so jung und unkonventionell wie möglich, so improvisiert und innovativ wie nötig. Hinzu kam ein neuerwachtes Interesse an den Kulturheroen der Vorkriegsjahre, deren Karrieren die Hitlerära zerstört hatte und deren Werke zwischenzeitlich in Vergessenheit geraten waren. Brecht war der Vorzeigeautor für eine unverbrüchlich kritische politische Haltung und das »new toy« der Intellektuellen von Manhattan. Denn in den Jahren des Kalten Krieges und der eingeschränkten Meinungsvielfalt mußte man zeitgenössische Autoren, die brisante Themen mit Mut und Verve aufbereiteten, mit der Lupe suchen. Ein Hauch von »underground«, von Nostalgie für die Roaring Twenties wehte durch die Studierstuben und Cafés des Villages und der Downtown; Weill, Brecht und Lenya waren Gewährsleute dafür, daß es diese sagenumwobene Epoche wirklich einmal gegeben hatte. Und wer Lotte abends auf der Bühne erlebte, in ihrem Element wie ein Fisch im Wasser, bekam den lebendigen Beweis für die ungebrochene Vitalität dieses Schockjahrzehntes geliefert; einer Dekade, die für Zivilcourage, Freizügigkeit und Kreativität stand – Kategorien, die man im restaurativen Amerika der Nachkriegsjahre nur allzuoft schmerzlich vermißte.

»Weill, Brecht und Lenya« – drei Namen, ein Schlagwort. Die einseitige Verengung der Weill-Rezeption auf die späten Zwanziger war der Preis, den zu zahlen man um das Revival der Erfolge von einst willen in Kauf genommen hatte. Lottes Spezialisierung als Autorität in Sachen Brecht/Weill förderte auch die Aufsplitterung von Kurts Werken und seiner Biographie in drei Teile. Die Brecht-Jahre wurden dabei ungebührlich stark konturiert, denn schließlich hatte die Triade als solche nie bestanden, von den Differenzen der drei Künstler untereinander ganz zu schweigen. Eigentlich war Lotte ja nur an drei Stücken maßgeblich beteiligt gewesen: *Mahagonny*, *Dreigroschenoper* und *Todsünden*, wobei die letzteren eigens für sie transponiert worden waren und Brecht nicht das übliche künstlerische Mitspracherecht in Paris eingeräumt wurde. Ihre Mitwirkung an *Happy End* war marginal gewesen, bei *Lindberghflug* und *Jasager* hatte sie überhaupt keine Rolle gespielt. Auch die deutschen Experimentalopern vor und nach Brecht, von denen fortan kaum noch in seinen beiden »Heimatländern« die Rede war – mit Ausnahme einer Wiedergabe der *Bürgschaft* bei den Berliner Festwochen 1957 –, hatten weder Lottes Stimme noch ihre darstellerischen Qualitäten berücksichtigt. Und was Weills amerikanische Arien und Songs anging, so läßt sich rundheraus konstatieren, daß er sie allesamt absolut nicht für Lenya konzipiert hatte. An dieser Tatsache änderte auch der Ausnahmefall des *Firebrand* nichts. Ein kurzer Höreindruck genügt, um sich heute zu vergewissern: Lottes Interpretationen der Brecht-Songs sind Klassiker, Meilensteine, Geniestreiche, ihre Wiedergaben der Musicalnummern, bis auf ganz wenige Ausnahmen, bestenfalls mittelmäßig. Mitten in den Fünfzigern entstand so eine neue Legende, die Glorifizierung des mythischen Dreierbündnisses, untermauert von Lottes unvergleichlichem Talent, Brechts prägnante Verse auf einmalige Weise in Weills kongenialer Vertonung neu entstehen zu lassen.

So kam es, daß für mehrere Jahrzehnte das gesamte Konvolut von Kurts Kompositionen an der Elle der Brecht-Weill-Partnerschaft gemessen wurde. Entweder waren seine übrigen Opern und Musicals *nicht* wie die Stücke, die er zusammen mit Brecht geschrieben hatte, oder aber sie waren *nicht so gut*. Daß Weill einmal fünfzehn Jahre lang wie ein amerikanischer Händel in den USA gewirkt und seine Dienste einer Neudefinition des dortigen Musiktheaters zur Verfügung gestellt hatte, vergaß man schnell und gern. Prompt bedienten die maßgeblichen Kritiker und Musikhistoriker dies- und jenseits des Atlantiks das bequeme Vorurteil, von geschichtlichem Interesse sei einzig der populäre Weill von 1927 bis 1933. Virgil Thomsons Prophezeiungen von 1951, als er Lottes Town-Hall-Debüt rezensierte und dabei in Komplimenten für Musik und Sängerin nur so schwelgte, kamen einem Verdikt gleich: Kurts USA-Partituren zeugten von Kompetenz und solider Machart, seien jedoch zu gattungskonform und affirmativ, ja geradezu konformistisch ausgefallen. Ihnen fehle der Biß und die anrührende Menschlichkeit von Brechts Poesie, die Kurt wie kein anderer zu vertonen verstanden habe. Und der einflußreiche deutsche Musikkritiker H. H. Stuckenschmidt echote, Sentimentalität und Zuckerguß in Weills amerikanischem Œuvre seien für eine kritische Nachwelt, verwöhnt von Weills epochemachenden Berliner Würfen, schwer erträglich. Anderson und Ira Gershwin, so rümpfte er die Nase, hätten eben nicht das Format eines Bertolt Brecht besessen, nicht korrigierend in Weills Mainstream-Tendenzen eingegriffen. Geradezu vernichtend ist Stuckenschmidts Fazit, kommerzieller Erfolg sei mit dem Verlust von Qualität teuer erkauft worden.[8]

Lotte bestritt die These, Kurt als begabter Komponist habe in den Staaten Authentizität und Ambition über Bord geworfen, Stilmerkmale verramscht und seinen eigenen Ausverkauf betrieben. »Man kann eigentlich in seinem Fall nicht sagen, daß er verkannt oder unverstanden gestorben wäre. Denn er hatte jede Menge Erfolg, sein ganzes Leben lang. Deswegen braucht er einem wirklich nicht leid zu tun.«[9] Und dennoch: Die Realität einer veränderten Musikwelt, in der neue Opern nicht mehr viel zählten, die Bedeutung von Tonträgern dafür täglich immens wuchs, schien der Lenya-Legende und dem Mißtrauen gegenüber dem »Amerikaner« Weill zunächst Recht zu geben: Die *Moritat von Mackie Messer* oder *Mack the Knife*, wie der aus dem Zusammenhang gelöste Song inzwischen hieß, wurde zu einer beliebten Standardnummer für Jazz- und Popgrößen unterschiedlichster Couleur. Von Ella Fitzgerald über Frank Sinatra und Louis Armstrong bis hin zu Sting versuchten sich alle Stars an dem mal verjazzten, mal melancholischen Strophenlied mit der großen Sexte zu Beginn. Allein bis zum Jahresbeginn 1956 wurde die Ballade siebzehnmal für die Schallplatte eingespielt. »Kurt hätte das sehr gefallen. Ein Taxichauffeur, der seine Melodien pfeift, hätte ihm mehr Freude gemacht, als den Pulitzerpreis zu gewinnen.«[10] *Mackie* dominierte die Hitparaden, und Lenya heimste als Jenny vom Greenwich Village einen »Tony Award« ein – ihr Pendant zu Kurts Auszeichnung für *Lost in the Stars*.

Und auch in der 1949 gegründeten DDR kultivierte man die Sehnsucht nach den alten Zeiten: Das Ost-»Berliner Ensemble« behielt sowohl *Mahagonny*-Songspiel als auch *Dreigroschenoper* lange über Brechts Tod hinaus, der zeitlich mit »Makkies« Erfolg in den Charts zusammenfiel, im Repertoire. Daß Weills Biograph Ronald Sanders als Heranwachsender Mühe hatte, eine Verbindung zwischen den verschiedenen »Weills« zu konstruieren, kann kaum verwundern: Nach eigenem Bekunden brauchte er Jahre, um das Puzzle zusammenzusetzen aus dem Urheber des *Mack the Knife*-Songs, den Erfolgsnummern aus dem Theatre de Lys und den Broadwaytiteln, die er seit seiner Kindheit im Ohr hatte. Alle diese Melodien schienen ganz heterogenen Welten zu entstammen und waren doch von ein und demselben Autor. Kurt selbst hätte das ganze Definitionsgerangel wohl weit weniger gestört. Seine Maxime, nach der es keine ernste, »klassische«, oder leichtgewichtige, »unterhaltende« Musik gebe, sondern einfach nur »gute« und »schlechte«, war über Nacht zu einem geflügelten Wort geworden. Und wer es ganz genau wissen wollte, wie er es mit Traditionspflege oder Zugehörigkeit zu Avantgardezirkeln hielt, dem hatte er mehr als einmal geantwortet: »I write for today!«

Ehen werden im Himmel geschlossen, doch sie enden oft im Zank an der South Mountain Road – so lautete die Variante des Sprichworts im Hause Lenya-Davis. Solange Lotte Abend für Abend zu ihren Vorstellungen in die Christopher Street eilte und George brav am Kamin auf ihre Heimkehr wartete, stimmte ihr Arrangement. Kaum regte sich aber der Freiheitsdrang des Gatten – Agent, Produzent, Psychologe und Vorzeigepartner in Personalunion –, dann hing der Haussegen schief. Und er regte sich öfter, als der Ehefrau lieb war. Träumte sie von sonntäglichen Spaziergängen zu zweit durch den Central Park, holte sie ein Anruf vom Kommissariat in der Lower East Side in die schonungslose Wirklichkeit zurück. Während sie ihr Scheckbuch vor ihm versteckte und er darauf achtete, daß sie es vor den Auftritten bei einem Apéritif bewenden ließ, vervollkommneten beide Lottes Laufbahn zu einer Bilderbuchkarriere. Die desolate häusliche Szenerie bot einen merkwürdigen Kontrast zum Perfektionsdrang, den das Team nach außen hin verkörperte: harmonisch, unzertrennlich, bestens aufeinander abgestimmt. Maxwell Anderson schrieb für sein Stück *Barefoot in Athens* eigens für Lenya die Rolle der Xantippe, in der sie vom Herbst 1951 an, kurz nach der Heirat mit George, im New Yorker Martin Beck Theatre zu sehen war.

Anfängliche Bedenken gegen ihren nach wie vor unüberhörbaren Akzent führten dazu, daß man Lenya bei den Voraufführungen gegen eine waschechte Amerikanerin austauschte, doch wurde sie schnell wieder in die Originalbesetzung eingereiht: Sie machte es einfach besser als ihr Ersatz, und die Kritiker fanden liebenswürdige Worte für ihre Darstellung. Auch auf der Theaterbühne schien das *Firebrand*-Trauma überwunden. Im Sommertheater am Lake Hopatcong in New Jersey spielte sie die Mrs. Carroll, und noch vor der zweiten *Threepenny*-Saison hatte George sie so weit bearbeitet, daß sie sich zu einem Übersee-Besuch in Berlin durchringen konnte. Es hatte ihn ein hartes Stück Arbeit gekostet, sie zu einer Reise ins vernarbte Deutschland zu bewegen – Lotte hatte Kurts Tabu sehr ernst genommen und erwies sich auch in dieser Hinsicht als verantwortungsbewußte Erbin.

Der Anblick der verwüsteten alten Hauptstadt übertraf ihre schlimmsten Erwartungen: Es war ein Schock für die Heimkehrerin, die nach zwanzig Jahren erstmals im Sommer 1955 wieder ihren Fuß auf deutschen Boden setzte. Recherchen für eine Weill-Biographie waren Davis' Vorwand gewesen, nun kam es zu tristen Flanerien durch die in Sektoren aufgespaltene Metropole. Der zerstörte Anhalter Bahnhof, die weggesprengten Häuserblocks, die grauen Gesichter der Menschen, von der Mühsal des Wiederaufbaus gezeichnet, alle diese Eindrücke entsetzten Lotte. Ganze Straßenzüge waren wie vom Erdboden verschluckt, und sie erkannte die Stätten ihrer Jugend kaum wieder, suchte vergeblich nach Anhaltspunkten. Ihr wurde mulmig zumute, als sie vor der Fassade der Pension Grieneisen stand. »Es brach mir das Herz, als ich dieses Berlin wiedersehen mußte, das ich einst so geliebt hatte. Gott weiß, wie sehr ich diese Stadt geliebt hatte! Und nun überall nichts als Zerstörung, Leere. Überall dort, wo ich gelebt und gewohnt hatte, war alles verschwunden. Mein erster Impuls war, sofort wieder kehrtzumachen und abzureisen.«[11]

Sie blieb, nachdem sie einen Anfall physischer und psychischer Erschöpfung überwunden hatte. Die Verdrängung der dunklen Vergangenheit empörte sie. Es gelang ihr nicht, auch nur einen einzigen bekennenden Nazi ausfindig zu machen. Davis und sie stritten sich mit Universal Edition herum, reisten nach Hamburg, führten Verhandlungen mit Plattenfirmen für neue Einspielungen, wohnten der deutschen Erstaufführung von *Street Scene* bei. George hatte offenkundig seine Bestimmung gefunden: Die Popularisierung und Vermarktung von Weills Musik, deren öffentliche Anerkennung und rechtliche Absicherung wurden zu seiner Lebensaufgabe. Doch mit den unzähligen Aktivitäten lief er bald Gefahr, sich zu überfordern. Lotte wurde vom bloßen Zusehen schwindlig. Sie begann sich Sorgen zu machen: Vom Regen war sie in die Traufe, von einem Arbeitstier an das nächste geraten. Lag es in der Natur der Sache, daß der Kampf um Weills Musik immer mit immensen Anstrengungen, mit völliger Überlastung einherging?

Die Bestätigung, die beide in Begegnungen mit Interpreten, Fans und Musikliebhabern erfuhren, machte ihnen indes großen Spaß und bestärkte ihre Motivation. Reisen in andere deutsche Städte häuften sich, viele Aufnahmesitzungen und Studiotermine standen bevor. Lenya spielte die *Dreigroschenoper* mit unübertrefflichem Elan, getragen von einer Idealbesetzung, komplett unter Wilhelm Brückner-Rüggeberg ein, desgleichen *Aufstieg und Fall* sowie eine Zusammenstellung von Brechts Theatersongs. Für die *Todsünden*-Platte gab sie eine transponierte Fassung in Auftrag, die ihr die Bewältigung der Rolle – um eine Quarte tiefer – zum Kinderspiel geraten ließ. Alle Produktionen gediehen unter ihren Händen und Georges künstlerisch-organisatorischer Kontrolle zu wahrem Ohrenschmaus und zählen noch heute zu den Glanzlichtern des Weill-Kataloges. Margarethe Kaiser, inzwischen die Witwe des Regenten vom Peetzsee, machten sie in der Paulsborner Straße ihre Aufwartung. Und ihr ständiger Begleiter, auch bei späteren Aufenthalten in Berlin, wurde Paul Moor, ein amerikanischer Musikkritiker mit Wohnsitz am Olivaer Platz.

Was zuletzt ausstand, war eine Wiederbegegnung mit Brecht, dem die Wiederauferstehung seiner früheren Berliner

Opern nicht unwillkommen sein konnte. Wie Lotte und Davis feststellen durften, waren seine Stücke, das Konzept des »epischen Theaters« und der ominöse »Verfremdungseffekt« in aller Munde. Der Student Andreas Meyer-Hanno, mit dem Lenya sich angefreundet hatte, arrangierte ein Treffen. Und so saßen eines schönen Tages die beiden Amerikaner dem Leiter des Berliner Ensembles und Helene Weigel in deren karg möblierten Häuschen mit Friedhofsblick in der Chauseestraße gegenüber. George schilderte in seinen Aufzeichnungen die asketische, beinahe grimmige Atmosphäre bei den Brechts und wurde den Eindruck nicht los, daß Helene hier die Zügel führte und auch als politisch Orthodoxere von beiden eine rigorose Parteilinie verfolgte. Brecht wirkte auf ihn beinahe weise und sympathisch, zumal er Lotte anbot, in seiner Berliner Theatertruppe mitzuwirken. Doch sie schlug diese Offerte rundheraus aus – schließlich war sie gekommen, um den alten Widersacher um seine Genehmigung für die laufenden LP-Produktionen zu bitten. Brecht verband seine Einwilligung mit dem Wunsch, sie möge noch einmal das Lied vom *Surabaya Johnny* für ihn singen. In Ermangelung eines Begleiters erhob sich Lenya und sang den Song, wie sie ihn immer vorgetragen hatte: schlicht, eindringlich und mit sparsamen Gesten. Immerhin war es Brecht gewesen, der ihr das »ägyptische« Herumrudern einst ausgetrieben hatte! Der Meister schlürfte nachdenklich an seiner heißen Milch, und dann wurde es ganz still in dem so leeren, von jeder Dekoration befreiten Raum. Als Lenyas letzte Note verklungen war, schwiegen alle Anwesenden, aber sie konnten sehen, daß Brechts Augen feucht geworden waren. Halb ironisch, halb besorgt erkundigte sich seine gelehrige Schülerin, ob ihr Vortrag denn auch episch genug für ihn gewesen sei. Bewegt bekam sie zur Antwort: »Lenya, was immer du tust und singst, ist episch genug für mich. Diesen Moment werde ich nie vergessen. Nie wieder wird jemand dieses Lied so singen wie du.«

George und Lotte reisten nach Düsseldorf zur Premiere des *Jasagers,* verbrachten einige Tage in Wiesbaden und unternahmen eine Dampferfahrt auf dem Rhein. Die gepflegten westdeutschen Städte, in denen die vielen schwangereren Frauen der US-Besatzungssoldaten einherstolzierten, boten ein kurioses Kontrastprogramm zum Berliner Elend, wo abgemagerte Kinder zwischen zusammengestürzten Brandmauern herumstrichen. Nun konnten die beiden Touristen von ihrer Deutschlandreise gar nicht genug bekommen. Mary Daniel, Empfängerin Dutzender Briefe, die sie, unabhängig voneinander mal von Lenya und mal von Davis erreichten, wurde vom Fortgang der Verhandlungen mit Verlagen, Interviewpartnern und Tonmeistern auf dem laufenden gehalten. Sie sah im Brook House nach dem Rechten und übernahm dort die Dienste einer Sekretärin, bald eines Mädchens für alles. George spornte seine Frau immer wieder an, doch endlich Material für eine Autobiographie zu Papier zu bringen. Er ermunterte sie, mit dem Aufenthalt bei den Kaisers zu beginnen, und sei es nur um seines Seelenheils willen. Davis spürte, wie sehr ihm die kräftezehrende Hingabe an das Großprojekt Weill/Lenya psychisch guttat, und bezeichnete es als reinen Egoismus, wenn sie mit ihren Aufzeichnungen fortschreiten würde.

Lotte hatte einstweilen schon mit den Studioterminen genug zu tun und gab, was sie konnte; George hielt die Aussagen von Elisabeth Hauptmann und anderen Zeitzeugen auf Notizblöcken fest und konzipierte Artikel, die er in der folgenden New Yorker Saison gezielt in Zeitschriften und Kulturperiodika unterbrachte. In Manhattan verfügte das Paar unterdessen über eine Stadtwohnung in der Second Avenue – praktisch für Lenya, verlockend für Davis. Und zum Jahreswechsel 1956/57 lud Lotte ihn nach Wien ein, damit er ihre Herkunft, ihre Geburtsstadt, ihre panische Angst vor Armut und Geldmangel besser kennen- und verstehen lernen sollte. Schon vorher hatte es Lenya allein zu ihrer Schwester Maria an die Donau gezogen. Mit George verbrachte sie abermals einige Tage in Hamburg bei ihrer Freundin Anna Krebs, einer hilfsbereiten Mitarbeiterin von Philips, die bald ein ständiger Gast in den USA sein sollte. In Hamburg erreichte sie auch die Nachricht, daß Brecht an einem Herzinfarkt gestorben war. Nur zwei Tage später erlitt George seine erste Herzattacke. Genau fünfzig Jahre war er alt.

Im Laufe des Jahres 1957 spitzten sich die Ereignisse zu. Mit dem gleichen rasanten Tempo, mit dem ihre Studioaufnahmen voranschritten, wuchsen Lenya ihre privaten Nöte über den Kopf. Ganze Opern wurden in wenigen Wochen unter Dach und Fach gebracht, unter ihrer künstlerischen Aufsicht verwirklichten sich Georges Ambitionen. Jeden erfolgreichen Tag bei den Plattenfirmen, jedes zur beiderseitigen Zufriedenheit abgemischte Tonband feierte er wie einen Triumph. Aber im März mußte er sich erneut ins Krankenhaus einweisen lassen, mit schlimmeren Symptomen und größeren Schmerzen als je zuvor. Lenya ließ Mary Daniel nun ständig zu sich kommen, weil ihr der hektische Tagesablauf zwischen Krankenbesuchen, Terminen in der Öffentlichkeit, Haushalt und biographischen Skizzen zusehends zu schaffen machte. Die Visiten im Hospital deprimierten sie: Wieder blickte ihr ein Gespenst mit fast erloschenen Augen aus einem Sauerstoffzelt entgegen. Wieder mußte sie sich eingestehen, daß sie die Klagen ihres Partners nicht hatte ernst nehmen wollen. Es blieb ihr nichts anderes übrig, als ihn täglich mit freudigen Meldungen über das Fortschreiten der Aufnahmen oder kleine Erfolge im Gezerre um die Rechte mit dem Suhrkamp-Verlag zu versorgen. Davis gierte nach jedem Hoffnungsschimmer, er lebte nur noch für Lenyas Zukunft und für die ihr zustehenden Tantiemen aus den Brecht-Opern, um deren Festschreibung und Auszahlung so hart gerungen werden mußte. Auch das Album mit den »American Theatre Songs« harrte seiner Fertigstellung, und im Herbst hatte sich George von wiederholten Anfällen so weit erholt, daß an eine erneute Europareise gedacht werden konnte.

Zurück in Deutschland, sahen sie sich den alten Pabst-Film der *Dreigroschenoper* und die neuinszenierte *Bürgschaft* an. Während der Vorstellung erlitt Davis einen weiteren Infarkt, aber er ließ sich, so gut es ging, nichts anmerken. Lottes Briefe an Mary bekamen einen immer schwermütigeren Unterton. Die religiösen Gesänge der Schwestern im Berliner Krankenhaus trieben George in die Hysterie, und in seinen Panikzuständen klammerte er sich an Lenya, die nicht mehr ein noch aus wußte. Am 11. November verlieh ihr der Berliner Senat die Freiheitsglocke für ihre kulturellen Verdienste, und diese hohe Auszeichnung mußte George als letzte Genugtuung empfunden haben. Ein paar Tage lang ging es aufwärts, dann folgte Rückfall auf Rückfall. Lotte nahm das Hin und Her zwischen Hamburg und Berlin bald im Tagesabstand auf sich. Am Morgen des 25. erlöste Davis ein Herzinfarkt von seinen Qualen. Er starb im selben Alter wie Kurt, und er starb an fast denselben Symptomen. Sein Tod beförderte Lenya in ihre tiefste Krise seit den Märztagen 1950. Sie war einem Nervenzusammenbruch nahe und sprach unausgesetzt auf Photos von ihm ein, die in ihrem Hotelzimmer standen. Nicht sie, sondern er, George, ganz allein, habe alle Aufnahmen und Vertragsabschlüsse zuwege gebracht. Ob Außenstehende bei diesem erschütternden Monolog zusahen oder nicht, war ihr völlig gleichgültig. »Mein Herz war gebrochen, aber noch viel schlimmer als damals, als es Kurt zugestoßen war. In diesen sechs Jahren unserer Ehe hatte George mich laufen gelehrt, so wie man es einem kleinen Kind beibringt.«[12]

Es schien kein Entrinnen aus dem Teufelskreis zu geben. Der Mann, dem sie alles verdankte, was sie ausmachte und darstellte, hatte sie für immer verlassen. Zum zweitenmal. Die Aufnahme der *Dreigroschenoper* lag unerledigt vor ihr, und jenseits des Atlantiks war nur noch Mary an ihrer Seite, daran gewöhnt, gute und schlechte Tage mit Lotte zu teilen. An sie richtete die Trauernde Fragen, die ihr niemand beantworten konnte: »Warum erinnert man sich immer zuerst an alles Schlechte, und warum fühle ich mich immerzu schuldig? Warum, warum?«[13] Nicht noch einmal hatte sie versagen und den Mann an ihrer Seite enttäuschen wollen, und wieder schien es ihr, als sei sie selbst die Ursache für diese Rückzüge in frühe, sinnlose Tode. Aus dem Komplex, Kurt ein Leben lang enttäuscht zu haben, wuchs die Furcht, vor Georges hohen Maßstäben gleichfalls nicht bestehen zu können. Weiterleben wurde jetzt zur doppelten Verpflichtung. Mit schier übermenschlicher Anstrengung brachte sie auch noch die *Dreigroschenoper* hinter sich. Auf das Resultat durfte sie stolz sein, und auch Davis hätte sie gelobt.

Zurück in den USA, eine Handvoll exzellenter Einspielungen im Reisegepäck, beschlich Lotte das Gefühl, ihre Schuldigkeit getan zu haben. Was hielt sie noch auf dieser Welt? Sie hatte Kurt und George kurz hintereinander verloren, und die Trauer um ihren Karrierearchitekten, persönlichen Manager und Imagepfleger machte sie für Reize von außen unempfänglich. Ihre Mutter war inzwischen in Wien verstorben, und auch in der Nachbarschaft von New City mußte sie schon seit längerem auf eine liebgewonnene Freundin verzichten: Im März 1953 hatte Mab Anderson ihrem Leben ein Ende bereitet. Es war nicht ihr erster Selbstmordversuch gewesen, aber diesmal war zuviel zusammengekommen: die gescheiterte Karriere als Schauspielerin, Maxwells Pläne, sich von ihr scheiden zu lassen und seine neue Geliebte zu heiraten, tiefe psychische Krisen, die auch Gespräche mit Lenya nicht mehr auffangen konnten. Es war Lotte, die Mab tot auf dem Vordersitz ihres Autos in der Garage entdeckte, die Nacht über hatte sie den Motor laufen lassen, und die Abgase hatten sie erstickt. Als Lenya den leblosen Körper ihrer Freundin betrachtete – Mab trug einen Nerzmantel über dem Morgenrock –, sah sie einen Moment lang vor sich, was aus ihr selbst hätte werden können, wenn George nicht in ihr Leben getreten wäre: eine erfolglose, ungeliebte Frau um die Fünfzig, ohne Energie zur Selbstbefreiung eingesperrt in einem schönen, aber langweiligen Vorort.

Sie stand Hesper in ihrem Schmerz bei, so gut sie konnte, und nach Georges Begräbnis zog sie die Konsequenz aus der aufkeimenden Angst, wie Mab wieder einsam im Brook House vor sich hin zu dämmern: Sie nahm sich eine kleine Wohnung in der 55th Street in Manhattan und hielt systematisch nach einem neuen Verehrer Ausschau. »Ich bin eine Frau, die nicht fürs Alleinleben geschaffen ist. Dafür bin ich einfach viel zu abhängig von männlicher Gesellschaft«, beschied sie unverblümt einem Zeitungsjournalisten. Mit Georges Armbanduhr, die zuvor schon Kurt gehört hatte, suchte sie potentielle Bewerber für beider Nachfolge auf, alleinstehende Männer im besten Alter. Jeder Heiratskandidat war willkommen, er mußte nur die Uhr umlegen und den Ehemann Nummer drei spielen wollen. Die Kandidaten dankten jedoch, sobald ihnen Lenya das Erbstück anpries, und suchten rasch das Weite.

Zuerst hatte sie David Drew im Auge, einen vielversprechenden britischen Musikwissenschaftler, dem Davis zuletzt noch Materialien für das Abfassen einer ersten, fundierten Weill-Biographie überlassen hatte. Drew lebte mehrere Monate in der South Mountain Road, archivierte, sichtete Dokumente und erwarb sich das Vertrauen der zweifachen Witwe. Er setzte Georges Arbeit fort und erweiterte sie um wissenschaftliche Dimensionen. Wenn Lotte sich mit Vertretern von Plattenfirmen oder Dirigenten auseinandersetzen mußte, Kritik und Einwände jedoch stets nur intuitiv begründen konnte, so sprang Drew ihr als Fachmann mit unangreifbaren Argumenten zu Hilfe, die sich ihm aus genauester Detailkenntnis erschlossen hatten. So war er ein weiterer Glücksfall für eine solide, authentische Weill-Rezeption und schrieb in den folgenden Jahrzehnten ein Grundlagenwerk nach dem anderen über Kurts Œuvre, wurde zum unangefochtenen Experten, kritischen Herausgeber und renommierten Lektor. Was er allerdings tunlichst vermied, war, Georges Nachfolge als Lenyas Ehemann anzutreten. Nach getaner Arbeit kehrte er vorläufig nach Großbritannien zurück, um dort unabhängig von Lotte sein Privatleben in die Hand zu nehmen. Geraume Zeit war Drew ihr Helfer und Gefährte gewesen, Beistand in Sachfragen und guter Freund, aber er heiratete eine andere.

Lenya fand sich mit Drews Entscheidung ab und nahm unverzüglich den nächsten Kandidaten ins Visier. Diesmal erschien ihr kein Geringerer als Dag Hammarskjöld, allseits respektierter Generalsekretär der Vereinten Nationen, »the right guy« zu sein. Der brillante Diplomat mit seinen exzellenten Umgangsformen war ein Mann von Welt, dessen Privatsphäre jedoch etwas Rätselhaftes umgab. Lotte war fasziniert, als sie ihn bei einem Dinner in New York kennenlernte, und er offenkundig einem kleinen Flirt nicht abgeneigt schien. Sie brauchte nicht lange, um herauszufinden, daß es keine Mrs. Hammarskjöld gab; eine Geliebte hätte sie aus dem Weg räumen müssen, mit einem männlichen Konkurrenten hätte sie sich leichter arrangieren können. Doch der vielbeschäftigte Politiker hielt sie auf Distanz. Eine Einladung Lenyas zu einem informellen Treffen zu dritt, mit Margarethe Kaiser als Blitzableiter, schlug er aus, ließ es sich aber im Gegenzug nicht nehmen, die Damen mit einer persönlichen Führung durch die Gebäude der UNO zu beeindrucken.

Monate vergingen, Lotte und Dag tauschten Karten, Briefe, Präsente und höfliche Komplimente aus, ohne daß es Lenya gelang, den Schleier zu lüften oder sich einen Platz in seinem Herzen zu erobern. Schließlich dämmerte ihr, daß Hammarskjöld mit Weltpolitik und internationalen Krisen wohl zu sehr beschäftigt war, um sich ihres Schicksals annehmen zu können. In einer Beziehung mit ihm hätte sie eine nur ganz untergeordnete Rolle spielen können, sie wollte indessen gern noch einmal im Vordergrund stehen. Man blieb in Kontakt, doch private Treffen wurden vermieden. Als er wenig später, im September 1961, bei einem Flugzeugabsturz in Afrika ums Leben kam, mochte sie nicht mehr an einen Zufall glauben. Sie zog Parallelen zu Schwartzie und fühlte sich für beide Unglücksfälle verantwortlich. Diesmal wurde ihre Empfindung der Trauer von Aberglauben und heftigen Schuldgefühlen überlagert. Beschwor sie, ohne es zu wollen, für alle ihre männlichen Partner eine Katastrophe herauf und trieb sie in den Tod? Eine plausible Erklärung für diesen furchterregenden Verdacht fand sie nicht, und als dezidierte Feindin von Psychologie und Psychoanalyse zog sie dumpfes Brüten allen Deutungsmodellen vor. Undenkbar, daß Lenya sich einer Therapie unterzogen hätte, um mit ihren immer beträchtlicheren seelischen Belastungen fertigzuwerden.

Bestätigung im Beruf gab ihr den nötigen Auftrieb, um dennoch wieder Mut zu fassen. Im Herbst 1958 hatte George Balanchine sie engagiert, bei einer Neuproduktion der *Sieben Todsünden* in einer englischen Bearbeitung durch W. H. Auden die Rolle der Anna I zu übernehmen. An der Seite einer professionellen Tänzerin triumphierte Lotte mit dem Ensemble des New York City Ballettes, und trotz nur mäßiger Gagen war die künstlerische Befriedigung groß: Sie erhielt Traumrezensionen, wurde bei der Premiere mehr als zwanzigmal vor den Vorhang gerufen, und der Fachwelt war klar, daß nur Lenya und niemand sonst die Weill-Brecht-Songs so meisterhaft interpretieren konnte. »Eine neue Religion verbreitet sich hierzulande«, schrieb ihr Interviewpartner Rex Reed, »und Lenya ist deren Hohepriesterin.« Ihre Auftritte glichen religiösen Zeremonien, Lenya durfte nun die Privilegien eines Stars beanspruchen. Der Broadway, der sie so lange verschmäht hatte, öffnete ihr Tür und Tor. Sie steuerte dem Höhepunkt ihrer Karriere entgegen. Der Komponist Ned Rorem stellte sie auf eine Stufe mit Edith Piaf und Billie Holiday. Mit ihren Kolleginnen ging sie hart ins Gericht, nur wenige Diven fanden Gnade vor ihrem gestrengen Urteil. »Barbra Streisand finde ich aufregend, Judy Garland rührt mich zu Tränen. Sonst niemand.«[14] Über fünfzig Jahre hatte sie alt werden müssen, bevor der erste schüchterne Strahl von Ruhm ihren Namen erreichte. Jetzt funkelte er, und sie durfte damit glänzen.

Ebenfalls 1958 brachte sie eine Schallplatte heraus, auf der sie Kafkas Erzählungen vortrug, dann spezialisierte sie sich auf Rezitationen deutscher Lyrik und nahm, im November 1959, an einem Schiller-Festabend in der New Yorker Town Hall teil. Vor europäischen Gerichten und in deutschen Verlagshäusern tobte während dessen der »Witwenkrieg« zwischen Lotte und Helene Weigel weiter. Sie feilschten erbarmungslos um Tantiemen, Prozente, Aufführungsrechte, letzte Fassungen und die vermeintlich »richtige« Werkgestalt. Dabei tat Lenya in den USA viel für den Bekanntheitsgrad und das Ansehen Brechts. Als Spezialistin tourte sie mit *Brecht on Brecht* durch Provinz und Großstädte und war der unumstrittene Publikumsmagnet der Produktion. In Brook House hatte sie, mit Drews Hilfe, ihre einschlägigen Brechtunterlagen klassifiziert und säuberlich in Ordnern verstaut – es verstand sich fast von selbst, daß sie für alles, was mit »Bidi« zu tun hatte, die Farbe rot wählte – selbst für die Prozeßakten. Und auf einmal gingen attraktive Angebote von den Filmstudios bei ihr ein, eins nach dem anderen. Die Pabst-Legende Lenya ließ sich nicht lange bitten.

Für ihre Rolle als Contessa Magda Terribili-Gonzales in José Quinteros Tennessee-Williams-Streifen *The Roman Spring of Mrs. Stone* verdiente sie sich, an der Seite von Vivien Leigh und Warren Beatty, 1962 eine Oscar-Nominierung als beste Nebendarstellerin und außerdem einen »Golden Globe Award«. In einem emotional aufgeheizten Rom durfte Lenya darin über eine Handvoll erlesener Callboys herrschen und ihre Jünglinge ins Rennen schicken, um sexuell frustrierten, aber um so spendableren Amerikanerinnen maskulinen Trost zu spenden. Einige Monate später gab Lenya die lesbische Sadistin Rosa Klebb, groteske Assistentin von Sean Connery als Titelheld 007, in der aufwendigen James-Bond-Produktion *From Russia with Love (Liebesgrüße aus Moskau)*. Noch weitere zehn Jahre sollten ins Land gehen, bevor Lotte als sadistische Masseuse Clara Pelf in *Semi-Tough* (1976) ihre Knetkünste an den haarigen Schenkeln von Burt Reynolds erproben durfte. Zwar beschwerte sich Lenya, wenn auch mit wenig Überzeugungskraft, daß sie in allen ihren Kinorollen immer nur auf einen Typ festgelegt wäre: den der Kupplerin. Aber gleichzeitig schmeichelte es ihr, als Lebenskluge eingesetzt zu werden mit Talent fürs Frivole. Und ganz unschuldig war sie auch nicht daran, daß sie in der Schublade der Halbweltdamen gelandet war: Als Vincente Minnelli ihr die Mitwirkung in seiner Verfilmung des Broadway-Hits *The Sound of Music* anbot, erhielt er prompt einen Korb: Auf gar keinen Fall wollte Lotte eine Nonne spielen!

Ihr später Ruhm rief sie so manchem alten Bekannten wieder in Erinnerung. Max Ernst, der sich das weite Arizona mit seinen kargen Landschaften und südlicher Sonne zeitweise zur Wahlheimat erkoren hatte, schrieb ihr im April 1962 von dort eine Postkarte und schickte ihr eine Nachricht hinterher, als er wieder einmal in Manhattan weilte. Ganz plötzlich überkam ihn Lust aufs Wiedersehen mit seiner Gespielin aus dem Vorkriegs-Paris. Er, ihr selbsternannter alter und stets neuer Freund, bat sie inständig, etwas Zeit für ihn zu erübrigen. Um sein Begehren eindeutig zu untermauern, zeichnete Max gleich ein nacktes männliches Wesen auf das Blatt; ein paar Tage danach – am Gründonnerstag – sandte er Lotte eine verschlüsselte Botschaft, die nur aus unverständlichen Wiederholungen von Buchstaben bestand und kommentierte sein kryptisches Epigramm mit geheimnisvollen Ausrufezeichen.

Doch was Lenya auch immer von solchen Offerten gehalten haben mochte, sie war längst wieder unsterblich in einen anderen Mann verliebt. Ernsts Hartnäckigkeit schmeichelte ihr, aber an einer Neuauflage ihres Verhältnisses hatte sie jegliches Interesse verloren. Ein Kunstwerk in Form eines »Insektes«, das Max ihr einst verehrt hatte, veräußerte sie. Sie befand sich bereits mitten in den Vorbereitungen ihrer nächsten Hochzeit. Russell Detwiler hieß ihr dritter Mann, mit dem sie zum viertenmal vor einen Standesbeamten trat.

Davis' Nachfolger war 1925 in Pennsylvania geboren und damit siebenundzwanzig Jahre jünger als Lotte. Er hatte in Philadelphia Malerei studiert und besaß einiges Talent, nach den zahlreichen Porträts und Ölgemälden zu urteilen, die er von ihr anfertigte und die bald ihre gemeinsame Wohnung zierten. Vera Strawinsky mochte seine Bilder und half, einige bescheidene Ausstellungen zu organisieren. Doch seine Karriere als Künstler verlief in eher mittelmäßigen Bahnen. Lenya und er begegneten sich erstmals anläßlich einer Party bei Auden, und kurz darauf eignete Russi ihr einige Skizzen zu, die er im Zuschauerraum bei ihren Auftritten in *Brecht on Brecht* von der charismatischen Diseuse angefertigt hatte. Sein erster Heiratsantrag war zwar nicht von Erfolg gekrönt, aber dann gab Lotte schnell nach. Ihr Wunsch nach Begleitung war stärker als die Skrupel, sich wieder mit einem Homosexuellen als Lebenspartner einzulassen. Hinzu kam, daß Detwiler, dessen Namen Lenya zeitweilig annahm, sich als starker Trinker entpuppte. Freunde und Kollegen verzweifelten, als sie dabei zusehen mußten, wie Lotte ein weiteres Mal in eine scheinbar absurde Beziehung hineinschlitterte – mit einem Mann im Sohnesalter, der so gut wie nichts in ihre Ehe einzubringen schien. Als Russi und Lenya im November 1962 als »husband and wife« aus London zurückkehrten, wo Lotte als Hauptattraktion der Brecht-Tournee triumphiert hatte, waren beide jedoch im siebten Himmel und wirkten auf Außenstehende wie ein frisch verliebtes, turtelndes Paar.

Russi besaß freilich nicht Georges Format und verstand sich auch nicht als künstlerischer Ratgeber in Weill-Belangen. Zudem stellte sich sehr schnell heraus, daß Detwiler in Wahrheit dem Alkohol bereits völlig verfallen war, und Lenya verfügte über den abhängigen, mittellosen Kind-Mann, den sie mit Autorität und Zuwendung an sich binden konnte. Weitaus labiler als Davis und immer erfolgloser als Maler, klammerte sich Russi an sie. Die Situation aus den Vierzigern hatte sich umgekehrt: Kehrte damals ein vielbeschäftigter, erfolgreicher Kurt vom Broadway nach New City zurück, um eine tatenlose, frustrierte Lotte aufzumuntern, so war Lenya jetzt so aktiv wie nie zuvor, während Russi sich in ihrer Wohnung an der East Side einsamen Trinkexzessen hingab. Auf die großen Filme, mit denen sich ihr Gesicht einem Millionenpublikum einprägte, folgte die Erfolgsserie mit *Cabaret,* die im Begriff schien, selbst das Ausnahmeereignis der Greenwicher *Threepenny Opera* in den Schatten zu stellen.

Jetzt stand sie als Fräulein Schneider auf dem Broadway. Auf der Musicalbühne trug sie eine rote Perücke, unter der sie ihren echten Rotschopf versteckte. John Kander und Fred Ebb ließen in mehreren ihrer Songs das Berlin ihrer Jugendjahre wiederauferstehen, so wie es Christopher Isherwood an der Zeitenwende von den Goldenen Zwanzigern zur Naziära erlebt hatte. Mehr als drei Jahrzehnte lagen zurück, seit Lotte in Pabst Verfilmung der *Dreigroschenoper* am Hafen von London die Köpfe der »Herren« rollen ließ, um mit einem gehässigen »Hoppla!« Rache zu nehmen und alsbald auf einem Schiff mit acht Segeln und fünfzig Kanonen an Bord auf Nimmerwiedersehen in der Filmgeschichte zu entschwinden. Nunmehr fanden die morbiden Moritaten Weills durch die pure Anwesenheit Lenyas und ihr unversöhnliches vokales Timbre ihr authentisches Echo in den neuen, eine versunkene Epoche evozierenden Liedern der jungen amerikanischen Theaterkomponisten.

Energiegeladen eilte Lotte von Ovation zu Ovation. Das Gerede über ihr Verhältnis zu Russi kümmerte sie kaum. »Wenn man verliebt ist, wird das eigene Alter bedeutungslos, eine Angabe im Personalausweis, weiter nichts.« Mochte ihr in den eigenen vier Wänden auch zum Heulen zumute sein, auf der Bühne, bei Interviews und Einladungen verströmte sie Optimismus und Großzügigkeit, fühlte sich wohl in ihrer Haut.

Seit langem schon besaß sie Geld genug und war durchaus nicht mehr gezwungen, zu arbeiten. Jedes ihrer Projekte verwandelte sich in einen Erfolg und eine Goldgrube. Ihr Hausfrauendasein hatte sie wie eine lästige Fliege abgeschüttelt. Sie rühmte sich, nie zu kochen und nicht das geringste Talent dafür zu besitzen; sie erzählte lachend davon, wie wenig sie zur Gartenarbeit taugte: »Mein schwarzer Daumen ist berüchtigt. Alles verwelkt unter meinen Fingern. Treffen mit anderen Schauspielerinnen kommen erst gar nicht in Frage. Alles – bloß das nicht!«

Zuhause erwartete sie die Hölle. Detwiler fühlte sich nichtsnutzig und gedemütigt. Wenn er das Bemuttertwerden nicht mehr ertrug und über die Stränge schlug, kam es zu Gewaltszenen. Er litt an Halluzinationen, beleidigte sie. Kaum ein Abend verging ohne Streitereien und handgreifliche Auseinandersetzungen. Blind für die Realität, hatte sie sich die Wiedergeburt ihres eigenen Vaters in ihr Dasein als Star geholt. Für Lenyas Freunde war Russi ein »Zombie«, und sie erlebten alptraumhafte, zutiefst peinliche Szenen zwischen den Eheleuten. Als die 1000. Aufführung von *Cabaret* über die Bühne ging und das Publikum nach Lenyas brillanter »performance« nur so tobte, wußte niemand unter den Zuschauern, daß das rothaarige »Fräulein Schneider« daheim in Manhattan Todesängste ausstand. Als ihr rasender Gatte sie umzubringen drohte, ließ sie ihn in eine psychiatrische Klinik einweisen.

Die Kluft zwischen Bühnenleben und Besuchen in der Anstalt in Connecticut hätte nicht größer sein können. Vor ein paar Monaten noch hatte sie Russi mit nach Berlin genommen, um eine Inszenierung der *Dreigroschenoper* im Berliner Ensemble zu begutachten und im Witwenkrieg ein neues Kapitel aufzuschlagen. Jetzt, im Juni 1965, spielte sie die Titelrolle in Brechts *Mutter Courage* bei den Ruhrfestspielen in Recklinghausen. Für die Gestaltung des großen, schwierigen Parts brachte sie die nötige Lebenserfahrung und eine gehörige Portion aktuelles Leid mit; Presse und Zuschauer zeigten sich beeindruckt. Ihre Leistung forderte Respekt ab, doch der überwältigende Beifallssturm, mit dem man sie am Broadway verwöhnt hatte, blieb aus. Der Funken wollte nicht überspringen. Ehrfurcht vor ihrer Vita und Legende stellten sich ein; kritische Vergleiche mit der Weigel in derselben Rolle fielen nicht immer zu ihren Gunsten aus. Wie so oft, stimmte auch hier wieder, daß der Prophet im eigenen Lande nicht mehr viel galt. Wie Marlene Dietrich vor ihr, wie Romy Schneider, Hanna Schygulla und Ute Lemper nach ihr, verübelte man der großen alten Dame des Chansons, die ihresgleichen suchte, daß sie ins Ausland gegangen und vor allem: daß sie dort geblieben war und gefeiert wurde. Auswärts erworbene Berühmtheit schätzte das deutsche Publikum nicht, und das Hadern mit dem eigenen Kulturraum blieb auch Lotte nicht erspart. Immerhin verlieh man ihr im Juni 1969 das Große Verdienstkreuz der Bundesrepublik.

Von Brecht hatte sie einstweilen genug, auch die US-Tournee in seinen Diensten steckte ihr noch in den Knochen. Oscarnominierung, *Cabaret* und die vielen Filmangebote hatten ihr gezeigt, daß es ihr gelingen konnte, mit amerikanischen Songs und amerikanischen Filmrollen aus Kurts übermächtigem Schatten herauszutreten. Sie hatte ihre Vielseitigkeit unter Beweis gestellt und wußte, wie gut sie die verschiedensten Register ziehen konnte. Mit einer Geste, mit einem Blick, mit einem energischen Schritt herrschte sie über die Emotionen ihrer Fans, kontrollierte deren Wünsche und weckte Sehnsüchte, und sie genoß es, Macht über eine Zuhörerschaft von hundert, fünfhundert, tausend Menschen zu haben. Nach eigenem Bekunden liebte sie es, im Rampenlicht zu stehen, verglich einen Liedvortrag mit den natürlichen Bewegungen eines leidenschaftlichen Schwimmers, beschrieb das so unausweichliche wie prickelnde Lampenfieber, das sich auch nach Dutzenden von Routinevorstellungen immer wieder bei ihr einstellte, Zittern, Nervosität – und die vollkommene Beherrschung im entscheidenden Moment. »Charisma gibt es heute kaum noch. Auf die Bühne zu treten und das Publikum sofort in der Hand zu haben, das kann man nicht lernen. All das Gequatsche von Motivation – auf der Bühne ist's wie auf der Straße. Man muß aufpassen, daß man nicht dauernd in was reinrennt – das ist alles.«[15]

Im Januar 1965 hatte sie eine größere Bewährungsprobe zu bestehen gehabt – ein als außergewöhnliches Musikereignis angekündigter »Kurt Weill Evening« in der New Yorker Carnegie Hall. Die Aussicht, im Mekka des amerikanischen Showgeschäftes mit fast siebzig Jahren allein die Verantwortung für gleich zwei Dutzend von Kurts Songs zu tragen, lähmte sie zunächst, aber ihr war bewußt, welches Prestige mit diesem Konzert verbunden war. Viel lieber hätte sie sich wieder vor Kameras geflüchtet, denn Dreharbeiten waren ein Kinderspiel für sie. Dort, im Studio oder bei Außenaufnahmen, wurde ihr nahezu alles von den Technikern abgenommen, und es machte ihr nichts aus, fortgesetzt »häßliche Weibsbilder« zu spielen.

»Wenn ich bei einem Film mitwirke, der nichts mit Kurt Weill zu tun hat, bin ich rundum glücklich. Aber in einem seiner Werke bin ich so nervös wie eine Katze. Eine ungeheure Last drückt meine Schultern nieder. Ich empfinde eine Verantwortung, die so groß ist, daß sie mich förmlich niederschmettert. Für die jungen Leute hingegen bin ich so etwas wie eine Legende geworden. Warum, das weiß ich nicht. Ich habe keine Ahnung, worin mein Geheimnis besteht. Warum sie mich lieben? Ich kann's mir nicht erklären.«[16]

Sie entledigte sich der heiklen Aufgabe, Kurts Botschaft einem Massenpublikum nahezubringen, mit Bravour. Ihre Professionalität zerstreute alle Selbstzweifel. Als Zugabe sang sie den *September Song,* und bei der umjubelten Schlußzeile »These precious days I'll spend with you [diese kostbaren Tage werde ich mit Dir verbringen]« spürten Hunderte von Zuschauern, wie sie in Weills Musik aufging, waren Zeugen einer imaginären Wiederbegegnung in nicht allzu ferner Zukunft. Auch Lotte fühlte sich in diesem Moment Kurt ganz nahe, näher als in den zurückliegenden anderthalb Jahrzehnten. Und für die Dauer von anderthalb Stunden gelang es ihr, nicht an Russi und seine erschreckend ehrlichen Briefe zu denken, die er ihr aus der Klinik schrieb. Die letzten Jahre waren für beide ein Horrorszenario. Hellsichtig sollte er feststellen: »Als Du mich geheiratet hast, war der Grund dafür nicht so sehr Liebe zu mir, sondern der Wunsch, jemanden bei Dir zu haben in schweren Zeiten wie diesen, wenn Du krank und allein bist. So ist es doch, nicht wahr? Und das weißt Du auch ganz genau.«[17]

Detwiler fing sich noch einmal, eine Gnadenfrist für das ungleiche Paar. Er stattete den »Anonymen Alkoholikern« Besuche ab und war vorübergehend sogar trocken. Während einer *Cabaret*-Pause nahm sich seine Frau mehr Zeit für den Genesenden, den die Reue plagte. Für die Dreharbeiten zum *Appointment,* in dem Lotte wiederum die Rolle einer alternden Kupplerin übernahm, durfte er Lenya nach Rom begleiten, und sie verbrachten dort einige unbeschwerte Wochen.[18] Ein Angebot vom Broadway, in einem Musical von Alan Jay Lerner die legendäre Modeschöpferin Coco Chanel zu verkörpern, schlug Lotte aus. Auf einmal fühlte sie sich alt und kraftlos, die in den für sie so intensiven Sechzigern verbrauchten Kraftreserven ließen sich nicht einfach aufs neue mobilisieren. Die europäischen Kritiken für Lumets Film waren vernichtend, in den USA fand der Streifen nicht einmal einen Verleih. Doch auf anderen Märkten verkaufte sich das Melodram glänzend, Lenya profitierte vom Tantiemensegen, und schon das Honorar für die Drehzeit in Italien war fürstlich gewesen. Das Intermezzo mit einem nüchternen Russi neigte sich freilich schnell seinem Ende zu. Er, der in Rom kaum einen Cappuccino angerührt hatte, trank daheim tagtäglich bis zum Umfallen. Lottes siebzigster Geburtstag kam und ging, die Welt war in Aufruhr mit Mairevolten in Paris und Anti-Vietnamkrieg-Demonstrationen vor dem Capitol. Die Amerikaner flogen zum Mond, und Russi verließ zur gleichen Zeit gänzlich der Lebensmut. Er fand keine Perspektive mehr, diese Ehe hatte ihn nicht retten können.

Lenya merkte, daß sie viel zu schwach war, um ihn noch dauerhaft aufzuheitern. Zu oft war sie dem Trugschluß erlegen, er werde sich schon noch »bessern« und ein »neuer Mensch« werden. Gedanken an eine Scheidung verscheuchte sie, erwog aber, ihn auszuquartieren und ihm ein inspirierendes Atelier zu finanzieren. Ihr kranker Mann hatte inzwischen jeden Gedanken an eine Fortsetzung seiner Karriere aufgegeben. Nur noch sein großes Idol Judy Garland beherrschte seine Monologe. Wie sie werde er sich mit Drogen und Alkohol zugrunderichten, prophezeite Detwiler allen, die es hören wollten oder auch nicht. Deren Platten spielte er von morgens bis abends, als ertrüge er Lenyas Stimme nicht mehr. Am 30. Oktober 1969 fand ihn Lys Symonette leblos in der Garageneinfahrt von Brook House liegen. Er hatte seine Drohungen wahr gemacht. Sein Körper kapitulierte vor einer Überdosis von Beruhigungstabletten und mehreren Drinks. Im Delirium war Russi auf die Straße getorkelt und hatte sich bei einem unglücklichen Sturz den Schädel gespalten. Als Lotte ihn am

2. November bestatten ließ, nur wenige Meter von Kurts Grab entfernt, beklagte sie den Verlust ihres dritten Ehemannes in wenigen Jahren. Russi war erst vierundvierzig gewesen, und das Datum der Beerdigung fiel auf ihren siebten Hochzeitstag. Doch das Schicksal befreite sie auch von einer erdrückenden, kaum noch zu verkraftenden Last – selbst wenn es den Anschein hatte, als müßte sie ihre letzten, »kostbaren Tage« nicht zu zweit, sondern allein verbringen.

Lieben, verlieren, lieben – Lotte reiht Ehe an Ehe. Sie kann nicht ohne Mann sein. Einmal noch! Homosexuelle, Alkoholiker, unstete Charaktere sind seit geraumer Zeit ihre Lebensgefährten[19]; Richard Siemanowski vereint alle diese Eigenschaften und ist zugleich ein erfolgreicher Filmemacher, der Kulturdokumentationen und Features für das Fernsehen verfaßt. Lenya heiratet auch ihn, den Neffen des polnischen Komponisten Karol Szymanowski, aus einer Laune heraus, im Juni 1971. Daß er mit vierundvierzig Jahren so alt ist wie Russi bei seinem Tod, macht Eindruck auf die fünffache Braut. Sie interpretiert den Zufall als Zeichen. Auf der Bühne und im Film ist sie jetzt viel seltener zu sehen. Dominierende Frauen haben Einzug in ihr Leben gehalten, und von Zeit zu Zeit entsteht ein heftiges Gerangel, welcher von ihnen die Gunst zufällt, Lotte in den nächsten Wochen bei sich beherbergen und verwöhnen zu dürfen. Meistens trägt Margo Harris den Sieg davon, eine Bildhauerin, mit der Lenya eine an Emotionen reiche Haßliebe verbindet. Regelmäßige Reisen nach Europa läßt sie sich weiterhin nicht nehmen, und ein Abstecher nach Wien sowie Besuche bei Anna Krebs in Hamburg sind feste Bestandteile dieser Ausflüge.

Richard, ihren Ehemann, bekommt sie nur sehr selten zu Gesicht. Er ist ehrgeizig und hat schon einen Emmy für seine Filmarbeiten zugesprochen bekommen. Über Lotte möchte er ein Feature drehen, *Lenya ... and a Girl Named Jenny* soll es heißen, und er bombardiert sie mit Plänen für dessen Gestaltung. Mit ihrer Wiener Kindheit sollen Skript wie Film beginnen.

Siemanowski ermuntert Lotte zur aktiven Mitarbeit. Aber die Porträtierte erfindet Vorwände, spricht von Zeitmangel. Daß Richard ein eloquenter Gesprächspartner ist, so geistreich wie unterhaltsam, und daß er seine eigene Karriere verfolgt, gefällt ihr ungemein, doch sie erträgt schlecht, daß er trotz Heirat weiterhin sein eigenes Leben führen will. Briefe und Postkarten mit zärtlichen Worten erreichen sie aus Ägypten, Beirut, Italien, Frankreich – den Drehorten für seine Beiträge. Es stört sie, daß sie beide nie wirklich zusammen wohnen. Denn Siemanowski behält seinen eigenen Wohnsitz bei, drüben auf der anderen Seite des Hudson setzt er die Beziehung zu seinem Liebhaber fort.

Mit einem abtrünnigen Ehemann, der Liebesnächte in New Jersey und monatelange Aufenthalte im Nahen Osten ihrer Begleitung vorzieht, kann Lenya nichts anfangen. Ihren Lebensentwurf, der bislang unwidersprochen blieb – Kurt, George und Russi erhoben letztlich keine grundlegenden Einwände und fügten sich willfährig ihren Launen –, will sie mit Mitte siebzig nicht mehr revidieren. Ohne Richard davon zu unterrichten, reicht sie die Scheidung ein. In seiner Abwesenheit wird ihrem Wunsch entsprochen, und das Urteil ergeht. Den vielbeschäftigten Gatten erreicht die schlechte Nachricht in der Fremde, per Post. Seine vorübergehenden Ausnüchterungskuren haben Lotte in Angst und Schrecken versetzt, sie möchte ihr Vermögen und die erst kürzlich ins Leben gerufene Weill-Lenya-Stiftung nicht gefährden. Siemanowski ist über ihren Alleingang empört und traurig zugleich. Er hat ihr eben nie den Gefallen getan, für alle Welt »Mister Lenya« zu sein. Lotte erträgt keine Identität, die sich unabhängig von ihrer Person etablieren will.

Zuletzt verkehrte man nur noch brieflich miteinander. Er beschimpft sie als »österreichische Deppin«, sie verunglimpft ihn als »Polacken«. Im Juni 1973, nach nur zwei Jahren, von denen sie sich während mehr als zwölf Monaten nicht einmal begegnet sind, ist der Spuk vorüber. »Dear Richard«, lautet ihr letzter, getippter Brief, den sie nicht einmal persönlich unterschreibt, »ich wünschte, sagen zu können, daß ich wütend bin. Das würde bedeuten, daß ich wenigstens irgendetwas empfinde, aber ich fühle absolut nichts – keinen Zorn, keine Liebe, keine Abneigung. Einfach überhaupt kein Gefühl. Versuche, es nicht allzu schwer zu nehmen. Lenya.«[20] Ihre Trennung vollzieht sich ebenso unbemerkt wie die Eheschließung. Kaum jemand hat von dieser Heirat gewußt.

Wie Wedekinds Lulu ist Lotte von einem zum anderen getaumelt, hat zeitgleich an ihrer Legende gefeilt, an den Geheimnissen und Gerüchten, die sie umgeben. Sie hat ein Dreivierteljahrhundert hinter sich gebracht und zeigt sich nun kaum noch in der Öffentlichkeit. Ihre Teilnahme an einem Weill-Festival, 1975 in Berlin, sagt sie in letzter Minute ab. 1978 entschließt sie sich, ihrer Stiftung frischen Atem einzuhauchen, und wendet sich an einen Anwalt, der schon Hemingways Witwe betreut hat. Sie will im Bewußtsein von dieser Welt scheiden, alles in ihrer Macht Stehende für Kurts Vermächtnis geleistet zu haben. An ihrem achtzigsten Geburtstag läßt sie sich feiern – mit einem Konzert in der Avery Fisher Hall im New Yorker Lincoln Center. Weills symphonische Musik steht auf dem Programm, und Lotte nimmt ihre Ehrung huldvoll entgegen. Sie ist nicht in der Vergangenheit stehengeblieben – sie blickt nach vorn. Auf ihrem Nachttisch liegt Klaus Manns *Mephisto,* ein Buch, das in Deutschland jahrzehntelang verboten war. Die Darstellung des Berlins der zwanziger Jahre, ob in Romanen oder im Dauerbrenner *Cabaret,* treibt sie um – jede Retrospektive soll unsentimental und realistisch sein, wenn es nach ihr geht. Von Nostalgie hält sie nichts. Im November 1979 wird sie in die »Theatre Hall of Fame« aufgenommen, und im gleichen Monat erlebt sie, daß Kurts Musik allmählich zum Klassiker wird. Selbst die Metropolitan Opera, die Weills Bühnenwerken solange die kalte Schulter zeigte, bringt *Aufstieg und Fall* heraus. Lotte ist hochzufrieden – sie hat ihr Soll erfüllt, übererfüllt sogar, denn die Brecht-Opern sind unangefochtene Stücke fürs Repertoire geworden.

Mit ihrer Gesundheit steht es nicht zum besten. Auf einen Schulterbruch folgt ein Autounfall, der zwar glimpflich ausgeht. Fortan fühlt sie sich jedoch angeschlagen, Operationen haben sie geschwächt, ein Unterleibskrebs wuchert. Klaglos nimmt sie ihr Leiden an, nie beschwert sie sich über Schmerzen. Sie läßt nicht zu, daß ihre Medikamente und Metastasen zum beherrschenden Gesprächsthema werden. »Leute, die gerne über Operationen, Doktoren, Pillen und sonstige Heilmittel tratschten, konnte sie nicht ausstehen«, erinnert sich ihre Bekannte Lys Symonette. Völlig unnötig und unverständlich erscheint ihren schockierten Freunden allerdings, daß sie ausgerechnet jetzt eine Schönheitsoperation vornehmen läßt – sie vertraut ihren Busen der kosmetischen Chirurgie an. Das ist der letzte Luxus, den sich Lenya leistet. Auf neue Kleidung legt sie keinen Wert mehr, hält ihr Geld zusammen. Macht man ihr ein Kompliment über ihre Garderobe, teilt sie schmunzelnd mit, dies vermeintlich neue Abendkleid habe nur zwölf Dollar gekostet, »aber bitte, Darling, erzählen Sie's keinem«. Knauserig ist sie seit frühester Kindheit gewesen, aber jetzt wächst sich eine Gewohnheit zur Manie aus. Besuchern wird aufgetragen, Großeinkäufe für sie zu erledigen, bevor sie ins Brook House oder in die Stadtwohnung kommen dürfen, von einer Erstattung der Beträge ist nicht die Rede. Kaum einer wagt, die Begleichung seiner Auslagen anzumahnen, aus Furcht, es sich mit Lotte zu verscherzen. Als Diva geht sie davon aus, daß ein paar Stunden in ihrer Gesellschaft Lohn genug für eine kleine Gefälligkeit sein müßten.

Margarethe Kaiser wagt es, einige von Lenyas abgetragenen Sachen in die Altkleidersammlung zu geben, ohne die Besitzerin zuvor zu konsultieren. Dieser banale Vorfall führt zu einem Wutausbruch mit anschließendem Abbruch der Beziehungen. Ohne zu zögern, kündigt Lotte eine in Jahrzehnten gewachsene Freundschaft auf. Daß die greise Kaiser-Witwe, ihre einstige Gastgeberin, schon etwas wunderlich im Kopf sein und, geprägt von europäischer Nachkriegsarmut, es einfach nur gut gemeint haben könnte, davon will sie nichts hören. Als Kurts

Neffe Vlasek Holesovsky, Schwiegersohn von Hans und Rita Weill, in jungen Jahren an Krebs erkrankt und Lenya aufgrund der Kosten für seine Chemotherapie um ein wenig finanzielle Unterstützung bittet, bekommt er einen häßlichen Brief zur Antwort: Lotte schildert ihm ihre eigene Krankheitsgeschichte, appelliert an seine Standhaftigkeit und sein Durchhaltevermögen und schließt mit der grausamen Feststellung, ihr sei im Leben auch nichts geschenkt worden. Auf Vorhaltungen entgegnet sie mit entwaffnender Logik. »Ich bin überhaupt nicht geizig, ich mag nur einfach kein Geld ausgeben.«

Dann liest sie in der Zeitung, daß Richard Siemanowski mit fünfundfünfzig Jahren an Herzversagen, verursacht durch übermäßigen Alkoholgenuß, gestorben ist. Auch ihren letzten Mann hat sie also überlebt. Ihr bleiben nur noch wenige Wochen. Sie verbringt sie in Margo Harris' Wohnung in der 74th Street. Dorthin hat sie sich zum Sterben zurückgezogen, denn sie möchte ihr Ende auf keinen Fall im Krankenhaus erdulden müssen. Zwischen Harris und ihr hat stets eine schwierige, stürmische Beziehung bestanden, in der es zu Kämpfen und hysterischen Szenen gekommen ist. Lenya hat Margo zuweilen nur noch »die Pest« genannt, doch sie kann letztlich nicht ohne die Gegenwart der Freundin auskommen. Sie zieht aus und wieder ein und ist am Schluß froh, daß sich Margo aufopfernd um sie kümmert, ihr ein würdiges Sterben ermöglicht. Margo schirmt die Todkranke gegen die Außenwelt ab. Selbst gute alte Freunde dringen nicht mehr bis ins Krankenzimmer vor. Es bleibt nur wenigen Auserwählten vorbehalten, Abschied zu nehmen. David Drew und Ted Mitchell, ein Student aus Detroit und einer ihrer engsten Vertrauten, gehören zu denen, die noch einmal an ihr Bett treten. Luzide Momente wechseln mit Phasen, in denen die Medikamente jegliche Geistesgegenwart verhindern. Doch einen Satz spricht sie immer wieder aus: Von ihren vier Ehemännern, so behauptet sie, habe sie »Russi« Detwiler am meisten geliebt, weil er sie am meisten brauchte.

Am Ende ihrer Tage tritt überraschend eine Lichtgestalt in ihr Leben, ein musikalischer Hoffnungsschimmer. Es ist Teresa Stratas, die weltberühmte Sopranistin griechischer Herkunft, eine zarte, feingliedrige und empfindsame Person. An sie übergibt Lotte das Zepter der Weill-Interpretation. Sie allein, die sich gar nicht erst bemüht, Lenya nachzuahmen, ist würdig, ihre Nachfolge anzutreten. Denn Teresa ist kein Opernstar wie die anderen. Ihre Interpretationen großer Rollen sind von Leidenschaft und Einfühlsamkeit beseelt, doch sie beschränkt sich nicht aufs Schönsingen: Brutalität, Gewalt und Bitterkeit sind ebenfalls auf ihrer Ausdrucksskala vorhanden. Ein größerer Gegensatz läßt sich kaum vorstellen: hier die Chansonette mit der rauchigen, ungeschulten Stimme, weltweit anerkannte Verkörperung des Brecht-Weill-Ideals; dort der hochdramatische, ausdifferenzierte Opernsopran, einem zierlichen, verwundbaren Körper entrungen. Stratas ist soeben für ein paar Jahre aus dem Karussell von Engagements und Plattenaufnahmen ausgestiegen und hat Einblick gewonnen in das »richtige« Leben, an der Seite ihrer Namensvetterin Mutter Teresa in Indien. Dort, in den Sterbehäusern, erwirbt sie das menschliche Format für eine ganz neue, klassisch geartete Interpretation der unbekannteren unter Weills Liedern. Nach ihrer Rückkehr erhält sie von Lotte die ausdrückliche Vollmacht, zwei Alben mit vergessenen Songs von Kurt zu gestalten. »Niemand kann Weill so singen wie Du.« Im Angesicht des Todes erkennt Lenya die Wichtigkeit, keinesfalls eine Doppelgängerin heranzuzüchten, die ohnehin nie an ihre Originalität heranreichen würde. Vielmehr begreift sie, wie notwendig es ist, eine opern- und liedgerechte Autorität in Sachen Weill ausbilden zu lassen und zur Selbständigkeit zu erziehen. Es beglückt sie, diesen Paradigmenwechsel noch selbst mit herbeigeführt haben zu dürfen. Stratas rettet sie damit zugleich vor dem fatalen Abbruch ihrer Opernlaufbahn.

Kennengelernt haben sich Lotte und Teresa bei den Vorbereitungen zu *Mahagonny* an der Met. Lenya überwachte die Proben und sah auf der Bühne eine neue Jenny aufblühen.

Noch nie hat Lotte die Auffassung ihrer Paraderolle durch eine Kollegin so zufriedengestellt. Doch die Parallelen gehen noch weiter: 1979 hat Stratas in Paris die Titelrolle in der umstrittenen Uraufführung von Alban Bergs *Lulu* gesungen; erstmals wurde dort der Fragment gebliebene, nun vervollständigte dritte Akt gezeigt. Die Jahrhundertinszenierung, verantwortet von Friedrich Cerha, Patrice Chéreau und Pierre Boulez, schenkte der Opernwelt eine kongeniale, über menschliche Grenzen gleichsam hinauswachsende Lulu. Als Teresa und Lotte in Manhattan miteinander ins Gespräch kommen und dabei die Rede auf Wedekinds *Erdgeist* kommt, erkennt Stratas, daß es eigentlich Lenya ist, die Lulus Züge trägt.

Wie das Geschöpf von Berg und Wedekind, dessen Herkunft ungeklärt bleibt, stilisiert sich Lotte zu einem Wesen zwischen Kindweib und erotischem Objekt, dem die Männer reihenweise verfallen. Lulu, das schöne Tier ohne Moral und Bildung, führt der Zirkusdirektor ein; Lotte hat als Zirkuskind in Wien ihre Berufung gespürt. Lulu wurde von ihrem Beschützer Dr. Schön gefördert, Lotte sucht sich väterliche, ältere Männer wie Révy. In Zürich hat sie sogar in einer *Lulu*-Inszenierung eine Rolle übernommen, die des androgynen Gymnasiasten Hugenberg. Wenn sie in Pabsts Verfilmung die Seeräuber-Jenny spielt, so arbeitet sie mit demselben Regisseur, der den Lulu-Mythos auf die Leinwand zauberte. Drei Männer, drei Tode gehen auf Lulus Konto, und alle sterben relativ jung. Wenn die Büchse der Pandora einmal geöffnet ist, entweichen alle Übel und bringen Unheil über die Welt. Auch Lotte fühlt sich oft fluchbeladen, wenn ihr vier Gatten hintereinander in jungen Jahren abhanden kommen. Wie die Bühnen-Lulu hat sie tanzen und singen gelernt. Auch ihr Geschenk an die Welt ist ihre grenzenlose Liebesfähigkeit. Prostitution als Minderjährige und lesbische Abenteuer in Paris – im Stück repräsentiert durch die Sehnsüchte der Gräfin Geschwitz – all dies läßt Lenya und die Kunstfigur zu Zwillingsschwestern werden, die sich zum Verwechseln ähneln. Für Lulus tödliche Schüsse auf Doktor Schön allerdings sowie

Jack the Rippers Bluttat, den Mord an der heruntergekommenen Witwe im Schlußakt, finden sich zum Glück in Lottes Vita keine Entsprechungen.

Teresa nimmt die Herausforderung an, Lenya zu folgen und, wie diese, gleichzeitig Lulu zu sein, »voller Widersprüche, verletzlich und stark zugleich, weich, doch mit Ecken und Kanten, kindlich und weltmüde«. Dieses Doppelwesen persönlich kennenlernen zu dürfen zählt zu den großen Bereicherungen von Stratas' Leben: »Keine war und ist wie sie. Sie war einzigartig. Kein Wunder, daß sie dauernd imitiert wird. Aber jede Kopie verstärkt nur den Wunsch, sie selbst zu hören, denn niemand kommt ihrem Wesen wirklich nahe. Dieses Wesen, dieses Timbre stehen nicht nur für die Musik von Weill, sondern für eine ganze historische Epoche.«

Lenyas Epoche geht am 27. November 1981 zu Ende, mitten in New York, in Margo Harris' Appartement. Teresa weilt am Sterbelager ihrer Lulu. Sie erinnert sich später, wie hilflos sie sich fühlte, unfähig, Lenya das Hinübergleiten in eine andere Welt zu erleichtern. Um ihre Trauer zu verbergen, starrt sie aus dem Fenster in ein herbstliches, regnerisches, abweisendes Grau: die Häuserfluchten von Manhattan. Da erhebt sich Lottes Stimme. Sie möchte wissen, woran Stratas gerade denkt. Und bekommt zur Antwort, daß ihrer Freundin der Herbst mißfällt, daß sie den Winter geradezu haßt. Lenya fragt weiter: »Welche Jahreszeiten gefallen dir?« Und bekommt zur Antwort, daß ihre Freundin den Sommer bevorzugt und den Frühling geradezu liebt. Dann ist es Teresa, die ihr eine Frage stellt. Sie wendet sich zum Bett und blickt der todgeweihten Lenya ins Auge. »Lotte, welche Jahreszeiten magst du am liebsten?«

Lenyas letzte Worte sind nicht mehr als ein Flüstern, aber sie klingen wie ein Versprechen, wie ein Trost: »Ich habe sie alle gleich lieb.«[21]

Epilog
We Will Never Die

> Es waren zwei Königskinder,
> die hatten einander so lieb.
> Sie konnten zusammen nicht kommen,
> das Wasser war viel zu tief.
>
> Es ist stinklangweilig ohne dich und ich glaube,
> ohne dich macht mir überhaupt nichts mehr Spaß –
> und das weißt du auch, du kleines Biest. [...]
> Du bist keine Xtippe,
> sondern ein wundervolles Träubchen-Pisönchen.
> WEILL

Man hat sie ein einmaliges Theaterphänomen genannt und, was Ausdrucksstärke, Bühnenpräsenz, Originalität und Bandbreite menschlicher Empfindungen betraf, die sie bei ihren gebannten Zuhören evozierte, mit der Piaf und der Callas verglichen. Die Kritiker sahen in ihr die Inkarnation der Rebellin einer Ära, in der der Zeitgeist noch unbezähmbar schien. Anderen präsentierte sie sich als das perfekte Showwunder, als sie als Mittfünfzigerin aufbrach, um ihrem Ruhm neue Lorbeeren hinzuzufügen.

Als Witwe Weill faßte sie wieder Fuß, als Lenya ging sie in die Annalen des Broadway ein. Sie deklamierte Kurts berühmte Lieder, die bereits Welterfolge waren oder durch sie Schlager für Amerika wurden. Von ihrer unverwechselbaren Stimme hieß es, sie schüfe Klänge, als würde Sandpapier gegen Sandpapier gerieben. Im Ohr des Philosophen Ernst Bloch erzeugte sie erstaunliche Resonanzen: »Süß, hoch, leicht, gefährlich, kühl, mit dem Licht der Mondsichel.«

Mit Sinatra, dessen Charisma Generationen von Zuschauern fesselte, hatte sie das Markenzeichen gemein: Sein Beiname, »the voice«, hätte gut auch auf sie gepaßt. Beide waren mehr als nur spektakuläre Vokalartisten: Sie wurden Symbolfiguren einer Epoche. Aus Lenyas Kehle stiegen unversöhnliche Rauheit, schneidende Kälte und laszive Sinnlichkeit auf und kündeten von den Ruhmestaten eines verklärten Vorkriegseuropas. Ihr blieb es vorbehalten, das unbekannte Berlin ihrer frühen Ehejahre ans Tageslicht zu befördern. Kaum jemandem fiel auf, daß jeder ihrer Auftritte unbarmherzig dokumentierte, wie wenig moderne Kunst und linkes Engagement letztlich gegen das Unheil gefruchtet hatten.

Über ihren exotischen Nachnamen schrieb man, daß er zur Vergegenwärtigung ihrer Ausstrahlungskraft völlig ausreiche. Lotte, das passe so gar nicht zu ihrem Gesicht. Was dessen Züge betraf, so wurde schnell das Bonmot geprägt, sie glichen einem Zifferblatt, in dem der kleine Zeiger fehlt. Wenn sie als Fräulein Schneider vor die Menge trat, so klang jeder Takt, als hätte Kurt ihn für sie geschrieben: authentisch, heiser, verführerisch, mit einem Hauch Zirkuscombo und einer Prise Ragtime. Was sie auch sang, sie verwandelte jeden Song der Atmosphäre der Roaring Twenties an.

Karottenrotes Haar, rote Gewänder, dunkelrote, lange Fingernägel, roter Lippenstift: So begrüßte Lenya jahrzehntelang ihr Publikum. Ihre Verehrer beobachteten, wie ihre Gestalt, einem Halloween-Kürbis nicht unähnlich, unter der Einwirkung von Scheinwerfern allmählich zu glühen begann. Sie liebten ihren verschmitzten Gesichtsausdruck, das breite, wissende Lächeln, das über ihre Züge kam, sobald die ersten Takte angestimmt wurden. Ihre Interviewpartner lechzten nach den kleinen und großen Indiskretionen versunkener Dekaden, mit denen sie zuhauf aufwarten konnte. Und nicht wenige priesen ihre Begabung, Berühmtheiten hervorragend imitieren und dabei ein bißchen der Lächerlichkeit preisgeben zu können. Sich selbst, und das sprach für ihren Humor, nahm Lenya dabei nicht aus. Sie benannte ihre Schwächen und bekannte sich zu ihnen.

Beliebtheit und Legendenbildung waren ihr nicht zu Kopf gestiegen. Auf die Vergänglichkeit von Beifallsstürmen und begeisterten Rezensionen machte sie viele ihrer Fans aufmerksam, wenn sie im vertraulichen Gespräch zwischen zwei Zoten unvermittelt einen besinnlichen, selbstkritischen Ton anschlug. Applaus, das wußte sie aus Erfahrung, hielt nie länger an als ein gelungen aufgetragenes Make-up: bestenfalls für die Dauer eines Abends, dann war der Spuk verschwunden. Als ihr Hesper Anderson, inzwischen als Journalistin tätig, im Jahre 1977 vorschlug, eine Fernsehdokumentation über sie zu drehen, erklärte Lenya hellsichtig: »Ich bin nicht berühmt genug, als daß sich Leute für mein Leben ohne Kurt interessieren würden. Ohne die vollständige ›Kurt story‹ gibt es auch keine ›Lenya story‹.« Dennoch wurde sie bei einem TV-Quiz als geheimnisvoller »unsichtbarer Gast« auf Anhieb erraten, empfing mehr und mehr Publizisten aus aller Welt, beantwortete Fanpost und ließ Brieffreundschaften mit jungen Leuten entstehen, die ihre Enkel und Urenkel verkörperten, von ihr Auskunft über eine untergegangene Epoche einforderten. Sie hielt sich nicht für eine Musikerin, und das war keine Koketterie. Nur »Walter Hustons Stimme ähnelt der meinen. Es gibt eigentlich überhaupt keine Stimme, kein Register, aber es ist etwas Besonderes an ihr.«[1]

Dieselbe Lotte, die ihrem »Kurtili« als Fata Morgana erschienen war, als er am Lido von Naharia dem Klang ihrer Stimme entgegenschwamm, hatte viele Gesichter. Für ihn wurde sie, auf der anderen Seite des Globus, zu einer akustischen Vision im Sonnenuntergang. Objektivere Betrachter erlebten sie als eine Frau der totalen Widersprüche, als eine gespaltene Persönlichkeit. Einige nannten sie kratzbürstig, schimpften sie eine Hexe, bezeichneten ihr Verhalten als irrational und wild, hielten sie für vollkommen unselbständig, außer wenn sie ihr schillerndes Sexualleben vorführte. Diejenigen, denen ihre unberechenbare Art Angst einflößte, mieden zuletzt ihre Gegenwart. Wohlmeinendere nahmen ihre sprunghaften Launen gelassener: Auf sie machte Lenya den Eindruck einer vollkommenen Unschuld; ihre Handlungsweise wurde als praktisch und wohlüberlegt eingeschätzt. Was schließlich alle bewunderten, war, wie sie sämtliche Barrieren der Geschlechtszugehörigkeit überwand: Denn ob sich ein

Mann oder eine Frau um sie kümmerte, spielte am Ende ihres Lebens für sie keine Rolle mehr.

Lenya, das Chamäleon: Beim Lebensmitteleinkauf knauserte sie, aber 1976 schenkte sie der Gemeinde von New City Teile ihres Landbesitzes. Ihrem krebskranken Neffen gab sie keinen Cent, doch ihrem jungen Freund Ted Mitchell spendete sie Trost und Geld, als sein Bruder David an Leukämie gestorben war. Ihre verschiedenen Testamentsentwürfe bewiesen, daß sie für viele Menschen, von denen ihr Gutes widerfahren war, etwas übrig hatte. Keiner wurde übergangen, und ihre Gedanken kreisten noch in den allerletzten Monaten darum, alles in ihrer Macht Stehende zu verfügen, um Kurts Musik der Unsterblichkeit zu überantworten. *We Will Never Die,* so hatte eines seiner »pageants« geheißen, und Lenya wußte, daß Wunder wie Nachruhm nicht vom Himmel fielen, sondern sich nur als Resultat unermüdlicher Anstrengungen einstellten – Jahrzehnte später, wenn überhaupt. »Ich habe immer daran geglaubt, daß Weill geliebt wird, solange es die Welt zuläßt, daß eine Jugend heranreifen und ihn kennenlernen kann.«[2]

Mit dem unerschütterlichen Glauben an Kurts Liebe mußte Karoline Blamauer auskommen, als sie an einem unfreundlichen Wintertag von Margo Harris bestattet wurde. Nur wenige Bekannte waren eingeladen, viele intime Freunde ausgeschlossen worden. Keiner fand sich, der ein liebes Wort über die Verstorbene sagen mochte, niemand sprach einen Nachruf. Verlegen murmelten einige der Umstehenden etwas vor sich hin, das für die übrigen Trauergäste unverständlich blieb. Nachbarn waren entsetzt über die Gefühlskälte, die sich an Lenyas Grabstätte breitmachte. Nicht eine einzige Note wurde gespielt, als Lotte neben Kurt zur letzten Ruhe gebettet wurde. Selbst die Inschrift auf ihrem Stein ließ Sorgfalt vermissen, denn in Russis Nachnamen hatte sich irrtümlich noch ein *e* eingeschlichen: Mit »Lotte Lenya Weill Det*we*iller« ergab sich unfreiwillig eine doppelte Hommage an Kurt, ihr »*betrübliches Pfläumchen*«. So hatte sie, sein »*unvigeßliches Blümchen*«, sein

»*Weib*«, ihn einst getauft, als sie ihn in Wichita, Kansas vermißte.[3] Doch orthographische Mißverständnisse und Mangel an Taktgefühl waren für Lotte jetzt nicht mehr von Belang. Ihr Leben lang war sie ohne rührselige Worte ausgekommen, hatte sich über die Unbill des Daseins mit einem rauhen, kräftigen Lachen hinweggesetzt. Ihr Epitaph hatte sie selbst formuliert, schon vor langer Zeit: »Es gibt doch nur Dich und mich.«[4] Sentimentalitäten ersparte sie sich und ihm.

Die beiden Königskinder, in Wahrheit Geschöpfe eines Kaisers, hatten wieder zueinander gefunden.

> Ach, es schien der Mond die ganze Nacht
> Und es ward das Boot am Ufer festgemacht
> Und es konnte gar nicht anders sein!
> Ja, da muß man sich doch einfach hinlegen
> Ja, da kann man doch nicht kalt und herzlos sein.
> Ach, da mußte so viel geschehen,
> Ja, da gab's überhaupt kein Nein![5]

Für Lotte war es überhaupt keine Frage gewesen, daß sie sich Seite an Seite mit Kurt bestatten lassen würde. Von den beiden Grabsteinen, die nebeneinander wie Zwillingsköpfe aus der Erde von Haverstraw aufragen, geht der Blick hügelabwärts über den Hudson – auch heute noch eine unverstellbare Aussicht. Weill hatte recht behalten, als er einst prophezeite: »Ich freue mich auf die Zeit, wenn Lenya alt ist. Dann wird sie mich nicht mehr verlassen.« Dieser Moment größtmöglicher Nähe war nun eingetreten. Unüberbrückbare Gegensätze, die ihnen so oft zu schaffen gemacht hatten, wurden jetzt wie im Schlaf aufgehoben.

Wie oft hatte Lenya ihm nicht schon ein Lullaby, ein Wiegenlied gesungen, aus der Ferne ein nächtliches Ständchen dargebracht: »Tja, Darling, *meine Äuglein* (eben noch ein bißchen klein, sind aufgequollen wie Puffmais) – *die fallen mir zu* und so sage ich Dir gute Nacht mein Liebster. Gute Nacht wo immer Du bist, und vergiß nicht das Girl das Du gern hast – denn Du bist der Boy den ich mag (sehr komisch). *Aber it's late, darling, it's late* [...] Gute Nacht *Schweenchen – Dein Kleenchen.*«[6]

Man ließ das Paar in Frieden. Aufgrund übler Nachrede, mißverstandener Intentionen oder mangelndem Nachruhm brauchte sich keiner von beiden im Grabe umdrehen. Von Pilgerfahrten zum Mount Repose Cemetery ist bislang nichts bekannt geworden. Aufnahmen, Aufführungen und Partituren versinnbildlichen heute noch ein lebendiges Erbe, das ohne Devotionalienkult auskommt. »Vergiß nicht, daß Du ein Ausnahmefall von Vitalität bist«[7], hatte Lenya ihrem Kurt mehr als einmal versichert. Und beider Ausdauer trug Früchte. Wer immer in der Folgezeit seiner gedenken sollte, erinnerte sich unwillkürlich auch an sie. Dasselbe galt umgekehrt: Für unzählige Verehrer und Kenner war und ist Lotte die Musik von Kurt Weill, ihre leibhaftige Verwirklichung, eine maßstabsetzende Autorität, an der kein späterer Interpret vorbeikommen wird. Am Ende unseres Jahrhunderts sind die ineinandergreifenden Inspirationen, mit denen sich Weill und Lenya gegenseitig befruchteten, schier ununterscheidbar geworden.

Langston Hughes, der Librettist von *Street Scene*, erkannte als einer der ersten, daß sich Kurts so zeitlose wie ideologisch unverfänglichen Opern, Musicals und Songs weder im nationalen Sinne festlegen noch als Pamphlete ausbeuten ließen: »Weill war ein im Wortsinne universeller Künstler, auf den viele mit gleichem Recht Anspruch erheben konnten, von Deutschland ließ er sich als Deutscher, von Frankreich als Franzose, von Amerika als Amerikaner vereinnahmen und von mir als Neger.«[8] Er redete Kurts Œuvre als einer wirklichen »Welt-Musik« das Wort. Lenyas »Nachfolgerin« Teresa Stratas ging einen Schritt weiter und befreite das Weill-Lenya-Image von der notorischen Gleichsetzung mit der Brecht-Ästhetik, indem sie eine bedeutsame Unterscheidung traf: »Kurt Weill versenkte sich in soziale und politische Themen, besonders im Laufe seiner Zusammenarbeit mit Brecht, und nach meinem Dafürhalten bestand sein Anteil an dieser Zusammenarbeit darin, den Werken Herz und Seele einzuflößen. Brecht scheint seinen

Verstand einzubringen, seinen Intellekt, und dann kommt da diese andere Person hinzu und stellt fest: ›Stimmt, aber es gibt auch noch so etwas wie Seele.‹ Für mich ist überzeugende Kunst eine Kombination aus Intellekt, Herz und Seele.«[9]

Und als Vertreterin einer jüngeren Generation trat Ute Lemper in Stratas' Fußstapfen, bestätigte sechzehn Jahre nach Lenyas Tod die ungebrochene Aktualität von Weills Werken für eine Diseuse im Zeitalter der Webber-Musicals. Skeptisch befragt, ob Kurts Songs mittlerweile nicht doch schon recht antiquiert wirken würden, widersprach sie energisch: »Es sind Klassiker. Ich singe die Lieder von Kurt Weill deshalb so gerne, weil ich seine zeitlosen Themen liebe, diese Geschichten von Außenseitern, von Verlierern, von Menschen, die mit dem Leben kämpfen. Themen also, die auch in unserer Industriegesellschaft nicht bedeutungslos sind, wie man zugeben muß. Aber es ist nicht die Botschaft, was mich so sehr für die Weill-Songs einnimmt, sondern der rebellische Humor, der in der Botschaft steckt.« Lemper war bereits als junges Mädchen beeindruckt von der »menschlichen Kraft« dieser Balladen, wie sie in Lenyas fulminanter Interpretation zum Ausdruck gekommen war: »Er hat das deutsche Chanson, das es ja so vor ihm nicht gab, gewissermaßen erfunden. Ich habe mich dann auch an das melancholische Repertoire seiner Exilzeit in Frankreich herangetastet und die 180-Grad-Drehung in Amerika registriert, diese Anpassung ans amerikanische Musical.«[10] Auch in ihrem Falle läßt sich keine Tendenz zur halbherzigen Imitation konstatieren, auch sie verwandelt die Bühne nicht in einen Andachtsschrein, sondern erarbeitet sich einen eigenständigen Zugang, indem sie lediglich dem Tonfall einer Ära nachlauscht, die, wenn man nur richtig hinhört, ganz von allein aus den Noten aufsteigt.

Seither haben sich Pop- und Jazzlegenden aus allen erdenklichen Sparten des Weill-Repertoires bemächtigt, sich an Lenyas Vortragsweise orientiert, neue Türen aufgestoßen. Um Pflege und Anerkennung des Weill-Lenya-Vermächtnisses braucht man sich also keine Sorgen zu machen, schon gar nicht im Vorfeld der ins Haus stehenden Jubiläumsfeiern zum hundertsten Geburtstag und fünfzigsten Todestag Weills.

Kurt und Lotte pflegten jahrzehntelang eine Lebensführung nach dem Motto: Doppelt hält besser. Sie waren ein Paar, das vieles gleich zweimal machte, sich zweimal zum erstenmal traf und kennenlernte, zweimal heiratete, zweimal einen Neuanfang wagte. Ihre Liebe hielt Krisen und Katastrophen stand, überwand Vertrauensbrüche und Seitensprünge und zeigte sich den historischen Herausforderungen dieses chaotischen Jahrhunderts gewachsen. Aber um eine Amour Fou handelte es sich dennoch nicht. Schneisen der Verwüstung ließen erotische Wirbelwinde mit Außenstehenden zurück, doch um den wackligen Ruderkahn der Ehe mit sicherer Hand ans andere Ufer zu steuern, waren sie stets auf Windstille und Geduld angewiesen. Bevor man sich, einem momentanen Impuls nachgebend, anderen, attraktiveren Partnern für immer an den Hals geworfen hätte, nahm man doch eher mit den vertrauten Schwächen des respektierten Gegenübers vorlieb.

Ihre Beziehung funktionierte am besten als Schutzschild vor der Außenwelt, deren schroffe Reaktionen oft als feindselig, ja existenzbedrohend empfunden wurden. Dies zeigt sich an der auffallenden, zuweilen erschreckenden Loyalität des Paares in allen künstlerischen Fragen: Weder Lenya noch Weill äußerten sich jemals kritisch über die Arbeit oder die Leistungen des anderen – auch dann nicht, wenn es angebracht gewesen wäre, einmal eine unangenehme Wahrheit auszusprechen, um das Eingeständnis von Fehlern zu ermöglichen, sich aus einer ästhetischen Sackgasse zu befreien. Im Ignorieren einer dritten, eventuell kritischen Meinung waren sich die beiden einig, entwickelten Fingerspitzengefühl, behandelten sich so behutsam, wie es nur irgend ging.

Zärtlichkeit und Leidenschaft entfalteten sie zuallererst in ihrer furiosen Liebespost, die vor Geniestreichen, Neologismen und Lust am Schabernack nur so strotzt. Hier gestatteten sie sich den einen oder anderen Einblick in seelische Nöte, hier taten sich, wenn auch selten genug, Abgründe auf, über die der Briefpartner erst eine Brücke zimmern mußte. Waren sie hunderte Meilen voneinander getrennt, intensivierten sich Neugier, Sehnsucht und Fürsorge, wurden Anspielungen auf lange Zurückliegendes reaktiviert. In einem solchen Augenblick konnte es passieren, daß Lotte und Kurt anfingen, auf einmal wieder wienerisch daherzureden, zu sächseln oder sogar zu berlinern: »Jetzt kannst Du mir nicht mehr viäppeln.«[11] Weiterreichende Schmerzen oder Verletzungen fügten sie sich im Schriftverkehr nicht zu. Unerfreuliches blieb unausgesprochen, Enttäuschungen fanden keinen Eingang, Nebenbuhler oder Dispute waren ihnen kaum eine Erwähnung wert. Über ihre Korrespondenz legten sie den Schleier verständnisvoller Milde. Dann wieder liest sich ihr Gedankenaustausch wie die Dialoge aus einem Roadmovie, frecher und schlagfertiger, als sie der beste Drehbuchautor jemals hätte erfinden können. Was ihr Innenleben betraf, so kann man getrost davon ausgehen, daß sie keine Geheimnisse mit ins Grab nahmen: Differenzen waren mündlich ausgetragen worden. Lottes spätere Ehen hätte Kurt gutgeheißen, ihre »Wiederauferstehung«, ihre fulminate Karriere nach seinem Tod, unbändige Freude bei ihm ausgelöst.

Weills ausgeprägter Hang zu Werktiteln, die auf Liebessituationen anspielen, erscheint im nachhinein wie ein Kompendium aller Stationen, die Lenya und er durchlebt und durchlitten haben: *One Touch of Venus* – seine Begegnungen mit Lotte am Kurfürstendamm und in Grünheide; *You and Me* – das junge Glück in Berlin; *Where Do We Go From Here?* – ihre Vertreibung aus Nazideutschland; *Wie lange noch?* – die ersten begründeten Zweifel; *Je ne t'aime pas* – das Paar zwischen Mißtrauen, Trennung und Scheidung; *Na und?* – eine Versöhnung, die ihnen ganz leicht fiel; *Youkali* – die wiedergewonnene Zweisamkeit; *Two on an Island* – Manhattan als endgültiger Fluchtpunkt; *Lady in the Dark* – Lotte im Schatten des so viel erfolgreicheren Musicalkomponisten; *We Will Never Die* – die Gewißheit um den Fortbestand ihrer Liebe nach Kurts

Tod; *Lost in the Stars* – die Wiedervereinigung an den Ufern des Hudson – und schließlich: *Der Abschiedsbrief.*

Sein allerletztes Schreiben an sie unterzeichnete er am 25. November 1948 mit »Dein ewiger Gemahl / your eternal husband Bibiboy«. Es war die 393. Epistel, die zwischen ihnen hin- und herging, ihr beider Abschiedsbrief.

Es ist Nacht geworden in Haverstraw, der Mond scheint. Die letzten Trauergäste haben sich längst aus dem Staub gemacht. Der Blick schweift hügelabwärts. Ein *Boot ist am Ufer festgemacht,* und niemand sitzt mehr darin, um zu einer Liebesinsel aufzubrechen oder um einfach nur den breiten Strom zu überqueren, der sich auf Manhattan zubewegt. Die Lautsprecher am Strand von Naharia sind verstummt, kein deutscher Evergreen übertönt dort mehr das Geschrei und Gelächter der Badegäste. Vollkommene Stille herrscht dennoch nicht lange. Denn irgendwo, mitten in Berlin, Paris, New York oder an einem anderen Ort zwischen Mahagonny, Havanna und Surabaya, zwischen Dessau und Wien, legt jemand eine Platte auf. Und folgt so Weills Aufforderung aus Lenyas Mund:

> Joe, mach' die Musik von damals nach! [...]
> Alter Bilbaomond
> Wo noch die Liebe lohnt –
> Ich kann den Text nicht mehr
> 's ist schon zu lange her –
> Ich weiß ja nicht, ob Ihnen so was grad gefällt,
>   doch
> Es war das Schönste
> Es war das Schönste
> Es war das Schönste
> Auf der Welt.

Danksagung

Während der vergangenen Monate wurde mir bei meinem »séjour insulaire« Hilfestellung in drei Ländern und in drei Sprachen zuteil:

In Berlin stellte Anette Selg Engagement und Einsatzbereitschaft unter Beweis, Christian Seeger und Elisabeth Seligmann gewährleisteten eine hervorragende Betreuung.

Meine Schwester Corinna empfing mich auf unnachahmliche Weise in Brooklyn, begleitete mich zwischen Strawberry Fields und Exchange Places und erleichterte so erheblich meine Recherchen in Manhattan.

Unda Hörner trug mit einem Pariser Brückengespräch zur entscheidenden Weichenstellung für einen literarischen »train de vie« bei, der sich hiermit in voller Fahrt befindet.

Sylvain, Li & Fu waren bei kleinen Sorgen wie bei großen Schritten stets in der Nähe und an meiner Seite.

Mille fois merci, thanks a lot und vielen Dank für Rat, Freundschaftsdienste, Vermittlung und Unterstützung.

Anhang

Literaturhinweise

Biographien, Porträts, Weill-Studien, Briefwechsel

Günther Diehl, *Der junge Kurt Weill und seine Oper »Der Protagonist«.* Kassel 1994

David Drew (Hg.), *Über Kurt Weill.* Frankfurt/Main 1975. Darin: Jean Wiéners Nachruf *Kurt Weill ist tot*

David Drew, *Kurt Weill – A Handbook.* London 1987

Horst Edler/Kim H. Kowalke, *A Stranger Here Myself. Kurt-Weill-Studien.* Hildesheim 1993

David Farneth (Hg.), *Lenya – The Legend. A Pictorial Autobiography.* New York 1998

Heinz Geuen, *Von der Zeitoper zur Broadway Opera. Kurt Weill und die Idee des musikalischen Theaters.* Schliengen 1997

Nils Grosch/Joachim Lucchesi/Jürgen Schebera (Hg.), *Kurt-Weill-Studien.* Stuttgart 1996;

dies., *Emigrierte Komponisten in der Medienlandschaft des Exils 1933–1945.* Stuttgart 1998 [Veröffentlichungen der Kurt-Weill-Gesellschaft Dessau, Bände 1 & 2]

Pascal Huynh (Hg.), *Kurt Weill – de Berlin à Broadway. Ausgewählte Schriften.* Paris 1993

Douglas Jarman, *Kurt Weill – An Illustrated Biography.* London 1982

Kim H. Kowalke (Hg.), *A New Orpheus. Essays on Kurt Weill.* New Haven 1986

Henry Marx (Hg.), *Weill-Lenya.* Katalog der Ausstellung im Lincoln Center, Library and Museum of the Performing Arts, New York 1976

Heinz-Klaus Metzger/Rainer Riehn (Hg.), *Kurt Weill – Die frühen Werke 1916–1928.* Musik-Konzepte Heft 101/102. München 1998

Ronald Sanders, *The Days Grow Short. The Life and Music of Kurt Weill.* New York 1980

Jürgen Schebera, *Kurt Weill – An Illustrated Life.* Übersetzt von Caroline Murphy. New Haven 1995; dt. Fassung ohne Ergänzungen und Revision: *Kurt Weill – eine Biographie in Texten, Bildern und Dokumenten.* Wiesbaden 1990

Donald Spoto, *Lenya – A Life.* Boston 1989 und Paris 1990

Lys Symonette/Kim H. Kowalke (Hg.), *Speak Low (When You Speak*

Love). *The Letters of Kurt Weill and Lotte Lenya.* Berkeley 1996; dt. Übertragung: *Sprich leise, wenn Du Liebe sagst.* Köln 1998
Ronald Taylor, *Kurt Weill – Composer in a Divided World.* Boston 1992
Kurt Weill, *Ausgewählte Schriften.* Hg. von David Drew. Frankfurt/Main 1975
Kurt Weill, *Musik und Theater – Gesammelte Schriften.* Hg. von Jürgen Schebera und Stephen Hinton. Berlin/DDR 1990

Elisabeth Bergner, *Bewundert viel und viel gescholten … Unordentliche Erinnerungen.* München 1978
Louise Brooks, *Lulu in Berlin und Hollywood.* Übersetzt von Bernd Samland. München 1983
Luis Buñuel, *Mein letzter Seufzer. Erinnerungen.* Übersetzt von Frieda Grafe und Enno Patalas. Königstein 1983
Hans Curjel, *Synthesen.* Hamburg 1966
Marlene Dietrich, *Nehmt nur mein Leben. Reflexionen.* München 1979
Lowell Durham, *Abravanel!* Salt Lake City 1989
Gottfried von Einem/Siegfried Melchinger (Hg.), *Caspar Neher.* Velber 1966
Lotte H. Eisner/Martje Grohmann, *Ich hatte einst ein schönes Vaterland. Memoiren.* München 1988
Jimmy Ernst, *Nicht gerade ein Stilleben. [A not-so-still-life.] Erinnerungen an meinen Vater Max Ernst.* Übersetzt von Barbara Bortfeldt. Köln 1985
John Fuegi, *Brecht and Company. Sex, Politics and the Making of Modern Drama.* New York 1994
Claire Goll, *Ich verzeihe keinem. Eine literarische »chronique scandaleuse« unserer Zeit.* Übersetzt von Ava Belcampo. München o.J. und Berlin 1987
Hans Walter Heinsheimer, *Best Regards to Aida – The Defeats and Victories of a Music Man on Two Continents.* New York 1968
Paul Hindemith, *Briefe.* Hg. von Dieter Rexroth. Frankfurt/Main 1982
Paul Hindemith, *Das private Logbuch. Briefe an seine Frau Gertrud.* Hg. von Friederike Becker und Giselher Schubert. München/Mainz 1995
Harry Graf Kessler, *Tagebücher 1918–1937.* Hg. von Wolfgang Pfeiffer-Belli. Frankfurt/Main 1982
Alan Jay Lerner, *The Street Where I Live.* New York 1978
Igor Markevitch, *Etre et avoir été. Mémoires.* Paris 1980
Darius Milhaud, *Noten ohne Musik.* Übersetzt von Eva Maria Neumeyer. München 1962
Darius Milhaud, *Ma vie heureuse.* Paris 1987
Arthur Miller, *Zeitkurven. Ein Leben.* Frankfurt/Main 1987

Rex Reed, *Do You Sleep in the Nude?* New York 1968
Ned Rorem, *Knowing When to Stop. A Memoir.* New York 1994
Elsa Schiaparelli, *Shocking Life.* New York 1954
Giselher Schubert, *Paul Hindemith.* Reinbek 1981
Virgil Thomson by Virgil Thomson. New York 1966
Gore Vidal, *Palimpsest. A Memoir.* London 1996
Frank Wedekind, *Erdgeist. Die Büchse der Pandora. Tragödien.* Hg. von Peter Unger und Hartmut Vinçon. München 1980
Frank Wedekind, *Die Tagebücher. Ein erotisches Leben.* Hg. von Gerhard Hay. Frankfurt/Main 1986

Artikel, Aufsätze, Interviews

Maurice Abravanel, Interview mit John Mauceri (1990). Beilage zur DECCA-CD 430168-2
Peter Adam, *A Profile on Lotte Lenya.* TV-Dokumentation für die BBC, Reihe »Omnibus«, 24. Mai 1979
Peter Adam, *Lotte Lenya – September Song.* in: *The Listener,* Mai 1979, S. 707–709 und in: Dt. *Vogue,* Oktober 1979, S. 136/137 & 158
David Beams, *Lotte Lenya.* in: *Theatre Arts,* vol. 46, no. 6: Juni 1962, S. 11–18 & 66–72
Barrie Gavin, *Lenya – ein erfundenes Leben.* Videofilm für den Hessischen Rundfunk/Arte Musica, 1994
Unda Hörner, *Gala Éluard – die surrealistische Herausforderung.* in: *Die realen Frauen der Surrealisten.* Mannheim 1996, S. 92–145
Joseph Horowitz, *Lotte Lenya Recalls »Street Scene« with Weill.* in: *New York Times* vom 26. Oktober 1979 und in: *International Herald Tribune* vom 31. Oktober 1979
Naomi Jolles, *Hitler Hates Weill's Songs.* in: *New York Post,* 20. Oktober 1943
Gerhard R. Koch, *Weimarer Verfremdungen.* in: *Frankfurter Allgemeine Zeitung,* 18. Oktober 1998
Ute Lemper, Interview mit Felix Schmidt. in: *Frankfurter Allgemeine Magazin,* Nr. 908, 25. Juli 1997, S. 42/43
Lotte Lenya, *That Was a Time!* in: *Theatre Arts,* vol. 40, no. 5: Mai 1956, S. 78–80 & 92/93
Lotte Lenya, *Lenya Remembers »Mahagonny«.* Beilage zum Columbia-LP-Set K3L 243
Lotte Lenya, *Kurt Weill's Universal Appeal.* in: *Music Journal,* vol. 17, no. 1: Januar 1959, S. 48 & 77/78
Lotte Lenya, *The Time is Ripe.* in: *Playbill,* vol. 6, no. 16, 16. April 1962
Lotte Lenya, *Weill's Music is Timeless.* in: *New York Daily,* Sunday News vom 28. Januar 1973

Lotte Lenya, Gespräch mit Steven Paul, Beilage zum DGG-LP-Set 1976, Interview vom 22. Oktober 1975

Lawrence D. Mass, *A Conversation with Ned Rorem*. in: *Queering the Pitch*. Hg. von Philip Brett. New York/London 1994, S. 85–112

Edwin Newman, TV-Interview mit Lotte Lenya für NBC, Reihe »*Speaking Freely*«, 14./24. Oktober 1970

Guy Stern, *Woman with a Mission*. in: *The Theatre,* Juli 1959, S. 12/13 & 44/45

Guy Stern, *Sporadische Heimkehr. Lotte Lenyas Besuche des Elternhauses und bei Wiener Verlegern*. in: *Eine schwierige Heimkehr – Österreichische Literatur im Exil 1938–1945*. Universität Innsbruck 1991, S. 314–321

Hans Heinz Stuckenschmidt, *Weill am Scheidewege*. in: *BZ am Mittag,* 11. März 1932

Bernard Weinraub, *Lenya on Weill – The Memory Lingers On*. in: *New York Times* vom 25. Oktober 1964

Zeit- und musikgeschichtlicher Hintergrund

Lale Andersen, *Leben mit einem Lied. [Der Himmel hat viele Farben.]* Stuttgart 1972

Gudrun Arndt, *Spaziergänge durch das literarische New York*. Zürich 1997

Wolfgang Asholt/Walter Fähnders (Hg.), *Manifeste und Proklamationen der europäischen Avantgarde (1909–1938)*. Stuttgart/Weimar 1995

Johannes Baader, *Das Oberdada*. Hg. von Karl Riha. Hofheim 1991

Sylvia Beach, *Shakespeare and Company*. Übersetzt von Lilly von Sauter. Frankfurt/Main 1982

Paul Bekker, *Briefe an zeitgenössische Musiker*. Berlin 1932

Paul Bekker, *Wandlungen der Oper*. Zürich 1934

Helga Bemmann, *Marlene Dietrich – Ihr Weg zum Chanson*. Berlin/DDR 1986

Bertolt Brecht, *Sämtliche Gedichte [und Lieder] in einem Band*. Frankfurt/Main 1981

Bertolt Brecht, *Sämtliche Stücke [und Opernlibretti] in einem Band*. Frankfurt/Main 1978

Ferruccio Busoni, *Von der Macht der Töne. Ausgewählte Schriften*. Leipzig 1983

Ferruccio Busoni, *Selected Letters*. Übersetzt von Antony Beaumont. New York 1987

René Chalupt, *George Gershwin*. Paris 1948

Cheryl Crawford, *One Naked Individual*. New York 1977

Carl Dahlhaus, *Vom Musikdrama zur Literaturoper*. München/Mainz 1989

Yasha David, *Buñuel – Auge des Jahrhunderts*. Katalog zur Retrospektive in der Kunst- und Ausstellungshalle der Bundesrepublik Deutschland. Bonn 1994

Michel Dorigné, *Serge Prokofiev*. Paris 1994

Albrecht Dümling, *Laßt Euch nicht verführen: Brecht und die Musik*. München 1985

Blandine Ebinger, *»Blandine ...«* – *Erinnerungen der Schauspielerin und Diseuse*. Zürich 1985 und Hamburg 1992

Christian Ferber (Hg.), *»Der Querschnitt« 1924–1933 – Auslese aus dem »Magazin der aktuellen Ewigkeitswerte«*. Berlin 1981

Gero Gandert (Hg.), *Photo: Casparius*. Katalog zur Ausstellung in der Staatlichen Kunsthalle. Berlin 1978

Mary Gerold-Tucholsky/Hans Georg Heepe, *Das Kurt Tucholsky Chanson Buch*. Reinbek 1983 und Berlin/DDR 1985

Claire & Iwan [Yvan] Goll, *Dix mille aubes. Poèmes d'amour*. Illustriert von Marc Chagall. Paris 1951

Iwan [Yvan] Goll, *Gefangen im Kreise. Dichtungen, Essays und Briefe*. Leipzig 1988

Harry Halbreich, *Arthur Honegger. Un musicien dans la cité des hommes*. Paris 1992

Phil Hardy/Dave Laing, *The Faber Companion to 20th Century Popular Music*. London 1990

Reinhard Hippen, *Das Kabarett-Chanson. Typen – Themen – Temperamente*. Zürich 1986

Friedrich Hollaender, *Von Kopf bis Fuß. Mein Leben mit Text und Musik*. Berlin/DDR 1967

Yves Hucher, *Florent Schmitt – l'homme et l'artiste, son époque et son Œuvre*. Paris 1953

Pontus Hulten (Hg.), *Berlin – Paris 1900–1933*. Katalog zur Ausstellung im Pariser Centre Pompidou. Paris 1978/1992

Pascal Huynh, *La musique sous la République de Weimar*. Paris 1998

Tamara Levitz, *Teaching New Classicality – Ferruccio Busoni's Master Class in Composition*. Diss., University of Rochester und Frankfurt 1996

Alma Mahler-Werfel, *Mein Leben*. Frankfurt/Main 1986

Erika Mann/Klaus Mann, *Rundherum. Abenteuer einer Weltreise*. Reinbek 1982

Heinrich Mann, *Ein Zeitalter wird besichtigt*. Düsseldorf 1974

Klaus Mann, *Treffpunkt im Unendlichen*. Reinbek 1981

Robert McAlmon/Kay Boyle, *Being Geniuses Together*. San Francisco 1984

Karl-Heinz Metzger/Ulrich Dunker, *Der Kurfürstendamm. Leben und Mythos des Boulevards in hundert Jahren deutscher Geschichte*. Berlin 1986

Jeffrey Miller (Hg.), *In Touch. The Letters of Paul Bowles*. New York 1994
Henry Miller, *Wendekreis des Krebses*. Übersetzt von Kurt Wagenseil. Reinbek 1979
Vladimir Nabokov, *The Gift*. New York 1963
Wilhelm Neef, *Das Chanson. Eine Monographie*. Leipzig 1972
George Orwell, *Erledigt in Paris und London [Down and out in Paris and London.]* Übersetzt von Helga und Alexander Schmitz. Zürich 1978
Francis Poulenc, *Correspondance 1910–1963*. Hg. von Myriam Chimènes. Paris 1994
Maria Riva, *Marlene Dietrich par sa fille*. Übersetzt von Anna Gibson. Paris 1993
Michael Schulte (Hg.), *Paris war unsere Geliebte*. München (Piper) 1989
Stephen Spender, *The Temple*. London 1989
Gertrude Stein, *Paris Frankreich. Persönliche Erinnerungen*. Übersetzt von Marie-Anne Stiebel. Frankfurt/Main 1996
Wolfgang Till (Hg.), *Karl Valentin – Volks-Sänger? DADAist?* München 1982
Jerzy Toeplitz, *Geschichte des Films*. Band 2 (1928–33) und Band 3 (1934–39). Berlin/DDR 1982/85
Kurt Tucholsky, *Gesammelte Werke in zehn Bänden*. Hg. von Fritz J. Raddatz und Mary Gerold-Tucholsky. Reinbek 1975
Hans Heinz Stuckenschmidt, *Neue Musik*. Frankfurt/Main 1981
Gabriele Tergit, *Käsebier erobert den Kurfürstendamm*. Berlin 1931 und Frankfurt/Main 1978

Auswahldiskographie

Historische Aufnahmen mit Lenya und Weill

Die Dreigroschenoper (Brecht); Kurzfassung. Lenya, Kurt Gerron, Erich Ponto, Willy Trenk-Trebitsch. Originalaufnahme (1930). Französische Film-Chansons: Albert Préjean, Margo Lion. Fünf Chansons (»Berlin 1930«): Curt Bois, Marlene Dietrich. TELDEC 1990
Die Dreigroschenoper (Brecht). Lenya, Wolfgang Neuss, Willy Trenk-Trebitsch, Trude Hesterberg, Erich Schellow, Johanna von Kóczián. Wilhelm Brückner-Rüggeberg, Chor und Orchester des Senders Freies Berlin. Historische Aufnahme (1958). CBS Masterworks 1982
Aufstieg und Fall der Stadt Mahagonny (Brecht). Lenya, Heinz Sauerbaum, Gisela Litz, Horst Günter, Georg Mund. Wilhelm Brückner-Rüggeberg. Historische Aufnahme (1956); künstlerische Leitung: George Davis. CBS Masterworks 1983
»*O Moon of Alabama*«: Lenya, Otto Pasetti und Ernst Busch singen Ausschnitte aus *Mahagonny*-Songspiel, *Zar, Konjunktur, Happy End, Aufstieg und Fall, Silbersee:* Historische Aufnahmen (1928 bis 1944). Theo Mackeben, Maurice Abravanel. Orchester des Theaters am Kurfürstendamm Berlin. CAPRICCIO 1990
Lenya singt *Die sieben Todsünden* (Ballet chanté; James/Kochno/Brecht) und Ausschnitte aus Berliner Werken (»Theatre Songs«): *Dreigroschenoper, Happy End, Berliner Requiem, Silbersee* (Brecht/Kaiser). Wilhelm Brückner-Rüggeberg, Roger Bean. Historische Aufnahmen (1955/57). SONY Masterworks Heritage 1997
»Lenya«: Historische Aufnahmen von 1929 bis 1970: Weill-Opern, US-Konzerte, Radio- und TV-Auftritte, Rezitationen deutscher Lyrik, Kafka-Erzählungen auf englisch, Carnegie Hall-Konzert 1965 etc. BEAR FAMILY 1998
»Tryout« – Ira Gershwin und Kurt Weill als Interpreten ihrer eigenen Songs: *One Touch of Venus* und *Where Do We Go From Here?* Historische Aufnahme. DRG Records 1983

Weills Werke in chronologischer Reihenfolge

Streichquartette Nr. 1 (h-moll; 1918) und Nr. 2 (op. 8). Sequoia String Quartet. NONESUCH 1984

Symphonien Nr. 1 (Berlin, 1921) und Nr. 2 (Paris, 1934). Gewandhausorchester Leipzig, Edo de Waart. PHILIPS 1974

Frauentanz, op. 10; *Berlin im Licht* (Weill). Rosemary Hardy, K.H.Gruber, Ensemble Modern. LARGO 1991

Der neue Orpheus (Goll) op. 16; Violinkonzert op. 12; Ausschnitte aus *Street Scene* und *Silbersee*. Carole Farley, Michael Guttman. José Serebrier, Rheinische Philharmonie. ASV 1997

Der Zar läßt sich photographieren (Kaiser), Opera buffa op. 21. Barry McDaniel, Carla Pohl, Thomas Lehrberger, Ulla Tocha. Jan Latham-König, Kölner Rundfunkorchester. CAPRICCIO 1984/1989

Die Dreigroschenoper (Brecht). Ute Lemper, René Kollo, Mario Adorf, Milva. John Mauceri, RIAS Chor und Kammerensemble. DECCA 1990

Aufstieg und Fall der Stadt Mahagonny (Brecht). Anja Silja, Anny Schlemm, Thomas Lehrberger, Klaus Hirte, Wolfgang Neumann. Jan Latham-König, Kölner Rundfunkorchester. CAPRICCIO 1988

Berliner Requiem (Brecht); *Vom Tod im Wald* (Brecht) op. 23; Violinkonzert op. 12. Alexandre Laiter, Peter Kooy, Elisabeth Glab. Philippe Herreweghe, Ensemble Musique Oblique, La Chapelle Royale. HARMONIA MUNDI 1992

Der Lindberghflug (Brecht); *The Ballad of Magna Carta* (Anderson). Hermann Scherchen, Jan Latham-König, Pro Musica Köln, Kölner Rundfunkorchester, Berliner Funkchor. CAPRICCIO 1990

Happy End (Brecht). Gabriele Ramm, Walter Raffeiner, Steven Kimbrough, Jan Latham-König, Chor Pro Musica Köln, Kölner Rundfunkorchester. CAPRICCIO 1990

Der Jasager (Brecht); *Down in the Valley* (Sundgaard). Fredonia Chamber Singers, Kammerchor der Universität Dortmund. Willi Gundlach, Orchester Campus Cantat 90. CAPRICCIO 1991

Der Silbersee (Kaiser), ein Wintermärchen. Hildegard Heichele, Michael Thomas, Hans Korte, Wolfgang Schmidt. Jan Latham-König, Kölner Rundfunkorchester. CAPRICCIO 1989

Silverlake (Kaiser; engl. Fassung). Joel Grey, Julius Rudel, New York City Opera Orchestra. NONESUCH 1981

Die sieben Todsünden; Mahagonny-Songspiel (Brecht). Ute Lemper, Susanne Tremper, Helmut Wildhaber, Peter Haage. John Mauceri, RIAS Berlin Sinfonietta. DECCA 1990

Die sieben Todsünden (James/Kochno/Brecht) und verschiedene Songs. Marianne Faithfull, Dennis Russell Davies, Wiener Rundfunksymphonieorchester. REVERSO/RCA 1998

Die sieben Todsünden; Symphonie Nr. 2. Teresa Stratas, Frank Kelley, Howard Haskin, Herbert Perry. Kent Nagano, Orchestre de l'Opéra de Lyon. ERATO 1997

Der Kuhhandel [Shady Dealing] (Vambery). Auszüge. Lucy Peacock, Eberhard Büchner, Christian Schotenröhr, Walter Raffeiner. Jan Latham-König, Kölner Rundfunkorchester. CAPRICCIO 1992
Johnny Johnson (Paul Green). Joel Cohen, The Otaré Pit Band. ERATO 1997
Lady in the Dark (Ira Gershwin). Risë Stevens, Adolph Green, John Reardon, Danny Kaye. Lehman Engel, Maurice Abravanel. Originale Studio-Aufnahme (1963). SONY Masterworks Heritage 1997
Vier Walt-Whitman-Songs; *Kiddush*. Wolfgang Holzmair, Jürgen Wagner, Arno Ruus. Marc-Andreas Schlingensiepen, Robert-Schumann-Kammerorchester, Bläserensemble der Düsseldorfer Symphoniker. KOCH-SCHWANN 1991
Street Scene (Rice/Hughes). Josephine Barstow, Samuel Ramey, Angelina Réaux, Jerry Hadley. John Mauceri, Scottish Opera Orchestra & Chorus. DECCA 1991
Street Scene. Kristine Ciesinski, Janis Kelly, Bonaventura Bottone, Richard van Allan, Catherina Zeta Jones. Carl Davis, English National Opera. TER 1997

Songalben und Sampler

»The Unknown Kurt Weill«: Forgotten Songs. Teresa Stratas, Richard Woitach. NONESUCH 1981
»Stratas Sings Weill«. Teresa Stratas, Y Chamber Symphony, Gerard Schwarz. NONESUCH 1986
»*Lost in the Stars*« – The Music of Kurt Weill. Sting, Marianne Faithfull, Lou Reed, Carla Bley, Tom Waits, Todd Rundgren, The Armadillo String Quartet u.a. A&M 1985
»*September Songs*« – The Music of Kurt Weill. William S. Burroughs, Betty Carter, Nick Cave, Elvis Costello, Charlie Haden, Lou Reed, Teresa Stratas. SONY 1997
Ute Lemper sings Kurt Weill, vol. 1 (u.a. Songs aus *Dreigroschenoper* und *Silbersee*) und vol. 2 (Songs aus *Happy End, Marie Galante, Lady in the Dark*). Lemper, John Mauceri, RIAS Berlin Kammerensemble, RIAS Sinfonietta, Jeff Cohen. DECCA 1988/1993; Lemper mit Jürgen Knieper am Klavier: BAYER 1986
»*Speak Low*«: *Die sieben Todsünden* (James/Kochno/Brecht); Auszüge aus *One Touch of Venus, Lady in the Dark* und *Happy End*. Anne-Sofie von Otter, Bengt Forsberg. John Eliot Gardiner, NDR Sinfonieorchester. DEUTSCHE GRAMMOPHON 1994
»Vom Broadway nach Berlin«: Die amerikanischen Theatersongs in deutscher Nachdichtung (Thomas Christen). Sara Musinowski, Stefan Weinzierl, Hans-Joachim Tinnefeld. SIGNUM 1996

Weitere Song-Alben mit Cathy Berberian, Carole Farley (mit Auszügen aus *Love Life* und *Huckleberry Finn*), Lys Gauty, Gisela May, Milva, Angelina Réaux (*Firebrand of Florence; Love Life*), Dawn Upshaw, Pascal von Wroblewsky u.v.a.

Gesamtaufnahmen z.B. von *Royal Palace* (Goll) op. 17, *Protagonist* (Kaiser) op. 15, *Bürgschaft* (Neher/Herder) oder *Lost in the Stars* (Anderson/Paton) stehen derzeit noch aus (Stand: Mai 1999). Zu Weills hundertstem Geburtstag im Jahre 2000 ist allerdings mit zahlreichen Wiederveröffentlichungen und Neueinspielungen seiner unbekannteren Musikdramen zu rechnen.

Anmerkungen

1. Angaben zu Publikationen verweisen auf das voranstehende Literaturverzeichnis.
2. LL an KW z.B. bezeichnet einen Brief von Lotte Lenya an Kurt Weill mit nachstehendem Datum (sofern bekannt), Nr. 55 die fortlaufende Numerierung des Schreibens nach der deutschen Fassung der publizierten Briefsammlung *Sprich leise, wenn Du Liebe sagst* (SL; mit nachfolgender Seitenangabe).
3. Übersetzungen des Verfassers sind mit Übs.: JR gekennzeichnet.

Buchmotto: *Youkali* © 1935/1963 by TRO/Hampshire House Publishing Corp. Übs.: JR

Prolog: Eine Kahnpartie mit Folgen

Motto Kurt Weill (KW) an Lotte Lenya (LL),
   15. oder 22. Dezember 1924, Nr. 5 (SL, S. 51)
1 Weill: *Klops*-Lied (1925) © by European American Music Corporation
2 LL: Gespräch mit Steven Paul
3 KW an Ruth Weill, ca. 1924 (SL, S. 45)

1: Der Protagonist

Motto LL: Interview mit Alan Rich, Herbst 1976 (SL, S. 49)
1 KW: *Busoni und die neue Musik*. Artikel für »Der neue Weg«, Oktober 1925. in: *Ausgewählte Schriften*, S. 19
2 vgl. KW an LL, 13. Februar 1925, Nr. 6 (SL, S. 52)
3 vgl. Ronald Taylor: *KW – Composer in a Divided World,* ab S. 14
4 KW an LL, Juli 1926, Nr. 15 (SL, S. 58)
5 KW an seine Eltern in Leipzig, 1925 (SL, S. 55)
6 KW: *Meine Frau.* in: »Münchner Illustrierte Presse«, 14. April 1929, S. 487; wieder abgedruckt in: *Ausgewählte Schriften*, S. 9

2: Von einer, die auszog, das Gruseln zu lernen

Motto Brecht/Weill: *Nannas Lied* (1939)
   © by European American Music Corporation
1 Richard Huelsenbeck: Erklärung (Cabaret Voltaire, Frühjahr 1916); Hugo Ball: Eröffnungs-Manifest (1. Dada-Abend, 14. Juli 1916). in: Asholt/Fähnders: *Manifeste*, S. 117 & 121

2 Polly in Brecht/Weill *Song vom Nein und Ja* (*Barbara*-Song, *Dreigroschenoper;* 1928) © by Universal Edition, Wien
3 Anna I in Brecht/Weill *Sieben Todsünden* (II: *Stolz;* 1933) © 1960 by Schott Verlag
4 LL: Gespräch mit Steven Paul
5 Maurice Abravanel: Interview mit John Mauceri. Begleitheft zur DECCA-CD 430168-2 (1990), S. 35

3: Berlin im Licht

Motto Walter Mehring/Friedrich Hollaender: *Berliner Tempo* (1920)
1 Gabriele Tergit: *Käsebier*, S. 35/36 und 47/48. Der Roman wurde erstmals 1931 veröffentlicht.
2 Diaghilew, wiedergegeben von Kessler: *Tagebücher*, S. 613/614. Eintrag: Paris, 29. Dezember 1928
3 LL: Gespräch mit Steven Paul
4 Iwan Goll: *Der neue Orpheus*. In: *Gefangen im Kreise*, S. 53–56 [Auszüge]
5 Claire Goll: *Ich verzeihe keinem*, S. 218
6 KW: *Zeitoper*. Briefbeitrag für »Melos«, März 1928. In: *Ausgewählte Schriften*, S. 37–40, hier: S. 39
7 KW: *Bertolt Brechts ›Mann ist Mann‹*. Beitrag für »Der deutsche Rundfunk«, 27. März 1927. In: *Ausgewählte Schriften*, S. 75/76
8 LL: Gespräch mit Steven Paul
9 Ebda.
10 Die Filmhistorikerin Lotte H. Eisner, Verfasserin der *Dämonischen Leinwand*, stellt den Vorfall genau umgekehrt dar. Ihrer Erinnerung zufolge »wandte sich Weill brüsk von mir ab und ging«, nachdem er erfahren habe, daß Eisner als jüdische Exilantin nicht mehr für den »Film-Kurier« schreibe. »Ich war nicht mehr nützlich, da ich seinen Ruhm nicht mehr verbreiten konnte. Im letzten Interview mit ihm und Brecht, das wir vor unserer Abwanderung ins Ausland gemacht hatten, hat mich dieser Kerl doch hinterher beiseite genommen und gesagt: ›Frisieren Sie bitte unser Gespräch so, daß ich gut dabei herauskomme, Brecht ist jetzt sowieso nicht mehr sehr beliebt in Deutschland‹.« – An Eisners Bewertung sind gleich mehrere Zweifel angebracht: Zum einen befand sich Weill 1937 längst nicht mehr in Paris, ein Jahr, auf das sie die Begegnung bei einer Premiere datiert. Zum anderen sind ihre Memoiren im allgemeinen in einem sehr Brecht-freundlichen Ton abgefaßt. Und Weill war ebenso schnell ein rotes Tuch in Deutschland oder Paris wie Brecht; hinsichtlich ihrer Mißliebigkeit bestand keine Hierarchie. (vgl. Eisner: *Ich hatte einst ein schönes Vaterland*, S. 106)

11 LL: Gespräch mit Steven Paul
12 KW in: »Anbruch«, Jgg. 12, Januar 1930, S. 5f. und in: *Ausgewählte Schriften*, S. 57–60
13 Kessler: *Tagebücher*, S. 773. Eintrag: Paris, 11. Oktober 1933
14 F.A. Hauptmann im *Völkischen Beobachter* vom 24. Februar 1933; gekürzt
15 Die Verkäuferinnen 1 & 2 im I. Akt von Kaiser/Weill *Silbersee* (No. 4: *Verkäuferinnen*-Song; 1932) © by Universal Edition Wien

4: Je ne t'aime pas

Motto Maurice Magre/Weill: *Je ne t'aime pas* (1934) © 1934/1946 by Coda (Heugel); © 1963 by TRO/Hampshire House Publishing Corp.
 1 Gertrude Stein: *Paris Frankreich*, S. 28/29
 2 Darius Milhaud: *Noten ohne Musik*, S. 177
 3 LL: Interview mit Gottfried Wagner, Sommer 1978 (SL, S. 90)
 4 KW an LL, 3. Mai 1936, Nr. 149 (SL, S. 197)
 5 KW an Erika Neher, ca. April/Mai 1933. (SL, S. 90)
 6 Kessler: *Tagebücher*, S. 589 & 613. Einträge: Leipzig, 18. Februar 1928 / Paris, 29. Dezember 1928
 7 Kim H. Kowalke: *A Tale of Seven Cities – A Chronicle of the Sins* (1985). Auszüge auf dt. im Begleitheft zur DECCA-CD 430168-2 (1990), S. 31/32
 8 KW an LL, 21. Februar 1935, Nr. 120 (SL, S. 175)
 9 KW an LL, 4. Juni 1934, Nr. 78 (SL, S. 138/139)
10 KW an LL, 17. Juli 1935, Nr. 137 (SL, S. 187/188)
11 KW an LL, 20. Februar 1934, Nr. 65 (SL, S. 121)
12 KW an LL, 6. April 1934, Nr. 73 (SL, S. 132)
13 KW an LL, 11. August 1935, Nr. 144 (SL, S. 191)
14 KW an LL, 12. März 1934, Nr. 69 (SL, S. 127)
15 LL an KW, 8. März 1934, Nr. 68 (SL, S. 126)
16 LL an Richard Révy »Wanja«, August 1934 (SL, S. 145)

5: Na und?

Motto Brecht/Weill: *Pollys Abschiedslied* (*Dreigroschenoper*; 1928) © by Universal Edition Wien
 1 KW an LL, 26. August 1935, Nr. 148 (SL, S. 194)
 2 Jimmy Ernst: *Nicht gerade ein Stilleben*, S. 139/140
 3 LL an KW, 11. Februar 1935, Nr. 112 (SL, S. 169)
 4 KW an LL, 11. Februar 1935, Nr. 113 (SL, S. 170)

5 KW an LL, 6. März 1935, Nr. 124 (SL, S. 178)
6 KW: *Meine Frau*. In *»Münchner Illustrierte Presse«*, 14. April 1929, S. 487; wieder abgedruckt in: *Ausgewählte Schriften*, S. 9
7 KW an LL, 3. Mai 1936, Nr. 149 (SL, S. 197)
8 LL: Interview mit Peter Adam, Mai 1979 (Omnibus/BBC), Übs.: JR
9 LL an KW, 10. Februar 1935, Nr. 111 (SL, S. 167)
10 LL an KW, 11. Februar 1935, Nr. 112 (SL, S. 168)
11 LL an KW, 16. Februar 1935, Nr. 117 (SL, S. 172/173)
12 LL: Interview mit Edwin Newman, Oktober 1970. Vgl. Spoto: *Lenya*, S. 67. Übs.: JR
13 Vgl. Maurice Abravanel: Interview mit Rich/Kowalke/Symonette, August 1979 (SL, S. 195)
14 KW an LL, 10./11. Juli 1935, Nr. 133 (SL, S. 185)
15 LL an KW, 26. Juni 1934, Nr. 80 (SL, S. 142)

6: Das ist kein lauschiges Plätzchen ...

Motto Erika und Klaus Mann, *Rundherum*, S. 11 & S. 19
1 KW an LL, 24. März 1927 & 26. Februar 1935, Nr. 17 & 123 (SL, S. 61 & 177)
2 Paul Hindemith an Gertrud Hindemith, 3. April 1937. In: *Privates Logbuch,* Brief Nr. 78
3 LL an KW, 12. Mai 1938, Nr. 209 (SL, S. 268)
4 »Morning Telegraph«, 1936; vgl. diverse LP- und CD-Begleithefte zu *Johnny Johnson*
5 KW, vgl. Jürgen Schebera: *KW – An Illustrated Life*, S. 271. Übs.: JR
6 Alma Mahler-Werfel: *Mein Leben*, S. 255
7 Ebda., S. 256
8 KW an LL, 26. Januar 1937, Nr. 152 (SL, S. 200)
9 KW an Cheryl Crawford, vgl. Sanders: *The Days Grow Short*, S. 262 & 423. Übs.: JR
10 KW an LL, 31. Januar 1937, Nr. 155 (SL, S. 204)
11 KW an LL, 5. April 1937, Nr. 178 (SL, S. 231)
12 KW an LL, 18. Februar 1937, Nr. 162 (SL, S. 212)
13 KW an LL, 25. Februar 1937, Nr. 164 (SL, S. 214)
14 KW an LL, 5. & 7. Mai 1938, Nr. 205 & 206 (SL, S. 263 & 264)
15 KW an Cheryl Crawford. Vgl. Crawford: *One Naked Individual*, S. 99
16 KW an LL, 15. März 1937, Nr. 170 (SL, S. 221)
17 LL an KW, 8. Mai 1938, Nr. 207 (SL, S. 265)
18 KW an LL, 21. April 1938, Nr. 198 (SL, S. 255)
19 KW an LL, 24. April 1937, Nr. 183 (SL, S. 237)

20 KW an LL, 8. Mai 1937, Nr. 186 (SL, S. 240)
21 KW an LL, 11. Juni 1937, Nr. 192 (SL, S. 248)
22 LL an KW, 19. & 24. April 1938, Nr. 196 & 199 (SL, S. 253 & 256)
23 LL an KW, 8. Mai 1938, Nr. 207 (SL, S. 265)

7: Das Paar läßt sich photographieren

Motto 1 LL an Mab Anderson, 1947, vgl. Taylor: *KW – Composer in a Divided World*, S. 311 (SL, S. 481)
Motto 2 LL an KW, 6. März 1942, Nr. 246 (SL, S. 308)
1 Darius Milhaud an Francis Poulenc, 17. Februar 1945. in: Poulenc, *Correspondance*, S. 583/584. Übs.: JR
2 Harold Clurman: Telegramm an KW zur Premiere von *Johnny Johnson*, 19. November 1936; vgl. Schebera: *KW – An Illustrated Life*, S. 247, Übs.: JR
3 KW an LL, 28. September 1942 & 3. Juli 1943, Nr. 304 & 308 (SL, S. 371 & 374/375)
4 KW: *Oper in Amerika*. Typoskript, Mai 1937. In: *Ausgewählte Schriften*, S. 83–85
5 KW an LL, 8. Mai 1942, Nr. 292 (SL, S. 355/356)
6 LL an KW, 8. April 1942, Nr. 261(SL, S. 323)
7 KW: *Lunch Time Follies*. (*A Coke, a Sandwich and Us.*) Typoskript, ca. 1944. In: *Ausgewählte Schriften*, S. 86/87
8 LL an KW, 10. April 1942, Nr. 264 (SL, S. 326)
9 KW an LL, 1. Oktober 1942, Nr. 306 (SL, S. 372/373)
10 KW an LL, 25. Juni 1944, Nr. 309 (SL, S. 376)
11 KW an LL, 21. August 1944, Nr. 351 (SL, S. 433)
12 KW: Beitrag zu einem Pressetext für *One Touch of Venus*, Herbst 1943. Vgl. Sanders: *The Days Grow Short*, S. 320 & 428. Übs.: JR
13 Richard Révy: Tagebucheintrag vom 13. August 1944 (SL, S. 432)
14 Helen Hayes: Interview mit Peggy Sherry. (SL, S. 298)
15 LL an KW, 7. Juli 1944, Nr. 318 (SL, S. 388)
16 LL aus Cleveland an KW, 26. Mai 1942, Nr. 299 (SL, S. 365)
17 LL an Rita Weill, 3. November 1943 (SL, S. 375)
18 Quentin Anderson, zitiert von Spoto: *Lenya*, S. 167. Übs.: JR
19 LL an KW, 13. März & 15. April 1942, Nr. 252 & 270 (SL, S. 316 & 332)
20 LL an KW, 2. Mai 1942, Nr. 287 (SL, S. 350)
21 KW an LL, 25. April 1942, Nr. 281 (SL, S. 345 & 344)
22 KW an LL, 25. September 1941, Nr. 216 (SL, S. 279)
23 LL an KW, 28. Januar 1942 & KW an LL, 26. Januar 1942, Nr. 222 & 219 (SL, S. 286 & 282)

24 KW an LL, 14. August 1944, Nr. 346 (SL, S. 426)
25 LL an KW, 3. März 1942, Nr. 226 (SL, S. 289)
26 KW an LL, 12. Juli 1944, Nr. 322 (SL, S. 394)
27 LL an KW, 21. Februar 1942, Nr. 242 (SL, S. 305)
28 KW aus Los Angeles an LL, 28. Juli 1944, Nr. 334 (SL, S. 410)
29 LL an KW, 10. August 1944, Nr. 343 (SL, S. 422)
30 LL an KW, 2. Mai 1938, Nr. 203 (SL, S. 261)

8: Youkali

Motto   Ogden Nash/Weill: *Foolish Heart* (*One Touch of Venus*; 1943) © by Chappell Music
1 KW an LL, 8. Mai 1945, Nr. 374 (SL, S. 461)
2 KW an LL, 18. April 1945, Nr. 369 (*Speak low*, S. 451/ SL, S. 456)
3 KW an LL, 14. April 1945, Nr. 368 (SL, S. 454, 455)
4 KW an LL, 25. April 1945, Nr. 371 (SL, S. 458)
5 KW an LL, 28. April 1945, Nr. 372 (SL, S. 459)
6 KW an LL, 8. Mai 1945, Nr. 374 (SL, S. 461/462)
7 Wie Anm. 2
8 KW aus Los Angeles an seine Eltern in Naharia, 30. April 1945 (SL, S. 453)
9 KW an EN, 25. März 1947 (SL, S. 470). Dem treuen Freundespaar in der Ferne hatte Weill nach Kriegsende anvertraut, Abscheu zu empfinden angesichts der verheerenden Ereignisse in Deutschland, Abscheu vor den Verantwortlichen, die zuließen, daß die ganze Welt ins Verderben gestürzt wurde: »Dieses Gefühl, zusammen mit [...] Dankbarkeit und Anhänglichkeit für die neue Heimat, die ich hier gefunden habe, entwickelten in mir eine Art Gleichgültigkeit und Interesselosigkeit für das Schicksal der Leute, die ich früher in Deutschland gekannt hatte. Du und Erika waren die einzigen Ausnahmen, und es verging kaum ein Tag, wo ich nicht in irgendeinem Zusammenhang an euch dachte.« (Ebda)
10 KW an LL, 11./12. Mai 1945, Nr. 375 (SL, S. 463)
11 Mary Martin an KW, vgl. KW an LL, 21. Mai 1945, Nr. 377 (SL, S. 466)
12 Claire Goll: *Ich verzeihe keinem*, S. 218
13 LL an Rita Weill, 28. September 1944 (SL, S. 451)
14 Ebda.
15 KW an LL, 13. November 1948, Nr. 390 (SL, S. 484)
16 KW an Caspar Neher, 25. März 1947. Weill Lenya Research Center, New York, series 40
17 KW an LL, 17. Mai 1947, Nr. 383 (SL, S. 476)

18 KW an LL, 13. Mai 1947, Nr. 381 (*Speak low*, S. 466/SL, S. 472)
19 KW an LL, 22. & 27. Mai 1947, Nr. 384 & 385 (SL, S. 477/478)
20 KW an LL, 27. Mai 1947, Nr. 385 (SL, S. 478)
21 KW an LL, 4. Juni 1947, Nr. 387 (SL, S. 480)
22 KW an LL, 31. Mai 1947, Nr. 386 (*Speak low*, S. 473/SL, S. 479)
23 KW an Maxwell Anderson, 22. Juni 1947 (SL, S. 481)
24 Arthur Miller: *Zeitkurven*, S. 254
25 In der Juillard School of Music unter dem Titel *The Tsar Has His Photograph Taken*. Aus dem »Zar« wurde allerdings kurzerhand ein »Schah« gemacht – der beginnende Kalte Krieg forderte seinen Tribut. Vgl. Sanders: *The Days Grow Short*, S. 399
26 KW an seine Eltern in Naharia, 5. Februar 1950 (SL, S. 490)
27 Maurice Abravanel: Interview mit John Mauceri. Begleitheft zur DECCA-CD 430168-2 (1990), S. 36/37
28 LL: Interview mit Peter Adam, Mai 1979 (Omnibus/BBC). Übs.: JR
29 Maurice Abravanel: Interview mit Donald Spoto/Lys Symonette, 1985 (SL, S. 490)
30 KW an LL, 17. März 1942, Nr. 254 (SL, S. 318)
Schlußverse Brecht/Weill: *Was die Herren Matrosen sagen* (*Happy End*; 1929) © by Universal Edition Wien

9: Lenya Lulu

Motto 1 LL: Interview mit Peter Adam, Dt. *Vogue*, Oktober 1979
Motto 2 Lenya in ihrer Rolle als Duchess/Herzogin in der Sänfte im *Firebrand of Florence* von Weill und Ira Gershwin (1944)
1 LL an Manfred George, 11. Mai 1950 (SL, S. 492)
2 Jean-Paul Sartre: *Der Idiot der Familie*. Übersetzt von Traugott König. Reinbek (Rowohlt). Band I, S. 8
3 KW an LL, 11. Juni 1937, Nr. 192 (SL, S. 247)
4 LL: *Kurt Weill's Universal Appeal*. Übs.: JR
5 Claire Goll: *Ich verzeihe keinem*, S. 218/219
6 LL an KW, 26. Juni 1944, Nr. 310 (SL, S. 377)
7 LL, Telegramm an George Davis, 7. Dezember 1951. Vgl. Spoto, *Lenya*, S. 195. Übs.: JR
8 Virgil Thomson: Kritiken in der »New York Herald Tribune« vom 9. April 1950 & 5. Februar 1951; H. H. Stuckenschmidt: *20th Century Composers*, vol. II: Germany and Central Europe. New York 1971, S. 145
9 LL: Interview mit Peter Adam, Mai 1979 (Omnibus/BBC). Übs.: JR
10 LL an Mary Daniel, 6. Januar 1956 (SL, S. 495)
11 LL: Interview mit Peter Adam, Mai 1979 (Omnibus/BBC). Übs.: JR

12 LL: *The Time is Ripe*. Übs.: JR
13 LL, Brief an Mary Daniel, 13. Dezember 1957. Vgl. Spoto: *Lenya*, S. 237; Übs.: JR
14 LL: Interview mit Rex Reed. In: *Do You Sleep*, S. 82–94. Übs.: JR
15 LL: Interview mit Peter Adam, Dt. *Vogue*, Oktober 1979
16 LL: Interview mit Bernard Weinraub, *The Memory Lingers On*, Oktober 1964. Übs.: JR
17 Russell Detwiler an LL, Sommer 1967, zitiert von Spoto: *Lenya*, S. 292. Übs.: JR
18 In Lumets dialogarmen Kammerspiel aus dem Jahre 1968, dem man hierzulande den nichtssagenden Verleihtitel *Ein Hauch von Sinnlichkeit* aufbürdete, spannt ein erfolgreicher Geschäftsmann (Omar Sharif) einem Kollegen dessen ebenso aparte wie nervöse Verlobte (Anouk Aimée) aus. Von besonderem Reiz für ihn ist das hartnäckige Gerücht, seine neue Partnerin habe in ihren Nachmittagsstunden aus freien Stücken als elegante Prostituierte gearbeitet und diese Gewohnheit auch nach ihrer beider Heirat beibehalten. Von der Aussicht getrieben, als Ehemann und Kunde gleichermaßen die Liebe mit ihr zu vollziehen und sie im selben Moment auf frischer Tat zu ertappen, wendet er sich an die gewiefte Lenya alias Emma Valadier. Hinter der Fassade ihres Einrichtungshauses »Dekorata«, in dem sich anspruchsvolle Geschmacklosigkeiten auftürmen, befinden sich Liebesnischen wie in einem Stundenhotel; sie ist es, die den Kontakt zu der ungewöhnlichen Dame herzustellen verspricht. Allein, keine der vielen Verabredungen, zu denen der Bankier wie ein Getriebener hetzt, wird von der Unbekannten eingehalten. Noch Minuten zuvor hat er so manches Mal geglaubt, seine Frau hinter Lenyas Geschäftstür verschwinden zu sehen. Erst nach dem Selbstmord seiner Frau, den er selbst mit Auseinandersetzungen, Belegen seiner krankhaften Eifersucht, heraufbeschworen hat, wird ihm bewußt, daß er einem Trugbild zum Opfer gefallen ist: Lenya-Valadier ruft weiterhin bei ihm an, um die Begegnung diesmal perfekt zu arrangieren. Kein Zweifel, er hat seine Frau zu Unrecht der Untreue verdächtigt.
Das Drehbuch, über weite Strecken ein Pendant zu Luis Buñuels zeitgleich entstandenem Klassiker *Belle de Jour* mit Catherine Deneuve als feiner Dame mit Doppelleben, weist Lenya nur marginale Bedeutung zu. Und dennoch ist jeder ihrer Kurzauftritte mit bemerkenswerter Intensität erfüllt: ein schleppender Gang und vielsagende Blicke, der amerikanisch-wienerische Tonfall mit rollenden R's, die Ironie, mit der sie hier eine unverbesserliche Faschistin mimt und sich als Expertin in Liebesdingen erweist. Nicht zuletzt ihre verbalen Verführungskünste, ihre sinnliche Stimme im Telephonhörer

des zweifelnden Ehemannes sind schuld daran, daß die Phantasie des vorgeblich Betrogenen stets von neuem in Raserei umschlägt: Lenyas Verheißungen betören mehr als die Verwirklichung des innerehelichen Seitensprungs; der von ihr vermittelte Vorgeschmack aufs Paradies wirkt als Stimulans und Narkotikum.
Gegen Mitte des Films, als wieder einmal eine Zusammenkunft fehlgeschlagen ist, führt Lotte-Emma den enttäuschten Sharif auf ihre riesige Terrasse mitten im Häusermeer von Rom. »Voici mon île de rêves« – meine Insel der Ruhe und der Träume – erklärt sie ihrem Kunden und deutet mit einer ausladenden Bewegung ihrer Arme ihr grenzenloses Wohlbefinden an.
Eine weitere Einstellung zeigt Sharif und Aimée in den Flitterwochen. Ein junger Bootsmann rudert die beiden auf eine kleine, verlassene Insel. Auf diesem Liebeseiland kommt es zu einer nicht endenwollenden Umarmung. Die Kamera entfernt sich immer weiter von dem Paar, und schließlich sind die ineinander verknäulten Liebenden nur noch zwei winzige Pünktchen in der Ferne, die für einen Augenblick ihre Insel der Ruhe gefunden haben.
Am nächsten Morgen erwacht der verliebte Ehemann, findet aber das Bett neben sich leer vor. Als er atemlos am Ufer anlangt, gewahrt er zu seiner Bestürzung, wie seine junge Frau, von der Liebesinsel kommend, herangerudert wird. Mit ihr im Boot sitzt der Jüngling vom Vortag.

19 Das war zuvor nicht unbedingt eine Selbstverständlichkeit gewesen: Von einer Party in New York im Hause des sagenumwobenen Modephotographen George Platt Lynes hatte Lenya entsetzt an Kurt geschrieben, der Abend sei »schrecklich« gewesen. »100 Schwule und *1 girl* – allein unter so vielen Männerfreunden fühlte sie sich ziemlich verloren (12. Mai 1938, Nr. 209, SL, S. 268). Ned Rorem berichtet, daß Weill in seinen letzten Jahren homophobe Züge an den Tag gelegt haben soll, auch gegenüber Marc Blitzstein, seinem Erben und stilistischem »Nachwort« (»afterword«; Rorem). vgl. Rorem: *Knowing When To Stop*, S. 316 & 318
20 LL: Brief an Richard Siemanowski, 17. Oktober 1973, vgl. Spoto, *Lenya*, S. 318, Übs.: JR
21 Teresa Stratas im Begleitheft zur SONY-CD MHK 63222 (1997), S. 17; Stratas: Interview, abgedruckt als Begleittext zur NONESUCH-LP 979131-1 (1986). Übs.: JR

Epilog: We Will Never Die

Motto 1 Weills nie abgesandtes Telegramm an Marlene Dietrich, vgl. KW an LL, 12. März 1934, Nr. 69 (SL, S. 127)
Motto 2 KW an LL, 19. November 1948, Nr. 392 (SL, S. 487)
1. LL: Interview mit Peter Adam, Mai 1979 (Omnibus/BBC). Übs.: JR
2. LL: *The Time Is Ripe*. Übs.: JR
3. LL an KW, 7. Mai 1942, Nr. 291 (SL, S. 355)
4. LL an KW, 7. Juli 1944, Nr. 318 (SL, S. 387)
5. Polly in Brecht/Weill *Song vom Nein und Ja* (*Barbara*-Song, *Dreigroschenoper;* 1928) © by Universal Edition Wien
6. LL an KW, 31. Juli 1944, Nr. 336 (*Speak low* S. 407, SL, S. 413)
7. LL an KW, 10. August 1944, Nr. 343, (SL, S. 422)
8. Langston Hughes, zitiert im Begleittext zur A&M-LP 395104-1 (1985). Übs.: JR
9. Teresa Stratas: Interview, abgedruckt als Begleittext zur NONESUCH-LP 979131-1 (1986). Übs.: JR
10. Ute Lemper: Interview mit Felix Schmidt (1997), S. 43
11. LL an KW, 9. Februar 1935, Nr. 109 (SL, S. 166)

Schlußverse Brecht/Weill: *Bills Ballhaus in Bilbao* (*Happy End;* 1929) © by Universal Edition Wien

Personenregister

Abravanel, Maurice 14, 90, 106, 140, 156, 160, 175 ff., 210, 216, 254, 256, 259, 319, 321
Ackermann, Emma siehe Weill, Emma
Adler, Stella 221
Adorno, Theodor W. 266 f.
Aimée, Anouk 392 f.
Albers, Hans 248
Almodóvar, Pedro 172
Anderson, Hesper 250 f., 344, 366
Anderson, Mab 249, 265, 269, 271, 275 f., 312 f., 316 f., 320, 328, 344
Anderson, Maxwell 221, 248 f., 253 f., 265, 269, 272, 275, 294, 296, 300, 310 ff., 320, 323, 328, 337, 344
Anderson, Quentin 251, 265, 276, 286, 321
Antheil, George 22, 43, 99, 151, 232
Apollinaire, Guillaume 100, 201
Apostel, Hans Erich 33
Aragon, Louis 100, 191
Arendt, Hannah 213
Armstrong, Louis 336
Arrau, Claudio 14
Artaud, Antonin 167
Atkinson, Brooks 229
Auden, Wystan Hugh 329, 347
Aufricht, Ernst Josef 35, 120, 122, 127, 132
Aufricht, Margot 127
Auric, Georges 153, 155

Baader, Johannes 77
Bach, Johann Sebastian 153, 230
Baker, Josephine 118
Balanchine, George 155, 162, 166, 347
Ball, Hugo 76
Banky, Vilma 215
Bartók, Béla 16, 39
Beach, Sylvia 150
Beatty, Warren 348
Beauvoir, Simone de 105
Becher, Johannes R. 38
Beery, Wallace 193
Beethoven, Ludwig van 37, 176, 195
Bekker, Paul 229
Benjamin, Walter 151
Bérard, Christian 152
Berg, Alban 16, 33, 41, 45, 55, 103, 220, 362
Bergner, Elisabeth 10, 78, 134
Berlau, Ruth 114, 265
Berlin, Irving 237

Berlioz, Hector 277
Bernstein, Leonard 252, 292, 298, 331
Berthon, Familie 158, 220
Bie, Oscar 37
Bierbaum, Otto Julius 27
Bing, Albert 27
Bing, Edith 27
Bing, Peter 27, 45
Blamauer, Franz 55, 58 f., 64, 69, 73
Blamauer, Johanna 54, 58 ff., 64, 69 f., 73, 83, 138, 149, 301 ff., 308
Blamauer, Karoline 57, 59 ff.
Blamauer, Maria 73, 79, 83 f., 302 f., 341
Blamauer, Maximilian 73
Blitzstein, Marc 213, 218, 227, 242, 244, 298, 319, 331, 333
Bloch, Ernst 364
Boritsch, Wladimir 12
Boulanger, Nadia 218
Boulez, Pierre 362
Bowles, Jane 213, 252
Bowles, Paul 213, 252
Brand, Max 99
Brando, Marlon 289
Brecher, Gustav 111, 131
Brecht, Bertolt 31, 35, 38, 41 f., 89 f., 109, 112 f., 115 ff., 121, 138 ff., 144, 146, 155 f., 160 ff., 170, 182, 218 f., 234, 236, 240, 248, 263, 265 ff., 286, 294, 300, 310, 330 f., 334 f., 339 ff., 347 f., 350, 353 f., 358, 361, 369 ff.
Breton, André 100, 191, 197
Britten, Benjamin 252
Bronnen, Arnolt 42, 113
Brooks, Louise 128
Bruckner, Anton 37
Brückner, Franz 27
Brückner-Rüggeberg, Wilhelm 339
Bruinier, Franz S. 120
Brutus 145
Büchner, Georg 42, 134
Buñuel, Luis 22, 151, 153
Busch, Ernst 31, 128, 145
Busch, Fritz 45
Busoni, Ferruccio 13 ff., 19, 36 ff., 40 f., 44 f., 77, 80
Butting, Max 94

Callas, Maria 364
Caniff, Bunny 250 f.
Caniff, Milton 250 f.
Capalbo, Carmen 331

395

Capote, Truman 243
Carlisle, Kitty 271
Carpentier, Alejo 167
Carstens, Lina 145
Carter, Elliott 213, 261
Caruso, Enrico 27, 51
Cassirer, Ernst 32
Cellini, Benvenuto 277
Cerha, Friedrich 362
Chanel, Coco 152, 355
Chaplin, Charlie 94, 234, 250
Charpentier, Gustave 22f.
Chase, Stanley 331
Chéreau, Patrice 362
Chopin, Frédéric 27
Clair, René 150, 173, 286
Claudel, Paul 154
Clurman, Harold 221, 226, 256
Cocteau, Jean 39, 42, 112, 152ff., 168f.
Colbert, Claudette 195
Colman, Ronald 215
Connery, Sean 348
Conrad, Joseph 22
Copeau, Jacques 332
Copland, Aaron 22, 213, 240, 252, 304
Costa, Ernestine 87
Crawford, Cheryl 204, 221ff., 227f., 231f., 234, 237, 239, 258, 297
Crevel, René 192
Curjel, Hans 99, 140, 173, 316

Dahl-Wolfe, Louise 282
Dalí, Salvador 151, 153, 155, 252, 255
Daniel, Mary 275f., 299, 341ff.
Davis, George 243f., 251f., 325ff., 337ff., 342ff., 357
Dehmel, Richard 34
Desnos, Robert 167
Dessau, Paul 240
Detwiler, Russell 349ff., 354ff., 360
Deutsch, Ernst 268
Deval, Jacques 171
Diaghilew, Sergej 93, 153, 155, 164
Dieterle, William 233, 235
Dietrich, Marlene 126, 167, 175, 243f., 258f., 352
Dix, Otto 31, 43
Donizetti, Gaetano 164
Dos Passos, John 118
Dostojewski, Fjodor 78
Dreiser, Theodore 163, 292
Drew, David 345, 360
Dubarry, Madame 158

Duchamp, Marcel 76
Duncan, Isadora 81

Ebb, Fred 350
Ebinger, Blandine 31, 113
Edelmann, Greta 10, 79f., 81-85
Edward VII. 155
Ehrenzweig, Familie 71, 75, 79, 87
Einstein, Albert 76
Eisler, Hanns 31, 43, 129f., 139, 219, 263, 266
Eisner, Lotte H. 386
Elisabeth von Bayern 57
Éluard, Gala 16
Éluard, Paul 16, 100, 190ff.
Engel, Erich 113, 121, 126
Engel, Lehman 226, 317
Engel, Morris 283
Ernst, Jimmy 192f.
Ernst, Lou 192
Ernst, Max 185, 187, 189ff., 349
Erwin, Stu 193
Ewen, David 229

Fairbanks, Douglas 171
Faithfull, Marianne 166
Falla, Manuel de 103
Fallada, Hans 145f.
Feininger, Lyonel 35
Fernay, Roger 172
Feuchtwanger, Lion 42, 113, 134, 141, 263
Feuge, Elisabeth 27, 30, 34
Feuge, Emilie 27, 30, 34
Fitzgerald, Ella 336
Fleißer, Marieluise 134
Florette, Odette 171
Flotow, Friedrich von 36
Forster, Rudolf 128
Frank, Nelly 15f., 49, 309
Franz Ferdinand, Erzherzog von Österreich 72
Franz Joseph, Kaiser von Österreich 57
Freud, Sigmund 55
Friedrich II., Herzog von Anhalt 23, 26
Frost, Robert 240

Gabin, Jean 234, 258
Garbo, Greta 235
Garland, Judy 347, 355
Gauthier, Eva 278
Gauty, Lys 149, 167
Gay, John 120
Geddes, Norman Bel 219
Genet, Jean 327
George, Manfred 323

Gerron, Kurt 31, 122, 126, 262
Gershwin, George 118, 215, 232, 234, 268f., 311f.
Gershwin, Ira 232, 255, 257, 263, 267f., 270, 277, 296f.,
Gershwin, Lee 267f.
Gert, Valeska 128, 272
Gide, André 153
Gilpin, Gigi 239, 272
Goddard, Paulette 250, 305
Goethe, Johann Wolfgang von 78
Goll, Claire 104ff., 300, 329
Goll, Iwan 35, 41f., 45, 100ff., 104ff., 109, 112, 141, 234, 300
Graham, Robert 271
Gratenau, Martha 47
Green, Elizabeth 223
Green, Julien 22
Green, Paul 207, 221ff., 225, 231, 240, 266, 272f.
Grey, Madeleine 177
Grillparzer, Franz 107
Gropius, Walter 35
Grosz, George 31, 43
Gründgens, Gustaf 146
Guarneri, Victor 325
Guilbert, Yvette 240

Hainisch, Ernst 73f., 83f., 149, 302
Halpern, Hilde 242
Hammarskjöld, Dag 346
Hammerstein, Dorothy 310
Hammerstein, Oscar jr. 259, 310
Hardt, Ernst 14
Harris, Margo 356, 360, 363, 367
Hart, Moss 250, 255ff., 265, 271
Hašek, Jaroslav 222
Hasenclever, Walter 30
Hauptmann, Elisabeth 113, 115, 120f., 126, 341
Hauptmann, Gerhart 77
Hausmann, Raoul 43, 77
Haussmann, Baron 150
Hayes, Helen 263, 272f., 319
Hecht, Ben 263, 289
Heine, Heinrich 143, 150, 174
Heinsheimer, Hans 98, 316
Hemingway, Ernest 150
Hennings, Emmy 76
Hertzka, Emil 45, 98, 118, 134
Herzeg, Steffi 71f.
Hesterberg, Trude 132
Hindemith, Gertrud 216
Hindemith, Paul 14, 40ff., 90, 125, 129, 177, 216, 304
Hitchcock, Alfred 255

Hitler, Adolf 139, 145, 194, 242, 262, 287, 333
Hofmannsthal, Hugo von 55, 181
Holesovsky, Vlasek 360
Holiday, Billie 347
Hollaender, Friedrich 31, 87, 113, 325
Honegger, Arthur 152f., 158, 199, 240f.
Horst, Horst P. 242
Hörth, Franz Ludwig 12, 103
Hoyningen-Huene, George 182
Huelsenbeck, Richard 76
Hughes, Langston 291, 369
Humperdinck, Engelbert 32f.
Hungerford, Edward 241
Huston, Walter 253f., 275, 287, 313, 366

Ibsen, Henrik 77
Isherwood, Christopher 252, 351
Itten, Johannes 35

Jacobi, Lotte 133
Jacoby, Herbert 241
James, Edward 154f., 160f., 163, 165, 167, 174
Janco, Marcel 76
Jaques-Dalcroze, Émile 72, 81
Jarnach, Philipp 38, 43
Jarry, Alfred 112
Joachimson, Felix 97, 107
Jolivet, André 152
Jones, Bill 239, 244, 274, 276
Joyce, James 75, 105, 151

Kaiser, Anselm 9, 12
Kaiser, Georg 9ff., 14, 17ff., 35, 41f., 44f., 52, 75, 87f., 100, 109, 112, 141, 143, 234, 238, 266, 319, 339
Kaiser, Margarethe 9, 11f., 19, 75, 238, 319, 339, 346, 359
Kander, John 350f.
Kandinsky, Wassili 35
Karajan, Herbert von 188
Karlstadt, Liesl 113
Kästner, Erich 42, 167
Katajew, Valentin 134
Kaye, Danny 257
Kazan, Elia 221, 226, 312
Kerr, Alfred 92
Kessler, Harry Graf 139, 163f.
Kipling, Rudyard 121
Kisch, Egon Erwin 92
Klabund 31, 113
Klee, Paul 35
Kleiber, Erich 103
Klemperer, Otto 118, 132, 261

397

Klimt, Gustav 56
Knappertsbusch, Hans 34
Koch, Friedrich 33
Kochno, Boris 155, 162
Kodály, Zoltán 39
Koechlin, Charles 161
Kollo, Walter 184
Konstantin, König von Griechenland 80
Kornfeld, Paul 134
Korngold, Erich Wolfgang 213, 234
Kortner, Fritz 122, 248
Krasselt, Ernst 33
Kraus, Karl 55, 132, 173
Krebs, Anna 341, 356
Krenek, Ernst 14, 22, 40, 99, 177
Kreuger, Knud 273f.
Kühl, Kate 122
Küpper, Hans 170

Labiche, Eugène 286
Laine, Cleo 166
Lang, Fritz 30, 92, 134, 213, 232f., 236, 242
Lania, Leo 107
Lasker-Schüler, Else 38
Laurens, Henri 152
Lawrence, Gertrude 256
Leander, Zarah 22
Lee, Gypsy Rose 252
Léger, Fernand 153
Lehár, Franz 125
Leigh, Vivien 348
Leip, Hans 172
Lemper, Ute 166, 352, 370
Lenin, Wladimir 75
Leonard, Lotte 17
Leonhard, Rudolf 107
Lerner, Alan Jay 296f., 313, 354f.
Lévi-Strauss, Claude 213
Lewis, Russell 247
Liebknecht, Karl 32
Lifar, Serge 164
Lind, Jenny 89, 280
Lingen, Theo 125
Lion, Margo 31
Lipmann, Heinz 96
List, Herbert 93
Liszt, Franz 26
Littlefield, Catherine 286
Logan, Joshua 254
London, Jack 118
Loos, Adolf 56
Lorre, Peter 125, 134
Lortzing, Albert 109, 111
Losch, Tilly 155f., 163, 165ff., 242
Ludwig XIV., König von Frankreich 57

Lumet, Sidney 355
Lynes, George Platt 282
Lys, Bill de 332

Mackeben, Theo 122, 126
Maeterlinck, Maurice 77
Mahler, Alma 219, 228ff., 268
Mahler, Gustav 37, 55
Mallarmé, Stéphane 201
Malraux, André 234
Mamoulian, Rouben 310f., 313, 319
Mann, Erika 212, 263
Mann, Klaus 212, 263, 358
Mann, Thomas 75, 185, 263
Marcus, Elli 136
Marcuse, Herbert 213
Mario, Paul 276f.
Markevitch, Igor 152
Marlowe, Christopher 113
Marshall, William 268
Martin, Mary 259, 294
Matlowsky, Samuel 332
Matthews, Inez 330
McCullers, Carson 243
Mehring, Walter 30, 42, 77, 167f., 264
Meisel, Edmund 112
Mendelssohn Bartholdy, Fanny 24
Mendelssohn Bartholdy, Felix 24
Mendelssohn, Moses 24
Menotti, Gian Carlo 298f.
Meredith, Burgess 242, 249f., 305
Messiaen, Olivier 152
Meyer, Eugene 220
Meyer-Hanno, Andreas 340
Meyers, Johnny 197
Mies van der Rohe, Ludwig 35
Milhaud, Darius 16, 90, 103, 118, 152ff., 158, 161, 177, 199ff., 210, 240, 247f.
Milhaud, Madeleine 153f., 161, 177, 187, 198, 200f., 210, 247f.
Miller, Arthur 312
Miller, Henry 150
Minnelli, Vincente 348f.
Mitchell, Ted 360, 367
Mitropoulos, Dimitri 95
Moholy-Nagy, László 35
Molnár, Ferenc 233
Monnet, Henri 190
Montparnasse, Kiki von 133
Mosheim, Grete 330
Mozart, Wolfgang Amadeus 87, 176
Müller, Renate 209
Muni, Paul 289
Murnau, Friedrich Wilhelm 30
Musil, Robert 55

Nash, Ogden 258
Neher, Carola 113, 128, 131, 137, 262
Neher, Caspar 35, 43, 89, 113, 121, 126, 132, 138ff., 144, 147, 156, 161f., 166, 169f., 199, 202ff., 234, 289f., 303, 305
Neher, Erika 113, 138f., 146f., 161, 169f., 187, 198f., 202ff., 289f.
Nelson, Rudolf 31, 122
Nestroy, Johann Nepomuk 286
Nicolson, Harold 93
Nielsen, Asta 30
Nietzsche, Friedrich 22
Nikisch, Arthur 27, 37
Noailles, Charles de 140, 152, 159, 199
Noailles, Marie-Laure de 140, 152f., 158ff., 171, 199

O'Neill, Eugene 221, 248
Offenbach, Jacques 172, 247, 277

Pabst, Georg Wilhelm 30, 113, 128, 133, 171, 342, 351, 362
Paley, Natasha 171
Pasetti, Erna 157
Pasetti, Otto 137f., 140f., 146f., 156f., 159ff., 167, 170, 182-185, 187ff., 197, 208, 276
Paton, Alan 310f.
Patten, Dorothy 222, 227
Paulsen, Harald 132, 254
Pears, Peter 252
Pepusch, John 120
Perucci, Mario 78, 80, 82f., 88
Pfitzner, Hans 27, 34
Piaf, Edith 347, 364
Picasso, Pablo 150, 153
Pinthus, Kurt 104
Piscator, Erwin 30, 107, 121, 135f., 248
Polignac, Edmonde de 141, 175, 182
Ponto, Erich 122
Porten, Henny 30
Porter, Cole 242, 294
Poulenc, Francis 152, 155
Prévert, Jacques 22
Prokofjew, Sergej 152
Puccini, Giacomo 22, 292

Quintero, José 348

Ray, Man 133
Reed, Rex 347
Reger, Max 34
Reinhardt, Max 77, 121, 179ff., 186, 214, 219f., 266
Reisch, Walter 268

Renoir, Jean 146, 150, 263
Reutter, Otto 31
Révy, Richard 10, 12f., 17, 77f., 81, 83ff., 87f., 185, 220, 270, 362
Reynolds, Burt 348
Rice, Elmer 233, 241, 248, 291, 319
Rilke, Rainer Maria 14, 25, 104
Robbins, Jerome 292
Rodgers, Richard 259
Rogers, Ginger 257
Rolland, Romain 76
Roosevelt, Franklin D. 220
Rorem, Ned 347
Rubinstein, Arthur 76
Rudolph, Kronprinz von Österreich 57

Saint-Exupéry, Antoine de 22
Sanders, Ronald 336
Sandrock, Adele 175
Satie, Erik 152
Sauguet, Henri 152, 161
Schapiro, Margarete Evelyn 27
Scherchen, Hermann 43, 125
Schiaparelli, Elsa 152, 174, 196
Schiele, Egon 57
Schiffer, Marcellus 31
Schiller, Friedrich von 347
Schlemmer, Oskar 35
Schlichter, Max 112f.
Schlichter, Rudolf 112
Schlichter, Speedy 112
Schmitt, Florent 177
Schneider, Benno 239
Schneider, Romy 352
Schnitzler, Arthur 22, 55
Schönberg, Arnold 16, 33ff., 38f., 41, 55, 132, 218, 304
Schönberg, Georg 199
Schreker, Franz 34
Schubert, Franz 176
Schwartz, Frl. 87
Schwartz, Howard 274ff.
Schwitters, Kurt 77
Schygulla, Hanna 352
Seghers, Anna 22, 135
Shakespeare, William 44, 106, 181
Sharif, Omar 392f.
Shaw, George Bernard 77, 107
Sherwood, Robert 248
Siemanowski, Richard 356f., 360
Sillman, leonard 271
Sinatra, Frank 336, 364
Sirk, Douglas 145
Slezak, Walter 268
Smith, Oliver 252

Sophokles 77, 134
Spender, Stephen 93
Spewack, Bella 232f., 258
Spewack, Samuel 232f.
Spoliansky, Mischa 31
Steffin, Margarethe 114
Stein, Gertrude 150f.
Stendhal 22
Sternberg, Josef von 163, 175
Sternheim, Carl 27
Stiedry, Fritz 17, 43
Sting 336
Strasberg, Lee 221
Stratas, Teresa 361ff., 369f.
Strauss, Richard 37, 77, 127, 163
Strawinsky, Igor 39, 41, 112, 153, 199, 256
Strawinsky, Vera 349
Streisand, Barbra 347
Strindberg, August 77
Stuckenschmidt, Hans Heinz 43, 92, 335f.
Stuyvesant, Peter 253
Sudermann, Hermann 14
Symonette, Lys 355, 359
Szymanowski, Karol 356

Tanguy, Yves 155
Tergit, Gabriele 92
Teuschl, Johanna siehe Blamauer, Johanna
Teuschl, Sophie 68f., 71, 73ff., 78f.
Thomson, Virgil 213, 256, 335
Tiessen, Heinz 94
Toch, Ernst 40, 90, 94, 129, 240
Toklas, Alice B. 150
Toller, Ernst 30, 262
Tolstoi, Leo 78
Tracy, Spencer 22
Tschechow, Anton 81
Tucholsky, Kurt 87, 92, 262
Twain, Mark 313
Tzara, Tristan 76

Valentin, Karl 113
Valetti, Rosa 31, 122, 134

Vambery, Robert 172ff., 195
Varèse, Edgar 39
Verdi, Giuseppe 27, 169, 292
Villon, François 121
Vogel, Wladimir 43
Voltaire 290
Vuillermoz, Émile 140

Wagner, Richard 23, 30, 131, 163
Waldoff, Claire 31
Walter, Bruno 176, 181
Webern, Anton 33, 55
Wedekind, Frank 10, 22, 42, 55, 78, 113, 134, 220, 358, 362
Weigel, Helene 114f., 121, 126, 161, 166, 340, 347
Weill, Albert 23ff., 50, 288, 306, 308
Weill, Emma 22, 24f., 50, 288, 306, 308
Weill, Hans 15, 24, 28f., 34f., 37, 46, 176, 216, 303f., 360
Weill, Leopold 33
Weill, Nathan 24, 28, 35, 216, 306, 308
Weill, Rita 301, 319, 360
Weill, Ruth 19, 24, 29, 46, 216, 307f., 319
Weisgal, Meyer 179ff., 186, 214f., 219, 228ff., 306
Weizman, Chaim 308
Werfel, Franz 154, 179, 181, 186, 219, 228, 268
Wilder, Billy 213
Wilder, Thornton 221, 286
Williams, Tennessee 221, 348
Wittgenstein, Ludwig 56
Wolfe, Thomas 22
Wolff, Theodor 194
Wolpe, Stefan 43, 240

Zaug, Dr. 69f., 73
Zemlinsky, Alexander von 132
Zoff, Marianne 114
Zuckmayer, Carl 248
Zweig, Stefan 75

Bildnachweis

Archiv für Kunst und Geschichte, Berlin 1, 2, 12, 15, 17;
Bertolt-Brecht-Archiv, Berlin 5, 7, 8, 9;
Bildarchiv Preußischer Kulturbesitz, Berlin 6, 10;
Corbis UK Ltd. 16;
Ullstein Bilderdienst, Berlin 3, 4, 11, 13, 14, 18, 19, 20, 21, 22.